東洋古典譯註叢書 17

譯註 禮記集說大全 4

集說 陳澔 大全 胡廣 等
책임번역 成百曉
공동번역 李霜芽 延錫煥

傳統文化研究會

飜譯委員

企劃編輯　東洋古典飜譯編輯委員會
飜譯研究管理　南賢熙
責任飜譯　成百曉
共同飜譯　李霜芽 延錫煥
潤　文　南賢熙
校　訂　李孝宰
出　版　白俊哲 李承俊
裝　幀　白俊哲

圖書管理

事業管理　白漢基
企劃管理　金康潤
弘報管理　李和春
普　及　徐源英
古典情報化　安成守

東洋古典譯註叢書를 발간하면서

우리의 古典國譯事業은 민족문화 진흥의 기초사업으로 1960년대부터 政府 支援으로 古文獻 現代化 작업을 추진하여 많은 成果를 거두었다. 당시 이 사업 추진의 先行課題로 東洋古典이라 일컬어지는 중국의 基本古典을 먼저 飜譯하여야 한다는 學界의 주장이 있었음에도 불구하고 우리 고전이 아니라는 일부의 偏狹한 視角과 財政 事情 등으로 인하여 배제되어 왔다.

전통적으로 중국의 기본고전은 우리 歷史와 함께 숨쉬며 각종 교육기관의 敎科書로 활용됨은 물론이고 지식인들의 必讀書가 되어 왔으며, 우리 文化의 基底에 자리잡고 거의 모든 방면의 體系와 根幹을 형성하여 왔다. 그래서 학문연구의 기본서 역할을 해 왔을 뿐만 아니라 오늘날에도 우리의 國學徒 및 東洋學 研究者들에게 같은 역할을 하고 있음은 주지의 사실이다. 그럼에도 불구하고 中國古典은 우리 것이 아니라 하여 專門機關의 飜譯對象에 포함하지 않음으로써, 대부분 原典에서의 직접 번역이 아닌 重譯이나 拔萃譯의 방식이 주를 이루면서 敎養水準으로 出版되어 왔다.

오늘날 東洋 三國 중에서 우리의 東洋學 연구가 가장 부진한 이유는, 東洋基本古典에 대한 폭넓은 이해의 부족과 漢文古典 讀解力의 저하에 기인함을 우리는 솔직히 인정하여야 한다. 따라서 이들 중국고전에 대한 신뢰할 만한 國譯이 이루어지는 것이 한국학 연구를 촉진시키는 시급한 先行課題라 할 수 있다.

이에 韓國學 및 東洋學의 연구와 古典現代化의 基盤構築을 위해서는, 전문기관으로 하여금 동양고전을 단기간에 각 분야의 專門 研究者와 漢學者가 상호 협동하여 연구번역하여 飜譯의 傳統性과 效率性, 研究의 專門性을 높일 수 있도록 政策的 配慮가 있어야 한다.

이에 本會에서는 元老 및 中堅 漢學者와 斯界의 專攻者로 하여금 協同硏究飜譯하여 공부하는 사람들이 믿고 引用하거나 깊이 있는 註釋 등을 활용할 수 있게 하고, 知識人들의 敎養을 증진시켜 줄 수 있는 東洋古典의 國譯書 간행을 지속적으로 추진해 왔다. 근래에 다행히 이 사업에 대하여 각계 지도층의 폭넓은 이해와 지원에 힘입어 2001년도부터 國庫補助를 받아 東洋古典譯註叢書를 간행하게 되었다. 이를 계기로 우리 先學의 註釋과 見解를 반영하는 등 국역사업의 內實을 기하게 되었음을 이 자리를 빌려 衷心으로 감사드리며, 아울러 國譯에 參與하신 관계자 여러분의 勞苦에 깊은 謝意를 표한다.

끝으로 우리의 이러한 작업은 오랜 역사 위에 축적된 先賢들의 業績과 現代學問을 이어주는 튼튼한 架橋와 礎石이 되어 진정한 韓國學과 東洋學 발전에 기여할 것을 굳게 믿으며, 21세기를 우리 文化의 世紀로 열어 가는 밑거름이 되도록 우리의 力量을 本 事業에 경주하고자 한다. 江湖諸賢의 부단한 관심과 지원을 기대해 마지않는다.

社團法人 傳統文化硏究會 理事長 李啓晃

凡 例

1. 본서는 ≪譯註 禮記集說大全≫의 제4책이다.
2. 본서의 底本은 戊申字本 ≪禮記集說大全≫(藏書閣 所藏本(K1-71))이다.
3. 본서는 원전의 傳統性과 번역의 現代化를 구현하기 위해 노력하였다.
4. 原文에는 우리나라 전통방식의 懸吐를 하되, 戊申字本인 ≪禮記大文言讀≫(국립중앙도서관 소장본(한古朝 06-1))와 木版本(戊申字 飜刻本)인 ≪禮記集說大全≫(장서각 소장본(K1-73))의 墨書口訣을 참조하였다. 또한 北京大와 上海古籍出版社에서 나온 十三經注疏 ≪禮記正義≫의 標點을 참조하였다.
5. 원문의 分節은 저본에 의거하였다. 아울러 각 문단 및 구절은 일련번호를 다음과 같이 부여하였다.
   ex) 070102 → 권7의 첫 번째 문단이고 문단 내에서 2번째로 나오는 句節
6. 飜譯은 原義에 충실하게 하되, 이해가 어려운 부분은 意譯 또는 補充譯을 하였다.
7. 飜譯文은 한글과 漢字를 混用하였으며, 맞춤법과 띄어쓰기는 한글 맞춤법과 표준어 규정을 따르는 것을 원칙으로 하였다.
8. 譯註는 校勘, 異說, 인용문의 出典, 故事, 역사적 사건, 전문용어, 難解語, 難解文, 人物, 制度, 官職 등에 관한 사항을 밝혔다.
9. 校勘은 원문의 誤字, 脫字, 衍字, 倒文 등을 대상으로 하였다.
10. 圖版은 地圖, 人物, 故事, 器物 등을 수록하였다. ≪三才圖會≫, ≪三禮圖≫, ≪欽定書經圖說≫, ≪欽定周官義疏≫ 등을 참고하였으며, 도판목록은 부록에 첨부하였다.
11. 본서의 校勘에 사용된 符號는 다음과 같다.
    ( )〔 〕: (저본의 誤字)〔교감한 正字〕
    〔 〕: 저본의 脫字 보충
    ( ): 저본의 衍字 삭제
12. 본서에 사용된 주요 符號는 다음과 같다.
    “ ”: 對話, 각종 引用
    ‘ ’: “ ” 안에서 再引用, 强調
    「 」: ‘ ’ 안에서 再引用, 强調
    ( ): 원문에서는 讀音이 특수한 글자나 僻字의 音, 번역문에서는 간단한 譯註
    〔 〕: 번역문의 이해를 돕기 위한 原文의 漢字나 句節, 譯註에서 인용한 原文, 疏에서 설명 대상으로 제시한 經이나 傳의 단어나 구절
    ≪ ≫: 書名이나 典據
    < >: 篇章名, 作品名, 補充譯

目 次

東洋古典譯註叢書를 발간하면서

凡　　例

曾子問 第7 ……………………………………………… 9

文王世子 第8 ………………………………………… 107

禮運 第9 ……………………………………………… 203

〔附 錄〕

1. ≪禮記集說大全 4≫ 參考書目 / 359

2. ≪禮記集說大全 4≫ 參考圖版 目錄 및 出處 / 364

≪禮記集說大全 4≫ 解 說

≪禮記集說大全≫은 明나라 成祖 永樂帝 때 胡廣 등에 의해 편찬된 五經大全의 하나로, 陳澔(元)의 ≪禮記集說≫을 바탕으로 宋나라와 元나라의 학설들을 모아 만든 책이다. 진호는 朱子의 四傳 제자로, 性理學에 지대한 영향을 받은 인물이다. 기존 ≪禮記≫ 해석의 주류였던 鄭玄(後漢)의 注와 孔穎達(唐)의 疏를 刪削하고 성리학자들의 학설을 종합하여 편찬한 책이 바로 ≪예기집설≫이다. 이 책은 조선시대 유학자들의 필독서로 당시 ≪예기≫ 해석의 표준이 되었다. 특히 金在魯(朝鮮, 1682~1759)의 ≪禮記補註≫는 ≪예기집설대전≫에 수록된 진호 및 諸家의 설에 잘못이 있거나 부족한 부분을 각종 禮書를 참조하여 보완한 것으로 조선시대 학자들의 ≪예기≫ 관련 저술 가운데 가장 방대하고 정밀하다고 할 수 있다. 본서에서는 ≪예기보주≫의 학설도 참조하였다.

≪예기집설대전 4≫에 수록된 부분은 제7권인 〈曾子問〉, 제8권인 〈文王世子〉, 제9권인 〈禮運〉이다.

〈증자문〉은 曾子와 孔子의 문답으로 구성되어 있다. 특히 禮에 대해 물은 것이 많은데, 禮制에 의문 나는 점이나 미비한 점 등을 다루고 있다. 〈문왕세자〉는 周나라 文王의 世子 시절의 법도를 모범으로 삼아 세자의 언행이나 예법을 어떻게 해야 하는지를 보여준다. 〈예운〉은 禮儀와 禮制의 기원이나 연혁, 운행을 볼 수 있는데, 특히 동양의 이상사회를 제시한 大同이 실려 있다.

禮記集說大全 卷之七

曾子問 第7

≪大全≫

070000 金華應氏曰 曾子以篤慤醇至之資로 而爲潛心守約之學하야 其於身也에 反觀內省하야 而益加以傳習講貫之功하고 其於禮也에 躬行實踐하야 而又不廢乎旁搜博考之力하야 訂之以耳目之所見聞하고 隱之於心思之所防慮하야 知天下之義理無盡하고 而事物者亦日新而無窮하야 有非夫人意料之所可及者일새 其或講明之不素라가 而猝然遇之하면 則其處之未究其精微하고 而應之必無以中其肯綮이라 故歷擧喪祭吉凶雜出不齊之事하야 而問於聖人하니 其變故似異而可駭요 其節目似同而不必辨이요 其纖悉委折이 又似細而不足憂어늘 夫子隨事剖析而決其疑하사 遂使千百載之下에 遇變事而知其權者로 亦如處約事而不失其經焉하시니 此皆其問答講明之功也라 其後에 眞積力久일새 夫子語以一貫[1]에 隨聲響答하야 略無留難하니 其見益高矣로다

金華應氏 : 曾子가 篤實하고 매우 醇厚한 자품으로 專心하여 지킴이 요약된 학문을 하였다. 그리하여 자신에 대해서는 언행과 마음을 반성해서 전수받아 강습하는 공부를 더욱 더하였고, 禮에 대해서는 몸소 실천하면서도 널리 탐구하고 考證하는 노력을 폐하지 않았다. 그래서 눈과 귀로 보고 들은 것들을 가지고 수정하기도 하고 우려스러운 일에 대한 방비책을 마음속으로 헤아려보기도 하였다. 이로써 천하의

---

1) 一貫 : '一以貫之'라는 말을 축약한 것으로, ≪論語≫ 〈里仁〉에 "孔子가 '參아, 우리 도는 하나의 이치가 만사를 꿰뚫고 있다.' 하니, 曾子가 '예'라고 대답하였다. 공자가 나가자, 문인이 '무슨 말씀입니까?'라고 물으니, 증자가 '부자의 도는 忠과 恕일 뿐이다.'라고 대답하였다.〔子曰 參乎 吾道一以貫之 曾子曰 唯 子出 門人問曰 何謂也 曾子曰 夫子之道 忠恕而已矣〕"라고 보인다.

의리가 無盡하고 事物도 나날이 새로워지고 無窮하여 사람이 생각하고 헤아려서 미칠 수 없는 것이 있기 때문에 혹시라도 평소에 講明하지 않았다가 갑자기 강명하지 못한 일을 당하면 대처하더라도 精微함을 다하지 못하고 대응하더라도 틀림없이 중요한 관건에 적중할 수 없을 것임을 알았다.

그러므로 喪禮와 같은 凶事와 祭禮와 같은 吉事에서 뒤섞여 나와 가지런하지 않은 일들을 하나하나 들어서 聖人께 여쭈었다. 〈여쭌 禮의〉 變故는 이채로워 사람을 놀라게 할 수 있을 듯하고, 節目은 동일하여 굳이 분변할 필요가 없을 듯하고, 周到綿密함은 또 자세하여 걱정할 만한 것이 못 될 듯한데, 夫子께서 일마다 분석하여 의심스러운 것을 결단해서 마침내 천백 년 뒤에 변고를 만나 그 權道를 아는 자로 하여금 또한 간단한 일을 처리하듯 하여 법도를 잃지 않게 하셨으니, 이는 모두 問答하여 강명한 공효이다.

〈증자는〉 그 뒤에 오랫동안 진실함을 쌓고 힘썼으므로 부자께서 '一以貫之'를 말씀해주시자 조금도 망설이거나 어려워하지 않고 메아리처럼 즉시 대답하였으니, 이는 식견이 더욱더 높아졌기 때문이다.

070101 **曾子問曰 君薨**[2]**而世子生**커든 **如之何**잇고 **孔子曰 卿大夫士 從攝主**하야 **北面於西階南**[3]이어든 **大**(태)**祝**이 **裨**(비)**冕**[4]하고 **執束帛**하야 **升自**

---

2) 薨 : 제후의 죽음을 이르는바, 〈曲禮 下〉에 "천자가 죽으면 '崩'이라 하고, 제후가 죽으면 '薨'이라 하고, 대부가 죽으면 '卒'이라 하고, 士가 죽으면 '不祿'이라 하고, 서인이 죽으면 '死'라 한다.〔天子死曰崩 諸侯曰薨 大夫曰卒 士曰不祿 庶人曰死〕" 하였다.

3) 北面於西階南 : 鄭玄 注에 "아침저녁으로 곡하는 자리를 변경하는 것이다.〔變於朝夕哭位也〕" 하였고, 孔穎達 疏에 "서쪽 계단의 남쪽에서 하는 것은 장차 殯에 고하려 하여 빈의 자리에 가까이한 것이다.〔於西階南者 以將告殯 近殯位也〕" 하였다.(≪禮記正義≫)

4) 裨(비)冕 : 고대에 천자가 종묘에 제사를 지낼 적이나 제후·경·대부가 朝覲을 하거나 제사를 올릴 적에 착용하던 冕服을 이르는바, 정현의 주에 "裨冕은 신을 접할 적에 입는 제복이다. 제후의 경과 대부가 입는 면복은 비면·絺冕·玄冕이다.〔裨冕者 接神則祭服也 諸侯之卿大夫所服 裨冕絺冕玄冕也〕" 하였다.(≪禮記正義≫) 그리고 ≪儀禮注疏≫ 〈覲禮〉에 "제후는 裨衣를 입고 冕을 쓰고서 아버지의 사당에 폐백을 올린다.〔侯氏裨冕 釋幣于禰〕"라고 하였는데, 정현의 주에 "裨라는 말은 〈낮다는 뜻의〉 埤(비)이다. 천자의 六服은 大裘가 상이 되고 그 나머지는 비의가 되는데, 〈비의는〉 높은 이를 섬길 적에 낮추어 입는 옷이고 제후도 〈비의를〉 입는다.〔裨之爲言 埤也 天子六服 大裘爲上 其餘爲裨 以事尊卑服之 而諸侯亦服焉〕" 하였다.

西階호되 盡等하얀 不升堂하야 命毋哭이니라

曾子가 묻기를 "임금이 薨逝하시고 〈아직 장례를 지내지 않았는데〉 世子가 태어나면 어떻게 합니까?" 하니, 孔子께서 다음과 같이 말씀하셨다. "卿·大夫·士가 攝主를 따라 서쪽 계단의 남쪽에서 북향하고 서면 太祝이 裨衣를 입고 冕冠을 쓰고 束帛을 잡고서 서쪽 계단을 통해 올라가되 계단을 다 올라가서는 堂에는 오르지 않고 〈고해야 할 일이 있어서 마땅히 조용해야 하므로 喪主들에게〉 곡하지 말라고 명한다.

≪集說≫

攝主는 上卿之代主國事者也라 裨冕者는 (天子諸侯)〔天子〕[5]六服[6]에 大裘[7]爲上이요 其餘는 爲裨服이니 裨衣而著(착)冕이라 故云裨冕也라 等은 即階也라

攝主는 上卿으로서 國事를 대신 주관하는 자이다. 裨冕은, 천자는 六服에 大裘가 上服이 되고 그 나머지는 裨服이 되니, 〈천자와 제후가 비복으로〉 裨衣를 입고 冕冠을 썼기 때문에 비면이라고 한 것이다. 等은 바로 계단이다.

---

5) (天子諸侯)〔天子〕: 저본에는 '天子諸侯'로 되어 있으나, 金在魯의 ≪禮記補注≫에 "≪周禮≫에 의거하면 제후는 원래 大裘가 없다.〔據周禮 則諸侯元無大裘〕"라고 한 것에 의거하여 '天子'로 수정하였다.

6) 六服 : 周나라 천자가 착용하는 여섯 종류의 冕服으로, 大裘·袞衣·襌(단)衣·罽(계)衣·絺(치)衣·玄衣인바, ≪周禮≫ 〈春官 司服〉에 "〈사복은〉 왕이 길사와 흉사에 입는 의복을 관장하여 의복의 종류와 의복이 필요한 때를 판단하여 때에 알맞은 의복을 제공한다. 왕의 길복은, 하늘의 상제에게 제사할 적에는 大裘를 입고 면류관을 쓰고, 五帝에게 제사할 적에도 이와 같이한다. 선왕에게 제사할 적에는 袞冕(袞衣)을 착용하고, 先公에게 제사하거나 연회를 베풀어 빈객을 접대하거나 활쏘기 할 적에는 鷩冕(襌衣)을 착용한다. 四方의 산천에 제사할 적에는 毳冕(罽衣)을 착용하고, 社稷이나 五祀에 제사할 적에는 希冕(絺衣)을 착용하고, 모든 작은 제사에는 玄冕(玄衣)을 착용한다.〔掌王之吉凶衣服 辨其名物 與其用事 王之吉服 祀昊天上帝 則服大裘而冕 祀五帝亦如之 享先王則袞冕 享先公饗射則鷩冕 祀四望山川則毳冕 祭社稷五祀則希冕 祭群小祀則玄冕〕" 하였다.

7) 大裘 : 천자가 하늘에 제사 지낼 때에 입던 예복으로, ≪周禮注疏≫ 〈天官 司裘〉에 "사구는 대구를 만들어 왕이 하늘에 제사 지내는 옷을 공급하는 것을 관장한다.〔司裘掌爲大裘 以共王祀天之服〕"라고 하였는데, 정현의 주에 "대구는 흑색의 새끼양 갖옷이니, 하늘에 제사하기 위하여 입는 것으로 질박함을 나타낸 것이다.〔大裘 黑羔裘 服以祀天 示質〕" 하였다.

大裘　袞冕　鷩冕

毳冕　絺冕　玄冕

070102 祝이 聲三하고 告曰 某之子生일새 敢告하노이다하고 升하야 奠幣于殯東几上하고 哭降하거든 衆主人과 卿大夫士와 房中이 皆哭호되 不踊[8]하고 盡一哀하고 反位하야 遂朝奠이어든 小宰升하야 擧幣하나니라

祝이 〈신을 깨우는〉 噫歆의 소리를 세 번 내고서 아뢰기를 '〈夫人〉 아무 氏의 세자가 태어났으므로 감히 고합니다.' 하고 〈堂으로〉 올라가 幣帛을 殯의 동쪽 几筵 위에 올리고서 곡하고 내려오면 〈임금의 친족인〉 여러 주인과 卿·大夫·士와 방 안에 있는 婦人들이 모두 곡을 하되 踊을 하지 않으며, 한 차례 곡하여 슬픔을 다하고 〈아침저녁으로 곡하는〉 자리에 돌아와 마침내 朝奠을 하면 小宰가 〈당으로〉 올라가서 폐백을 들고 〈내려와 양쪽 계단 사이에 묻는다.〉

≪集說≫

祝이 爲噫歆之聲者三하야 以警動神聽하고 乃告之也니 噫는 是歎恨之聲이요 歆者는 欲其歆饗之義也라 某는 夫人之氏[9]也라 房中은 婦人也라 升擧幣는 擧而埋之兩階之間也라

祝이 噫歆의 소리를 세 번 내어 神을 깨워 들을 수 있게 하고 비로소 고하니, 噫는 바로 한탄하는 소리이고 歆은 歆饗하기를 바라는 뜻이다. 某는 夫人의 氏이다.

---

8) 踊 : 초상에 발을 구르는 것을 이른다. ≪禮記≫ 〈檀弓 下〉에 "초상에 가슴을 치고 발을 구르는 것은 애통함이 지극한 것이니, 여기에 횟수를 정해둔 것은 節文하기 위한 것이다.〔辟踊 哀之至也 有筭 爲之節文也〕" 하였는데, 孔穎達 疏에 "가슴을 치는 것을 '辟'이라 하고 발을 구르는 것을 '踊'이라 하는데, 효자가 어버이를 잃고서 슬프고 사모하는 마음에 매우 괴로워 남자는 발을 구르고 여자는 가슴을 치니, 이는 애통함이 지극한 것이다. 만약 이것을 제한하지 않으면 생명을 상할까 두려우므로 가슴을 치고 발을 구르는 것에 횟수를 정하여 조절한 것이다.〔撫心爲辟 跳躍爲踊 孝子喪親 哀慕至懣 男踊女辟 是哀痛之至極也 若不裁限 恐傷其性 故辟踊 有筭爲準節〕" 하였다.(≪禮記正義≫)

9) 夫人之氏 : 〈曲禮 下〉에 "천자의 비를 后라 하고, 제후의 비를 夫人이라 하고, 대부의 비를 孺人이라 하고, 士의 비를 婦人이라 하고, 서인의 비를 妻라 한다.〔天子之妃 曰后 諸侯曰夫人 大夫曰孺人 士曰婦人 庶人曰妻〕" 하였으니, 제후 부인의 본래 氏를 이른다.

房中은 婦人들이다. '升擧幣'는 〈堂으로 올라가서 幣帛을〉 들고 내려와 양쪽 계단 사이에 묻는 것이다.

070103 三日에 衆主人과 卿大夫士 如初位하야 北面이어든 大(태)宰大(태)宗大(태)祝이 皆裨冕이니라 少師 奉子以衰(최)[10]하야 祝이 先이어든 子從하고 宰宗人[11]이 從하야 入門이어든 哭者止니라 子升自西階하야 殯前에 北面이어든 祝이 立于殯東南隅하야 祝이 聲三하고 曰 某之子某 從執事하야 敢見(현)이라하야든 子拜稽顙하고 哭하며 祝宰宗人과 衆主人과 卿大夫士 哭하고 踊三者三이요 降東反位하야 皆袒이어든 子踊하며 房中亦踊三者三이요 襲衰杖[12]하고 奠出하거든 大宰 命祝史하야 以名으로 徧告于五祀山川하나니라

〈임금이 별세한 뒤〉 3일째에 여러 주인과 卿·大夫·士가 처음 〈세자가 태어난 것을 고할 때의〉 자리와 똑같은 데에서 북향을 하고 서 있으면 太宰와 太宗과 太祝이 모두 裨衣를 입고 冕冠을 쓴다.

少師가 喪服을 입고서 세자를 받쳐서 받든다. 그리하여 祝이 먼저 올라

10) 少師奉子以衰(최) : 孔穎達 疏에 "少師는 세자를 기르는 것을 주관하는 관원이고 또 세자를 받들기 때문에 세자와 더불어 모두 상복을 착용한다.〔少師主養子之官 又奉子 故與子皆著衰也〕" 하였다.(≪禮記正義≫)

11) 宰宗人 : 공영달의 소에 "황씨(皇侃)가 말하였다. '宰는 太宰이고 宗人은 太宗이다.'〔皇氏云 宰則大宰 宗人則大宗也〕" 하였다.(≪禮記正義≫)

12) 襲衰杖 : 襲衰에 대해 공영달의 소에 "이윽고 '벗었던 왼쪽 겉옷 소매를 다시 입는다〔襲〕' 고 말하였으니, 이는 당초에 〈소사가 상복 차림으로 세자를 받들 때 왼쪽 겉옷 소매를 벗는〉 袒을 했음을 밝힌 것이다.〔旣云襲 明初時袒也〕" 하였다.(≪禮記正義≫) 淸나라 江永의 ≪禮記訓義擇言≫ 권4 〈曾子問〉에 "살펴보건대 襲·衰·杖은 글자 각각이 句가 된다. 襲은 여러 신하가 벗었던 왼쪽 겉옷 소매를 다시 입는 것이고, 衰는 세자에게 상복을 입히는 것이고, 杖은 少師가 세자를 대신하여 지팡이를 짚는 것이다. 앞에서 소사가 문에 들어와 상복을 입고서 세자를 받쳐서 받들었는데, 실제로 상복을 입히지 않았다가 이때에 비로소 입히니, 점차적으로 成服을 함을 형상한 것이다. 왼쪽 겉옷 소매를 벗는 것과 벗었던 왼쪽 겉옷 소매를 다시 입는 것은 여러 신하의 일이다.〔按襲衰杖 每字爲句 襲者 諸臣襲 衰者 爲子著衰 杖者 少師代子執杖也 前少師入門奉子以衰 實未服 至此 始服之 象成服以漸也 袒襲 諸臣之事〕" 하였다.

가면 세자를 〈받든 소사가〉 따라가고 태재와 태종이 뒤따라 문에 들어가면 곡하는 자가 멈춘다.

세자를 〈받든 소사가〉 서쪽 계단으로 올라가 殯의 앞에서 북향하고 서 있으면 축이 빈의 동남쪽 귀퉁이에 선다. 그리하고서 축이 세 번 噫歆 소리를 내고 고하기를 '〈夫人〉 아무 씨의 세자 아무개가 執事들을 따라 감히 뵙니다.' 하면 세자를 〈받든 소사가 무릎 꿇고〉 절을 하되 이마를 〈땅에 닿도록〉 조아리고 곡을 한다.

태축·태재·태종과 여러 주인과 경·대부·사가 곡을 하고 세 차례에 걸쳐 세 번씩 踊을 하고 동쪽으로 내려와 〈아침저녁으로 곡하는〉 자기 자리로 돌아와서 모두 왼쪽 겉옷 소매를 벗으면, 세자를 〈받든 소사가〉 용을 하며 방 안에 있는 婦人들도 세 차례에 걸쳐 세 번씩 용을 한다. 〈세자를 받든 소사가〉 상복의 왼쪽 겉옷 소매를 다시 입고 세자에게 상복을 입히고 지팡이를 짚고 朝奠을 마치고 나오면 태재가 태축과 太史에게 명하여 세자의 이름을 五祀와 산천의 신에게 두루 고한다."

≪集說≫

如初位者는 如初告子生之位次也라 少師는 主養子之官이니 奉子以衰는 以衰服承藉而捧之也라 告曰 夫人某氏之子某가 從執事宰宗人等하야 敢見이라하니 子名은 則大宰所立也일새라 告訖에 捧子之人이 拜而稽顙하고 且哭이라 凡踊은 三度爲一節이니 如此者三이라 故云三者三이라하다 降東反位者는 堂上人은 皆從西階하야 降而反東하고 在下者도 亦皆東而反其朝夕之哭位也라 踊而襲衰杖은 成其爲子之禮也라 奠出은 朝奠畢而出也라

'如初位'는 처음 세자가 태어난 것을 고할 때의 자리와 똑같다는 것이다. 少師는 세자를 기르는 것을 주관하는 관원이니, '奉子以衰'는 상복 차림으로 세자를 받쳐서 받드는 것이다. 고하기를 "夫人 아무 씨의 세자 아무개가 執事·太宰·太宗 등을 따라 감히 뵙니다." 하니, 세자의 이름은 〈나중에〉 태재가 지어주는 것이기 때문이다. 고하기를 마친 뒤에 세자를 받들고 있는 사람이 〈무릎 꿇고〉 절을 하되 이마를 〈땅

에 닿도록〉 조아리고 또 곡을 한다.

무릇 踊은 세 번 하는 것이 한 節度가 되니, 이와 같이 하는 것을 세 차례 하기 때문에 '三者三'이라 한 것이다. '降東反位'는 堂 위에 있는 사람들은 모두 서쪽 계단으로 내려와서 동쪽으로 돌아오고, 아래에 있는 자도 모두 동쪽으로 가서 아침저녁으로 곡하는 자리로 돌아가는 것이다. 踊을 하고 襲을 하고 세자에게 상복을 입히고 지팡이를 짚는 것은 세자 된 자의 禮를 이루는 것이다. '奠出'은 朝奠을 마치고 나오는 것이다.

≪大全≫

嚴陵方氏曰 君薨은 凶事也니 凶事는 人之所哀요 世子生은 吉事也니 吉事는 人之所樂이니 君子行禮於此에 可不愼哉아 是以로 裨冕은 吉服也요 衰杖은 則凶服也며 毋哭은 吉禮也요 稽顙은 則凶禮也라 於是則或裨冕이어나 或衰杖이어나 或命毋哭이어나 或拜稽顙하니 豈非處之以吉凶之間也리오

嚴陵方氏 : 임금이 훙서함은 흉한 일이니 흉한 일은 사람들이 슬퍼하는 것이고, 世子가 태어남은 길한 일이니 길한 일은 사람들이 즐거워하는 것이다. 그러니 군자가 이에 대한 禮를 행할 때 삼가지 않을 수 있겠는가. 이 때문에 裨衣와 冕冠은 吉服이고 상복과 지팡이는 凶服이며, 곡하지 말라는 것은 吉禮이고 머리를 바닥에 닿도록 조아림은 凶禮이다. 이에 혹 비의를 입고 면관을 쓰기도 하며 혹 상복을 입고 지팡이를 짚기도 하며 혹 곡하지 말라고 명하기도 하며 혹 〈무릎 꿇고〉 절하되 이마를 땅에 닿도록 조아리기도 하니, 어찌 길례와 흉례의 중간으로 대처한 것이 아니겠는가.

○ 山陰陸氏曰 如初位면 則北面可知어늘 又言北面은 著子雖幼나 莫不臣也라 少師奉子는 言師는 著一日不敢無師傅也요 不言大師는 奉子以衰가 嫌褻일새라

山陰陸氏 : 처음 자리와 똑같이 한다면 北面임을 알 수 있는데, 또 '북면'이라고 말한 것은 세자가 비록 어리더라도 신하 되지 않는 사람이 없음을 나타낸 것이다. '少師奉子'는, '師'를 말함은 하루도 감히 師傅가 없을 수 없음을 드러낸 것이고, 太師를 말하지 않은 것은 〈높고 莊重한 지위의 태사가〉 상복 차림으로 세자를 받쳐서 받드는 것이 〈태사의 지위를〉 장중해지지 않게 할까 혐의해서이다.

070201 **曾子問曰 如已葬而世子生**이어든 **則如之何**잇고 **孔子曰 大**(태)**宰 大宗**이 **從大祝而告于禰**[13]하며 **三月**에 **乃名于禰**하고 **以名**으로 **徧告**호되 **及社稷宗廟山川**하나니라

曾子가 묻기를 "이미 葬禮를 지냈는데 世子가 태어나면 어떻게 합니까?" 하였다. 孔子께서 말씀하셨다.

"太宰・太宗이 太祝을 따라 殯宮의 아버지 신주에 고하며, 3개월이 되면 이에 빈궁의 아버지 신주 앞에서 이름을 짓고, 그 이름을 가지고 두루 고하되 社稷・宗廟・山川의 神에게까지 고한다."

≪集說≫

告于禰는 告其主也라 此時에 神主在殯宮하니 因見(현)禰而立其名이라 故云乃名于禰也니라

'告于禰'는 그 神主에 고하는 것이다. 이때에 신주가 殯宮에 있으니, 아버지 신주를 뵙는 것을 인하여 그 이름을 짓기 때문에 "이에 아버지 신주 앞에서 이름을 짓는다." 한 것이다.

≪大全≫

山陰陸氏曰 徧告는 同盟諸侯니 知然者는 以言及社稷宗廟山川으로 知之也라 上於諸侯에도 非不告也요 下於諸侯에도 非不告也로되 其主言者는 同盟諸侯爾니라

山陰陸氏 : 두루 고함은 〈그 대상이〉 同盟을 맺은 제후이니, 이러함을 아는 것은 '사직・종묘・산천의 신에까지 미친다.' 한 것 때문에 아는 것이다. 제후보다 높은 대상에게도 고하지 않음이 없고 제후보다 낮은 대상에게도 고하지 않음이 없으나 중점적으로 말한 대상은 동맹을 맺은 제후일 뿐이다.

---

13) 禰 : 鄭玄 注에 "禰는 아버지 殯宮의 신주이다. 장례를 끝마친 뒤에 殯에 시체를 담은 관은 없고 오직 신주가 있기 때문에 신주에 고하는 것이니, 이는 점점 귀신으로 섬기기 때문이다. 사당의 신주의 이름과 똑같기 때문에 '禰'라고 한 것이다.〔禰 父殯宮之主也 旣葬訖 殯無尸柩 唯有主在 故告於主 漸神事之故也 同廟主之名 故曰禰也〕" 하였다.(≪禮記正義≫)

070301 **孔子曰**[14)]**諸侯適天子**할새 **必告于祖**하고 **奠于禰**하며 **冕而出視朝**하며 **命祝史**하야 **告于社稷宗廟山川**하고 **乃命國家五官而后行**호되 **道而出**하나니라 **告者**가 **五日而徧**하나니 **過是**면 **非禮也**니라 **凡告**에 **用牲幣**하나니 **反亦如之**니라

孔子께서 말씀하셨다.

"제후가 天子의 나라에 갈 때에는 반드시 先祖의 사당에 고하고 아버지 사당에 奠을 올리며 冕冠을 쓰고 나와 조회를 보며, 祝과 史에게 명하여 社稷·宗廟·山川의 신에게 고하고, 이에 국가의 중임을 맡은 다섯 대부에게 명한 뒤에 길을 떠나되 路祭를 지낸 뒤에 출국을 한다. 고하는 것은 5일 동안 두루 다 해야 하니, 5일을 넘기면 바른 禮가 아니다. 무릇 고할 때에는 犧牲과 幣帛을 사용하니, 돌아와서도 이와 같이 한다.

≪集說≫

告于祖면 亦告于禰요 奠于禰면 亦奠于祖也니 奠者는 奠幣爲禮而告之也라 視朝聽事之後에 卽徧告群祀하고 戒命五大夫之職事하야 使無廢弛也니 諸侯有三卿五大夫하니라 道而出者는 祖祭[15)]道神而后에 出行也라 五祀之行神[16)]은 則在宮內하니 月令冬祀行[17)]이 是也요 喪禮에 毁宗躐行은 則行神之位가 在廟門外西方[18)]이라 若

---

14) 孔子曰 : 孔穎達 疏에 "'曾子問'이라는 말이 없고 곧바로 '孔子曰'이라고 한 것은 이것이 앞의 일과 연결된 글이기 때문이다.〔不云曾子問 直云孔子曰者 以此與上事連文〕" 하였다.(≪禮記正義≫)

15) 祖祭 : 길신에게 제사 지내는 것이다. ≪春秋左氏傳≫ 昭公 7년에 "昭公이 楚나라에 가려 할 때 襄公이 길신에게 제사 지내는 꿈을 꾸었다.〔公將往 夢襄公祖〕" 하였는데, 杜預의 주에 "祖는 길신에게 제사 지내는 것이다.〔祖 祭道神〕" 하였다.

16) 五祀之行神 : 〈月令〉의 "先祖와 五祀의 신에게 臘享 제사를 지낸다.〔臘先祖五祀〕"라는 것에 대한 鄭玄 注에 "五祀는 門과 戶와 中霤와 竈와 行이다.〔五祀 門戶中霤竈行也〕"라고 한 데에 보인다.(≪禮記正義≫) 門은 집의 안팎으로 통하는 큰문의 神을, 戶는 방문의 신을, 中霤는 방 가운데의 신을, 竈는 부엌의 신을, 行은 사람이 통행하는 길의 신을 각각 가리킨다.

祭道路之行神이면 謂之軷이니 於城外에 委土爲山之形하고 伏牲其上하야 祭告하고 禮畢에 乘車轢之而遂行也하니 其神曰纍라 其牲은 天子는 犬이요 諸侯는 羊이요 卿大夫는 酒脯而已니라 長一丈八尺이 爲制幣[19)]라

先祖의 사당에 고했으면 또한 아버지 사당에 고하고, 아버지 사당에 奠을 올렸으면 또한 선조의 사당에 전을 올리는 것이니, 奠은 폐백을 올려 禮를 행하고 고하는 것이다. 조회를 보고 政事를 다스린 뒤에 즉시 여러 제사 지내는 神에게 두루 고하고 다섯 대부에게 직무를 경계하는 명을 내려 맡은 일을 내팽개치거나 해이하게 처리함이 없게 하는 것이니, 제후에게는 세 명의 卿과 다섯 명의 대부가 있다.

'道而出'은 길의 신에게 路祭를 지낸 뒤에 出行하는 것이다. 五祀의 길신〔行神〕은 궁 안에 있으니 〈月令〉에서 겨울에 길신에게 제사 지낸다고 한 것이 이것이고, 喪禮에서 廟門 서쪽의 담장을 허물고 밟고 넘어가는 것은 길신의 위치가 묘문 밖 서쪽에 있어서이다. 만약 도로의 길신에게 제사 지내게 되면 이것을 '軷'이라 이르는데, 성 밖에다 흙을 쌓아 산 모양을 만들고 犧牲을 그 위에 엎드리게 해놓고서 제사 지내어 고하고, 제사 지내는 禮를 마친 뒤에 수레를 타고 수레바퀴로 희생을 타넘고서 마침내 길을 떠나니, 그 제사 지내는 神을 '纍'라고 한다. 그때 사용하는 희생은 천자는 개이고, 제후는 양이고, 卿·大夫는 술과 脯일 뿐이다. 길이가 1丈 8尺인 것이 制幣가 된다.

≪大全≫

臨川吳氏曰 反亦如之는 謂親告祖禰하고 又命祝史徧告하고 視朝而入也니라

臨川吳氏 : '돌아와서도 이와 같이 한다'는 것은 친히 선조의 사당과 아버지의 사

17) 月令冬祀行 : 〈月令〉의 孟冬, 仲冬, 季冬에 각각 "그 제사는 길신에게 지낸다.〔其祀 行〕"라고 한 것을 가리킨다.

18) 喪禮……在廟門外西方 : 이 내용은 〈檀弓 上〉의 "장례할 때에 이르러서 묘문 서쪽의 담장을 허물고 밟고 넘어간다.〔及葬 毁宗躐行〕"라는 것에 대한 孔穎達 疏에 보인다.(≪禮記正義≫)

19) 長一丈八尺爲制幣 : 制幣는 고대에 제사 지낼 때 바친 幣帛으로, 帛의 길이와 너비가 모두 정해진 제도가 있으므로 이렇게 칭하였다. ≪儀禮≫ 〈旣夕禮〉에 "폐백을 드릴 적에는 제폐로 玄纁 1束을 사용한다.〔贈 用制幣玄纁束〕"라고 하였는데, 鄭玄 注에 "1장 8척을 制라 한다.〔丈八尺曰制〕" 하였다.

당에 고하고 또다시 祝과 史에게 명하여 두루 고하고 조회를 보고 들어옴을 이른다.

○ 山陰陸氏曰 祖言告하고 禰言奠은 尊祖而親禰也니라

山陰陸氏 : 先祖의 사당에서는 '告'라 하고 아버지의 사당에서는 '奠'이라고 말함은 선조를 높이고 아버지 사당을 친근히 한 것이다.

070302 **諸侯相見**할새 **必告于禰**하고 **朝服而出視朝**하며 **命祝史**하야 **告于五廟所過山川**하며 **亦命國家五官**하고 **道而出**하나니라 **反必親告于祖禰**하고 **乃命祝史**하야 **告至于前所告者**하고 **而後**에 **聽朝而入**하나니라

제후들끼리 서로 만나볼 때에 반드시 아버지 사당에 고하고 〈君臣간이 아니므로〉 朝服을 입고 나가 조회를 보며, 祝과 史에게 명하여 다섯 사당과 지나가는 곳의 산천의 신에게 고하며, 또한 국가의 〈중임을 맡은〉 다섯 대부에게 명하고 路祭를 지내고 출행한다. 돌아와서는 반드시 친히 선조의 사당과 아버지 사당에 고하고, 이에 축과 사에게 명해서 전에 고했던 신들에게 돌아왔음을 고하게 하고, 그 뒤에 조회를 듣고 들어간다."

≪集說≫

上章에 言冕而出視朝어늘 此言朝服而出視朝者라 按覲禮에 侯氏裨冕[20]이라하니 今敬君하야 欲豫習其禮故로 冕服以視朝요 諸侯相朝는 非君臣也故로 但朝服而已라 諸侯朝服은 玄冠緇衣素裳이어늘 而聘禮云 諸侯相聘에 皮弁服[21]이라하니 則相朝에 亦皮弁服矣나 天子以皮弁服視朝故로 謂之朝服也라하니라

윗장에 '冕冠을 쓰고 나가 조회를 본다.'고 말했는데, 여기에서는 '朝服을 입고 나

20) 覲禮 侯氏裨冕 : 이 내용은 ≪儀禮≫ 〈覲禮〉에 보인다. 근례는 제후가 가을에 천자를 뵙는 禮로, 賈公彦 疏에 "鄭玄의 ≪三禮目錄≫에 말하였다. '覲은 보임이니, 제후가 가을에 천자를 뵙는 예이다.'〔鄭目錄云 覲 見也 諸侯秋見天子之禮〕"라고 하였다.(≪儀禮注疏≫)

21) 聘禮云……皮弁服 : 이 내용은 ≪儀禮≫ 〈聘禮〉의 "빈객은 皮弁服을 입고 聘問하는데 朝聘할 곳에 이르러 빈객은 임시 장막으로 들어간다.〔賓皮弁聘 至于朝 賓入于次〕"라는 것을 두고 한 말이다. 〈聘禮〉에는 제후간에 서로 빙문하는 예에 관한 것들이 실려 있다.

가 조회를 본다.'고 말하였다. ≪儀禮≫ 〈覲禮〉를 살펴보면 "侯氏(제후)가 裨衣를 입고 면관을 쓴다." 하였으니, 이제 〈윗장에서는〉 임금(天子)을 공경하여 그 禮를 미리 익히고자 하기 때문에 冕服을 입고 조회를 보는 것이고, 〈여기에서〉 제후가 서로 조회하는 것은 君臣간이 아니기 때문에 다만 조복을 입는 것일 뿐이다. 제후의 조복은 玄冠・緇衣・素裳인데 ≪의례≫ 〈聘禮〉에 "제후가 서로 빙문할 때에 皮弁服을 입는다." 하였으니, 서로 조회할 때에는 또한 피변복을 입는 것이다. 그러나 천자가 피변복을 입고 조회를 보기 때문에 〈제후가 서로 조회할 때에는 피변복이라 하지 않고〉 조복이라 한 것이다.

皮弁服

≪大全≫

嚴陵方氏曰 曲禮曰 夫爲人子者는 出必告하고 反必面이라하니 諸侯之出에 必告于祖하고 奠于禰하며 反亦如之는 蓋事死如事生也요 而又及于社稷山川者는 推事親之道하야 以事神也라 然於適天子則其禮詳하고 與諸侯相見則其禮略하니 豈非所見之人有輕重故로 其禮不能無隆殺(쇄)與아 五官은 卽王制下大夫五人이 是也요 五廟는 卽王制二昭二穆與太祖之廟而五 是也니라

嚴陵方氏 : 〈曲禮〉에 "무릇 자식이 된 자는 외출할 때에 반드시 부모에게 고하고 돌아와서는 반드시 부모에게 얼굴을 보인다." 하였으니, 제후가 나갈 때에 반드시 先祖의 사당에 고하고 아버지 사당에 奠을 올리며 돌아와서도 이와 같이 함은 죽은 이를 섬기기를 산 이를 섬기는 것과 같이 한 것이다. 또 社稷과 산천의 神에까지 미침은 어버이 섬기는 道를 미루어서 神을 섬긴 것이다. 그러나 천자에게 갈 때에는 그 禮가 자세하고 제후와 서로 만나볼 때에는 그 禮가 간략하니, 어찌 만나보는 사람이 輕重의 차이가 있기 때문에 그 禮에 높이고 줄이는 차이가 없을 수 없는 것이 아니겠는가.

五官은 바로 〈王制〉의 "〈큰 제후국의 3卿에〉 下大夫 다섯 사람이 있다."라는 것이 이것이고, 五廟는 바로 〈왕제〉의 "〈제후는〉 2昭・2穆과 太祖의 사당까지 아울러서 다섯이다."라는 것이 이것이다.

070401 曾子問曰 竝有喪이어든 如之何잇고 何先何後잇고 孔子曰 葬先輕而後重하고 其奠也는 先重而後輕이 禮也라 自啓及葬히 不奠하며 行葬에 不哀次하며 反葬에 奠而後에 辭於殯[22)]하고 遂修葬事니라 其虞也엔 先重而後輕이 禮也니라

曾子가 묻기를 "부모의 喪이 함께 있으면 어떻게 합니까? 어느 분을 먼저 하고 어느 분을 뒤에 합니까?" 하였다. 孔子께서 대답하셨다.

"葬禮는 〈친족 관계나 지위가 가볍거나〉 낮은 사람을 먼저 하고 〈친족 관계나 지위가 중하거나〉 높은 사람을 뒤에 하고, 그 奠은 〈봉양하는 일이므로〉 높은 사람을 먼저 하고 낮은 사람을 뒤에 하는 것이 禮이다. 〈장례는 情을 빼앗는 일이므로 가벼운 분을 먼저 하니〉 어머니의 殯을 열고 나서 장례에 이르기까지 아버지의 殯에 奠을 올리지 않고 장례를 행할 적에 대문 밖 오른쪽의 평소 빈객을 대접하던 곳에서 슬퍼하지 않는다. 장례하고 돌아와서는 아버지의 殯에 奠을 올린 뒤에 빈객들에게 〈殯을 열 시기를〉 말하고 마침내 아버지 장례의 일을 준비한다. 虞祭는 〈높은 분을 먼저 봉양하는 奠의 종류이므로 친족 관계나 지위가〉 높은 분을 먼저 하고 낮은 분을 뒤에 하는 것이 예이다."

≪集說≫

曾子問 同時에 有父母或祖父母之喪이면 先後之次가 如何오하니 孔子言 葬則先母而後父하고 奠則先父而後母라하시니라 自는 從也니 從啓母殯之後로 及至葬柩欲出之前에 惟設母啓殯之奠과 朝廟之奠과 及祖奠遣奠[23)]而已요 不於殯宮에 爲父設奠이라 故云 自啓及葬不奠이라하니 謂不奠父也라 次者는 大門外之右니 平生待賓客之處라 柩至

22) 殯 : '賓'과 같다.

23) 祖奠遣奠 : 祖奠은 發靷하기 하루 전에 사당에 영결을 고하기 위해 지내는 奠를 이르고, 遣奠은 발인할 때 문 앞에서 지내는 祭奠으로 路奠·路祭라고도 한다.

此면 則孝子悲哀하야 柩車暫停이러니 今爲父喪在殯故로 行葬母之時에 孝子不得爲母하야 伸哀於所次之處라 故柩車不暫停也라 及葬母而反에 即於父殯設奠하고 告語於賓以明日啓父殯之期하고 賓出之後에 孝子遂修營葬父之事也라 葬은 是奪情之事라 故先輕하고 奠은 是奉養之事라 故로 先重也요 虞祭도 亦奠之類라 故로 亦先重이니라

曾子가 묻기를 "동시에 부모나 혹은 조부모의 喪이 있으면 선후의 차례가 어떻습니까?" 하니, 孔子께서 "장례는 어머니를 먼저 하고 아버지를 뒤에 하고, 奠은 아버지를 먼저 하고 어머니를 뒤에 한다."고 말씀하신 것이다.

自는 '부터'이니, 어머니의 殯을 연 뒤로부터 장례 때가 되어 靈柩가 나가려고 하기 전까지 오직 어머니의 殯을 열 때의 奠과 사당에 올리는 奠과 祖奠·遣奠을 진설할 뿐이고, 殯宮에서 아버지를 위하여 奠을 진설하지 않는다. 그러므로 "殯을 열 때로부터 장례에 이르기까지 奠을 올리지 않는다." 말했으니, 아버지에게 奠을 올리지 않음을 이른다.

次는 대문 밖의 오른쪽(서쪽)이니, 평소 빈객을 대접하던 곳이다. 영구가 여기에 이르면 孝子가 슬퍼하여 柩車를 잠시 멈추는데 지금 아버지의 喪이 殯에 있기 때문에 어머니의 장례를 행할 때에 효자가 어머니를 위하여 대문 밖 오른쪽의 평소 빈객을 대접하던 곳에서 슬픔을 펴지 못하므로 구거를 잠시도 멈추지 않는 것이다.

어머니의 장례를 지내고 돌아와서는 즉시 아버지의 殯에 奠을 진설하고 그 다음날 아버지의 殯을 열 시간을 손님들에게 고하여 말하고, 빈객이 나간 뒤에 효자가 마침내 아버지를 장례할 일을 경영하는 것이다.

장례는 情을 빼앗는 일이므로 〈친족 관계나 지위가 가볍거나〉 낮은 분을 먼저하고 奠은 봉양하는 일이므로 높은 분을 먼저 하며, 虞祭도 奠의 종류이므로 높은 분을 먼저 하는 것이다.

≪大全≫

張子曰 古者에 掘壙而葬하니 既竝有喪이면 則先葬者를 必不復土[24]하야 以待後葬者之入이니 相去日近故也니라

24) 復土 : 구덩이를 파서 下棺할 때, 팔 때 나온 흙으로 관을 덮어 封墳해서 陵을 세우는 것을 말한다.

張子 : 옛날에 구덩이를 파고 장례를 치렀으니, 이미 함께 喪을 당하였으면 먼저 葬禮한 사람의 棺을 반드시 復土하지 않고서 뒤에 장례한 사람의 관을 들이기를 기다려야 한다. 이는 서로 날짜의 거리가 가깝기 때문이다.

○ 馬氏曰 葬者는 送終之道也니 人子之心所弗忍也라 君子於其弗忍也에 所以先輕而後重이니라

馬氏 : 장례는 葬送하는 道이니, 자식의 마음에 차마 하지 못하는 바이다. 군자가 차마 하지 못하는 바에 〈친족 관계나 지위가 가볍거나 낮은〉 분을 먼저 하고 높은 분을 뒤에 하는 것이다.

070501 **孔子曰 宗子**[25)]는 **雖七十**이라도 **無無主婦**니 **非宗子**면 **雖無主婦**라도 **可也**니라

孔子께서 말씀하셨다.

"〈大宗의〉 宗子는 비록 70세가 되어도 主婦가 없을 수 없으니, 종자가 아니면 비록 주부가 없더라도 괜찮다."

≪集說≫

宗子는 領宗男於外하고 宗婦는 領宗女於內하니 禮不可缺故로 雖七十之年이라도 猶必再娶라 然此謂大宗之無子어나 或子幼者니 若有子有婦하야 可傳繼者면 則七十에 可不娶矣니라

宗子는 宗中의 남자들을 밖에서 거느리고 宗婦는 종중의 여자들을 안에서 거느리니, 禮를 빠뜨릴 수 없기 때문에 비록 70세라도 반드시 再娶를 하는 것이다. 그러나 이것은 大宗으로서 자식이 없거나 혹 자식이 어린 자를 이르니, 만약 자식이 있고 며느리가 있어서 계통을 전할 수 있는 자라면 70세에 장가들지 않아도 된다.

≪大全≫

嚴陵方氏曰 爲庶子之宗者를 謂之宗子[26)]요 爲庶婦之主者를 謂之主婦니 宗子承家하야

---

25) 宗子 : 孔穎達 疏에 "宗子는 大宗의 아들이다.〔宗子 大宗子也〕" 하였다.(≪禮記正義≫)

主祭於外하고 而主婦則助之於內者也라 故로 宗子雖七十이라도 不可以無主婦니라

嚴陵方氏 : 庶子 가운데 제일 첫째인 자를 宗子라 이르고 庶婦 가운데 제일 첫째인 자를 主婦라 이르니, 종자는 가업을 계승하여 밖에서 제사를 주관하고 주부는 〈종자가 지내는 제사를〉 안에서 돕는 자이다. 그러므로 종자가 비록 70세라 하더라도 주부가 없을 수 없는 것이다.

070601 **曾子問曰 將冠子**할새 **冠者至**하야 **揖讓而入**이어늘 **聞齊衰**(자최)**大功之喪**이어든 **如之何**잇고 **孔子曰 內喪則廢**하고 **外喪**[27]**則冠而不醴**[28]하며 **徹饌而埽**하고 **卽位而哭**이니 **如冠者未至**어든 **則廢**니라

曾子가 묻기를 "장차 자식에게 冠禮를 하려 할 적에 〈賓과 禮를 돕는 사람인〉 冠者가 도착해서 揖하여 사양하는 예를 행하고 들어왔는데 〈주인이〉 齊衰나 大功의 喪이 났다는 소식을 들으면 〈관례를〉 어떻게 합니까?" 하니, 孔子께서 말씀하셨다.

"大門 안의 상일 경우에는 〈관례를〉 폐지하고, 대문 밖의 상일 경우에는 관례를 하되 〈三加 후에〉 醴禮를 행하지 않으며, 음식을 치우고 청소한 다음 자리에 나아가 哭을 하니, 만약 관자가 오지 않았으면 〈관례를〉 폐지한다."

≪集說≫

冠者는 賓與贊禮之人也니 此人이 已及門而與主人揖讓以入矣어늘 主人이 忽聞齊衰

---

26) 爲庶子之宗者 謂之宗子 : 庶子는 제후의 嫡長子 이외의 아들로, 이들의 적자도 宗子라고 한다는 말이다. 〈大傳〉의 '別子'에 대한 孔穎達 疏에 "〈별자는〉 제후의 서자를 이른다.〔諸侯之庶子也〕" 하였다.(≪禮記正義≫) ≪毛詩正義≫ 〈小雅 白華〉의 '宗'에 대한 鄭玄 注에 "〈宗은〉 적자이다.〔適子也〕" 하였고, ≪唐宋八大家文鈔≫ 〈東坡文鈔 勸親睦〉에 "옛날에 宗을 세우는 법도는 嫡子가 이미 宗이 되었으면 서자의 적자가 또 각각 그 서자의 宗이 된다. 이 법도가 4代까지 적용되지만 실제로는 끝이 없다.〔古者立宗之道 嫡子旣爲宗 則其庶子之嫡子 又各爲其庶子之宗 其法止於四 而其實無窮〕" 하였다.

27) 外喪 : 孔穎達 疏에 "外喪은 대문 밖의 상을 이른다.〔外喪 謂大門外之喪〕" 하였다.(≪禮記正義≫)

28) 不醴 : 鄭玄 注에 "不醴는 자식에게 醴禮를 행하지 않는 것이다.〔不醴 不醴子也〕" 하였다.(≪禮記正義≫)

大功之喪이면 何以處之오하니 夫子言若是大門內之喪이면 則廢而不行이라하시니라 以冠禮行之於廟어늘 廟在大門之內하니 吉凶不可同處也라 若是大門外之喪이면 喪在他處하니 可以加冠이라 但冠禮三加[29]之後에 設醴以禮新冠之人이로되 今値凶事하야는 止三加而止하고 不醴之也라 初欲迎賓之時에 醴及饌具를 皆陳設이러니 今悉徹去하고 又埽除冠之舊位하야 使淨潔更新하고 乃卽位而哭호되 如賓與贊者未至어든 則廢也니라

冠者는 賓客 및 禮를 돕는 사람이니, 〈증자가〉 "이 사람이 이미 문에 도착해서 주인과 揖하고 사양하는 예를 행하여 들어왔는데 주인이 갑자기 齊衰나 大功의 喪이 났다는 소식을 들었으면 어떻게 대처해야 합니까?" 하니, 夫子께서 말씀하시기를 "만약 大門 안의 상이면 〈冠禮를〉 폐지하고 행하지 않는다." 하셨다. 관례는 사당에서 행하는데, 사당은 대문 안에 있으니 吉禮와 凶禮를 한 장소에서 할 수 없기 때문이다. 만약 대문 밖의 상이면 상이 다른 곳에 있으니 冠을 加할 수 있다. 다만 관례의 三加 이후에 醴酒를 진설하여 새로 관례한 사람에게 禮를 행하는데, 지금 흉한 일을 만나서는 단지 삼가를 하는 데에서 그치고 예주를 진설하여 예를 행하지 않는 것이다. 당초 빈객을 맞이하고자 할 적에 예주와 饌具를 모두 진설하였는데, 이제 모두 철거하고 또 관례하던 옛 자리를 청소해서 정결하고 새롭게 하고 마침내 자리에 나아가 곡을 한다. 그런데 빈객과 예를 돕는 사람이 오지 않았으면 〈관례를〉 폐지한다.

≪大全≫

嚴陵方氏曰 門內之治는 恩掩義하고 門外之治는 義斷恩이어늘 禮는 所以行義而已라 故로 冠禮에 內喪則廢는 以其義有所屈故也요 外喪則冠은 以其義有所伸故也라 然而雖冠而不醴는 以其變常而爲之殺(쇄)也니라

嚴陵方氏 : 문 안의 다스림은 은혜가 義를 가리고 문 밖의 다스림은 義가 은혜를 끊는데, 禮는 義를 행하는 것일 뿐이다. 그러므로 관례를 행할 적에 문 안의 상일 경우에는 관례를 폐함은 義에 굽힐 바가 있기 때문이고, 문밖의 상일 경우에는 관례를 함은 義에 펼 바가 있기 때문이다. 그러나 비록 관례를 하더라도 醴禮를 행하지 않음은 常禮를 바꾸어 줄이기 때문이다.

---

29) 三加 : 冠禮를 初加・再加・三加 세 차례에 걸쳐 행하는 것을 이르는바, 緇布冠・皮弁・爵弁의 순으로 관을 갈아 씌운다. 鄭玄 注에 따르면 관을 씌울수록 더 높은 자의 관을 씌워주는 것인데, 이로써 더 성취하게 한 것이다.(≪禮記正義≫ 〈冠義〉)

070602 **如將冠子而未及期日**하야 **而有齊衰**(자최)**大功小功之喪**이어든 **則因喪服而冠**이라하시니 **除喪**하고 **不改冠乎**잇가 **孔子曰 天子賜諸侯大夫冕弁服於大**(태)**廟**어시든 **歸設奠**할새 **服賜服**하나니 **於斯乎**에 **有冠醮**요 **無冠禮**니라 **父沒而冠**이어든 **則已冠**하고 **埽地而祭於禰**하며 **已祭而見**(현)**伯父叔父**하나니 **而後**에 **饗冠者**하나니라

〈孔子께서 말씀하시기를〉"만약 장차 자식에게 冠禮를 하려 할 적에 〈관례를 하기로 한〉 期日에 이르지 아니해서 齊衰·大功·小功의 상이 있으면 상복을 입은 그대로 관례를 한다." 하시니, 〈曾子가 여쭈기를〉"그러면 상복을 벗고 나서 다시 관례를 하지 않습니까?" 하였다. 공자께서 말씀하셨다.

"천자가 제후·대부에게 冕服과 弁服을 太廟에서 하사하시거든 돌아와서 奠을 진설할 적에 하사받은 의복을 입으니, 이때에 관례의 醮가 있고 관례의 醴가 없는 것이다. 아버지가 돌아가신 뒤에 관례를 할 경우에는 관례를 마치고 나서 땅을 소제하여 아버지 사당에 제사 지내며 제사를 마치고 나서 伯父와 叔父를 뵈니, 그런 뒤에 冠者에게 燕饗을 베푼다."

≪集說≫

未及期日은 在期日之前也요 因喪服而冠者는 因著(착)喪之成服而加喪冠也니 此是孔子之言이라 曾子又問他日除喪之後에 不更(갱)改易而行吉冠之禮乎잇가하니 孔子答云 諸侯及大夫가 有幼弱未冠하고 總角從事라가 至當冠之年할새 因朝天子하야 天子於大(태)廟中에 賜冕服弁服이어시든 其受賜者榮君之命하야 歸卽設奠告廟하고 服所賜之服矣라 於此之時에 惟有冠之醮하고 無冠之醴하니 醮는 是以酒爲燕飮이요 醴則獨禮受服之人也라 其禮如此하니 安得有除喪改冠之禮乎아 父沒而冠은 謂除喪之後에 以吉禮禮冠者니 蓋齊衰以下는 可因喪服而冠이요 斬衰는 不可하니라

'未及期日'은 〈초상이 冠禮를 하기로 한〉 기일의 전에 있는 것이고, '因喪服冠'은

喪의 成服을 입은 그대로 喪冠을 가하는 것이니, 이것은 바로 공자의 말씀이다.

증자가 또 묻기를 "훗날에 상복을 벗은 뒤에 다시 바꾸어 吉禮의 冠을 쓰고 禮를 행하지 않습니까?" 하니, 공자께서 답하시기를 "제후와 대부가 나이가 어려 관례를 하지 못하고 總角 상태로 맡은 일에 종사하다가 마땅히 관례를 해야 할 나이에 이르렀을 때 천자를 조회하는 일로 인하여 천자가 太廟의 가운데에서 冕服·弁服을 하사하는 경우가 있다. 그러면 하사한 옷을 받은 자가 임금의 命을 영화로 여겨서 돌아와 즉시 奠을 진설하여 사당에 고유하고 하사받은 옷을 입는다. 이때에는 오직 관례의 醮만 있고 관례의 醴가 없으니, 醮는 술을 가지고 燕飮하는 것이고, 醴는 다만 의복을 받은 사람을 禮遇하는 것이다. 그 禮가 이와 같으니, 어찌 상복을 벗고서 冠을 〈길할 때 쓰는 것으로〉 바꾸는 禮가 있을 수 있겠는가? 아버지가 돌아가신 뒤에 관례를 함은 상복을 벗은 뒤에 吉禮로써 冠者를 예우하는 것을 이르니, 齊衰 이하의 사람은 상복을 입은 그대로 관례를 할 수 있고, 斬衰의 경우에는 그렇게 해서는 안 되기 때문이다." 하셨다.

○ 疏曰 吉冠은 是吉時成人之服이요 喪冠은 是喪時成人之服이니라 謂之醮者는 酌而無酬酢(작)을 曰醮라 醴重而醮輕者는 醴是古之酒라 故爲重이라 醮之所以異於醴者는 三加之後에 總一醴之요 醮則每一加而行一醮也니라

疏: 吉冠은 길할 때 成人의 服飾이고, 喪冠은 초상 때 성인의 복식이다. 醮라고 이른 것은 술을 따르기만 하고 酬酢함이 없는 것을 醮라 한다. 〈鄭玄 注에서〉 醴는 중하고 醮는 가볍다고 한 것은, 醴는 바로 옛날 술이기 때문에 중함이 되는 것이다. 醮가 醴와 다른 것은, 〈醴는〉 三加의 예를 한 뒤에 총괄하여 한 번 醴酒를 주는 것이고 醮는 冠을 한 번 가할 때마다 醮를 한 번씩 행하는 것이다.

070701 曾子問曰 祭如之何어든 則不行旅酬之事矣잇고 孔子曰 聞之호니 小祥者엔 主人練祭而不旅하고 奠酬於賓이어든 賓弗擧가 禮也니라 昔者에 魯昭公이 練而擧酬行旅하니 非禮也요 孝公이 大祥에 奠酬弗擧하니 亦非禮也니라

曾子가 묻기를 "제사는 어떠한 제사일 경우에 旅酬의 일을 행하지 않습

니까?" 하니, 孔子께서 말씀하셨다.

"내가 들으니, 小祥에는 주인이 練祭를 지내고 여수를 하지 않고 빈객에게 권하는 술잔〔酬〕을 올리거든 빈객이 들어 마시지 않는 것이 禮라 하였다. 옛날 〈春秋時代〉 魯 昭公이 연제를 지내고서 권하는 술잔을 들고 여수를 행하였으니 예가 아니고, 孝公이 大祥에 올렸던 권하는 술잔을 들지 않았으니 이것도 예는 아니다."

≪集說≫

曾子問祭而不行旅酬之禮는 何祭爲然이니잇고 孔子言惟小祥練祭爲然이라하시니라 不旅者는 不旅酬也요 奠酬於賓은 奠其酬爵於賓前也요 賓弗擧者는 賓不擧以旅也니 言此祭에 主人은 得致爵於賓이나 賓은 不可擧此爵而行旅酬니 此禮也라 大祥엔 則可旅酬矣니라 孝公은 隱公之祖라

증자가 묻기를 "제사에 旅酬의 禮를 행하지 않는 것은 어떤 제사가 그러합니까?" 하니, 공자께서 말씀하시기를 "오직 小祥의 練祭가 그러하다." 하셨다.

'不旅'라는 것은 여수하지 않는 것이고, '奠酬於賓'이라는 것은 권하는 술잔을 빈객 앞에 올리는 것이고, '賓弗擧'는 빈객이 들어서 여수하지 않는 것이다. 이 제사에 주인은 빈객에게 술잔을 올릴 수 있으나 빈객은 이 술잔을 들어서 여수를 행할 수 없는 이것이 禮임을 말한 것이다. 大祥에는 여수를 할 수 있다. 孝公은 隱公의 할아버지이다.

○ 朱子曰 旅는 衆也요 酬는 導飮也니 旅酬之禮는 賓弟子와 兄弟之子 各擧觶於其長而衆相酬하니 蓋宗廟之中에 以有事爲榮이라 故로 逮及賤者하야 使亦得以伸其敬也니라 又曰 主人이 酌以獻賓이어든 賓酢(작)主人曰酢이요 主人又自飮而復(부)飮賓曰酬니 主人自飮者는 是導賓使飮也라 但賓受之라도 却不飮하고 奠於席前하나니 至旅時에 亦不擧하고 又自別擧爵하나니라

朱子 : '旅'는 여러 사람이고 '酬'는 인도하여 마시게 하는 것인데, 旅酬의 禮는 빈객의 아우와 아들, 형제의 아들들이 각각 그 어른에게 술잔을 들어 올리면 여럿이 서로 권하는 것이니, 宗廟의 가운데에서는 종사하는 일이 있는 것을 영화로 여기기

때문에 천한 자에게까지 미쳐서 그들도 공경을 펼 수 있게 하는 것이다.

또(朱子) : 주인이 술을 따라서 빈객에게 올리거든 빈객이 주인에게 술을 따라 답하는 것을 '酢'이라 하고, 주인이 또 스스로 술을 마시고서 다시 빈객에게 마시게 하는 것을 '酬'라 하니, 주인이 스스로 마시는 것은 빈객을 인도하여 마시게 하는 것이다. 다만 빈객은 술잔을 받더라도 마시지 않고 돗자리 앞에 내려놓으니, 여수할 때에 이르러서도 이 술잔을 들지 않고 또다시 스스로 다른 술잔을 든다.

≪大全≫

嚴陵方氏曰 昭公은 未可爲而爲之하니 則於禮爲不及이요 孝公은 可以爲而不爲하니 則於禮爲過니 過猶不及이라 故로 皆以爲非禮也라 然而不及於禮는 爲近於薄이요 過於禮는 爲近於厚라 故로 於昭公則言非禮하고 於孝公則曰亦而已니라

嚴陵方氏 : 昭公은 해서는 안 되는데 하였으니 禮에 미치지 못함이 되고, 孝公은 할 수 있는데 하지 않았으니 禮에 지나침이 되니, 지나침은 미치지 못한 것과 똑같으므로 모두 禮가 아니라고 한 것이다. 그러나 禮에 미치지 못함은 薄함에 가까움이 되고 禮에 지나침은 厚함에 가까움이 된다. 그러므로 소공에게는 "禮가 아니다."라고 말하고, 효공에게는 "이것도 〈禮는 아니다.〉"라고 말했을 뿐이다.

070801 曾子問曰 大功之喪에 可以與於饋奠之事乎잇가 孔子曰 豈大功耳리오 自斬衰(최)以下로 皆可하니 禮也니라 曾子曰 不以輕服而重相爲乎잇가 孔子曰 非此之謂也라 天子諸侯之喪엔 斬衰者奠하고 大夫는 齊衰(자최)者奠하고 士則朋友奠호되 不足이어든 則取於大功以下者하고 不足이어든 則反之니라

曾子가 묻기를 "자기에게 大功의 喪이 있을 적에 饋奠하는 일에 참여할 수 있습니까?" 하니, 孔子께서 말씀하시기를 "어찌 대공의 상뿐이겠는가? 斬衰 이하의 사람이 모두 괜찮으니, 이것이 禮이다." 하셨다.

증자가 말하기를 "〈이렇게 하면〉 자기의 服을 가벼운 것으로 여기고 서로 위함을 중한 것으로 여기는 것이 아니겠습니까?" 하니, 공자께서 말씀

하셨다.

"이것을 말한 것이 아니다. 천자나 제후의 상에는 〈죽은 천자나 제후를 위해〉 斬衰服을 입은 신하들이 奠을 올리고, 대부는 〈죽은 대부를 위해〉 齊衰服을 입은 신하들이 奠을 올리고, 士는 〈죽은 士의〉 친구들이 奠을 올리되 〈執事할 사람이〉 부족하면 대공 이하의 사람 중에서 취하고, 〈그래도〉 부족하면 또다시 〈대공복 이상의 사람 중에서 취한다.〉"

≪集說≫

饋奠은 奠於殯也라 大夫는 朔望에 皆有殷奠[30]이어늘 士는 惟月朔에 其禮盛이라 故執事者衆이니라 曾子問己有大功之喪에 可與他人饋奠之事乎잇가 孔子將謂曾子問己有大功之喪에 得爲大功者饋奠否아 故答云 豈但大功이리오 自斬衰以下 皆可하니 禮也라하시니 言身有斬衰면 所爲者 斬衰요 身有齊衰면 所爲者 齊衰니 皆可與其饋奠이라 孔子是據所服者言之어시늘 曾子又不悟此旨하시고 將謂言他人하야 乃曰 不太輕己之服而重於相爲乎잇가 孔子乃答云 非此爲他人之謂也요 謂於所爲服者也라하시니라 凡喪奠에 主人이 以悲哀하야 不暇執事라 故不親奠하니 天子諸侯之喪에 諸臣이 皆斬衰라 故云 斬衰者奠이라 大夫則兄弟之服齊衰者奠하고 士는 不以齊衰者奠하니 避大夫也라 故로 朋友奠호되 人不充數어든 則取大功以下하고 又不足이어든 則反取大功以上也라

饋奠이라는 것은 殯을 한 곳에 奠을 올리는 것이다. 대부는 초하루와 보름에 모두 殷奠이 있는데 士는 오직 매달 초하루에 그 禮가 성대하므로 執事者가 많은 것이다. 증자가 묻기를 "자기에게 大功의 喪이 있을 때에 다른 사람을 위한 궤전하는 일에 참여할 수 있습니까?" 하니, 공자는 이에 증자가 자기가 대공의 상이 있을 때 大功服을 입게 한 자를 위하여 궤전할 수 있는지를 물은 것이라고 여기셨다. 그러므로 답하시기를 "어찌 대공의 喪뿐이겠는가? 斬衰 이하의 사람이 모두 해도 괜찮으니, 이것이 禮이다." 하신 것이다. 몸에 斬衰服이 있으면 위하는 바가 다 참최이고 몸에 齊衰服이 있으면 위하는 바가 다 齊衰이니, 모두 궤전에 참여할 수 있음을 말한 것이다.

---

30) 殷奠 : 초하루와 보름에 올리는 奠으로, 평일에 올리는 朝夕奠과는 달리 祭需를 성대하게 갖추어서 올리는 전을 말한다.(≪禮記正義≫ 〈喪大記〉)

공자는 服 입는 사람을 근거하여 말씀하셨는데 증자는 또 이 뜻을 깨닫지 못하고 다른 사람을 말한 것이라고 여겨서 마침내 "자기 服을 너무 가벼운 것으로 여기고 서로 위하는 것을 중한 것으로 여기는 것이 아니겠습니까?" 하니, 공자께서 이에 답하시기를 "이것은 다른 사람을 위함을 말한 것이 아니고, 服을 입게 만든 사람에 대해 말한 것이다." 하였다.

무릇 초상의 奠에 주인은 슬퍼서 일을 잡을 겨를이 없기 때문에 친히 奠을 올리지 않으니, 천자나 제후의 상에는 〈죽은 천자나 제후의〉 여러 신하가 모두 참최복을 입기 때문에 "참최복을 입은 자가 奠을 올린다." 하신 것이다. 그리고 대부는 〈죽은 대부의〉 형제로서 자최복을 입은 자가 奠을 올리고, 士는 〈죽은 士를 위해〉 자최복을 입은 자가 奠을 올리지 않으니, 이것은 대부를 避嫌한 것이다. 그러므로 朋友가 奠을 올리나 인원이 〈성대한〉 수에 차지 못하면 〈죽은 士의〉 대공 이하의 사람 중에서 〈奠을 올릴 사람을〉 취하고, 또 부족하면 또다시 〈죽은 士의〉 대공 이상의 사람 중에서 취하는 것이다.

○ 疏曰 反之者는 反取前人執事者充之니라

疏 : '反之'는 앞 사람 중에 執事한 자를 또다시 취하여 〈부족한 수를〉 채우는 것이다.

070802 曾子問曰 小功에 可以與於祭乎잇가 孔子曰 何必小功耳리오 自斬衰以下로 與祭하나니 禮也니라 曾子曰 不以輕喪而重祭乎잇가 孔子曰 天子諸侯之喪祭也엔 不斬衰者不與祭하고 大夫는 齊衰者與祭하고 士는 祭에 不足이어든 則取於兄弟大功以下者니라

曾子가 묻기를 "小功服을 입었을 때에 제사에 참여할 수 있습니까?" 하니, 孔子께서 말씀하시기를 "어찌 반드시 小功뿐이겠는가. 斬衰 이하의 사람이 제사에 참여하니, 이것이 禮이다." 하셨다.

증자가 말하기를 "〈이러하면 사람들이〉 喪을 가볍게 여기고 제사를 중하게 여긴다고 말하지 않겠습니까?" 하니, 공자께서 말씀하셨다.

“천자나 제후의 喪祭에는 斬衰服을 입지 않는 자는 제사에 참여하지 못하고, 대부는 齊衰服을 입는 자가 제사에 참여하고, 士는 제사에 인원수가 부족하거든 형제로서 大功 이하의 사람 중에서 취한다.”

≪集說≫

大旨與上章同호되 但此問與於祭하니 則是虞與卒哭之祭니라

큰 뜻은 윗장과 같은데 다만 여기서는 제사에 참여하는 것을 물었으니, 이것은 〈喪中의 제사인〉 虞祭와 卒哭祭이다.

≪大全≫

嚴陵方氏曰 此與祭는 蓋喪祭爾요 非吉祭也라 故로 自斬衰以下皆與라 以服重者與祭는 乃所以重其祭也어늘 曾子反以爲輕喪하시니 蓋失之矣니라

嚴陵方氏 : 여기에서 제사에 참여함은 喪祭일 뿐이고 吉祭가 아니므로 斬衰 이하의 사람이 모두 참여하는 것이다. 服이 중한 자가 제사에 참여함은 바로 그 제사를 중하게 여기는 것인데 증자가 도리어 喪을 가볍게 여긴다고 하였으니, 이는 잘못된 것이다.

○ 臨川吳氏曰 斬衰之服이 重於虞卒哭之祭어늘 孔子云 斬衰以下 皆可與執祭事라 故로 曾子怪問不太輕其服之重者而重其祭之輕者乎잇가하시니라

臨川吳氏 : 斬衰의 服은 虞祭와 卒哭祭보다 중한데 공자께서 “참최 이하의 사람이 모두 제사에 참여하여 일을 집행할 수 있다.”고 말씀하셨다. 그러므로 증자가 괴이하여 服의 중함을 너무 가볍게 여기고 제사의 가벼움을 중하게 여기는 것이 아니냐고 물은 것이다.

070803 曾子問曰 相識에 有喪服이어든 可以與於祭乎잇가 孔子曰 緦라도 不祭니 又何助於人이리오

曾子가 묻기를 “서로 알고 지내는 사람이 〈제사가 있을 적에〉 자기가 상복을 입고 있으면 그 제사에 참여할 수 있습니까?” 하니, 孔子께서 말씀하셨다. “緦麻服을 입어도 〈자기의 宗廟에〉 제사 지내지 않으니, 또 어찌 남

의 제사를 도울 수 있겠는가."

≪集說≫

所知識之人이 有祭事에 而已有喪服이어든 可以助爲之執事否아 夫子言已有緦麻之服이어든 服之輕者也로되 尙不得自祭己之宗廟하나니 何得助他人之祭乎아하시니라

〈증자가〉 "알고 지내는 사람이 제사가 있을 적에 자기가 상복을 입고 있으면 그를 위해 일을 맡는 것을 도울 수 있습니까?"라고 물으니, 夫子께서 말씀하시기를 "자기에게 緦麻服이 있으면 服이 가벼운 것이라 하더라도 오히려 자기의 宗廟에 스스로 제사 지내지 못하는 법이니, 어찌 다른 사람의 제사를 도울 수 있겠는가." 한 것이다.

≪大全≫

嚴陵方氏曰 此所謂祭는 蓋吉祭也라 故로 雖緦麻之輕이라도 亦不與니라

嚴陵方氏 : 여기서 말한 제사는 吉祭이므로 비록 가벼운 緦麻服이라 하더라도 또한 참여하지 않는 것이다.

○ 張子曰 喪不貳事하니 則祭雖至重이나 亦有所不可行이라 蓋祭而誠至면 則哀亡矣요 祭而誠不至면 不如不祭之爲愈니라

張子 : 초상에는 다른 일을 하지 않으니, 제사가 비록 지극히 중한 것이라 하더라도 또한 행할 수 없는 경우가 있다. 제사 지내면서 精誠이 지극하면 〈초상을 치르는〉 슬픈 마음이 없어지고, 제사 지내면서 정성이 지극하지 못하면 제사를 지내지 않는 것이 더 낫다.

070804 曾子問曰 廢喪服하고 可以與於饋奠之事乎잇가 孔子曰 說衰(탈최)與奠이 非禮也니 以擯相은 可也니라

曾子가 묻기를 "상복을 벗고서 바로 남의 饋奠의 일에 참여할 수 있습니까?" 하니, 孔子께서 말씀하셨다.

"상복을 벗고서 바로 饋奠에 참여하는 것은 禮가 아니니, 〈예를 돕는 사람인〉 擯相으로 참여하는 것은 괜찮다."

≪集說≫

廢는 猶除也라 饋奠은 在殯之奠也라 不問吉祭而問喪奠은 曾子之意謂方除喪服이면 決不可與吉禮어니와 疑可與饋奠也라 夫子言方說衰(탈최)卽與奠이면 是忘哀太速이라 故로 言非禮也요 擯相은 事輕하니 亦或可耳니라

廢는 除와 같다. 饋奠은 殯에 있을 때 올리는 奠이다. 吉祭를 묻지 않고 喪奠을 물은 것은, 증자의 생각에 "막 상복을 벗었으면 결코 吉禮에는 참여할 수 없으나, 아마도 궤전에는 참여할 수 있다."고 여긴 것이다. 夫子가 말씀하시기를 "衰服을 벗고 즉시 궤전에 참여하면 이는 슬픔을 잊음이 너무 빠르므로 '禮가 아니다.'라고 하는 것이고, 擯相은 일이 가벼우니 또한 괜찮을 수 있다." 하셨다.

≪大全≫

嚴陵方氏曰 饋奠雖凶事나 然非己喪也라 故로 脫衰而與奠이 爲非禮라 若夫以擯相은 則非行事之正이라 故로 於禮或可니라

嚴陵方氏 : 饋奠은 비록 喪事이기는 하나 자기의 喪이 아니므로 상복을 벗고 궤전에 참여하는 것은 禮가 아님이 된다. 만약 擯相으로 참여하는 것은 일을 행하는 正式이 아니므로 禮에 혹 괜찮을 수도 있는 것이다.

○ 臨川吳氏曰 曾子初問에 自大功之喪始者는 蓋以斬衰服重하야 決不可爲人執事요 疑大功之服稍輕하야 或可與他人饋奠이어늘 而孔子答以有服之人은 但可爲所爲服者奠하시니 則知不可爲他人矣라 曾子乃疑小功之服이 又輕於大功하야 或可與他人喪祭어늘 孔子又答以有服之人은 止可爲所爲服者祭하시니 則知小功亦不可爲他人執事矣라 曾子又疑緦服尤輕於小功하야 或可與所識者之吉祭어늘 而孔子又答以不可하시니라 以上曾子三問이 於喪服엔 則先大功하고 次小功하고 次緦服하야 由重以漸而輕也하고 於爲人엔 則先殯奠하고 次喪祭하고 次吉祭하야 由凶以漸而吉也라 曾子旣知此하고 遂疑新除喪服之後에 或可與人饋奠한대 孔子亦以爲不可라하시고 而但許其可以擯相하시니 可也者는 略許之요 而不深許之니 則不若幷擯相亦不爲之爲得이니라

臨川吳氏 : 증자가 처음 물을 적에 大功의 喪부터 시작한 것은, 斬衰는 服이 중하

여 결코 남을 위하여 일을 맡을 수가 없다고 여기고, 大功服은 약간 가벼워서 혹 다른 사람의 饋奠에 참여할 수 있다고 의심한 것이다. 그런데 공자께서 "服이 있는 사람은 다만 服을 입게 만든 사람를 위하여서만 奠을 올릴 수 있다."고 답하셨으니, 다른 사람을 위해서는 안 됨을 알 수 있다.

증자는 이에 小功의 服은 또 대공보다 가벼워서 혹 다른 사람의 喪祭에 참여할 수 있을 것이라고 의심하였는데, 공자는 또다시 "服이 있는 사람은 다만 服을 입게 만든 사람을 위하여서만 제사 지낼 수 있을 뿐이다."라고 답하셨으니, 소공 또한 다른 사람을 위하여 일을 맡을 수 없음을 알 수 있다.

증자는 또다시 緦麻服은 소공보다 더 가벼워서 혹 알고 지내는 사람의 吉祭에 참여할 수 있을 것이라고 의심하였는데, 공자는 또다시 참여할 수 없다고 답하셨다.

이상과 같이 증자가 세 번 물은 것이 喪服에 있어서는 대공을 먼저 묻고 소공을 그다음에 묻고 시마복을 그다음에 물어서 중함으로부터 점점 가벼워졌고, 남을 위함에 있어서는 殯에 올리는 奠을 먼저 묻고 상제를 그다음에 묻고 길제를 그다음에 물어서 凶함으로부터 점점 吉함에 이르렀다. 증자가 이미 이것을 알고서 마침내 새로 상복을 벗은 뒤에 혹 남의 궤전에 참여할 수도 있을 것이라고 의심하자, 공자는 또한 참여할 수 없다고 하시고 다만 擯相으로 참여하는 것을 허락하셨는데, '可'는 조금 허락한 것이고 깊이 허락한 것이 아니니, 빈상도 아울러 또한 하지 않는 것이 더 낫다.

070901 曾子問曰 昏禮에 旣納幣有吉日하야 女之父母死어든 則如之何잇고 孔子曰 壻使人弔니라 如壻之父母死어든 則女之家 亦使人弔호되 父喪이어든 稱父하고 母喪이어든 稱母하며 父母不在어든 則稱伯父世母니라 壻已葬이어든 壻之伯父 致命女氏호되 曰 某之子有父母之喪하야 不得嗣爲兄弟일새 使某致命이라하면 女氏許諾호되 而弗敢嫁 禮也니라 壻免喪이어든 女之父母 使人請호되 壻弗取而后에 嫁之 禮也니라

曾子가 묻기를 "婚禮에 이미 納幣를 하여 吉日이 정해지고서 여자의 부모가 죽었으면 어떻게 해야 합니까?" 하니, 孔子께서 말씀하셨다.

"신랑 될 사람이 사람을 시켜 조문을 해야 한다. 만일 신랑의 부모가 죽었으면 여자의 집에서 또한 사람을 시켜 조문하되 상대방의 아버지가 돌아가셨으면 이쪽의 아버지 이름을 칭하여 조문하고, 상대방의 어머니가 돌아가셨으면 이쪽의 어머니 이름을 칭하여 조문하며, 부모가 부재중이면 伯父와 世母(伯母)를 칭하여 조문한다.

신랑 될 사람이 장례를 마치면 신랑 될 사람의 백부가 여자의 집에 혼인에 대한 명을 전달하기를 '아무개(백부의 이름)의 아들이 부모의 상이 있어서 〈이 혼사를〉 계속하여 형제(부부)가 될 수 없으므로 아무개(使者의 이름)를 시켜 혼인을 허락한 명을 반환합니다.' 하면 여자의 집에서는 이를 허락하나 감히 다른 데로 시집보내지 않는 것이 禮이다.

신랑 될 사람이 상복을 벗으면 여자의 부모가 사람을 시켜서 〈혼인할 것을〉 청하되 신랑 될 사람이 여자를 데려가지 않은 뒤에야 다른 데로 시집보내는 것이 禮이다.

≪集說≫

有吉日者는 期日已定也라 彼是父喪이어든 則此稱父之名弔之하고 彼是母喪이어든 則此稱母之名弔之하고 父母或在他所어든 則稱伯父伯母名하고 如無伯父母어든 則用叔父母名可니라 而壻雖已葬其親이나 而喪期尙遠하니 不欲使彼女失嘉禮之時라 故使人致命하야 使之別嫁他人이라 某之子此某字는 是伯父之名이라 不得嗣爲兄弟者는 言繼此不得爲夫婦也라 夫婦同等이라 有兄弟之義하니 亦親之之辭라 不曰夫婦者는 未成昏하니 嫌也라 使某致命此某字는 是使者之名이라 致는 如致仕之致니 謂致還其許昏之命也라 女氏雖許諾이나 而不敢以女嫁於他人이 禮也라 及壻祥禫之後에 女之父母가 使人請壻成昏호되 壻終守前說而不取而后에 此女嫁於他族이 禮也니라

'有吉日'은 〈혼인할〉 기일이 이미 정해진 것이다. 저 사람이 당한 喪이 아버지의 상이면 이쪽에서는 아버지의 이름을 칭하여 조문하고, 저 사람이 당한 상이 어머니의 상

이면 이쪽에서 어머니의 이름을 칭하여 조문하고, 부모가 혹 다른 곳에 계시면 伯父나 伯母의 이름을 칭하여 조문하고, 만일 백부나 백모가 없으면 叔父나 叔母의 이름을 쓰는 것이 옳다. 신랑 될 사람이 비록 어버이를 이미 장례하였더라도 喪服 입는 기간이 아직도 많이 남았으니, 저 여자로 하여금 嘉禮할 때를 잃게 하고자 하지 않는다. 그러므로 사람을 시켜 명을 전달하여 별도로 다른 사람에게 시집가게 하는 것이다.

'某之子'에서 이 '某'자는 伯父의 이름이다. '不得嗣爲兄弟'는 이 혼사를 계속하여 부부가 될 수 없다는 말이다. 부부는 동등하기 때문에 형제의 의리가 있으니, 또한 〈형제라고 말한 것은〉 친근한 관계로 여긴 말이다. '부부'라고 말하지 않은 것은 아직 혼인을 이루지 않아서이니, 〈혼인하였다고 알려지는 것을〉 꺼려서이다.

'使某致命'에서 이 '某'자는 바로 使者의 이름이다. 致는 '致仕(벼슬을 되돌려줌)'의 '致'와 같으니, 혼인할 것을 허락하는 명을 되돌려줌을 이른다. 여자의 집에서 비록 이를 허락하였으나 감히 여자를 다른 사람에게 시집보내지 못하는 것이 禮이다. 신랑 될 사람이 大祥과 禫祭를 지낸 뒤에 여자의 부모가 사람을 시켜서 신랑 될 사람에게 成婚할 것을 청하되 신랑 될 사람이 끝내 전에 했던 말을 지켜서 장가들지 않은 뒤에 이 여자를 다른 집안으로 시집보내는 것이 禮이다.

≪大全≫

嚴陵方氏曰 夫唱而婦和하고 兄先而弟後하니 則夫婦固有兄弟之義라 故로 此言不得嗣爲兄弟也라 詩不云乎아 宴爾新昏하야 如兄如弟[31)]라하니 以是而已니라

嚴陵方氏 : 남편이 선창하면 부인이 화답하고 형이 먼저 하면 아우가 뒤에 하니, 부부는 진실로 형제의 의리가 있다. 그러므로 여기에서 '계속하여 형제가 될 수 없다'고 말한 것이다. ≪詩經≫에 말하지 않았는가. "너의 新昏을 즐겨서 형과 같고 아우와 같다." 하였으니, 이 때문일 뿐이다.

070902 女之父母死어든 壻亦如之니라

여자의 부모가 죽으면 신랑 될 사람도 이와 같이 한다."

---

31) 宴爾新昏 如兄如弟 : 이 내용은 ≪詩經≫ 〈邶風 谷風〉에 보인다. 〈곡풍〉은 衛나라의 풍속이 문란하여 부부간에 서로 도리를 잃었음을 풍자한 시이다.

≪集說≫

女之父母死어든 女之伯父가 致命於男氏曰 某之子 有父母之喪하야 不得嗣爲兄弟일새 使某致命이라하야든 男氏許諾而不敢娶라가 女免喪에 壻之父母 使人請호되 女家不許어든 壻然後別娶也니라

여자의 부모가 죽으면 여자의 백부가 남자의 집에 명을 전달하기를 "아무개의 아들이 부모의 상이 있어서 계속하여 형제가 될 수 없으므로 아무개를 시켜 혼인을 허락한 명을 반환합니다." 하면 남자 집에서 이것을 허락하나 감히 다른 데로 장가 보내지 않는다. 그러다가 여자가 상복을 벗은 다음 신랑 될 사람의 부모가 사람을 시켜 청혼을 하되 여자 집에서 허락하지 않으면 신랑 될 사람이 그 뒤에 다른 데로 장가드는 것이다.

070903 **曾子問曰 親迎하야 女在塗할새 而壻之父母死어든 如之何잇고 孔子曰 女改服하되 布深衣縞總하야 以趨喪이요 女在塗할새 而女之父母死어든 則女反이니라**

曾子가 묻기를 "親迎을 하여 여자가 〈시집으로 가는〉 도중에 있을 적에 신랑 될 사람의 부모가 죽었으면 어떻게 해야 합니까?" 하니, 孔子께서 말씀하셨다.

"여자는 시집갈 때의 옷을 〈다른 옷으로〉 갈아입되 삼베로 만든 深衣를 입고 백색 생견으로 머리를 묶고 喪에 달려가야 하며, 여자가 〈시집으로 가는〉 도중에 있을 적에 여자의 부모가 죽었으면 여자는 자기 집으로 돌아간다."

≪集說≫

嫁服은 士妻는 褖(단)衣요 大夫妻는 展衣요 卿妻는 鞠衣라 改服은 更其嫁服也라 衣與裳이 相連而前後深邃라 故曰深衣라 縞는 生白絹也요 總은 束髮也니 長八寸이라 布爲深衣요 縞爲總이니 婦人이 始喪未成服之服也라 故로 服此하야 以奔舅姑之喪이라 女

子在室에 爲父三年하고 父卒이어든 亦爲母三年이로되 已嫁則期라 今旣在塗하고 非在室矣니 則止用奔喪之禮而服期하고 改服도 亦布深衣縞總也니라

시집갈 때의 옷은 士의 아내는 褖衣이고, 대부의 아내는 展衣이고, 卿의 아내는 鞠衣이다. 改服은 시집갈 때의 옷을 〈다른 옷으로〉 갈아입는 것이다. 上衣와 치마가 서로 연결되어 있고 앞뒤의 폭이 깊기 때문에 '深衣'라고 한다. '縞'는 백색 생견이고 '總'은 머리를 묶는 것이니, 길이가 8寸이다. 삼베로 심의를 만들고 백색 생견으로 머리끈을 만드니, 부인이 처음 상을 당하여 아직 成服하지 않았을 때의 옷이다. 그러므로 이것을 입고서 시부모의 상에 달려가는 것이다.

여자가 집에 있을 때에 아버지를 위하여 3년복을 입고 아버지가 죽었으면 또한 어머니를 위하여 3년복을 입으나, 이미 시집을 갔으면 期年服을 입는다. 지금 이미 〈시집가는〉 도중에 있고 집에 있는 것이 아니니, 그렇다면 다만 奔喪하는 禮를 쓰되 기년복을 입고, 시집갈 때의 옷을 갈아입는 것도 삼베로 만든 심의를 입고 백색 생견으로 머리를 묶는다.

褖衣　　展衣　　鞠衣

≪大全≫

嚴陵方氏曰 喪者는 人之所自盡이라 故로 不可以婚姻之禮廢니라

嚴陵方氏 : 初喪은 사람이 스스로 〈슬픔과 정성을〉 다하는 것이므로 혼인의 禮로써 〈초상의 예를〉 폐할 수 없는 것이다.

○ 山陰陸氏曰 女改服하되 布深衣라하야 言布不言麻하니 深衣之麤者也니라

山陰陸氏 : 여자가 의복을 바꿔 입되 삼베로 만든 深衣를 입는다 하여 삼베를 말하고 삼을 말하지 않았으니, 이는 심의 중에 거친 것이다.

070904 **如壻親迎**하야 **女未至**에 **而有齊衰大功之喪**이어든 **則如之何**잇고 **孔子曰 男不入**하야 **改服於外次**하며 **女入**하야 **改服於內次**하고 **然後**에 **卽位而哭**이니라 **曾子問曰 除喪則不復**(부)**昏禮乎**잇가 **孔子曰 祭過時**하면 **不祭 禮也**니 **又何反於初**리오

〈曾子가 묻기를〉 "만일 신랑 될 사람이 親迎을 하고서 여자가 〈시집에〉 도착하지 않았을 적에 〈신랑의 집에〉 齊衰나 大功의 喪이 있으면 어떻게 합니까?" 하니, 孔子께서 말씀하셨다.

"남자는 들어가지 않고서 문밖의 喪次에서 옷을 갈아입고 여자는 들어가서 문 안의 상차에서 옷을 갈아입고, 그런 뒤에야 자리에 나아가 곡을 한다."

증자가 묻기를 "상복을 벗었으면 다시 혼례를 하지 않습니까?" 하니, 공자께서 말씀하셨다.

"제사도 때를 지나면 제사 지내지 않는 것이 禮이니, 또 어찌 처음으로 돌아가겠는가."

≪集說≫

此齊衰大功之喪은 謂壻家也라 改服은 改其親迎之服하되 而服深衣於門外之次也라

女는 謂婦也니 入門內之次하야 而以深衣로 更其嫁服也라 此는 特問齊衰大功之喪者요 以小功及緦는 輕이라 不廢昏禮하니 禮畢乃哭耳라 若女家有齊衰大功之喪이면 女亦不反歸也라 曾子又問除喪之後에 豈不復更爲昏禮乎잇가 孔子言祭重而昏輕하니 重者도 過時尙廢어든 輕者를 豈可復行乎아 然此亦止謂四時常祭耳요 禘祫大祭는 過時라도 猶追也니라

이 齊衰나 大功의 喪은 신랑의 집의 상을 이른다. 改服은 親迎할 때의 옷을 〈다른 옷으로〉 갈아입되 문밖의 喪次에서 深衣를 입는 것이다. 女는 新婦를 이르니, 문 안의 상차에 들어가서 심의로 혼인할 때의 옷을 갈아입는 것을 이른다. 이것은 다만 자최나 대공의 상을 물은 것이고, 小功과 緦麻는 가볍기 때문에 혼례를 폐하지 않으니, 혼례를 마친 다음 비로소 곡을 할 뿐이다. 만약 여자의 집에 자최나 대공의 상이 있으면 여자 또한 친정집으로 돌아가지 않는다.

증자가 또 묻기를 "상복을 벗은 뒤에 어찌 다시 혼례를 하지 않습니까?" 하니, 공자께서 말씀하시기를 "제사는 중하고 혼례는 가벼우니, 중한 것도 때를 넘기면 오히려 폐하는데 가벼운 것을 어찌 다시 행할 수 있겠는가?" 하였다. 그러나 이 또한 다만 四時의 常祭를 말했을 뿐이고, 禘祭祀와 祫祭祀의 큰 제사는 때가 지났더라도 오히려 추후에 제사를 지내는 것이다.

070905 孔子曰 嫁女之家 三夜不息燭은 思相離也요 取婦之家 三日不擧樂(악)은 思嗣親也니라 三月而廟見(현)에 稱來婦也하고 擇日而祭於禰하나니 成婦之義也니라

孔子께서 말씀하셨다.

"딸을 시집보낸 집에서 사흘 밤을 촛불을 끄지 않는 것은 서로 이별한 것을 생각해서이고, 며느리를 데려온 집에서 3일 동안 음악을 연주하지 않는 것은 어버이를 〈대신하여〉 이은 것을 생각해서이다. 3개월이 되어 사당에서 뵐 적에 '來婦'라 칭하고 날짜를 가려 아버지 사당에서 제사 지내니, 며느리의 義를 이루는 것이다."

≪集說≫

思相離면 則不能寢寐故로 不滅燭하고 思嗣親이면 則不無感傷故로 不擧樂[32)]하니 此昏禮所以不賀也라 成昏而舅姑存者는 明日에 婦見(현)舅姑하고 若舅姑已歿이면 則成昏三月에 乃見(현)於廟하나니 祝辭告神曰 某氏來婦[33)]라하니 來婦는 言來爲婦也라 蓋選擇吉日而行此禮하니 廟見祭禰는 卽是一事요 非見廟之後에 更擇日而祭也라 成婦之義者는 成盥饋之禮[34)]之義也라

서로 이별한 것을 생각하면 잠을 이루지 못하므로 촛불을 끄지 않는 것이고, 어버이를 〈대신하여〉 이은 것을 생각하면 感傷하는 마음이 없지 못하므로 음악을 연주하지 않는 것이니, 이것이 혼례를 축하하지 않는 이유이다.

成婚을 한 다음 시부모가 생존해 있는 자는 다음 날 신부가 시부모를 뵙고, 만약 시부모가 이미 죽었으면 성혼한 지 3개월 만에 사당에서 뵙는데 祝辭로 神明에게 고하기를 "아무 씨가 신부로 왔습니다.〔某氏來婦〕" 하니, '來婦'는 와서 며느리가 됨을 말한 것이다. 吉日을 선택하여 이 禮를 행하니, 사당에서 뵙고 아버지 사당에 제사 지내는 것은 바로 같은 때의 일이고, 사당에서 뵌 뒤에 다시 날짜를 택하여 제사 지내는 것은 아니다. '成婦之義'는 며느리가 盥饋禮의 義를 이루는 것이다.

≪大全≫

嚴陵方氏曰 不息燭은 則不寢故也요 不擧樂(악)은 則不樂(락)故也라 夜而不寢이면 則相離之思 無時而懈요 日而不樂이면 則嗣親之思 無時而散이라 婦人謂嫁曰歸라 故로

---

32) 思嗣親……不擧樂 : ≪小學集註≫ 〈明倫〉에 "아내를 얻어서 부모를 대신하여 〈이으면〉 感傷하는 마음이 생기므로 음악을 연주하지 않는다.〔取妻以代父母 有可感傷者 故不擧樂〕" 하였다.

33) 某氏來婦 : ≪儀禮≫ 〈士昏禮〉에 "祝이 〈동쪽 계단 동남쪽에 설치한 세숫대야인 南洗에서〉 손을 씻고 〈廟門을 나가고,〉 며느리가 묘문 밖에서 손을 씻는다. 며느리가 나물이 담긴 筓을 든다. 축이 며느리를 인솔하여 室 안으로 들어간다. 축이 시아버지 신에게 고하는데, 며느리의 성씨를 일컬어 다음과 같이 고한다. '아무 씨가 며느리로 와서 감히 맛좋은 나물을 皇舅 某(시아버지의 姓)子께 올립니다.'〔祝盥 婦盥于門外 婦執筓菜 祝帥婦以入 祝告稱婦之姓曰 某氏來婦 敢奠嘉菜于皇舅某子〕"라고 보인다.

34) 盥饋之禮 : 혼례를 치른 이튿날 신부가 손을 씻고 며느리로서 직접 음식을 시부모에게 올리는 禮이다.

於廟見(현)에 稱來婦하니 士昏禮所謂某氏來婦 是矣라 祭於禰하야 以成婦之義하니 言禰면 則皇姑를 從可知니라

嚴陵方氏 : 촛불을 끄지 않음은 잠들지 못하기 때문이고, 음악을 연주하지 않음은 즐겁지 않기 때문이다. 밤이 되어서도 잠들지 못한다면 서로 이별한 것을 생각함이 한시도 느슨해짐이 없는 것이고, 날마다 즐겁지 않다면 〈대신하여〉 어버이를 이은 것을 생각함이 한시도 흩어짐이 없는 것이다.

부인은 시집가는 것을 '歸'라 하므로 사당에서 뵐 때 '來婦'라 칭하니, ≪儀禮≫ 〈士昏禮〉에 이른바 '某氏來婦'라는 것이 이것이다. 아버지 사당에 제사 지내어 며느리의 義를 이루니, 아버지 사당이라고 말했으면 皇姑(시어머니)를 따라서 알 수 있는 것이다.

○ 臨川吳氏曰 婦以共養舅姑爲義하니 生旣不獲共養故로 必廟見以祭를 如生之盥饋然이니 然後爲婦共養之義 完備而無虧欠也라 故曰成이라하니라

臨川吳氏 : 며느리는 시부모를 供養함을 의리로 삼으니, 살아서 이미 공양할 수가 없기 때문에 반드시 사당에서 뵙고 제사 지내기를 살았을 때의 盥饋禮와 같이 하는 것이다. 이렇게 한 뒤에야 며느리가 되어 공양하는 義가 완전히 갖추어져서 모자람이 없으므로 '成'이라고 한 것이다.

070906 曾子問曰 女未廟見(현)而死어든 則如之何잇고 孔子曰 不遷於祖하고 不祔於皇姑하며 壻不杖하고 不菲(비)不次하며 歸葬于女氏之黨하나니 示未成婦也니라

曾子가 묻기를 "여자가 시집와서 사당에서 뵙지 못하고 죽었으면 어떻게 합니까?" 하니, 孔子께서 말씀하셨다.

"靈柩를 先祖의 사당으로 옮겨 가지 않고 神主를 시어머니에 祔廟하지 않으며, 신랑은 〈齊衰服만 입을 뿐〉 지팡이를 짚지 않고 짚신을 신지 않고 哀次에서 별도로 거처하지 않으며 여자의 집안으로 돌려보내어 장례하니, 이는 아직 며느리를 이루지 않았음을 보인 것이다."

≪集說≫

不遷於祖는 不遷柩而朝於壻之祖廟也요 不祔於皇姑는 以未廟見故로 主不得祔姑之廟也라 壻齊衰期호되 但不杖하고 不菲屨하고 不別處哀次耳라 女之父母는 自降服大功이라

'不遷於祖'는 靈柩를 옮겨 신랑의 선조의 사당에 보이지 않는 것이고, '不祔於皇姑'는 아직 사당을 뵙지 않았기 때문에 신주를 시어머니의 사당에 祔廟할 수 없는 것이다. 신랑은 齊衰 期年服을 입되 다만 喪杖을 짚지 않고 짚신을 신지 않고 哀次에서 별도로 거처하지 않을 뿐이다. 여자의 부모는 〈시집간 딸을 위해〉 자연히 大功服으로 降服한다.

070907 **曾子問曰 取女호되 有吉日而女死어든 如之何잇고 孔子曰 壻齊衰而弔하고 旣葬而除之하나니 夫死어든 亦如之니라**

曾子가 묻기를 "여자를 〈신부로〉 데려오되 吉日을 정하고서 여자가 죽으면 어떻게 합니까?" 하니, 孔子께서 말씀하셨다.

"신랑 될 사람이 齊衰服을 입고 가서 조문하고 장례한 뒤에 喪服을 벗으니, 〈신부될 사람이〉 신랑 될 사람이 죽었을 경우에도 이와 같이 한다."

≪集說≫

若夫死어든 女以斬衰往弔하고 旣葬而除也라

만약 신랑 될 사람이 죽으면 여자는 斬衰服을 입고 가서 조문하고 장례한 뒤에 상복을 벗는다.

≪大全≫

嚴陵方氏曰 以其嘗請期라 故齊衰而弔나 然未成婦也라 故旣葬而除之니라

嚴陵方氏 : 일찍이 혼인할 시기를 청했기 때문에 齊衰服을 입고 조문하나 아직 며느리를 이루지 않았으므로 장례한 뒤에 상복을 벗는 것이다.

071001 **曾子問曰 喪有二孤**하고 **廟有二主禮與**잇가 **孔子曰 天無二日**이요 **土無二王**이요 **嘗禘郊社**에 **尊無二上**이 **未知其爲禮也**로라

曾子가 묻기를 "喪에 두 상주가 있고 사당에 두 신주가 있는 것이 禮입니까?" 하니, 孔子께서 말씀하셨다.

"하늘에는 두 해가 없고 땅에는 두 왕이 없고, 〈중한 제사인〉 嘗祭·禘祭·郊祭·社祭에 〈각각〉 높이는 신이 두 가지의 높은 신이 없으니, 〈상에 두 상주가 있고 사당에 두 신주가 있는〉 이것이 禮가 되는 줄 알지 못하겠다.

≪集說≫

二孤二主 當時有之어늘 曾子疑其非禮라 故問하니라 夫子言 天猶不得有二日이요 土猶不得有二王이며 嘗禘郊社는 祭之重者요 各有所尊하야 不可混幷而祭之어늘 喪可得有二孤하며 廟可得有二主乎아 非禮明矣니라

두 상주와 두 신주가 당시에 있었는데, 증자가 예가 아니라고 의심하였기 때문에 물은 것이다. 夫子께서 "하늘에도 오히려 두 해가 있을 수 없고 땅에도 오히려 두 왕이 있을 수 없으며, 嘗祭·禘祭·郊祭·社祭는 중한 제사이고 각기 높이는 바가 있어서 합하여 제사 지낼 수가 없는데, 喪에 두 상주가 있을 수 있겠으며 사당에 두 신주가 있을 수 있겠는가. 이는 禮가 아님이 분명하다."라고 말씀하신 것이다.

≪大全≫

臨川吳氏曰 上天之照萬物者는 唯一日이요 下土之君萬邦者는 唯一王이요 祫嘗之所尊은 唯一太祖요 禘祭之所尊은 唯一所自出之帝요 郊之所尊은 唯一上帝요 社之所尊은 唯一后土니 所尊之神在上이면 無或有與同者라 故로 曰 無二上이라 若日若王若四祭之上神도 皆唯有一而無二어든 況主喪之孤와 依神之主에 而可二乎아

臨川吳氏 : 하늘에서 만물을 비추는 것은 오직 한 개의 해이고, 땅에서 만방에 임금 노릇 하는 것은 오직 한 명의 왕이고, 祫祭祀와 嘗祭祀에서 높여 받드는 대상은

오직 한 분의 太祖이고, 禘祭祀에서 높여 받드는 대상은 오직 한 분밖에 없는 시조를 태어나게 한 임금이고, 郊祭祀에서 높여 받드는 대상은 오직 한 분의 上帝이고, 社祭祀에서 높여 받드는 대상은 오직 한 분의 后土이니, 높이는 신이 위에 있으면 혹 그와 더불어 똑같은 신이 있을 수 없으므로 두 가지의 높은 신이 없다고 한 것이다. 해와 왕과 네 가지 중한 제사에서 받드는 신도 모두 오직 하나만 있고 둘이 없는데, 하물며 喪을 주관하는 상주와 신을 의지하게 하는 신주에 두 가지가 있을 수 있겠는가.

071002 昔者에 齊桓公이 亟(기)擧兵할새 作僞主以行이라가 及反하야 藏諸(저)祖廟하니 廟有二主는 自桓公始也니라

옛날에 齊 桓公이 자주 군대를 일으킬 적에 거짓 신주를 만들어 갔다가 돌아와서 〈거짓 신주를〉 先祖의 사당에 보관하였으니, 사당에 두 신주가 있는 것은 환공 때부터 시작되었다.

≪集說≫

師行而載遷廟之主于齊(재)車는 示有所尊奉也라 旣作僞主하고 又藏於廟하니 是二失矣니라

군대가 출동할 때에 사당에서 遞遷한 신주를 齊車에 싣는 것은 높이고 받드는 바가 있음을 보이는 것이다. 이미 거짓 신주를 만들고서 또 〈거짓 신주를〉 사당에 보관하였으니, 이는 두 번 잘못한 것이다.

071003 喪之二孤는 則昔者에 衛靈公이 適魯하야 遭季桓子之喪이라 衛君이 請弔한대 哀公이 辭不得命하야 公爲主어늘 客入弔할새 康子 立於門右하야 北面이라 公이 揖讓하고 升自東階하야 西鄕이어늘 客이 升自西階하야 弔라 公拜興哭한대 康子拜稽顙於位어늘 有司弗辯也하니 今之二孤는 自季康子之過也니라

喪에 두 상주가 있게 된 것은 〈전말이 다음과 같다.〉 옛날에 衛 靈公이 魯나라에 가서 季桓子의 상을 만났다. 위 영공이 〈魯 哀公에게〉 조문할 것을 청하자 애공이 〈상주가 되는 것을〉 사양하였으나 〈영공에게〉 허락하는 명령을 얻지 못하여 애공이 상주가 되었다. 그런데 손님인 영공이 들어가 조문할 적에 〈계환자의 아들인〉 康子가 〈상주의 예에 따라〉 문의 오른쪽에 서서 북향하였다. 애공이 揖하여 사양하고 동쪽 계단을 통해 올라가서 서향하자 손님인 영공이 서쪽 계단을 통해 올라가서 조문하였다. 애공이 절하고 일어나 곡하자 강자가 절하고서 자리에서 이마를 조아렸는데 有司가 이것을 변론하여 바로잡지 않았으니, 지금 상에 상주가 둘이 있는 것은 季康子의 잘못으로부터 비롯되었다."

≪集說≫

國君이 弔隣國之臣에 尊卑不等하니 衛君弔而哀公爲主 禮也라 禮에 大夫旣殯에 而君來弔어든 主人이 門右에 北面哭하고 拜稽顙하나니 今旣哀公爲主하니 主則拜賓이어든 康子는 但當哭踊而已어늘 乃拜而稽顙於位하니 是는 二孤矣라 當時에 有司不能論而正之하야 遂至循襲爲常하니 變禮之失이 由於康子하니라 上章엔 言自桓公始어늘 此不言始而言過者는 孔子康子同時也일새라 靈公은 先桓子卒이어늘 經에 訛爲靈公하니 實出公也니라

어떤 나라의 임금이 이웃 나라의 신하에게 조문할 적에 신분의 높고 낮음이 똑같지 않으니, 衛나라 임금이 조문함에 哀公이 상주가 되는 것이 禮이다. 禮에 따르면 대부가 이미 殯을 한 뒤에 다른 나라의 임금이 와서 조문하면 주인은 문의 오른쪽에서 북향하여 곡을 하고 절을 하고 이마를 조아린다. 지금 이미 애공이 상주가 되었으니, 상주가 손님에게 절하면 季康子는 다만 마땅히 곡하고 踊만 해야 하는데, 마침내 절하고서 자리에서 이마를 조아렸다. 이는 상주가 둘인 것이다. 당시에 有司가 이를 변론하여 바로잡지 못해서 마침내 이것을 인습하여 떳떳한 예로 여기는 지경이 되었으니, 變禮의 잘못이 계강자로부터 비롯되었다.

윗장에서 "齊 桓公 때부터 시작되었다." 하였는데, 여기에서는 '시작되었다.'고 하

지 않고 '잘못이다.' 한 것은 孔子와 계강자는 동시대의 인물이기 때문이다. 靈公은 季桓子보다 먼저 죽었는데 經文에 '靈公'이라고 잘못되어 있으니, 실제는 〈영공의 孫子인〉 出公이다.

≪大全≫

嚴陵方氏曰 喪有孤는 則哀之所主요 廟有主는 則神之所依라 喪有二孤면 則莫適爲主요 廟有二主면 則莫適爲依니 是豈禮之意哉아 然이나 後世行之者는 蓋自桓公始之하고 季康子之過也니라

嚴陵方氏：喪에 상주가 있음은 슬픔을 주관하기 위해서이고, 사당에 신주가 있음은 神을 의지하게 하려는 것이다. 상에 두 상주가 있으면 마땅하게 슬픔을 주관할 수 있는 사람이 없고 사당에 두 신주가 있으면 마땅하게 신이 의지할 수 있는 곳이 없으니, 이것이 어찌 禮의 본래 뜻이겠는가. 그러나 後世에 이것을 행하는 것은 齊桓公 때부터 시작되었고 季康子의 잘못이다.

071101 曾子問曰 古者에 師行할새 必以遷廟主로 行乎잇가 孔子曰 天子巡守하실새 以遷廟主로 行하야 載于齊(재)車는 言必有尊也라 今也에 取七廟之主以行하나니 則失之矣니라

曾子가 묻기를 "옛날에 군대가 출동할 적에 반드시 遞遷한 신주를 가지고 갔습니까?" 하니, 孔子께서 말씀하셨다.

"천자가 巡狩할 적에 체천한 신주를 가지고 가서 齊車에 실은 것은 '반드시 높이는 분이 있음'을 말하는 것이다. 오늘날에는 일곱 사당의 신주를 취하여 가니, 이는 잘못이다.

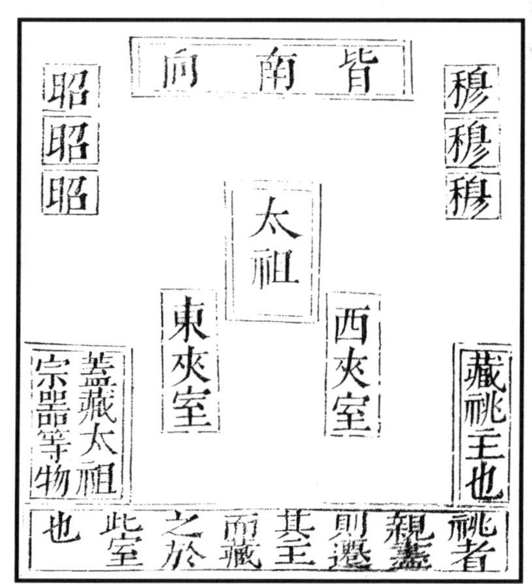

天子七廟圖

≪集說≫

遷廟主는 謂新祧廟[35]之主也라 齊車는 金路也[36]니 又名曰公禰니라

遷廟主는 새롭게 祧廟로 체천한 신주를 이른다. 齊車는 金路이니, 또 다른 이름은 公禰이다.

≪大全≫

臨川吳氏曰 遷廟主는 謂祔禰時所遷昭穆最上之廟一主也니 在昭廟穆廟之上하야 最尊最親者也라 君將出行時에 徧告有廟之諸主하고 又特告此無廟之一主하야 而載之以行也니라

臨川吳氏：遷廟主는 아버지 신주를 禰廟에 모실 때 체천한 〈신주로서〉 昭와 穆 중에 가장 높은 사당에 모셔져 있는 한 분의 신주를 이르니, 昭廟와 穆廟의 위에 있어서 가장 높고 가장 친한 분의 신주이다. 임금이 장차 出行할 때에 사당에 있는 여러 신주에 두루 고하고 또 특별히 〈독자적인〉 사당이 없는 한 신주에 고하고서 수레에 싣고 가는 것이다.

○ 嚴陵方氏曰 齊車는 示有齊(재)敬之心焉이니라

嚴陵方氏：齊車는 莊嚴하면서도 공경하는 마음이 있음을 보이는 것이다.

071102 **當七廟五廟에 無虛主니 虛主者는 惟天子崩이어나 諸侯薨이어나 與去其國이어나 與祫祭於祖에 爲無主耳라 吾聞諸(저)老聃(담)하니 曰 天子崩하고 國君薨이어든 則祝取群廟之主하야 而藏諸祖廟 禮也니 卒哭成事[37]而后에 主各反其廟니라**

---

35) 祧廟：먼 윗대 조상의 신주를 모셔 두는 사당으로, ≪禮記≫ 〈祭法〉에 "먼 조상의 사당을 祧라 한다.〔遠廟爲祧〕"라고 보인다.

36) 齊車 金路也：齊車는 齋戒할 때 사용하는 수레로, ≪周禮注疏≫ 〈夏官 齊右〉의 鄭玄 注에 "'재거'는 〈왕이 타는〉 金路이니, 왕이 직접 정제할 때의 수레이다.〔齊車 金路 王自整齊之車也〕"라고 보인다.

37) 卒哭成事：〈檀弓 下〉에 "졸곡제에는 축문에 '제사를 이루다'라고 한다.〔卒哭曰成事〕"라고

〈천자의 종묘인〉 七廟와 〈제후의 종묘인〉 五廟에는 신주를 비우는 일이 없으니, 신주를 비우는 경우는 오직 천자가 崩御하거나 제후가 薨逝하는 경우이다. 또는 〈제후가〉 자기 나라를 떠나거나 〈여러 사당의 신주를 모두〉 太祖의 사당에서 〈합하여〉 祫祭를 지낼 때에만 신주가 없는 것이다.

내가 老聃에게 들으니, '천자가 붕어하고 제후국의 임금이 훙서하면 祝이 여러 사당의 신주를 가져다 先祖의 사당에 보관하는 것이 禮이니, 卒哭을 하여 제사를 이룬 뒤에 신주를 각각 본래 사당으로 다시 모신다.

≪集說≫

崩薨而群主를 皆聚祖廟는 以喪三年不祭요 且象生者爲凶事而聚集也라

천자가 붕어하거나 제후가 훙서하였을 때에 여러 신주를 모두 先祖의 사당에 모으는 것은 상복을 입는 3년 동안 제사를 지내지 않기 때문이고, 또 살아 있는 자들이 喪事 때문에 모이는 것을 형상한 것이다.

○ 馮氏曰 鄭注에 老聃은 古壽考者之稱이라하니라 石梁先生曰 此老聃은 非作五千言[38]者니라

馮氏 : 鄭玄 注에 "老聃은 옛날 장수한 자의 칭호이다." 하였다. 石梁先生이 말하기를 "여기서의 노담은 5천 자를 지은 사람이 아니다." 하였다.

071103 君去其國할새 太宰取群廟之主以從이 禮也니라

임금이 자기 나라를 떠나갈 적에 太宰가 여러 사당의 신주를 가지고 따라가는 것이 禮이다.

보인다. 졸곡은 無時之哭이 끝나고 오직 朝夕哭만 있어 점점 길함으로 나아가므로 '成事'라고 한 것이다. 제사는 길함〔吉〕을 이룸〔成〕으로 삼기 때문이다.

38) 五千言 : ≪史記≫ 권63 〈老子韓非列傳〉에 따르면 老子가 周나라가 쇠망해가는 것을 보고는, 주나라를 떠나 秦나라로 들어가는 길목인 涵谷關에서 관문지기인 尹喜의 요청으로 5,000자에 이르는 ≪道德經≫을 써준 다음 그곳을 떠났다고 하는바, 노자의 ≪도덕경≫을 이른다.

≪集說≫

去國而群廟之主皆行은 不敢棄其先祖也라

〈임금이 자기〉 나라를 떠나갈 적에 여러 사당의 신주가 모두 〈함께〉 떠나가는 것은 〈임금이〉 감히 〈자기의〉 先祖를 버리지 못해서이다.

071104 祫祭於祖어든 則祝이 迎四廟之主하나니 主出廟入廟에 必蹕(필)이라하니 老聃云하니라

태조의 사당에서 祫祭祀를 지내게 되면 祝이 네 사당의 신주를 맞이하니, 신주가 사당에서 나가고 사당에 들어올 때에는 반드시 辟除를 한다.' 하였다. 이것은 老聃이 말한 것이다."

≪集說≫

諸侯는 五廟니 祫祭어든 則迎高曾祖禰하야 入太祖之廟라 主出入而蹕止行人은 不欲其瀆(독)也니라

제후는 五廟이니 祫祭祀를 지내게 되면 高祖와 曾祖, 祖와 아버지의 신주를 맞이하여 太祖의 사당에 들이는 것이다. 신주가 나가고 들어올 적에 행인들을 辟除함은 〈드나드는 길이나 신주를〉 더럽히고 싶지 않아서이다.

≪大全≫

嚴陵方氏曰 甘誓曰 用命은 賞于祖[39]라하니 則以遷廟主行을 可知矣라 然必以遷廟之主者는 以天子之七廟와 諸侯之五廟에 無虛主故也라 廟之有主는 猶國之有王也라 天子崩이어나 諸侯薨이어나 與去其國에 廟爲無主者는 示神人休戚之同也요 祫祭亦爲無主者는 以合食[40]而示反本也니 非是四者면 廟主를 其虛乎아

---

39) 甘誓曰 用命賞于祖 : ≪書經≫ 〈夏書 甘誓〉의 내용으로, 〈감서〉에는 禹임금의 아들인 啓가 甘 땅에서 有扈氏를 칠 때의 내용이 실려 있다.

40) 合食 : 여기서의 食은 祭와 같은 말로, 合食은 합하여 제사한다는 뜻의 合祭와 같은바, ≪春秋公羊傳≫ 文公 2년 조에 "대사란 무엇인가? 큰 협제이다. 큰 협제란 무엇인가?

嚴陵方氏：〈甘誓〉에 이르기를 "命을 따르는 사람은 선조의 사당에서 상을 내린다." 하였으니, 〈임금이 자기 나라를 떠나갈 적에〉 체천한 사당의 신주를 가지고 감을 알 수 있다. 그러나 반드시 체천한 사당의 신주를 가지고 가는 것은 천자의 七廟와 제후의 五廟에는 신주를 비우는 일이 없기 때문이다. 사당에 신주가 있음은 나라에 王이 있는 것과 같다. 천자가 붕어하거나 제후가 훙서하거나 〈제후가〉 나라를 떠날 적에 사당에 신주가 없는 것은 神과 사람이 苦樂을 함께함을 보이는 것이고, 祫祭祀에 또한 〈사당에〉 신주가 없는 것은 〈태조의 사당에서〉 합하여 제사함으로써 근본으로 돌아감을 보이는 것이니, 이 네 가지 경우가 아니면 사당의 신주를 어찌 비우겠는가.

071105 **曾子問曰 古者**에 **師行**할새 **無遷主**어든 **則何主**잇고 **孔子曰 主命**이니라 **問曰 何謂也**잇고 **孔子曰 天子諸侯將出**에 **必以幣帛皮圭**[41]하야 **告于祖禰**하고 **遂奉以出**하야 **載于齊**(재)**車以行**하야 **每舍**에 **奠焉而後**에 **就舍**하며 **反必告**하고 **設奠卒**하고 **斂幣玉**하야 **藏諸**(저)**兩階之間**코사 **乃出**이니 **蓋貴命也**니라

曾子가 묻기를 "옛날에 군대가 出行할 적에 遞遷한 사당의 신주가 없으면 무슨 신주를 썼습니까?" 하니, 孔子께서 말씀하셨다.

"主命을 하였다." 〈증자가〉 묻기를 "무엇을 말합니까?" 하니, 공자께서 말씀하셨다.

"천자나 제후가 장차 출행할 때에 반드시 幣帛과 皮圭를 사용하여 先祖의 사당과 아버지 사당에 告由하고 마침내 〈폐백과 피규를〉 받들고 나가서 〈金路인〉 齊車에 싣고 출행하여 매번 머물 때마다 奠을 올린 뒤에 머무는

합하여 제사 지내는 것이다. 체천한 사당의 신주를 태조의 사당에 진열하고 아직 체천하지 않은 신주를 모두 올려 태조의 사당에서 합하여 제사하는 것이다.〔大事者 何 大祫也 大祫者 何 合祭也 毁廟之主 陳于太祖 未毁廟之主皆升 合食于太祖〕"라고 보인다.

41) 幣帛皮圭：≪禮記補註≫에 "이는 옛 注疏에는 분명한 해석이 없으나 아마도 幣帛과 가죽인 듯하다.〔此古註疏無明釋 而恐幣帛與皮也〕" 하였다.

곳에 나아간다. 그리고 돌아와서는 반드시 〈선조의 사당과 아버지 사당에〉 고하고 奠을 진설하기를 마치고서 폐백과 玉을 거두어 두 계단의 사이에 묻고 나서야 나온다. 이것은 신주의 명령을 귀하게 여기는 것이다."

≪集說≫

旣以幣玉으로 告于祖廟어든 則奉此幣玉을 猶奉祖宗之命也라 故曰主命이라 每舍必奠은 神之也요 反則設奠以告而埋藏之는 不敢褻也니라

이미 幣帛과 玉을 가지고 祖廟에 고했으면 이 폐백과 옥을 받들기를 祖宗의 명을 받드는 것과 같이하므로 '主命'이라 한 것이다. 매번 머물 때마다 반드시 奠을 올리는 것은 이것을 神으로 여기기 때문이고, 돌아와서는 奠을 진설하여 고하고 묻어 감추는 것은 감히 더럽힐 수가 없기 때문이다.

≪大全≫

臨川吳氏曰 無遷主는 謂諸侯受封하야 傳繼未六世者니 未有當毁之廟라 故로 無已遷之主也라 廟無虛主하니 有廟者는 不可以其主行이라 主命은 謂雖無木主나 但所受於神之命이면 卽是主也라 貴는 猶重也니 貴命은 謂以神命爲重이니 其重이 亦如神主也라 受封之第二世 止有太廟면 則告太廟하고 而以其幣玉行하고 三世則以禰하고 四世則以祖하고 五世則以曾祖하고 六世則以高祖하고 七世則有遷主矣라 八世以上은 遷主不止一主로되 而但以高祖之父新遷者로 行也라 若天子初王하야 傳繼未及八世者는 亦未有當毁之廟하야 而無遷主라 唯商祖契(설)하고 周祖稷하니 則湯武雖初王이나 而三昭三穆之上에 有遷主也[42]니라

臨川吳氏 : 체천한 신주가 없는 것은 제후가 封地를 받아서 물려주고 계승한 것이 아직 6代가 되지 않은 경우를 이르니, 마땅히 헐어야 할 사당이 없으므로 이미 체천

42) 唯商祖契(설)……有遷主也 : 湯王은 商나라를 개국한 임금인데 시조인 契(설)이 10대 이상의 선조이고, 武王은 周나라를 개국한 임금인데 시조인 后稷이 10대 이상의 선조이므로 이렇게 말한 것이다.(≪文獻通考≫ 권261 〈封建考二 周封建之制〉) 三昭三穆은 宗廟 制度에 있어서의 神位의 차례를 이르는바, 昭는 太祖의 신위를 중심으로 하여 왼쪽의 2世·4世·6世의 짝수 사당을, 穆은 오른쪽의 3世·5世·7世의 홀수 사당을 이른다.

한 신주가 없는 것이다. 사당에는 신주를 비우는 일이 없으니, 독자적인 사당이 있는 신주는 그 신주를 가지고 출행할 수가 없다. '主命'은 비록 나무로 만든 신주가 없으나 다만 神에게서 받은 명이면 이것이 바로 신주라는 말이다. '貴'는 '重'과 같으니, '貴命'은 神의 명령을 중하게 여김을 이른다. 그 중함이 또한 신주와 같은 것이다.

封地를 받은 제후가 제2代여서 太廟만 있으면 태묘에 告由하고서 幣帛과 玉을 가지고 가고, 〈제후가〉 3대이면 아버지 사당에 고유하고, 4대이면 祖考의 사당에 고하고, 5대이면 曾祖의 사당에 고하고, 6대이면 高祖의 사당에 고하고, 7대이면 체천한 사당의 신주가 있게 된다.

8대 이상은 체천한 신주가 한 신주에 그치지 않으나, 다만 고조의 아버지로서 새로 체천한 신주를 가지고 간다. 만약 천자가 처음 왕이 되어서 전하고 계승하여 8대에 이르지 않은 자는 또한 마땅히 헐어야 할 사당이 없어서 체천한 신주가 없다. 오직 商나라는 契을 시조로 삼고 周나라는 后稷을 시조로 삼았으니, 湯王과 武王은 비록 처음 왕이 되었으나 三昭・三穆의 위에 체천한 신주가 있는 것이다.

071201 **子游問曰 喪慈母**호되 **如母 禮與**잇가 **孔子曰 非禮也**니 **古者**에 **男子外有傅**하고 **內有慈母**하니 **君命所使敎子也**니 **何服之有**리오

子游가 묻기를 "〈자기를 길러준〉 慈母를 위해 상복을 입되 〈자기를 낳아준〉 어머니와 같이 하는 것이 禮입니까?" 하니, 孔子께서 말씀하셨다. "禮가 아니다. 옛날에 남자는 밖으로는 師傅가 있고 안으로는 자모가 있었으니, 〈자모는〉 임금이 명하여 자식을 가르치게 한 사람이다. 무슨 服이 있겠는가.

≪集說≫

妾之無子者養妾子之無母者를 謂之慈母라 然이나 天子諸侯는 不爲庶母服이요 大夫妾子는 父在에 爲其母大功하고 士之妾子는 父在에 爲其母期하니 是與己母同也라 何服之有는 謂天子諸侯也라 故로 下文에 擧國君之事하야 證之하니라

자식이 없는 妾으로서 어미가 없는 첩의 자식을 기르는 사람을 '慈母'라 한다. 그

러나 천자와 제후는 庶母를 위하여 服을 입지 않고, 大夫의 첩의 자식은 아버지가 살아 계실 때에 자모를 위하여 大功服을 입고, 士의 첩의 자식은 아버지가 살아 계실 때에 자모를 위하여 期年服을 입으니, 이는 자기 어머니와 똑같이 하는 것이다. '무슨 服이 있겠는가'는 천자와 제후의 경우를 이르므로 아랫글에 임금의 일을 예로 들어 증명한 것이다.

≪大全≫

臨川吳氏曰 按禮經傳記所言慈母有二하니 其一은 大夫士之子有服之慈母者니 儀禮喪服篇齊衰三年章云 慈母如母[43]者 是也요 其一은 國君子生이면 擇諸母하야 使爲子師하고 其次爲慈母하고 其次爲保母[44]者 是也라 子游所問은 蓋指禮經如母之慈母言이요 夫子所答은 則以內則(칙)如傳之慈母言也니라

臨川吳氏 : 살펴보건대, 禮經(≪儀禮≫)과 傳記(≪禮記≫)에서 말하는 '慈母'에는 두 가지가 있다. 하나는 大夫와 士의 자식이 服을 입는 자모이니, ≪儀禮≫ 〈喪服〉편 齊衰三年章의 "자모에게도 어머니와 똑같이 〈입는다.〉"는 것이 여기에 해당한다. 다른 하나는 임금의 아들이 태어나면 여러 어미 중에 〈스승 삼을 만한 사람을〉 가려서 자식의 스승으로 삼고, 그 다음은 慈母로 삼고, 그다음은 保母로 삼는다는 것이 여기에 해당한다. 子游가 물은 것은 禮經에 '어머니와 똑같이 〈입는〉 자모'를 가리켜

43) 慈母如母 : 이 구절에 대한 ≪儀禮≫ 〈喪服〉의 傳에 "자모는 누구인가? 옛 기록에 이르기를 '첩이 아들을 잃었고 첩의 아들이 어머니를 잃었을 경우 아버지는 첩에게 명하기를 「너는 이 아이를 아들로 삼도록 하라.」고 하고, 아들에게 명하기를 「너는 이분을 어미로 삼도록 하라.」고 한다.' 하였다. 이렇게 하면 살아 계실 때에는 그분이 돌아가실 때까지 친어머니처럼 봉양을 하고 돌아가시면 齊衰 3년복을 친어머니처럼 입는데, 이것은 아버지의 명을 귀하게 여기기 때문이다.〔慈母者 何也 傳曰 妾之無子者 妾子之無母者 父命妾曰 女以爲子 命子曰 女以爲母 若是則生養之終其身如母 死則喪之三年如母 貴父之命也〕"라고 설명하였다. ≪의례≫ 〈상복〉의 傳은 子夏의 저술로 전해진다.

44) 擇諸母……其次爲保母 : 이 내용은 〈內則〉에 "어린아이의 방을 宮 가운데에 따로 만들고, 여러 첩과 〈스승이〉 될 만한 자 중에서 가리되 반드시 마음씨가 너그럽고 여유롭고 慈惠롭고 溫良하고 공경하고 謹愼하고 말이 적은 자를 구하여 〈善한 道로써 자식을 가르치는〉 자식의 스승으로 삼게 한다. 그다음은 〈자식이 하고자 하는 것과 싫어하는 것을 살피는〉 慈母로 삼고, 그다음은 〈잠자리와 거처가 편안한가를 살피는〉 保母를 삼아서 모두 자식의 방에 거처하게 한다.〔異爲孺子室於宮中 擇於諸母與可者 必求其寬裕慈惠溫良恭敬愼而寡言者 使爲子師 其次 爲慈母 其次 爲保母 皆居子室〕"라고 보인다.

말한 것이고, 夫子께서 답한 것은 ≪禮記≫ 〈內則〉의 '스승과 같은 자모'를 가지고 말씀한 것이다.

071202 **昔者**에 **魯昭公**이 **少喪其母**하고 **有慈母良**이라 **及其死也**하야 **公弗忍也**하야 **欲喪之**한대 **有司以聞曰 古之禮**에 **慈母無服**하니 **今也**에 **君爲之服**하시면 **是**는 **逆古之禮而亂國法也**라 **若終行之**하시면 **則有司將書之**하야 **以遺後世**하리니 **無乃不可乎**잇가 **公曰 古者**에 **天子練冠以燕居**라하고 **公弗忍也**하야 **遂練冠**하야 **以喪慈母**하니 **喪慈母**는 **自魯昭公始也**니라

옛날에 魯 昭公이 어려서 어머니를 잃고 어진 慈母가 있었다. 자모가 죽자 公이 차마 〈길러준 은혜를 잊지〉 못하여 상복을 입고자 하니, 有司가 아뢰기를 '옛날의 禮에 자모에게는 服이 없으니, 이제 임금이 그녀를 위하여 상복을 입으신다면 이는 옛날의 禮를 거슬러 國法을 혼란하게 하는 것입니다. 만약 끝내 이것을 행하신다면 유사가 장차 이것을 책에 써서 후세에 물려줄 것이니, 不可하지 않겠습니까?' 하였다. 公이 말하기를 '옛날 천자가 마전한 冠을 쓰고서 사사로이 거처했다.' 하고는 公이 차마 〈길러준 은혜를 잊지〉 못하여 마전한 冠을 쓰고서 마침내 자모를 위해 상복을 입었으니, 자모를 위해 상복을 입는 것은 노 소공 때부터 시작되었다."

≪集說≫

良은 善也라 古者는 周以前也라 天子諸侯之庶子爲天子諸侯者 爲其母緦[45)]어늘 春秋有以小君之禮로 服之者[46)]는 以子貴而伸也라 然이나 必適小君沒이니 若適小君在면

45) 天子諸侯之庶子……爲其母緦 : ≪儀禮≫ 〈喪服〉 '緦麻三月'章에 "서자가 아버지의 후사가 되면 자기의 친어머니를 위하여 〈시마복을 입는다.〉〔庶子爲父後者 爲其母〕"라고 하였는데, 孔穎達 疏에 "이는 冢適(적장자)이 없고 오직 첩의 아들만 있을 경우, 아버지가 죽으면 서자가 후계자가 되어 자기의 친어머니를 위해서 시마복을 입는다.〔此爲無冢適 惟有妾子 父死庶子承後 爲其母緦也〕"라고 설명하였다.(≪儀禮注疏≫)

46) 春秋有以小君之禮 服之者 : 小君은 周나라 때 제후의 본처를 칭하는 말로, 魯 哀公은 定公

則其母厭(압)屈故로 練冠也라 此言練冠以燕居는 謂庶子之爲王者 爲其母耳니라

良은 善함이다. 古者는 周나라 이전이다. 천자나 제후의 庶子로서 천자나 제후가 된 자는 자기의 어머니를 위하여 緦麻服을 입는데, ≪春秋≫에 小君의 禮로써 服을 입는 경우가 있음은 자식이 귀해진 것으로 인하여 〈어머니에 대한 情과 禮를〉 더 크게 편 것이다. 그러나 반드시 정실인 小君이 죽어야 하니, 만약 정실인 소군이 살아 있으면 자기의 어머니가 〈소군에게〉 壓尊이 되므로 마전한 冠을 쓰는 것이다. 여기서 '마전한 冠을 쓰고서 사사로이 거처한다.'고 말한 것은 서자 중에 왕이 된 자가 자기의 어머니를 위함을 말한 것뿐이다.

≪大全≫

山陰陸氏曰 男子外有傅하고 內有慈母하니 君命所使教子也라 古者師弟子無服이 蓋如此하니라

山陰陸氏 : 남자는 밖에서는 傅가 있고 안에서는 慈母가 있었으니, 임금이 명하여 자식을 가르치게 한 것이다. 옛날에 스승과 제자간에 服이 없었던 것이 이와 같다.

○ 臨川吳氏曰 爲慈母性行良善하야 不忍忘其撫育之恩하야 遂欲爲之服하니 一非也요 有司援正禮以諫止之어늘 而公援天子練冠之例하니 再非也요 一弗忍於慈母初死之時하야 而欲喪之하고 再弗忍於有司旣諫之後하야 而遂練冠하니 是는 以小不忍而亂禮也니라

臨川吳氏 : 慈母의 성품과 행실이 선량하여 차마 어루만져 길러준 은혜를 잊을 수

의 첩인 姒氏의 아들인데 애공이 정공을 이어 임금이 되어 귀해졌기 때문에 사씨가 죽었을 때 소군의 예로 상복을 입었던 것을 이른다. 이 내용은 ≪春秋≫ 定公 15년 조에 "여름 5월……壬申日에 정공이 고침에서 훙서하였다.〔夏五月……壬申 公薨于高寢〕"라고 하고, "9월……辛巳日에 정공의 〈첩인〉 사씨를 장사 지냈다.〔九月……辛巳葬定姒〕"라고 하였는데, ≪春秋公羊傳≫에 "정공의 〈첩인〉 사씨의 죽음에 대해 어찌하여 〈소군의 죽음에 쓰는〉 '葬'을 썼는가? 〈'葬'이라는 말은 썼는데 '小君'이라는 말은 쓰지 못한 것은 사씨의 아들인 애공이〉 아직 1년이 되지 못한 임금이기 때문이다.〔定姒 何以書葬 未踰年之君也〕"라고 한 것을 두고 한 말이다. 이에 대해 徐彦 疏에 "정공의 〈첩인〉 사씨의 아들이 마침내 임금이 되어 점차적으로 존귀해지고 있으니 어머니는 자식에 의해 귀해지므로 〈사씨에게〉 '葬'이라고 쓴 것이다. 다만 애공이 지금 임금이 된 지 1년이 되지 못하였기 때문에 그의 어머니를 '소군'이라고 칭하지 않은 것이다.〔定姒之子 終爲君 有卽尊之漸 母以子貴 故書其葬 但以今未踰年 故其母不稱小君〕"라고 설명하였다.(≪春秋公羊傳注疏≫)

가 없어서 마침내 자모를 위하여 服을 입고자 하였으니, 이것이 첫 번째 잘못이다. 그리고 有司가 올바른 禮를 끌어다가 諫하여 만류하였는데 昭公이 천자의 마전한 冠을 쓰는 준례를 원용하였으니, 이것이 두 번째 잘못이다. 첫 번째는 자모가 막 죽었을 때 차마 〈길러준 은혜를 잊지〉 못하여 상복을 입고자 하였고, 두 번째는 유사가 諫한 뒤에 차마 〈길러준 은혜를 잊지〉 못하여 마침내 마전한 冠을 썼으니, 이는 차마 〈잊지〉 못하는 작은 감정으로 禮를 어지럽힌 것이다.

071301 **曾子問曰 諸侯旅見**(현)**天子**할새 **入門**하야 **不得終禮**하고 **廢者**는 **幾**잇고 **孔子曰 四**니라 **請問之**한대 **曰 大**(태)**廟火**어나 **日食**이어나 **后之喪**이어나 **雨霑**(점)**服失容**이어든 **則廢**하나니 **如諸侯皆在而日食**이어든 **則從天子救日**호되 **各以其方色與其兵**하고 **大廟火**어든 **則從天子救火**호되 **不以方色與兵**이니라

曾子가 묻기를 "제후가 여럿이 천자를 뵐 적에 궁궐 문에 들어가 禮를 마치지 못하고 폐하는 경우는 몇 가지입니까?" 하니, 孔子께서 말씀하시기를 "네 가지이다." 하셨다. 〈증자가〉 그 내용을 묻자, 〈공자께서〉 대답하셨다. "太廟에 화재가 났거나 日食이 있거나 后妃의 喪이 있거나 비가 옷을 적셔서 용모를 잃으면 폐하니, 만약 제후가 모두 모여 있는데 일식이 일어나면 천자를 따라 해를 구원하되 각각 방위에 맞는 색깔의 옷과 병장기를 잡고, 태묘에 화재가 났으면 천자를 따라 불을 끄되 방위에 맞는 색깔의 옷을 입거나 병장기를 잡는 것은 하지 않는다."

≪集說≫

旅는 衆也라 色은 衣之色也니 東方諸侯는 衣靑하고 南方諸侯는 衣赤하니 餘倣此[47]라 東方은 用戟이요 南方은 矛요 西方은 弩요 北方은 楯이요 中央은 鼓[48]라 日食은 是陰侵陽故로 正五行之方色하야 以厭(압)勝之요 救火는 不關此義也니라

---

47) 餘倣此 : 西方의 제후는 흰색 옷을 입고, 北方의 제후는 검정색 옷을 입는다.(≪禮記正義≫)

48) 鼓 : 孔穎達 疏에 "북을 두드려 소리를 내는 것은 陽을 돕고 陰을 누르려는 것이다.〔擊鼓爲聲 所以助陽壓陰也〕" 하였다.(≪禮記正義≫)

'旅'는 무리이다. '色'은 옷의 색깔이니, 東方의 제후는 푸른색 옷을 입고, 南方의 제후는 붉은색의 옷을 입으니, 나머지는 이와 같다. 동방은 戟을 사용하고, 남방은 矛를 사용하고, 서방은 弩를 사용하고, 북방은 楯을 사용하고, 중앙은 鼓를 사용한다. 日食은 陰이 陽을 침해하는 것이므로 五行의 방위 색깔을 바르게 해서 〈陰을〉 제압하는 것이고, 불을 끄는 것은 이 義에 관련이 없다.

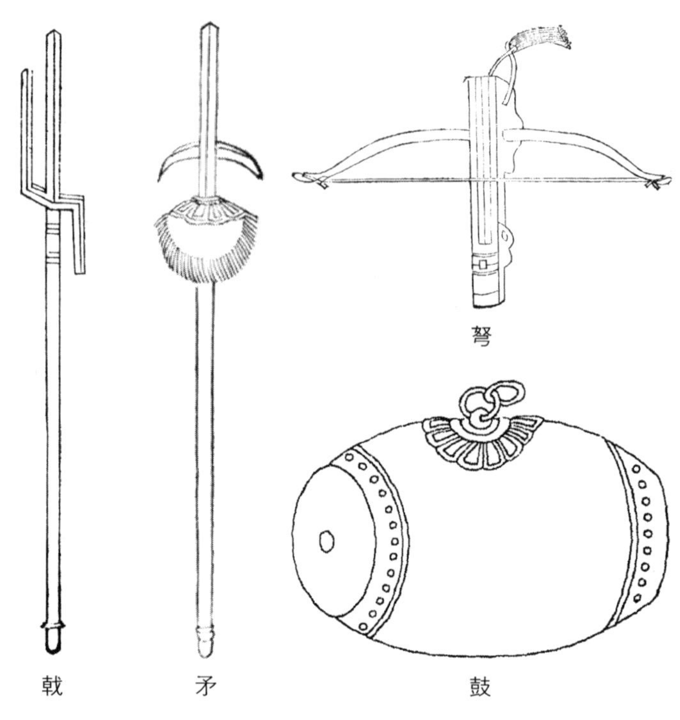

≪大全≫

馬氏曰 大廟者는 神之位也니 神道有不安이면 人子之道虧矣라 古者에 宗廟火하면 三日哭[49]이라 哭以謝其神하니 諸侯旅見之禮를 所以廢也라 於其廢也然後에 帥(솔)諸侯以救火니라 日者는 陽之位也니 陽은 主於明하니 君道也니 其有不明이면 則君德虧矣라 古者에 日有食之하면 則瞽奏鼓하고 嗇夫馳하고 庶人走[50]하니 所以助陽이라 唯其以陽不充故로 諸侯之旅見을 亦可以廢니 於其廢也然後에 帥諸侯以救日이니라

馬氏 : 太廟는 神의 자리이니, 神道가 불안하면 자식의 道가 이지러진다. 옛날에 宗廟에 화재가 나면 3일 동안 곡을 하였다. 곡을 함으로써 그 神에게 사죄하였으니, 제후가 여럿이 뵙는 禮를 이 때문에 폐하는 것이다. 〈제후가 여럿이 뵙는 禮를〉 폐한 뒤에 〈천자가〉 제후를 거느리고 불을 끄는 것이다.

---

49) 宗廟火 三日哭 : ≪禮記≫ 〈檀弓 下〉에 "그 先人의 집(사당)에 불이 났을 경우 사흘 동안 곡을 한다.〔有焚其先人之室 則三日哭〕" 하였고, ≪春秋左氏傳≫ 成公 3년 經文에 "新宮(宗廟)이 불에 타니, 〈성공이〉 사흘 동안 곡을 하였다.〔新宮災 三日哭〕" 하였다.

50) 瞽奏鼓……庶人走 : ≪書經≫ 〈夏書 胤征〉에 보인다.

해는 陽의 위치이니, 양은 밝음을 주장한다. 이는 임금의 道이니, 밝지 못함이 있으면 임금의 德이 이지러진다. 옛날에 日食이 있으면 봉사인 악사가 북을 연주하고 〈하급 관리인〉 嗇夫가 달려가고 庶人들이 달려갔으니, 이는 양을 돕기 위한 것이다. 오직 양이 충만하지 못하기 때문에 제후가 여럿이 뵙는 것을 또한 폐할 수 있는 것이니, 〈제후가 여럿이 뵙는 예를〉 폐한 뒤에 〈천자가〉 제후를 거느리고 해를 구원하는 것이다.

071302 **曾子問曰 諸侯相見**할새 **揖讓入門**하야 **不得終禮**하고 **廢者**는 **幾**잇고 **孔子曰 六**이니라 **請問之**한대 **曰 天子崩**이어나 **大**(태)**廟火**어나 **日食**이어나 **后夫人之喪**이어나 **雨霑服失容**이어든 **則廢**니라

曾子가 묻기를 "제후들끼리 서로 만나볼 때에 揖하고 사양하고 문에 들어가서 禮를 마치지 못하고 폐하는 경우는 몇 가지입니까?" 하니, 孔子께서 말씀하시기를 "여섯 가지이다." 하였다. 〈증자가〉 그 내용을 묻자 〈공자께서〉 대답하셨다.

"천자가 崩御하거나 太廟에 화재가 나거나 日食이 있거나 王后나 〈제후의 妃인〉 夫人의 喪이 나거나 비가 옷을 적셔서 용모를 잃으면 폐한다."

≪集說≫

大(태)廟는 本國之大廟也요 夫人은 小君也라

太廟는 본국의 태묘이고, 夫人은 〈제후의 妃인〉 小君이다.

≪大全≫

嚴陵方氏曰 旅見(현)은 蓋君臣之禮라 故以事而廢者少하고 相見은 蓋敵國之禮라 故以事而廢者多하니 此輕重之別也니라

嚴陵方氏 : 〈제후가〉 여럿이 천자를 뵙는 것은 君臣간의 禮이므로 일로 인하여 폐하는 경우가 적고, 〈제후끼리〉 서로 만나봄은 대등한 나라의 禮이므로 일로 인하여 폐하는 경우가 많으니, 이는 경중에 따라 구별한 것이다.

○ 臨川吳氏曰 比之旅見天子하면 多其二하니 外則天子崩이요 內則后夫人之喪也니 謂正當外國君入門之時하야 而天子王后之凶訃至어나 或主國君之夫人薨也라

臨川吳氏 : 〈제후가〉 여럿이 천자를 뵙는 것에 견주면 〈제후끼리 만날 때에 예를 폐하는 경우가〉 두 가지가 많으니, 밖으로는 천자가 붕어하는 경우이고 안으로는 王后나 夫人의 喪이 있을 경우이다. 이는 바로 外國의 임금이 문에 들어올 적에 천자나 王后의 訃音이 이르거나 혹은 주인 나라 임금의 부인이 훙서하는 경우를 이른다.

071303 曾子問曰 天子嘗禘郊社五祀之祭에 簠簋를 旣陳하야 天子崩이어나 后之喪이어든 如之何잇고 孔子曰 廢니라

曾子가 묻기를 "천자가 嘗祭·禘祭·郊祭·社祭·五祀의 제사에 簠簋(祭器)를 이미 진열하고서 천자가 붕어하거나 王后의 喪이 있으면 어떻게 해야 합니까?" 하니, 孔子께서 말씀하시기를 "폐해야 한다." 하셨다.

簠　　簋

≪集說≫

嘗禘는 宗廟之祭요 郊社는 天地之祭라 此言五祀어늘 而祭法에 言七祀하니 先儒가 已言祭法不足據矣[51)]라하니라

51) 祭法……言祭法不足據矣 : 〈祭法〉의 내용은 "왕이 〈百官 이하〉 억조창생을 위하여 7祀를 세우니, 〈三命을 주관하는〉 司命과 〈堂室을 주관하는〉 中霤와 〈성문인〉 國門과 〈국문 바도로인〉 國行과 〈후사가 없는 옛 왕인〉 泰厲와 〈출입을 주관하는〉 戶와 〈음식을 주관하는〉 竈다. 왕은 자신을 위하여 7祀를 세운다. 제후가 국가를 위하여 5사를 세우니, 사명과 중류와 국문과 국행과 〈후사가 없는 옛 제후인〉 公厲다. 제후는 자신을 위하여 5사를 세운다. 〈周나라의 采地가 없는〉 대부가 3사를 세우니 〈후사가 없는 옛 대부인〉 族厲와 門과 行이다. 適士가 2사를 세우니 門과 行이다. 庶士와 庶人이 1사를 세우니 혹은 戶를

嘗祭와 禘祭는 宗廟의 제사이고, 郊祭와 社祭는 天地의 제사이다. 여기에서는 五祀라고 말했는데 〈祭法〉에 七祀라고 말했으니, 先儒들이 이미 〈제법〉은 근거할 것이 못 된다고 말하였다.

071304 **曾子問曰 當祭而日食이어나 大(태)廟火어든 其祭也 如之何잇고 孔子曰 接(첩)祭而已矣니 如牲至未殺이어든 則廢니라**

曾子가 묻기를 "제사 지낼 때를 당하여 日食이 있거나 太廟에 화재가 발생하면 그 제사를 어떻게 합니까?" 하니, 孔子께서 말씀하셨다.

"빨리 제사 지낼 뿐이니, 만일 犧牲이 이르렀으나 잡지 않았으면 제사를 그만둔다.

≪集說≫

接은 捷也니 速疾之義라 此는 言宗廟之祭에 遇此變異어든 則減略節文하야 務在速畢이니 無迎尸於奧及迎尸入坐等禮矣[52)]니라

세우며 혹은 竈를 세운다.〔王爲群姓立七祀 曰司命 曰中霤 曰國門 曰國行 曰泰厲 曰戶 曰竈 王自爲立七祀 諸侯爲國立五祀 曰司命 曰中霤 曰國門 曰國行 曰公厲 諸侯自爲立五祀 大夫立三祀 曰族厲 曰門 曰行 適士立二祀 曰門 曰行 庶士庶人立一祀 或立戶 或立竈〕"라고 보이고, ≪禮記注疏≫의 齊召南(1703~1768)의 〈考證〉에 따르면 〈祭法〉은 근거할 것이 못 된다고 말한 先儒는 王應麟(1223~1296)이다. 왕응린은 宋 理宗 때 博學宏詞科에 급제하여 禮部尙書兼給事中에까지 올랐다. 저서로 ≪困學記聞≫, ≪玉海≫, ≪三字經≫, ≪漢藝文志考證≫ 등이 있다.

52) 無迎尸於奧及迎尸入坐等禮矣 : 이 내용은 鄭玄 注에 "제사를 빨리 지낼 뿐이고 시동을 맞이하지 않는다.〔接祭而已 不迎尸〕"라고 하고, 孔穎達 疏에 "무릇 시동을 맞이하는 예는 그 절차가 두 가지가 있다. 하나는 제사 지내는 초기에 시동을 실의 서남쪽 모퉁이에 맞이해서 灌禮를 행하고 관례가 끝난 뒤에 나가서 희생을 맞이하는데, 이때에 시동을 室戶 밖에서 맞이하고 희생을 잡아 피와 털을 올려 朝踐의 예를 행하고 생고기와 삶은 고기가 담긴 俎를 시동의 앞에 진설하는 것이 첫 번째이다. 그런 뒤에 물러가 희생의 고기를 합하여 삶고 다시 시동을 인도하여 실의 서남쪽 모퉁이에 들어와 앉히고 饋孰의 예를 행하는 것이 두 번째이다. 이 注에서 '시동을 맞이하지 않는다' 한 것은, 곧바로 堂 위에서 조천을 행하고 끝나면 그쳐서, 다시는 시동을 맞이하여 들이지 않는다는 것이다. 이는 종묘의 제사를 말한 것이니, 郊祭와 社祭에 분명한 글이 없으나, 시동을 맞이하지 않는 것 또한 이때를 말한 것이다.〔凡迎尸之禮 其節有二 一是祭初迎尸於奧而行灌禮 灌畢而後出迎牲 於時延尸於戶外 殺牲薦血毛 行朝踐之禮 設腥爓之俎於尸前 是一也 然後退而合亨 更迎尸

'接'은 빠름이니, 빨리 〈제사 지낸다는〉 뜻이다. 이는 宗廟의 제사에 이러한 異變을 만났으면 정해진 儀式을 줄이고 생략하여 빨리 마치기를 힘씀을 말한 것이니, 尸童을 室의 서남쪽 모퉁이에 맞이해 오거나 시동을 맞이하여 들어와 〈室의 서남쪽 모퉁이에〉 앉히는 등의 禮가 없는 것이다.

≪大全≫

馬氏曰 祭者는 吉事也요 朝者는 盛禮也니 天子廢朝하면 盍亦廢祭矣리오 故大廟火則哭之하고 日食則救之하고 后之喪則服之하니 此可以廢祭矣라 雨霑服失容은 可以不旅見이요 而不可以不祭니 蓋以祭而較之旅見하면 則祭重이라 故로 旅見은 可以易日이나 而祭祀는 則不可以易日矣니라

馬氏 : 제사는 吉한 일이고 朝會는 盛한 禮이니, 천자가 조회를 폐하면 어찌 또한 제사를 폐하지 않을 수 있겠는가. 그러므로 太廟에 화재가 발생하면 곡을 하고 日食이 있으면 해를 구원하고 王后의 喪이 있으면 服을 입으니, 이러한 경우는 제사를 폐할 수 있는 것이다. 비가 옷을 적셔서 용모를 잃은 경우는 〈제후가〉 여럿이 〈천자를〉 뵙는 것을 하지 않을 수는 있으나 제사 지내지 않을 수는 없으니, 제사를 〈제후가〉 여럿이 뵙는 것과 비교하면 제사가 중하다. 그러므로 〈제후가〉 여럿이 〈천자를〉 뵙는 것은 날을 바꿀 수 있으나 제사는 날을 바꿀 수가 없는 것이다.

071305 天子崩하야 未殯이어든 五祀之祭를 不行이라가 旣殯而祭호되 其祭也에 尸入하야 三飯不侑(유)하며 酳(윤)不酢而已矣니라 自啓[53]로 至于反哭히 五祀之祭를 不行하고 已葬而祭호되 祝畢獻而已니라

천자가 붕어하여 아직 殯을 하지 않았으면 五祀의 제사를 행하지 않다가 殯을 하고 나서 제사를 지내되 그 제사에 尸童이 들어와 3飯을 하고 〈배부르다고 말하면 밥 먹는 수를 채우기를〉 권하지 않으며, 술로 입을

入坐於奧 行饋孰之禮 是二也 此云不迎尸者 直於堂上行朝踐禮畢則止 不更迎尸而入也 此謂宗廟之祭 郊社之祭無文 不迎尸 亦謂此時也]"라고 한 말을 근거로 삼은 것이다.(≪禮記正義≫)

53) 啓 : 啓殯으로, 대렴한 뒤에 發靷 때까지 柩를 안치해두는 곳인 殯에서 靈柩를 꺼내는 일이다.

헹구기만 하고 답잔을 주지 않고 그만둔다. 啓殯으로부터 反哭에 이르기까지 오사의 제사를 지내지 않고 장례를 치른 다음 제사 지내되 祝이 〈자신에게〉 올린 술을 다 마시고 그만둔다."

≪集說≫

天子諸侯之祭禮亡하야 不可聞其詳矣나 先儒以大夫士祭禮로 推之하니 士祭에 尸九飯하고 大夫祭에 尸十一飯하나니 則知諸侯十三飯이요 天子十五飯也[54)]라 五祀는 外神[55)]이라 不可以已私喪으로 久廢其祭라 若當祭之時하야 而天子崩이어든 則止而不行이라가 俟殯訖乃祭라 然이나 其禮則殺(쇄)矣니라 侑는 勸也라 尸入은 迎尸而入坐也라 三飯不侑者는 尸三飯告飽則止하고 祝更(갱)不勸侑其食하야 使滿足當飯之數也라 酳은 食畢而以酒漱口也니 說見(현)曲禮하니라 按特牲禮에 尸九飯畢하고 主人酌酒酳尸어든 尸飮卒爵하고 酢主人하며 主人受酢飮畢하고 酌獻祝이어든 祝飮畢하고 主人又酌獻佐食이라 今云酳不酢者는 無酢主人以下等事也니 此是言殯後祭五祀之禮라 又言自啓殯往葬으로 及葬畢反哭히 其間에 亦不祭五祀하고 直待葬後乃祭호되 其禮又不同이라 蓋葬後는 哀稍殺하야 漸向吉이라 故祝侑尸食을 至十五飯하며 攝主酳尸어든 尸飮卒爵而酢攝主하고 攝主飮畢酌而獻祝호되 祝受而飮畢則止하니 無獻佐食以下之事라 故云 祝畢獻而已라하니 已는 止也라

천자나 제후의 祭禮가 없어져서 그 상세한 내용을 들을 수 없으나 先儒가 大夫나 士의 제례를 가지고 추정하기를 "士의 제사에 尸童이 9飯을 하고 대부의 제사에 시동이 11飯을 하니, 제후는 13飯이고 천자는 15飯임을 알 수 있다." 하였다. 五祀는 外神에게 올리는 제사이므로 자기의 사사로운 喪이 있다고 해서 그 제사를 오랫동안 폐할 수 없으니, 만약 제사 지낼 때를 당하여 천자가 붕어하였으면 〈제사를〉 그만두고 행하지 않다가 殯이 끝나기를 기다린 뒤에 비로소 제사를 지낸다. 그러나 그 祭禮의 儀式은 줄어든다.

---

54) 先儒以大夫士祭禮……天子十五飯也 : 先儒는 孔穎達로, 추정한 내용이 ≪禮記正義≫에 보인다.

55) 五祀外神 : 五祀가 天地·山川·社稷 등의 外神에게 지내는 제사라는 말이다. 외신에게 지내는 제사를 '밖의 제사〔外祭〕'라 하고, 先祖에게 지내는 제사를 '안의 제사〔內祭〕'라 한다.

'侑'는 권함이다. '尸入'은 시동을 맞이하여 들어와 앉게 하는 것이다. '三飯不侑'는 시동이 3飯을 하고서 배부르다고 말하면 그만두고, 祝이 다시 그에게 먹기를 권유하여 시동으로 하여금 밥 먹는 숫자를 채우게 하지 않는 것이다. '酳'은 식사를 마치고 술로 입을 헹구는 것이니, 해설이 〈曲禮〉에 보인다. ≪儀禮≫ 〈特牲饋食禮〉를 살펴보건대, 시동이 9飯을 마치고 나서 주인이 술을 따라 시동에게 입을 헹구게 하면 시동이 술을 마셔 술잔을 다 비우고 주인에게 답잔을 따라준다. 주인이 답잔을 받아 다 마시고 술을 따라 祝에게 올리면 祝이 다 마신다. 주인이 또 술을 따라 佐食에게 올린다. 그런데 지금 "입을 헹구기만 하고 답잔을 주지 않는다." 한 것은 주인에게 답잔을 주는 이하의 여러 가지 일이 없는 것이니, 이것은 殯을 한 뒤에 오사에 제사 지내는 禮를 말한 것이다.

또 〈공자께서 이어서〉 말씀하시기를, "啓殯한 뒤 가서 葬禮함으로부터 장례를 마치고 反哭함에 이르기까지, 그 사이에 또한 오사에 제사 지내지 않고 다만 장례를 지낸 뒤에 비로소 〈오사에〉 제사 지내는데, 그 禮가 또 똑같지 않다." 하셨다. 장례를 지낸 뒤에는 슬픈 마음이 다소 줄어들어 점점 길한 쪽으로 향하므로 祝이 시동에게 밥 먹는 것을 권유하여 15飯까지 먹도록 한다. 그리고 攝主가 시동에게 술을 따라 입을 헹구게 하면 시동이 술을 받아 다 마시고 섭주에게 답잔을 준다. 섭주가 술을 받아 다 마시고 술을 따라 祝에게 술을 올리되 祝이 받아서 다 마시면 그만두니, 佐食에게 올리는 이하의 일이 없으므로 "祝이 〈자신에게〉 올린 술을 다 마시고 그만둔다." 한 것이다. '已'는 그만둠이다.

071306 **曾子問曰 諸侯之祭社稷**에 **俎豆旣陳**하야 **聞天子崩**이어나 **后之喪**이어나 **君薨**이어나 **夫人之喪**이어든 **如之何**잇고 **孔子曰 廢**니라 **自薨**으로 **比至于殯**과 **自啓**로 **至于反哭**히 **奉(師)〔帥**(솔)〕[56]**天子**니라

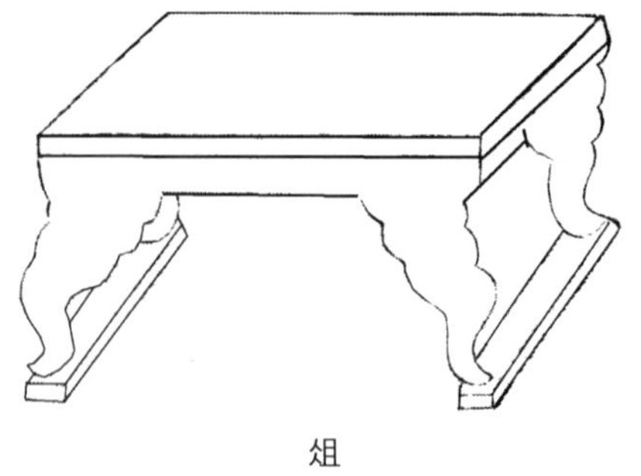
俎

56) (師)〔帥(솔)〕: 저본에는 '師'로 되어 있으나, 集說과 四庫全書本 ≪禮記大全≫에 의거하여 '帥'로 바로잡았다.

曾子가 묻기를 “제후가 社稷에 제사 지낼 적에 俎豆(祭器)를 이미 진설하고 나서 천자가 붕어하였거나 王后의 喪을 당하였거나 〈다른 제후국의〉 임금이 훙서하였거나 〈다른 제후의〉 夫人의 상이 있다는 말을 들으면 어떻게 해야 합니까?” 하니, 孔子께서 말씀하셨다.

“폐해야 한다. 제후가 훙서했을 때로부터 殯에 이르기까지와 啓殯으로부터 反哭에 이르기까지 천자의 禮를 받들어 따른다.”

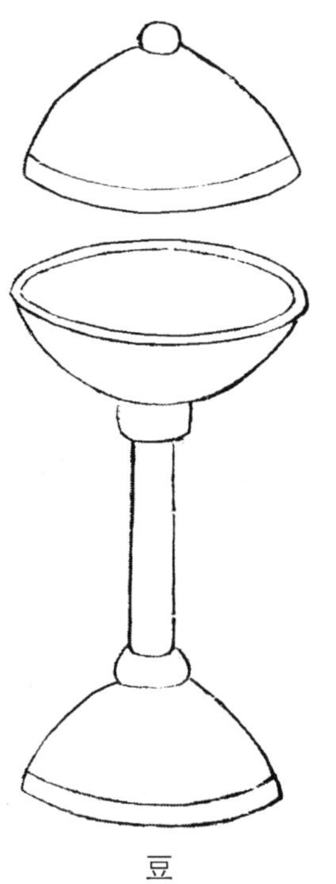

豆

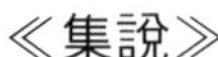

≪集說≫

比는 及也라

‘比’는 미침이다.

○ 曾子所問이 如此어늘 孔子曰 廢라하시고 又言自薨至殯과 自啓至反哭히 皆帥(솔)循天子之禮者는 謂諸侯旣殯而祭社稷이나 或五祀者도 亦如天子殯後祭五祀之禮也요 其葬後而祭社稷五祀者도 亦如天子葬後祭五祀之禮也라

증자가 물은 것이 이와 같은데 공자께서 “폐해야 한다.” 하시고, 또 “제후가 훙서했을 때로부터 殯에 이르기까지와 啓殯으로부터 反哭에 이르기까지 모두 천자의 禮를 따른다.” 하신 것은, 제후가 이미 殯을 하고 나서 社稷이나 五祀에 제사 지내는 경우도 천자가 殯을 한 뒤에 오사에 제사 지내는 禮와 같고, 〈제후가〉 장례한 뒤에 사직이나 오사에 제사 지내는 경우도 천자가 장례한 뒤에 오사에 제사 지내는 禮와 같음을 말한 것이다.

≪大全≫

山陰陸氏曰 天子는 言嘗禘郊社五祀하고 諸侯는 言社稷하니 略諸侯也요 大夫는 益略하야 不復名祭하니라

山陰陸氏 : 천자는 嘗祭・禘祭・郊祭・社祭・五祀를 말하였고 제후는 社稷을 말

했으니 이는 제후를 간략히 한 것이고, 대부는 더욱 간략하여 다시 제사를 말하지 않았다.

071307 **曾子問曰 大夫之祭**에 **鼎俎旣陳**하고 **籩豆旣設**하고 **不得成禮**하야 **廢者**는 **幾**잇고 **孔子曰 九**니라 **請問之**한대 **曰 天子崩**이어나 **后之喪**이어나 **君薨**이어나 **夫人之喪**이어나 **君之大(태)廟火**어나 **日食**이어나 **三年之喪**이어나 **齊衰**어나 **大功**이어든 **皆廢**니 **外喪**은 **自齊衰以下**는 **行也**니라 **其齊衰之祭也**는 **尸入**하야 **三飯不侑**하며 **酳不酢而已矣**요 **大功**엔 **酢而已矣**요 **小功緦**엔 **室中之事而已矣**니 **士之所以異者**는 **緦**도 **不祭**니 **所祭**가 **於死者**에 **無服**이어든 **則祭**니라

鼎

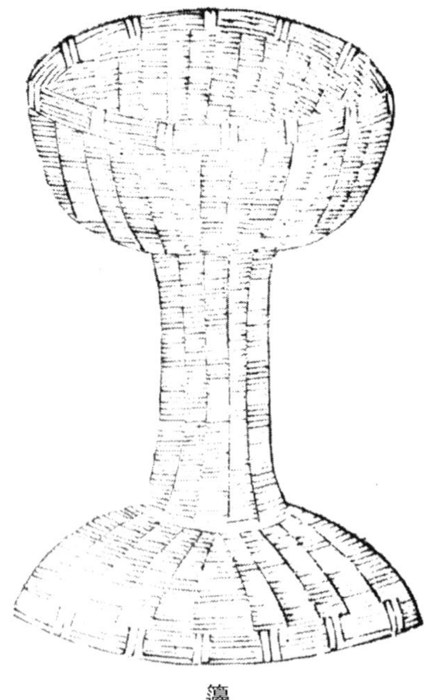
籩

曾子가 묻기를 "대부의 제사에 鼎俎(祭器)를 이미 진설하고 籩豆(祭器)를 이미 진설한 뒤에 禮를 이루지 못하여 폐하는 경우는 몇 가지입니까?" 하니, 孔子께서 대답하시기를 "아홉 가지이다." 하셨다. 〈증자가〉 그 내용을 묻자 〈공자께서〉 다음과 같이 대답하셨다.

"천자가 붕어하거나 王后의 喪을 당하거나 임금이 훙서하거나 〈임금의〉 夫人의 喪을 당하거나 임금의 太廟에 화재가 발생했거나 日食이 있거나 삼년상이 나거나 齊衰

의 喪이나 大功의 상이 나면 모두 폐하니, 문밖의 상은 자최 이하부터는 제사를 행할 수 있다. 齊衰喪에 제사 지낼 때에는 尸童이 室에 들어가 3飯하고 〈배부르다고 말하면 밥 먹는 수를 채우기를〉 권하지 않으며, 술로 입을 헹구고 답잔을 주지 않고 그만둔다. 大功喪에는 답잔만 주고 그만두며 小功喪과 緦麻喪에는 室 안의 일만 하고 그만둔다. 士가 〈대부와〉 다른 것은 시마상에도 제사 지내지 않으니, 제사 지내는 대상이 죽은 자에게 服이 없으면 제사를 지낸다."

≪集說≫

此는 言大夫宗廟之祭라 外喪은 在大門之外也라 三飯不侑와 酳不酢은 說見(현)上章하니라 大功酢而已者는 大功은 服輕하니 祭禮稍備하야 十一飯之後에 主人이 酌酒酳尸어든 尸酢主人하고 卽止也라 室中之事者는 凡尸는 在室之奧하고 祝은 在室中北廂南面하고 佐食은 在室中戶西北面이라 但主人主婦及賓이 獻尸及祝佐食等三人畢하고 則止也라 若平常之祭는 十一飯畢에 主人酳尸어든 尸卒爵酢主人하고 主人獻祝及佐食畢하고 次主婦獻尸어든 尸酢主婦하고 主婦又獻祝及佐食畢하며 次賓長[57]이 獻尸어든 尸得賓長獻爵하고 則止不擧하니 蓋奠其爵于薦之左也라 待致爵之後에 尸乃擧爵이어늘 今以喪服殺(쇄)禮故로 止於賓之獻也라 士卑於大夫하니 雖緦服이나 亦不祭라 所祭於死者無服은 謂如妻之父母와 母之兄弟姊妹니 己雖有服이나 而己所祭者 與之無服이면 則可祭也니라

이는 대부의 宗廟의 제사를 말한 것이다. 外喪은 대문의 밖에 있는 상이다. '三飯不侑'와 '酳不酢'은 해설이 윗장에 보인다. '大功酢而已'는 대공은 服이 가벼우니 祭禮가 다소 구비되어 11飯을 한 뒤에 주인이 술을 따라 尸童에게 입을 헹구게 하면 시동이 주인에게 답잔을 주고 즉시 그만두는 것이다.

'室中之事'는, 무릇 시동은 室 안의 서남쪽 모퉁이에 있고 祝은 室 안의 北廂에서 남향을 하고 佐食은 室 안의 室戶 서쪽에서 북향을 한다. 다만 주인과 主婦와 빈객이 시동과 축과 좌식 등 세 사람에게 술을 올리는 것을 마치고는 그만둔다. 평상시

57) 賓長 : 제사를 지낼 적에 가장 으뜸이 되는 빈객을 보좌하는 둘째가는 빈객을 말한다.

의 제사의 경우는 11飯을 마친 다음 주인이 시동에게 술을 따라 입을 헹구게 하면 시동이 그 술을 다 마시고서 주인에게 답잔을 주고 주인이 축과 좌식에게 술을 올린다. 이 예가 끝난 뒤 다음으로 주부가 시동에게 술을 올리면 시동이 주부에게 답잔을 주고 주부가 또 축과 좌식에게 술을 올린다. 이 예가 끝난 뒤 다음으로 賓長이 시동에게 술을 올리면 시동은 빈장이 올린 술잔을 받고 그쳐서 술잔을 들지 않으니, 올린 제물 왼쪽에 그 술잔을 두는 것이다. 致爵을 다 마친 뒤에 시동이 마침내 술잔을 드는데 지금 상복을 입은 것 때문에 祭禮를 줄이므로 빈객에게 술을 올리는 것에서 그치는 것이다.

士는 대부보다 신분이 낮으니, 비록 緦麻服을 입더라도 또한 제사를 지내지 않는다. '所祭於死者無服'은 예컨대 아내의 부모와 어머니의 형제나 자매와 같은 경우를 이르니, 자기는 비록 服을 입지만 자기가 제사 지내는 대상이 그와 더불어 服이 없으면 제사 지낼 수 있는 것이다.

○ 今按致爵之禮컨대 賓獻尸三爵而止하나니 尸止爵之後에 執事者爲主人하야 設席于戶內하면 主婦酌爵而致于主人이니 主人이 拜受爵이어든 主婦拜送爵하며 主人卒爵拜어든 主婦答拜하고 受爵以酌而酢호되 執爵拜어든 主人答拜라 主人이 降洗爵하야 以酌而致于主婦호되 主婦之席이 在房中南面하니 主婦拜受爵이어든 主人이 西面答拜하고 而更爵하야 自酌以酢이니 此所謂致爵也라 祭統曰 酢必易爵이라하니 詳見(현)特牲饋食(사)禮[58]하니라

이제 致爵의 禮를 살펴보건대, 빈객이 시동에게 세 잔의 술을 올리고 그치니, 시동이 술잔을 내려놓고 마시지 않은 뒤에 執事者가 주인을 위해서 室戶 안에 돗자리를 펼치면 主婦가 술잔에 술을 따라 주인에게 보낸다. 주인이 절하고서 이 술잔을 받으면 주부가 절하고서 그 술잔을 보내며, 주인이 술잔의 술을 다 마시고 절하면 주부가 答拜를 하고 주인에게서 빈 술잔을 받아 스스로 술을 따라 답잔을 주되 술잔을 잡고서 절하면 주인이 답배를 한다. 주인이 堂에서 내려가 술잔을 씻어서 술을 따라 주부에게 보내되 주부의 돗자리는 室 안에서 남향인 곳이니, 주부가 절하고 술잔을 받으면 주인이 서향을 하여 답배한다. 주인이 잔을 바꾸어서 스스로 술을 따라

58) 詳見(현)特牲饋食(사)禮 : ≪儀禮≫ 〈特牲饋食禮〉에 자세히 보인다는 말인데, 陳澔가 〈특생궤사례〉의 '致爵'에 대한 내용을 이 단락에서 정리해놓은 것이다.

답잔을 스스로에게 준다. 이것이 이른바 '致爵'이라는 것이다. 〈祭統〉에 이르기를 "답잔을 줄 때에는 반드시 술잔을 바꾼다." 하였으니, 이 내용이 이른바 ≪儀禮≫ 〈特牲饋食禮〉에 자세히 보인다.

≪大全≫

嚴陵方氏曰 位尊則以事而廢禮者爲少하고 位卑則以事而廢禮者爲多하니 此輕重之別也니라

嚴陵方氏 : 지위가 높으면 다른 일 때문에 禮를 폐하는 경우가 적고, 지위가 낮으면 다른 일 때문에 禮를 폐하는 경우가 많으니, 이는 경중에 따라 구별한 것이다.

○ 山陰陸氏曰 大夫言鼎俎籩豆는 著陳設雖備나 猶廢요 士不言小功은 略士也니라

山陰陸氏 : 대부의 경우 鼎俎와 籩豆를 말한 것은 진설함이 비록 갖추어졌더라도 오히려 폐하게 됨을 드러낸 것이고, 士에 小功을 말하지 않은 것은 士를 간략히 한 것이다.

071401 曾子問曰 三年之喪에 弔乎잇가 孔子曰 三年之喪에 練하고 不群立하고 不旅行이라 君子는 禮以飾情하나니 三年之喪而弔哭이 不亦虛乎아

曾子가 묻기를 "삼년상에 남에게 조문합니까?" 하니, 孔子께서 말씀하셨다.

"삼년상에는 練祭를 지내고도 여럿이 서 있지 않으며 여럿이 다니지 않는다. 군자는 禮로써 情을 꾸미니, 삼년상에 남에게 조문하고 곡하는 것이 또한 虛禮가 아니겠는가."

≪集說≫

練은 小祥也요 旅는 衆也라 群立旅行하야 言及他事면 則爲忘哀니 況於弔乎아 先王이 因人情而制禮하야 隨其哀樂之情하야 皆有以飾之하시니 苴衰絰[59]杖은 爲至痛飾也라 居重喪而弔哭於人하야 哀彼면 則忘吾親이요 哀在親이면 則弔爲矯僞矣니 非虛而何오

59) 絰 : 喪服에 두르는 띠로, 머리에 두르는 것을 首絰, 허리에 두르는 것을 腰絰이라 한다.

曾子旣聞夫子此言矣로되 而檀弓篇에 乃記其以喪母之齊衰而往哭於子張[60)]하니 得非好事者 爲之辭歟아

'練'은 小祥이고, '旅'는 무리이다. 여럿이 서 있고 여럿이 다니면서 다른 일을 언급하게 되면 〈어버이를 향한〉 슬픔을 잊으니, 하물며 조문함에 있어서이겠는가. 先王이 사람의 情을 인하여 禮를 제정하여 그 슬프고 즐거운 情을 따라서 모두 꾸밈이 있으셨으니, 〈암삼인〉 苴麻(저마)로 만든 衰服을 입고 〈저마로 만든〉 絰을 하고 〈苴竹으로 만든〉 지팡이를 짚는 것은 지극히 애통함의 꾸밈이 되는 것이다. 중한 喪에 거할 적에 남에게 조문을 하고 곡을 하여 그 사람을 슬퍼하면 나의 어버이를 향한 슬픔을 잊는 것이고, 슬픔이 어버이에게 있으면 조문함이 거짓이 되니, 虛禮가 아니고 무엇이겠는가.

증자가 이미 夫子의 이 말씀을 들었는데 〈檀弓〉편에서 마침내 그가 어머니 喪에 齊衰服을 입고서 子張의 상에 가서 곡을 했다고 기록하였으니, 이것은 일 만들기를 좋아하는 자들이 꾸며낸 말이 아니겠는가.

≪大全≫

嚴陵方氏曰 群與旅는 皆衆也니 不群立하고 不旅行은 則以居喪에 宜與人辨故也니라

嚴陵方氏 : '群'과 '旅'는 모두 무리이니, 여럿이 서 있지 않고 여럿이 다니지 않는 것은 喪中에 있을 적에는 의당 보통사람과 구별되어야 하기 때문이다.

○ 臨川吳氏曰 群立은 同群而立也요 旅行은 與群而行也라 重喪雖已朞라도 猶且不與人竝立竝行은 恐與人相語而忘已哀親之情이어든 又豈可忘己親之哀하고 而哭弔以哀他人之親乎아

臨川吳氏 : '群立'은 여러 사람과 함께 서 있는 것이고, '旅行'은 여러 사람과 함께 걸어가는 것이다. 중한 喪에는 비록 期年이 지났더라도 오히려 남과 함께 서고 함께 다니지 않는 것은 남과 함께 말하다가 자기의 어버이를 슬퍼하는 情을 잊을까 두려

---

60) 檀弓篇……往哭於子張 : 〈檀弓 下〉에 "자장이 죽자 증자는 어머니의 상중이었는데 자최복을 입고 가서 곡하였다. 혹자가 '자최복을 입고서는 조문하지 않는다.' 하니, 증자가 말씀하기를 '〈가서 곡을 한 것일 뿐〉 내가 조문을 행한 것이겠는가.' 하였다.〔子張死 曾子有母之喪 齊衰而往哭之 或曰 齊衰 不以弔 曾子曰 我弔也與哉〕"라고 보인다.

위해서인데, 또 어찌 자기 어버이에 대한 슬픔을 잊고서 곡을 하고 조문을 하여 他人의 어버이를 슬퍼할 수 있겠는가.

071501 **曾子問曰 大夫士有私喪**하야 **可以除之矣**어늘 **而有君服焉**이면 **其除之也**를 **如之何**잇고 **孔子曰 有君喪服於身**이어든 **不敢私服**이어니 **又何除焉**이리오 **於是乎有過時而弗除也**하나니 **君之喪服**을 **除而后**에 **殷祭 禮也**니라

曾子가 묻기를 "大夫나 士가 사사로운 喪이 있어서 服을 벗을 때가 되었는데 임금의 상에 服을 입으면 服을 벗기를 어떻게 해야 합니까?" 하니, 孔子께서 말씀하셨다.

"임금의 상에 입는 服이 자기의 몸에 있으면 감히 사사로운 상의 服을 입지 않으니, 또 어찌 〈사사로운 상의 服을〉 벗을 수가 있겠는가? 이에 때가 지나고도 服을 벗지 않는 경우가 있는 것이니, 임금의 상에 입은 服을 벗은 뒤에야 〈부모의 상에〉 성대하게 제사 지내는 것이 禮이다."

≪集說≫

君重親輕하니 以義斷恩也라 若君服在身에 忽遭親喪이면 則不敢爲親制服이니 初死에도 尙不得成服이어든 終에 可行除服之禮乎아 此所以雖過時而不除也라 殷祭는 盛祭也라 君服除라야 乃得爲親하야 行二祥之祭하야 以伸孝心이니 以其禮大라 故曰殷也라 假如此月에 除君服이면 卽次月에 行小祥之祭하고 又次月에 行大祥之祭요 若親喪小祥後에 方遭君喪이면 則他時君服除後에 惟行大祥祭也라 然이나 此皆謂適子主祭而居官者라 若庶子居官而行君服이면 適子在家하야 自依時行親喪之禮하니 他日에 庶子雖除君服이나 無追祭矣니라

임금은 중하고 어버이는 가벼우니, 〈君臣간의〉 의리를 가지고 〈부자간의〉 은혜를 끊은 것이다. 만약 임금의 喪에 입는 服이 자기의 몸에 있는데 갑자기 어버이의 상을 만나면 감히 어버이를 위하여 服을 만들어 입지 못하니, 처음 죽었을 때에도 오히려 成服을 못하는데 喪期가 끝났을 때에 服을 벗는 禮를 행할 수 있겠는가. 이 때문에 비록 때가 지났더라도 〈어버이를 위한〉 服을 벗지 않는 것이다.

殷祭는 성대한 제사이다. 임금의 상에 입은 服을 벗어야 비로소 어버이를 위하여 二祥(大祥과 小祥)의 제사를 행하여 어버이에 대한 孝心을 펼 수 있으니, 그 禮가 크기 때문에 '殷'이라고 한 것이다. 가령 이달에 임금의 상에 입은 服을 벗었으면 바로 다음 달에 小祥祭를 행하고 또 다음 달에 大祥祭를 행하고, 만일 어버이의 喪에 小祥을 지낸 뒤에 비로소 임금의 상을 당했으면 훗날에 임금의 상에 입은 服을 벗은 뒤에 오직 대상제만을 행하는 것이다.

그러나 이것은 모두 제사를 주관하면서 관직에 있는 嫡子를 말한 것이다. 만약 庶子가 관직에 있으면서 임금의 상에 服을 입게 되면 적자가 집에 있으면서 직접 때에 따라 親喪의 禮를 행하니, 다른 날에 서자는 임금의 상에 입은 服을 벗더라도 〈어버이의 대상제를〉 소급하여 제사함이 없는 것이다.

≪大全≫

嚴陵方氏曰 有君之喪而不敢私服은 則以義斷恩故也니라

嚴陵方氏 : 임금의 喪이 있으면 감히 사사로운 상에 服을 입지 않는 것은 義로써 恩惠를 끊기 때문이다.

071601 **曾子問曰 父母之喪**을 **弗除 可乎**잇가 **孔子曰 先王制禮**에 **過時弗擧 禮也**니 **非弗能**하야 **勿除也**라 **患其過於制也**니라 **故**로 **君子過時不祭禮也**니라

曾子가 묻기를 "부모의 喪服을 〈소급하여〉 벗지 않는 것이 괜찮겠습니까?" 하니, 孔子께서 대답하셨다.

"先王이 禮를 만드실 적에 때가 지나면 〈소급하여〉 거행하지 않는 것이 禮였으니, 이는 능히 하지 못하여 〈소급하여〉 服을 벗지 않는 것이 아니라 〈聖人이 만드신〉 禮制를 지나칠까를 근심해서이다. 그러므로 군자가 때를 지나면 〈소급하여〉 제사 지내지 않는 것이 禮이다."

≪集說≫

曾子之意 以爲適子仕者는 除君服後에 猶得追祭二祥이어늘 庶子仕者는 雖除君服이나

不復(부)追祭면 是는 終身不除父母之喪矣니 可乎아 孔子言 先王制禮에 各有時節하야 過時면 不復追擧 禮也라 今不追除服者는 不是不能除也요 患其踰越聖人之禮制也라 且如四時之祭에 當春祭時하야 或以事故阻廢면 至夏則惟行夏時之祭요 不復追補春祭矣라 故過時不祭가 禮之常也라 惟禘祫大事는 則不然하니라

증자의 생각에 '嫡子로서 벼슬하는 자는 임금의 상에 입은 服을 벗은 뒤에 오히려 大祥祭와 小祥祭를 소급하여 제사할 수 있으나 庶子로서 벼슬하는 자는 비록 임금의 상에 입은 服을 벗더라도 다시 소급하여 제사하지 않는다면, 이는 종신토록 부모의 상복을 벗지 않는 것이니, 괜찮겠는가?'라고 여긴 것이다.

공자께서 말씀하시기를 "先王이 禮를 만드실 적에 각각 時節이 있어서 때가 지나면 다시 소급하여 거행하지 않는 것이 禮이다. 이제 소급하여 服을 벗지 않는 것은 능히 服을 벗지 못해서가 아니고 聖人의 禮制를 넘을까 걱정해서이다. 또 四時의 제사 중에서 봄 제사 때를 당하여 혹 事故가 있어서 제사를 중지하거나 폐하게 되면 여름에 이르러서는 오직 여름의 제사만 행하고 다시 봄 제사를 소급하여 보충하지 않는 것과 같다. 그러므로 때가 지나면 제사 지내지 않는 것이 떳떳한 禮이다." 하신 것이다. 오직 禘祭祀와 祫祭祀 같은 큰 제사는 그렇게 하지 않는다.

071701 曾子問曰 君薨既殯하야 而臣有父母之喪이어든 則如之何잇고 孔子曰 歸居于家호되 有殷事어든 則之君所하고 朝夕엔 否니라

曾子가 묻기를 "임금이 홍서하여 殯을 한 뒤에 신하에게 부모의 喪이 있으면 어떻게 합니까?" 하니, 孔子께서 말씀하셨다.

"돌아가 집에 거처하되 성대하게 〈奠을 올리는〉 일이 있으면 임금의 처소에 가고 朝夕에는 가지 않는다."

≪集說≫

殷盛之事는 謂朔望及薦新之奠也라 君有此事면 則往適君所하고 朝夕則不往哭이니라

성대하게 奠을 올리는 일은 〈초하루와 보름에 성대하게 올리는〉 朔望의 奠과 〈새로 나온 제철 음식을 올리는〉 薦新의 奠을 이른다. 임금이 이러한 일이 있으면 임금의 처소에 가고 朝夕에는 가서 곡하지 않는다.

071702 曰 君既啓하야 而臣有父母之喪이어든 則如之何잇고 孔子曰 歸哭하고 而反送君이니라

〈曾子가〉 묻기를 "임금의 殯을 연 뒤에 신하에게 부모의 喪이 있으면 어떻게 합니까?" 하니, 孔子께서 말씀하셨다.

"집으로 돌아가 곡을 하고 돌아와서 임금을 葬送한다."

≪集說≫

啓는 啓殯也요 歸哭은 哭親喪也요 反送君은 復(부)往送君之葬也라 此二節은 皆對言君親之喪하니 若臣有父母之喪하야 既殯而後에 有君喪이면 則歸君所라가 父母喪에 有殷事면 則來歸家하고 朝夕엔 亦恒在君所也요 若父母之喪에 既啓而有君之喪이면 則亦往哭於君所하고 而反送父母之葬也라 下文에 君未殯而臣有父母之喪도 亦與父母之喪未殯而有君喪으로 互推之니라

'啓'는 殯을 여는 것이고, '歸哭'은 〈집으로 돌아와〉 어버이의 喪을 곡하는 것이고, '反送君'은 다시 가서 임금을 葬送하는 것이다.

이 두 구절은 모두 임금과 어버이의 상을 상대하여 말했으니, 만약 신하가 부모의 상이 있어 殯을 한 뒤에 임금의 상이 있으면 임금이 계신 곳에 돌아갔다가 부모의 상에 성대하게 〈奠을 올리는〉 일이 있으면 집에 돌아오고 朝夕에는 또 항상 임금이 계신 곳에 있으며, 만약 부모의 상에 殯을 연 뒤에 임금의 상이 있으면 또한 가서 임금이 계신 곳에서 곡을 하고 돌아와 부모를 葬送하는 것이다.

아랫글에 임금의 喪에 아직 殯을 하지 않았는데 신하가 부모의 상을 당한 경우도 〈신하가〉 부모의 상에 아직 殯을 하지 않았는데 임금의 상을 당한 경우와 더불어 서로 미루어 알 수 있다.

071703 曰 君未殯하야 而臣有父母之喪이어든 則如之何잇고 孔子曰 歸殯하고 反于君所호되 有殷事則歸하고 朝夕엔 否니라 大夫는 室老行事하고 士則子孫行事니라 大夫內子 有殷事어든 亦之君所하고 朝夕엔 否니라

〈曾子가〉 묻기를 "임금의 喪에 아직 殯을 하지 않았는데 신하에게 부모의 상이 있으면 어떻게 합니까?" 하니, 孔子께서 말씀하셨다.

"〈신하가 부모의 집으로〉 돌아가 殯을 하고 임금이 계신 곳에 돌아오되 성대하게 〈奠을 올리는〉 일이 있으면 집에 돌아가고 朝夕에는 돌아가지 않는다. 대부는 〈家臣의 우두머리인〉 室老가 제사를 대행하고 士는 자손들이 제사를 대행한다. 대부의 內子가 〈임금의 상에〉 성대하게 〈奠을 올리는〉 일이 있으면 내자 또한 임금이 계신 곳으로 가고, 조석에는 가지 않는다."

≪集說≫

室老는 家相之長也니 室老子孫行事者는 以大夫士在君所하야 殷事之時에 或朝夕恒在君所면 則親喪朝夕之奠이 有缺이나 然奠不可廢也일새라 大夫尊故로 使室老攝行其事하고 士卑하니 則子孫攝也라 內子는 卿大夫之適妻也니 爲夫之君이 如爲舅姑服齊衰故로 殷事에도 亦之君所니라

'室老'는 〈卿大夫의 집을 관리하는 사람인〉 家相 가운데 우두머리이다. 室老나 子孫이 제사를 대행하는 것은 대부나 士가 임금이 계신 곳에 있으면서 성대하게 〈奠을 올리는〉 일이 있을 적에 혹 朝夕으로 항상 임금이 계신 곳에 있으면 親喪의 조석으로 올리는 奠을 빠뜨리게 될 수 있지만 奠을 폐할 수 없기 때문이다. 대부는 신분이 높기 때문에 실로로 하여금 그 일을 대행하게 하고, 士는 신분이 낮기 때문에 자손이 대행하는 것이다.

'內子'는 경대부의 嫡妻이니, 남편의 임금을 위하는 것이 시부모를 위하여 齊衰服을 입는 것과 같으므로 성대하게 〈奠을 올리는〉 일에 내자 또한 임금의 처소에 가는 것이다.

≪大全≫

盧氏曰 人君은 五日而殯이라 故로 可歸殯父母而往殯君也니 若臨君殯이면 則歸哭父母而來殯君하고 殯君訖에 乃歸殯父母也니라

盧氏 : 임금은 〈훙서한 지〉 5일 만에 殯을 하기 때문에 돌아가 부모에게 殯을 하고 다시 임금에게 가서 殯을 할 수 있는 것이다. 만약 임금의 殯에 임했으면 〈부모

에게〉 돌아가 부모의 상에 곡하고 와서 임금에게 殯을 하고, 임금에게 殯을 마친 뒤에 비로소 돌아가 부모에게 殯을 한다.

071801 **賤不誄貴**하며 **幼不誄長**이 **禮也**니 **唯天子稱天以誄之**하나니 **諸侯相誄**는 **非禮也**[61)]니라

천한 자가 귀한 이의 誄文을 짓지 않으며 어린 사람이 어른의 뇌문을 짓지 않는 것이 禮이다. 오직 천자만이 하늘을 칭하여 뇌문을 지으니, 제후끼리 서로 誄文을 짓는 것은 禮가 아니다.

≪集說≫

誄之爲言은 累也니 累擧其平生實行하야 爲誄而定其謚하야 以稱之也라 稱天以誄之者는 天子之尊이 無二로되 惟天在其上이라 故假天以稱之也라 人君之事 多稱天하니 不獨誄也라

'誄'라는 말은 차곡차곡 듦이니, 평생의 실제 행적을 차곡차곡 모아 들어서 誄文을 지어 謚號를 정하여 일컫는 것이다. 하늘을 칭하여 뇌문을 짓는 것은, 존엄한 지위의 천자는 〈오직 하나뿐이고〉 둘 이상이 없으나 오직 하늘이 그 위에 있기 때문에 하늘을 빌려 칭하는 것이다. 임금의 일은 하늘을 칭하는 것이 많으니, 뇌문뿐만이 아니다.

071901 **曾子問曰 君出疆**할새 **以三年之戒**하야 **以椑**(벽)**從**하시나니 **君薨**이어든 **其入**엔 **如之何**잇고 **孔子曰 共**[62)]**殯服**이어든 **則子麻弁絰**하며 **疏衰**(최)**菲杖**하고 **入自闕**하야 **升自西階**하며 **如小斂**이어든 **則子免**(문)[63)]**而從柩**하야

61) 賤不誄貴……非禮也 : ≪禮記補註≫에 "살펴보건대, '賤不誄貴'로부터 여기(諸侯相誄非禮也)까지는 윗글과 아랫글이 서로 비슷하지 않으니, 의심할 만하다." 하였다.

62) 共 : '供(바치다)'과 같다.

63) 免(문) : 喪中에 하는 복식의 한 가지로, 冠을 벗고 1寸 너비의 삼베 끈으로 머리카락을 묶는 것인데, 冠을 형상한 것이다. ≪家禮≫ 권4 〈喪禮 小斂〉의 '具括髮麻免布髽麻' 조에 "免은 삼베를 찢어 만든 것이거나 명주를 기워 만든 것을 이르니, 끈의 너비는 1촌으로

入自門하야 **升自阼階**하나니 **君大夫士 一節也**니라

曾子가 묻기를 "임금이 국경을 나갈 적에 3년을 대비하여 棺을 가지고 따르게 하니, 임금이 훙서하면 들어올 때 어떻게 하는 것입니까?" 하니, 孔子께서 말씀하셨다.

"〈大殮을 한 뒤에는 본국의 有司가 喪主에게〉 殯을 할 때 입는 옷을 바치면 〈상주인〉 아들이 삼베로 만든 弁에 環絰을 하며 〈齊衰服인〉 疏衰를 입고 짚신을 신고 지팡이를 짚고 〈殯宮 문의 서쪽 가 담장을 허물어〉 그 빈 곳을 통해 들어와서 西階를 통해 올라간다. 만일 小斂을 했으면 아들이 免을 하고 靈柩를 따라서 문을 경유하여 들어와 〈주인이 이용하는〉 동쪽 계단을 통해 올라가니, 임금과 대부와 士가 예절이 똑같다."

≪集說≫

曾子問 國君이 以事出疆에 必爲三年之戒備는 恐未得卽返也라 於是에 以親身之棺[64]隨行하니 慮或死於外也라 若死於外면 則入之禮如何오 孔子言 於時大斂之後에 主人이 從柩而歸면 則其國有司供主人殯時所著(착)之服하니 謂布深衣苴絰散帶垂也라 此時主人이 從柩在路하야 未成服하니 惟著麻弁絰하고 疏衰而藨屨(표구)且杖也라 麻弁은 布弁也니 布弁之上에 加環絰也라 柩入之時에 毁殯宮門西邊墻而入하니 其處空缺이라 故로 謂之闕이요 非門闕之闕也라 升自西階者는 以柩從外來하야 有似賓客이라 故就客階而升也라 如小斂而歸면 則子首不麻弁하고 身不疏衰요 惟首著免布하고 身著布深衣也라 入自門하야 升自阼階者는 以親未在棺이라 猶以事生之禮事之也라 凡君與大夫及士之卒於外者는 其禮皆一等이요 無異制라 故云一節也니라

증자가 묻기를 "나라의 임금이 일 때문에 국경을 나갈 적에 반드시 3년의 대비를

뒷덜미에서 앞으로 향하여 이마 위에서 교차시키고, 다시 상투에 둘러 掠頭(약두)를 착용하듯이 한다.〔免謂裂布 或縫絹 廣寸 自項向前 交於額上 却遶髻 如著掠頭也〕"라고 설명하였다. '掠頭'는 머리카락이 흐트러지지 않게 감아서 동여매는 일종의 망건이다.

64) 親身之棺 : 鄭玄 注에 "시신에 가장 가까운 관을 椑이라고 한다.〔親身棺曰椑〕" 하였고, 陸德明의 音義에 "시신에 가장 가까운 관을 地棺이라 한다.〔親身棺謂地棺〕" 하였다.(≪禮記正義≫)

함은 즉시 돌아오지 못할까 두려워해서입니다. 이에 시신에 가장 가까운 棺을 가지고 수행하니, 혹 밖에서 죽을까 염려해서입니다. 그런데 만약 외국에서 죽으면 본국에 들어오는 禮가 어떠합니까?" 하니, 공자께서 말씀하신 것이다.

大斂한 뒤에 主人(喪主)이 靈柩를 따라 돌아오면 그 나라의 有司가 주인이 殯할 때 입을 喪服을 바치니, 〈상복은〉 삼베로 만든 深衣와 苴絰과 늘어뜨리는 散帶를 이른다. 이때 주인이 영구를 따라 돌아오는 도중에 있어서 아직 成服하지 못했으니, 오직 삼베로 만든 弁에 絰을 하고 疏衰를 입고 짚신을 신고 또 지팡이를 짚는다. '麻弁'은 삼베로 만든 弁이니, 삼베로 만든 弁 위에 環絰을 두르는 것이다. 영구가 들어올 때 殯宮 문의 서쪽 가의 담장을 허물고 들어오니, 그곳이 비어 있기 때문에 '闕'이라고 이른 것이고, 대궐문〔門闕〕의 闕이 아니다. '升自西階'는 영구가 밖에서 와서 빈객과 유사한 점이 있으므로 빈객이 이용하는 西階를 따라 올라가는 것이다. 만일 小斂을 하고 돌아왔으면 〈상주인〉 아들이 머리에는 삼베로 만든 弁을 착용하지 않고 몸에는 疏衰를 입지 않고, 오직 머리에 삼베로 免을 하고 몸에는 삼베로 만든 深衣를 입는다. 문을 경유하여 들어와 〈주인이 이용하는〉 동쪽 계단을 통해 올라가는 것은 어버이가 棺에 들어가 있지 않기 때문에 여전히 살아 계신 부모를 섬기는 禮로 섬기는 것이다. 무릇 임금과 대부와 士로서 밖에서 죽은 자는 禮가 모두 동일하고 다른 제도가 없으므로 "예절이 똑같다."고 한 것이다.

072001 **曾子問曰 君之喪에 旣引하고 聞父母之喪이어든 如之何잇고 孔子曰 遂니 旣封(폄)[65]而歸요 不俟子니라**

曾子가 묻기를 "임금의 喪에 發靷(발인)을 하고 나서 부모의 상이 났다는 소식을 들으면 어떻게 합니까?" 하니, 孔子께서 말씀하셨다.

"〈임금의 靈柩를 葬送함을〉 이루어야 하니, 下官한 뒤에 〈곧바로〉 돌아오고 嗣君이 〈돌아가기를〉 기다리지 않는다."

≪集說≫

遂는 遂送君柩也라 旣窆而歸는 下棺卽歸也요 不俟子는 不待孝子返하고 而已先返也라

65) 封(폄) : '封'은 '窆'과 통용되니, 下官의 뜻이다.

'遂'는 임금의 靈柩를 葬送함을 이루는 것이다. '旣窆而歸'는 下棺한 뒤에 곧바로 돌아오는 것이고, '不俟子'는 〈임금의〉 孝子가 돌아가기를 기다리지 않고 자기가 먼저 돌아오는 것이다.

072002 **曾子問曰 父母之喪**에 **旣引及塗**하야 **聞君薨**이어든 **如之何**잇고 **孔子曰 遂**니 **旣封**(폄)하고 **改服而往**이니라

曾子가 묻기를 "부모의 상에 發靷한 뒤에 길에 이르러서 임금이 훙서하였다는 소식을 들으면 어떻게 합니까?" 하니, 孔子께서 말씀하셨다. "〈부모를 葬送하는 것을〉 이루어야 하니, 下棺하고 나서 服을 바꾸어 입고 〈임금의 상에〉 가야 한다."

≪集說≫

遂는 遂送親柩也라 旣窆之後에 改服而往者는 雜記云 非從柩與反哭이면 無免(문)於堩(긍)이라하니 此時에 孝子首著(착)免이라가 乃去免而括髮徒跣하고 布深衣而往이니 不敢以私喪之服으로 喪君也라

'遂'는 어버이의 靈柩를 장송함을 이루는 것이다. 下棺하고 나서 服을 바꾸어 입고 가는 것은, 〈雜記〉에 "영구를 따라가거나 反哭하는 경우가 아니면 도중에서 免을 하는 경우가 없다." 한 것이니, 이때에 孝子가 머리에 免을 하였다가 마침내 免을 제거하고는 〈삼베로〉 머리를 묶고 맨발을 하고 삼베로 만든 深衣를 입고 가는 것이다. 이는 감히 사사로운 喪服을 입고서 임금의 상을 치를 수가 없어서이다.

072101 **曾子問曰 宗子爲士**요 **庶子爲大夫**어든 **其祭也**에 **如之何**잇고 **孔子曰 以上牲**으로 **祭於宗子之家**호되 **祝曰 孝子某爲介子某**하야 **薦其常事**라하나니라

曾子가 묻기를 "宗子가 士가 되고 庶子가 大夫가 되었으면 제사 지낼 때 어떻게 하는 것입니까?" 하니, 孔子께서 말씀하셨다.

“上牲으로 종자의 집에서 제사 지내되 祝이 이르기를 ‘孝子 아무개가 介子 아무개를 위해서 常事를 올립니다.’ 한다.

≪集說≫

士는 特牲이요 大夫는 少牢니 上牲은 少牢也라 庶子旣爲大夫하니 當用上牲이나 然必往就宗子家而祭者는 以廟在宗子家也일새라 孝子는 宗子也요 介子는 庶子也어늘 不曰庶而曰介者는 庶子는 卑賤之稱이요 介則副貳之義니 亦貴貴之道也라 薦其常事者는 薦其歲之常事也라

士는 〈제사 지낼 때 한 종류의 희생(큰 돼지)인〉 特牲을 올리고 대부는 〈두 종류의 희생(양과 큰 돼지)인〉 少牢를 올리니, 上牲은 少牢이다. 庶子가 이미 대부가 되었으니, 마땅히 상생을 써야 한다. 그러나 반드시 宗子의 집에 가서 제사 지내는 것은 사당이 종자의 집에 있기 때문이다. 孝子는 종자이고 介子는 서자인데, ‘庶’라고 말하지 않고 ‘介’라고 말한 것은 서자는 비천하다는 뜻으로 칭하는 것이고 ‘介’는 ‘副貳(補佐)’라는 뜻이기 때문이니, 또한 귀한 사람을 귀하게 여기는 道이다. ‘薦其常事’는 그해의 정기적인 제사를 올리는 것이다.

≪大全≫

張子曰 宗子爲士면 立二廟하고 支子爲大夫면 當立三廟하니 是曾祖之廟는 爲大夫立이요 不爲宗子立矣라 然不可二宗別統이라 故로 其廟를 亦立於宗子之家하니 所謂以上牲祭於宗子之家者也라 祖考皆然이라 故로 采蘋之序에 言 大夫妻可以承先祖라하고 其詩曰 于以奠之를 宗室牖下[66]라하니라 宗子爲士하고 庶子爲大夫하면 以上牲祭于宗子之家는 非惟爲士요 直爲庶人亦然이니라

張子 : 宗子가 士가 되면 〈祖・禰〉 두 사당을 세우고 支子가 대부가 되면 마땅히 〈曾祖・祖・禰〉 세 사당을 세워야 하니, 이 증조의 사당은 대부를 위하여 세운 것이

66) 采蘋之序……宗室牖下 : ≪詩經≫ 〈召南 采蘋〉의 毛詩序에 “〈채빈〉은 대부의 아내가 법도를 잘 따랐음을 읊은 것이니, 법도를 잘 따른다면 선조를 받들고 제사를 올릴 수 있을 것이다.〔采蘋 大夫妻能循法度也 能循法度 則可以承先祖 共祭祀矣〕”라고 하고, 그 시에 “이에 祭需 올리기를 종실의 창문 아래에 하네. 누가 이것을 주장하는가? 공경하는 季女라네.〔于以奠之 宗室牖下 誰其尸之 有齊季女〕”라고 하였다.

고 종자를 위하여 세운 것이 아니다. 그러나 宗統을 두 개의 宗으로 나눌 수 없으므로 〈대부를 위해 세운〉 사당을 또한 종자의 집에 세우니, 이른바 "上牲으로 종자의 집에서 제사 지낸다."는 것이다. 祖와 考가 모두 그러하므로 ≪詩經≫ 〈采蘋〉의 毛序에 "대부의 아내가 선조를 받들 수 있다." 하였고, 그 시에 "이에 祭需 올리기를 宗室의 창문 아래에 한다." 하였다. 종자가 士가 되고 서자가 대부가 되었으면 상생으로 종자의 집에서 제사 지냄은 오직 士만 그러할 뿐이 아니고 곧 庶人도 그러하다.

072102 **若宗子有罪**하야 **居於他國**하고 **庶子爲大夫**어든 **其祭也**에 **祝曰 孝子某 使介子某**로 **執其常事**라하나니 **攝主**는 **不厭祭**하며 **不旅**하며 **不假**(하)하며 **不綏**(휴)**祭**하며 **不配**[67]하나니라

만약 宗子가 죄가 있어서 다른 나라에 있고 庶子가 대부가 되었으면 제사 지낼 적에 祝이 이르기를 '孝子 아무개가 介子 아무개를 시켜서 常事를 집행하게 하였습니다.' 하니, 〈대행하는 祭主인〉 攝主는 〈제사 말미의〉 陽厭을 지내지 않으며 旅酬를 하지 않으며 〈주인에게〉 福을 내리는 말을 하지 않으며 〈고수레의 일종인〉 綏祭를 하지 않으며 〈妃를〉 配享하지 않는다.

≪集說≫

介子는 非當主祭者라 故로 謂之攝主니 其禮略於宗子者 有五焉이라 若以祭禮先後之次로 言之하면 當云 不配不綏祭不假不旅不厭祭로되 今倒言之者는 舊說에 攝主非正이라 故로 逆陳以見(현)義라하나 亦或記者之誤與인저 今依次釋之하노라 不配者는 祭

67) 配 : 孔穎達 疏에 "살펴보건대 ≪儀禮≫ 〈少牢饋食禮〉에 '司宮이 室의 서남쪽 모퉁이에 자리를 펴고 찬을 다 진설한 다음 祝이 술을 따라 鉶(국그릇)의 남쪽에 올리면 주인은 서향하여 재배하고 머리를 조아린다. 그러면 축이 「孝孫 아무가 감히 柔毛와 剛鬣을 사용하고 嘉薦(채소절임과 젓갈)과 普淖(기장밥)를 올려서 歲事를 皇祖 伯 아무에게 올리되 아무 妃를 아무 氏에게 배향하오니 부디 흠향하십시오.」라고 한다.' 하였으니, 이것이 이른바 '配'라는 것이다.〔案少牢饋食 司宮筵于奧 設饌畢 祝酌奠于鉶南 主人西面 再拜稽首 祝曰 孝孫某 敢用柔毛剛鬣 嘉薦普淖 用薦歲事于皇祖伯某 以某妃配某氏 尙饗 此所謂配也〕" 하였다.(≪禮記正義≫) 司宮은 관직 이름으로, 궁 안의 일을 주관하는데 閹人으로 충당한다. 柔毛는 제사 지낼 때의 희생인 羊의 별칭이고, 剛鬣은 제사 지낼 때의 희생인 돼지의 별칭이다.

禮初行하야 尸未入之時에 祝告神曰 孝孫某가 來日丁亥에 用薦歲事于皇祖伯某하고 以某妃配某氏[68]라하니 如姜氏子氏之類라 今攝主不敢備禮하야 但言薦歲事于皇祖伯某요 不言以某妃配也라 不綏祭者는 綏字當從周禮作隋[69]니 減毁之名也라 尸與主人이 俱有隋祭하니 主人은 減黍稷牢肉而祭之於豆間하고 尸는 則取菹及黍稷肺而祭於豆間하니 所謂隋祭也니 今尸自隋祭호되 主人이 是攝主故로 不隋祭也라 不假者는 假字當作嘏니 福慶之辭也라 尸十一飯訖에 主人酳尸어든 尸酢主人畢하고 命祝嘏于主人曰 皇尸命工祝하야 承致多福無疆于女孝孫이라 來[70]女孝孫하야 使女受祿于天하야 宜稼于田하고 眉壽萬年하노니 勿替引之[71]라하면 主人이 再拜稽首어늘 今亦以避正主라 故로 不嘏也라 不旅는 不旅酬也니 詳見前章[72]하니라 不厭祭者는 厭은 是饜飫之義니 謂神之歆享也라 厭은 有陰有陽하니 陰厭者는 迎尸之前에 祝이 酌奠訖하고 爲主人하야 釋辭於神하야 勉其歆享하니 此時에 在室奧陰靜之處라 故云陰厭也요 陽厭者는 尸謖(속)之後에 佐食이 徹尸之薦俎[73]하야 設於西北隅하니 得戶明白之處라 故曰陽厭이니 制禮之意 不知神之所在於彼乎아 於此乎아하야 皆庶幾其享之而厭飫也라 此言不厭祭는 不爲陽厭也니 以先後之次知之니라

介子는 마땅히 제사를 주관할 자가 아니다. 그러므로 '攝主'라 한 것이니, 그 禮가 宗子보다 생략된 것이 다섯 가지가 있다. 만약 순서상 祭禮의 선후를 가지고 말한다

---

68) 孝孫某……以某妃配某氏 : ≪儀禮≫ 〈少牢饋食禮〉에 따르면 이 내용은 祭日을 점치기 위한 筮辭이다. 陰厭의 祝辭는 '來日丁亥'가 없다.

69) 綏字當從周禮作隋 : '不綏祭'의 '綏(휴)'자는 ≪周禮≫ 〈春官 守祧〉에 "〈시동이〉 고수레를 하고 나면 덜어낸 것(고수레한 것)을 갈무리한다.〔旣祭 則藏其隋〕"라고 한 것에 의거하여 隓(휴)가 되어야 한다는 말이다. '隋祭'가 ≪儀禮≫ 〈특생궤사례〉에는 '挼祭(휴제)', 〈少牢饋食禮〉에는 '綏祭(휴제)'로 되어 있는데, 〈特牲饋食禮〉의 鄭玄 注에 "≪주례≫에 '旣祭則藏其隓'라고 하였는데, 隓와 挼는 똑같은 음으로 읽는다. 今文에는 挼를 고쳐 모두 綏라고 하였는데, 古文에는 이것을 모두 挼祭라고 하였다.〔周禮曰 旣祭則藏其隓 隓與挼 讀同耳 今文 改挼皆爲綏 古文 此皆爲挼祭也〕"라고 하였다.(≪儀禮注疏≫)

70) 來 : '賚(주다)'의 뜻이다.

71) 皇尸命工祝……勿替引之 : '皇尸'는 군주의 시동에 대한 敬稱이고, '工祝'은 제사 때 축문 읽는 일을 전담하던 祝官을 칭하는 말이다. 이 내용은 ≪儀禮≫ 〈少牢饋食禮〉에 보인다.

72) 前章 : 070701을 가리킨다.

73) 薦俎 : '薦'은 脯와 醢를 담아 올린 籩과 豆를 이르고, '俎'는 犧牲을 담아 진설한 도마를 이른다.(≪儀禮≫ 〈特牲饋食禮〉)

면 마땅히 '不配・不綏祭・不假・不旅・不厭祭'의 순서로 말해야 하는데 지금 거꾸로 말한 것은, 舊說에 "攝主는 正主가 아니기 때문에 거꾸로 진술하여 뜻을 나타낸 것이다." 하였으나 또한 아마도 기록한 자의 오류일 것이다. 지금 차례에 의거하여 해석하겠다.

'不配'는 제례를 처음 행하여 尸童이 아직 들어오지 않았을 적에 祝이 神에게 고하기를 "孝孫 아무개가 오는 丁亥日에 歲時의 제사를 皇祖 伯 아무에게 올리고 아무 妃를 아무 氏에게 配享하고자 합니다." 하니, 〈여기서의 氏는〉 '姜氏'니 '子氏'니 하는 것과 같은 종류이다. 이제 攝主가 감히 禮를 구비하지 못해서 다만 "세시의 제사를 황조 백 아무에게 올린다."라고만 말하고 "아무 비를 배향한다."라고는 말하지 않는 것이다.

'不綏祭'는 '綏'자가 마땅히 ≪周禮≫를 따라 '隋'가 되어야 하니, 덜거나 철거한다는 말이다. 시동과 주인이 모두 隋祭가 있으니, 주인은 黍稷과 〈特牲의 고기인〉 牢肉을 덜어내어 豆 사이에 제사 지내고, 시동은 김치 및 서직과 肺를 취하여 豆 사이에 제사 지낸다. 이것이 이른바 '隋祭'이니, 이제 시동은 직접 隋祭를 지내나 주인은 攝主이기 때문에 隋祭를 지내지 않는 것이다.

'不假'는 '假'자가 마땅히 '嘏'가 되어야 하니, 福을 기원하는 말이다. 시동이 11飯을 마치면 주인이 시동에게 술을 따라 입을 헹구게 하거든 시동이 〈그렇게 하고 나서〉 주인에게 답잔을 준다. 마치면 祝에게 명해서 주인에게 복을 기원하기를 "皇尸께서 이 工祝에게 명하여 무궁한 多福이 너희 효손에게 내려지기를 전하노라. 너희 효손에게 다복이 내려서 네가 하늘에서 복록을 받아 토지의 농사가 잘되고 만년토록 장수하기를 축원하노니 받은 복록을 길이 하여 끊어짐이 없게 하라."고 한다. 그러면 주인이 再拜하고 머리를 조아리는데, 지금 또한 〈攝主가〉 正主를 피하기 때문에 〈시동이 섭주에게〉 福을 기원하지 않는 것이다.

'不旅'는 旅酬하지 않는 것이니, 앞장에 자세히 보인다.

'不厭祭'는, '厭'은 '饜飫(배를 가득 부르게 한다)'의 뜻이니, 神이 歆享함을 이른다. 厭은 陰厭과 陽厭이 있다. 음염은 시동을 맞이하기 전에 祝이 술잔에 술을 따라 올리고 마치면 주인을 위해서 神에게 말씀을 올려 흠향하기를 권면하는 것이니, 이때에는 室의 서남쪽 모퉁이의 어둡고 조용한 곳에서 하기 때문에 음염이라고 말한다. 양염은 시동이 〈正祭가 끝나서〉 일어나 나온 뒤에 佐食이 시동에게 올린 薦과 俎를 거두어서 室의 서북쪽 귀퉁이에 진설하니, 이때는 室戶의 밝은 곳에서 하기 때문에 양염이라 한다. 〈厭祭의〉 禮를 만든 뜻은, 神이 저기에 있는지 여기에 있는지를 알지 못해서 〈음염과 양염〉 모두 신이 흠향하여 배불리 드시기를 바라는 것이다. 여기서 '不厭祭'라고 말한 것은 양염을 하지 않는 것이니, 선후의 차례를 가지고 알 수 있다.

≪大全≫

嚴陵方氏曰 四時之祭는 禮之常也라 故로 曰 常事라 用介子之牲而祭면 則言爲介子某薦이라하니 言薦之於彼요 以介子攝爲祭主라 故로 言使介子某執이라하니 言執之於此라 凡祭에 皆執而薦之어늘 言薦言執은 互相備爾니라

嚴陵方氏 : 四時의 제사는 떳떳한 禮이므로 常事라 한 것이다. 介子의 〈신분에 맞는〉 犧牲을 써서 제사 지내면 "개자 아무개를 위해서 올립니다."라고 말하니, 이는 저기(宗子)에서 올림을 말한 것이다. 개자가 대행하여 祭主가 되었기 때문에 "개자 아무개를 시켜서 집행하게 하였습니다."라고 말하였으니, 이는 여기(개자)에서 집행함을 말한 것이다. 무릇 제사는 모두 집행하여 올리는데 〈한 곳에서는〉 '薦'이라 말하고 〈한 곳에서는〉 '執'이라 말함은 서로 〈부족한 의미를〉 갖추었을 뿐이다.

072103 布奠於賓이어든 賓이 奠而不擧하며 不歸肉하나니 其辭于賓曰 宗兄宗弟宗子在他國하야 使某辭라하나니라

올리는 술잔을 손님에게 내려놓거든 손님이 〈이 술잔을 취하여 俎의 남쪽에〉 내려놓고 들지 않으며 祭肉을 보내지 않으니, 손님에게 말하기를 '宗兄·宗弟·宗子가 다른 나라에 있어서 아무로 하여금 고하게 하였습니다.' 한다."

≪集說≫

主人이 酬賓之時에 賓在西廂東面이라 主人布此奠爵於賓俎之北이면 賓坐取此爵而奠於俎之南하고 不擧之以酬兄弟하니 此卽不旅之事라 若宗子主祭면 則凡助祭之賓에 各歸之以俎肉이로되 今攝主故로 不歸俎肉於賓也라 非但祭不備禮라 其將祭之初 告

賓之辭 亦異하야 曰 宗兄宗弟宗子在他國하야 不得親祭라 故使某執其常事하고 使某告也라 故云 使某辭라하니라 宗兄宗弟者는 於此攝主에 爲兄이어나 或爲弟也라 若尊卑不等하야 或是祖父之列이어나 或是子孫之列이면 則但謂之宗子矣니라

주인이 〈스스로 술을 따라 마심으로써〉 賓에게 술을 권할 적에 賓은 西廂에 서 東向을 한다. 주인이 이 올리는 술잔을 빈객의 俎의 북쪽에 내려놓으면 賓이 앉아서 이 술잔을 취하여 俎의 남쪽에 내려두고 〈거기에서 그치고 술잔을〉 들어서 형제들에게 권하지 않으니, 이것이 곧 不旅의 일이다.

만약 宗子가 主祭하였다면 제사를 도운 모든 賓에게 각각 俎肉을 보내겠지만 지금은 攝主가 대행하기 때문에 조육을 賓에게 보내지 않는 것이다. 단지 제사에 禮를 갖추지 않을 뿐만 아니라 장차 제사 지내는 초기에 손님에게 고하는 말 또한 달라서, 이르기를 "宗兄・宗弟・宗子가 다른 나라에 있어서 친히 제사 지낼 수 없기 때문에 아무개로 하여금 常事를 집행하게 하고 아무개로 하여금 고하게 하였습니다."라고 한다. 그러므로 '使某辭'라고 한 것이다. '宗兄宗弟'라는 것은 〈본래의 祭主가〉 이 섭주에게 형이 되거나 혹은 아우가 되기 때문이다. 만약 〈行列의〉 高下가 같지 않아서 〈본래 제주가〉 혹 할아버지・아버지의 항렬이거나 아들・손자의 항렬인 경우에는 〈본래 제주를〉 '宗子'라고만 말한다.

072201 **曾子問曰 宗子去在他國**이어든 **庶子無爵而居者 可以祭乎**잇가 **孔子曰 祭哉**인저 **請問其祭**를 **如之何**잇고 **孔子曰 望墓而爲壇**하야 **以時祭**니 **若宗子死**어든 **告於墓而後**에 **祭於家**니 **宗子死**어든 **稱名**하고 **不言孝**호되 **身沒而已**니라 **子游之徒 有庶子祭者以此**하니 **若義也**라 **今之祭者**는 **不首其義**라 **故**로 **誣於祭也**니라

曾子가 묻기를 "宗子가 〈본국을〉 떠나 다른 나라에 있거든 庶子로서 官爵이 없으면서 〈본국에〉 머무는 자가 제사 지낼 수 있습니까?" 하니, 孔子께서 대답하시기를 "제사 지낼 수 있다." 하셨다. 〈증자가〉 "그 제사를 어떻게 지내는지 여쭙니다." 하니, 공자께서 대답하셨다.

"묘소를 바라보고 祭壇을 만들어서 철 따라 제사 지낸다. 만약 종자가

죽으면 묘소에 告한 뒤에 집에서 제사 지내니, 종자가 죽으면 〈서자가 자기의〉 이름만 칭하고 '孝子'라고 말하지 않는데 〈이렇게 '孝子'라고 말하지 않는 것은〉 자기가 죽으면 그만둔다. 子游의 무리가 서자가 제사 지내는 경우 이대로 하였으니, 이것은 義理를 순히 따른 것이다. 지금 제사 지내는 자들은 의리를 우선으로 삼지 않으므로 제사에서 속이는 것이다."

≪集說≫

宗子無罪而去國이면 則廟主隨行矣요 若有罪去國이면 廟雖存이나 庶子卑賤無爵이어든 不得於廟行祭禮하고 但當祭之時하야 卽望墓爲壇以祭也라 若宗子死면 則庶子告於墓而後에 祭於其家[74)]호되 亦不敢稱孝子某요 但稱子某而已니 又非有爵者稱介子某之比也라 身沒而已者는 庶子身死면 其子는 則庶子之適子니 祭禰之時에 可稱孝也라 子游之門人이 有庶子祭者 皆用此禮하니 是順古義也하야늘 今世俗庶子之祭者 不能先求古人制禮之義하고 而率意行之하니 秖見其誣罔而已니라

종자가 죄가 없이 나라를 떠나면 사당의 神主가 따라간다. 만약 죄를 짓고 나라를 떠나면 사당이 비록 본국에 있더라도 서자가 비천하고 관작이 없으면 사당에서 제례를 행하지 못하고 다만 제사 지낼 때를 당하여 묘소를 바라보고 祭壇을 만들어 제사 지낸다.

만약 종자가 죽으면 서자가 묘소에 고한 뒤에 서자의 집에서 제사 지내되 또한 감히 '孝子 아무개'라고 칭하지 못하고 단지 '子 아무개'라고 칭할 뿐이니, 또 관작이 있는 자가 '介子 아무개'라고 칭하는 것에도 비할 바가 아니다.

'身沒而已'는 서자 자신이 죽으면 그의 아들은 서자의 嫡子이니, 아버지에게 제사 지낼 적에 자기를 '孝子'라고 칭할 수 있다.

子游의 문인 중에 서자로서 제사 지내는 자가 모두 이 禮를 따랐으니, 이는 옛 의

---

74) 祭於其家 : 孔穎達 疏에 "지금 이미 종자가 죽어서 서자가 혐의를 피할 필요가 없으니, 마땅히 '告於墓而后 祭於宗子之家'라고 해야 한다. 그런데 지금 단지 '祭於家'라고만 하였으니, 이것은 서자의 집에서 제사 지내는 것이다. 이것은 종자의 집에 廟가 없기 때문일 것이다.〔今宗子既死 庶子無所可辟 當云 告於墓而后 祭於宗子之家 今直云 祭於家 是祭於庶子之家 是容宗子之家無廟故也〕" 하였다.(≪禮記正義≫)

리를 순히 따른 것인데 지금 세속에서 서자로서 제사 지내는 자는 옛사람이 禮를 만든 뜻을 먼저 구하지 못하고 마음대로 행하고 있으니, 다만 〈제사에서 옛 의리를〉 속임을 볼 뿐이다.

≪大全≫

嚴陵方氏曰 庶殺(쇄)於適하고 賤殺於貴는 禮之常也라 庶子無爵이면 則非適非貴라 故로 雖可以祭나 其禮又爲之殺焉이니라

嚴陵方氏：서자가 嫡子보다 예를 줄이고 천한 이가 귀한 이보다 예를 줄임은 常禮이다. 서자가 관작이 없으면 적자도 아니고 귀한 자도 아니므로 비록 제사 지낼 수 있더라도 〈제사의〉 禮가 또 이 때문에 줄어드는 것이다.

072301 **曾子問曰 祭必有尸乎잇가 若厭祭도 亦可乎잇가 孔子曰 祭成喪者는 必有尸하고 尸必以孫이니 孫幼어든 則使人抱之하고 無孫이어든 則取於同姓이 可也니라 祭殤[75)]호되 必厭은 蓋弗成也일새니 祭成喪而無尸는 是殤之也니라**

曾子가 묻기를 "제사에는 반드시 尸童이 있어야 합니까? 厭祭처럼 하는 것도 괜찮습니까?" 하니, 孔子께서 말씀하셨다.

"成人의 喪을 제사 지내는 경우는 반드시 시동이 있고 시동은 반드시 孫子로 하니, 손자가 어리면 남을 시켜 손자를 안게 하고, 손자가 없으면 同姓의 손자를 취해오는 것이 괜찮다. 殤을 제사 지내되 반드시 염제를 하는 것은 성인이 되지 않았기 때문이니, 성인의 喪을 제사 지내면서 시동

75) 殤：〈檀弓 上〉에 "周나라 사람은 殷나라 사람의 제도를 써서 관과 곽을 사용하여 長殤을 장례하였고, 夏나라 때의 제도를 써서 〈瓦棺을 사용하고 와관 밖에〉 벽돌로 사방을 둘러 中殤과 下殤을 장례하였고, 舜임금 때의 제도를 써서 와관을 사용하여 복이 없는 殤을 장례하였다.〔周人 以殷人之棺椁 葬長殤 以夏后氏之堲周 葬中殤下殤 以有虞氏之瓦棺 葬無服之殤〕"라고 하였는데, 陳澔의 集說에 "16세부터 19세까지를 長殤이라 하고, 12세부터 15세까지를 中殤이라 하고, 8세부터 11세까지를 下殤이라 하고, 7세 이하를 服이 없는 殤이라 하며, 태어난 지 3개월이 못 되어 죽은 경우에는 殤이라 하지 않는다.〔十六至十九爲長殤 十二至十五爲中殤 八歲至十一爲下殤 七歲以下爲無服之殤 生未三月 不爲殤〕" 하였다.

이 없는 것은 〈제사 지내는 대상을〉 殤으로 여긴 것이다."

≪集說≫

曾子之意는 疑立尸而祭 無益死者라 故로 問祭時에 必合有尸乎아 若厭祭도 亦可乎아하니 蓋祭初陰厭은 尸猶未入하고 祭終而陽厭은 在尸旣起之後하니 是는 厭祭無尸也라 孔子言 成人은 威儀具備하니 必有尸以象神之威儀하니 所以祭成人之喪者必有尸也라 尸必以孫은 以昭穆之位同也요 取於同姓은 亦謂孫之等列也라 祭殤者不立尸而厭祭는 以其年幼少하야 未能有成人之威儀하야 不足可象이라 故로 不立尸也라 若祭成人而無尸면 是는 以殤待之矣니라

증자의 생각은 尸童을 세워 제사 지내는 것이 죽은 이에게 무익하다고 의심한 것이다. 그러므로 "제사 지낼 적에 반드시 시동이 있어야 합니까? 厭祭와 같이 하는 것도 괜찮습니까?"라고 물었다. 제사 초기에 지내는 陰厭은 시동이 아직 들어오지 않았을 때에 있고 제사가 끝난 후에 지내는 陽厭은 시동이 이미 일어난 뒤에 있으니, 이것은 염제에 시동이 없는 것이다. 이에 대해 공자께서 다음과 같이 말씀하신 것이다. "成人은 威儀를 구비하였으니, 반드시 시동을 두어 神의 위의를 형상해야 한다. 이것이 성인의 상에 제사 지내는 경우 반드시 시동이 있는 까닭이다. 시동을 반드시 손자로 함은 昭·穆의 위치가 같기 때문이고, 同姓에게서 취하는 것은 또한 손자와 같은 항렬임을 이른다. 殤을 제사 지내는 경우 시동을 세우지 않고 염제를 하는 것은 죽은 자의 나이가 어려 성인의 위의를 가지지 못하여 그 위의를 형상할 수 없기 때문에 시동을 세우지 않는 것이다. 성인을 제사 지내면서 시동이 없으면 이는 〈성인을〉 殤으로 대하는 것이다."

072302 孔子曰 有陰厭하고 有陽厭이니라 曾子問曰 殤不祔(비)[76]祭어니 何謂陰厭陽厭잇고 孔子曰 宗子爲殤而死어든 庶子弗爲後也요 其吉祭에 特牲하며 祭殤호되 不擧하고 無肵(기)俎하고 無玄酒하며 不告利成이니 是謂陰厭이니라

76) 祔(비) : '備(갖추다)'의 뜻이다.

孔子께서 말씀하셨다.

"陰厭이 있고 陽厭이 있다."

曾子가 묻기를 "殤은 제사를 구비하지 않는데 어찌 음염을 하고 양염을 한단 말입니까?" 하니, 공자께서 말씀하셨다.

"宗子가 殤으로 죽었으면 庶子는 그의 後繼가 되지 않고 吉祭 때에 〈한 마리의 큰 돼지인〉 特牲을 올리며, 殤을 제사 지내되 〈폐와 등골뼈를〉 먹지 않으며, 肵俎가 없고 玄酒가 없으며 供養하는 禮가 이루어졌음을 고하지 않으니, 이것을 일러 음염이라 한다.

≪集說≫

孔子言 祭殤之禮에 有厭於幽陰者하고 有厭於陽明者하니 蓋適殤은 則陰厭於祭之始하고 庶殤은 則陽厭於祭之終하니 非兼之也라 曾子不悟其指하고 乃問云 祭殤之禮略而不備하니 何以始末一祭之間에 有此兩厭也잇고하니라 孔子言 雖是宗子나 死在殤之年이면 無爲人父之道일새 庶子不得代爲之後니 其族人中에 有與之爲兄弟者면 代之하야 而主其祭之之禮라 其卒哭成事[77]以後 爲吉祭니 祭殤에 本用特豚이로되 今亦從成人之禮하야 用特牲者는 以其爲宗子故也라 祭有尸면 則佐食이 擧肺脊以授尸하야 祭而食之호되 今無尸故로 不擧肺脊也라 凡尸食之餘를 歸之肵俎하니 肵는 敬也라 主人이 敬尸而設此俎하나니 今無肵俎는 以無尸故也라 玄酒는 水也니 太古無酒之時에 以水行禮러라 後王이 祭則設之는 重古道也니 今祭殤禮略故로 無玄酒也라 不告利成者는 利는 猶養也니 謂共養之禮已成也라 常祭엔 主人事尸禮畢하고 出立戶外어든 則祝이 東面告利成하고 遂導尸以出이어늘 今亦以無尸로 廢此禮라 是謂陰厭云者는 以其在祖廟之奧陰暗之處하야 厭之也일새니라

공자께서 "殤을 제사 지내는 禮에 으슥한 곳에서 厭祭하는 경우가 있고 밝은 곳에

77) 卒哭成事 : 〈檀弓 下〉에 "졸곡제에는 축문에 '成事'라고 한다.〔卒哭曰成事〕" 하였는데, ≪禮記正義≫에 따르면 "서글프게 제사가 이루어졌음을 고하는 제사를 올립니다.〔哀薦成事〕"의 구절이 들어가는 것을 이른다. 졸곡은 無時之哭이 끝나고 오직 朝夕哭만 있어 점점 길함으로 나아가므로 '成事'라고 한 것이다. 제사는 길함〔吉〕을 이룸〔成〕으로 삼기 때문이다.

서 염제하는 경우가 있는데, 嫡子의 殤은 제사 지내는 초기에 陰厭을 하고 庶子의 殤은 제사의 끝에 陽厭을 하니, 두 가지를 겸하는 것이 아니다."라고 말씀하셨다.

증자가 그 뜻을 깨닫지 못하고 마침내 "殤을 제사 지내는 禮는 소략하여 갖추지 않으니, 어떻게 한 번 제사 지내는 시작과 끝에 이 두 가지 厭이 있을 수 있습니까?"라고 묻자, 이에 대해 공자께서 말씀하신 것이다.

비록 宗子라 하더라도 殤의 나이에 죽으면 사람의 아비 된 道가 없으므로 庶子가 계승하여 그 후사가 될 수 없으니, 族人 중에 그와 형제 항렬 되는 자가 있으면 그를 대신하여 제사 지내는 禮를 주관한다. 卒哭하여 成事한 이후가 吉祭가 되니, 殤을 제사 지낼 적에 본래 特豚(새끼 돼지 한 마리)을 쓰는데 지금 또한 成人의 禮를 따라서 特牲을 쓰는 것은 종자가 되었기 때문이다. 제사에 시동이 있으면 佐食이 희생의 폐와 등골뼈를 들어서 시동에게 주어 이것을 고수레하여 먹게 하는데 지금은 시동이 없기 때문에 폐와 등골뼈를 들지 않는 것이다.

무릇 시동이 먹은 뒤의 나머지를 肵俎에 돌리니, '肵'는 공경한다는 뜻이다. 주인이 시동을 공경하여 이 俎를 진설하니, 이제 기조가 없는 것은 시동이 없기 때문이다. 玄酒는 물이니, 太古 시대에 술이 없을 적에 물로 禮를 행하였다. 後代의 王이 제사 지낼 때 현주를 진설하는 것은 옛날 道를 중히 여겨서이니, 지금 殤을 제사 지낼 때의 禮가 소략하므로 현주가 없는 것이다. '不告利成'은, '利'는 養과 뜻이 같으니 供養하는 禮가 이미 이루어졌음을 말한다. 평상시 제사에는 주인이 시동을 섬기는 禮를 마치고 나가서 室戶 밖에 서 있으면 祝이 동향하여 주인에게 공양하는 예가 이루어졌음을 고하고 마침내 시동을 引導하여 나가는데 지금 또한 시동이 없기 때문에 이 禮를 폐한 것이다. 이것을 '陰厭'이라고 말한 것은 祖廟의 서남쪽 모퉁이의 음침하고 어두운 곳에서 厭祭를 하기 때문이다.

≪大全≫

臨川吳氏曰 陰者는 **室之西南隅**니 **謂之奧**라 **正當牖下**하야 **不受牖明**하고 **屋之隱奧處也**니 **以其幽暗故**로 **曰陰**이라 **陽者**는 **室之西北隅**니 **正與牖對**하야 **受牖之明**하니 **屋之漏光處也**라 **又爲室之白**하니 **白**은 **光明也**니 **以其光明故**로 **曰陽**이라 **厭者**는 **但使鬼神食之厭飫而已**요 **無尸以食其祭物也**라

臨川吳氏 : 陰은 室의 서남쪽 모퉁이이니, 이것을 '奧'라 이른다. 바로 창문 아래에

있어서 창문의 밝은 빛을 받지 못하고 방의 깊숙한 곳이니, 어둡기 때문에 '陰'이라 한 것이다. 陽은 室의 서북쪽 모퉁이이니, 바로 창문과 상대하고 있어서 창문의 밝은 빛을 받으니, 방에서 햇빛이 새어 들어오는 곳이다. 또 室의 훤한 곳이 되는데, 훤한 곳은 光明한 곳이니, 광명하기 때문에 '陽'이라 한 것이다. 厭은 다만 귀신으로 하여금 배불리 먹게 할 뿐이고, 시동으로 하여금 祭物을 먹게 함이 없다.

072303 凡殤[78]與無後者를 祭於宗子之家호되 當室之白하고 尊(준)[79]于東房하나니 是謂陽厭이니라

일반적인 殤 및 庶子로서 자손이 없는 자를 宗子의 집에서 제사 지내되 室의 훤한 곳에서 지내고 동쪽 방에 술동이를 놓으니, 이것을 '陽厭'이라 이른다."

≪集說≫

凡殤은 非宗子之殤也라 無後者는 謂庶子之無子孫者也라 此二者若是宗子大功內親이면 則於宗子家祖廟에 祭之호되 必當室中西北隅하야 得戶之明白處하고 其尊은 則設于東房하니 是謂陽厭也라

凡殤은 宗子의 殤이 아니다. '無後'는 庶子로서 자손이 없는 자를 이른다. 이 두 사람이 만약 종자의 大功 안에 포함되는 친척이면 종자의 집 祖廟에서 이들을 제사 지내되 반드시 室 안의 서북쪽 모퉁이를 당하여 室戶의 밝은 곳을 얻고, 그 술동이는 동쪽 방에 진설하니, 이것을 '陽厭'이라 이른다.

≪大全≫

程子曰 無服之殤은 不祭하고 下殤之祭는 終父母之身하고 中殤之祭는 終兄弟之身하고 長殤之祭는 終兄弟之子之身하고 成人而無後者는 終兄弟之孫之身하니 此皆以義起也니라

---

78) 凡殤 : 鄭玄 注에 "凡殤은 庶子의 적자를 이른다. 혹은 형제의 아들이거나 從父의 형제이다.〔凡殤 謂庶子之適也 或昆弟之子 或從父昆弟〕" 하였다.(≪禮記正義≫)

79) 尊 : '樽(술동이)'과 같다.

程子 : 〈태어난 지 3개월이 못 되어 죽어서〉 服이 없는 殤은 제사 지내지 않고, 〈8~11세에 죽은〉 下殤의 제사는 부모의 代에서 끝나고, 〈12~15세에 죽은〉 中殤의 제사는 형제의 代에서 끝나고, 〈16~19세에 죽은〉 長殤의 제사는 형제의 자식 代에서 끝나고, 成人으로서 後嗣가 없이 죽은 자는 형제의 손자의 代에서 끝나니, 이 禮는 모두 義理로 일으킨 것이다.

○ 馬氏曰 厭은 不成禮之祭也라 厭於陰者는 宗子之殤而無後者요 厭於陽者는 凡殤與無後者니 其異는 何也오 宗子尊矣니 則以特牲으로 即於陰者는 幽陰之義니 反諸幽하야 求神之道也요 凡殤은 卑矣니 其祭也는 則就宗子之家하야 當室之白하니 則所謂堂事略矣[80]라 宗子非不欲尊之也로되 其所以不得爲成人者는 從祖祔祭而已라 於宗則明親疏하고 於廟則明尊卑하니 唯其辟(피)所尊이라 故雖宗子나 不得爲成人이니라

馬氏 : 厭은 禮를 이루지 않은 제사이다. 陰한 곳에서 厭祭하는 것은 宗子의 殤이면서 後嗣가 없는 경우이고, 陽한 곳에서 厭祭하는 것은 일반적인 殤 및 後嗣가 없는 경우이니, 다른 것은 무엇 때문인가?

종자는 높으니 特牲으로 어두운 곳에 나아가 지내는 것은 幽陰의 뜻이다. 이는 유음에 돌아가 神을 구하는 道이다. 일반적인 殤은 낮으니, 제사 지냄은 종자의 집에 나아가 室의 훤한 곳에서 한다. 그렇다면 이른바 '堂의 일'은 생략하는 것이다. 종자를 높이고자 하지 않는 것은 아니나 成人이 되지 못한 자는 할아버지를 따라 祔祭할 뿐이다. 宗族에서는 親·疏의 구분을 밝히고 사당에서는 尊·卑의 구분을 밝히니, 오직 높은 바를 피하기 때문에 비록 종자라 하더라도 성인이 될 수 없는 것이다.

○ 嚴陵方氏曰 陽尊而陰卑어늘 宗子之殤曰陰厭하고 而凡殤曰陽厭者는 鬼神尙幽暗故也니라

嚴陵方氏 : 陽은 높고 陰은 낮은데 종자의 殤을 '陰厭'이라 하고 일반적인 殤을 '陽厭'이라 한 것은 귀신은 幽暗을 숭상하기 때문이다.

---

80) 堂事略矣 : 祭禮에서 室에서 正祭를 지낼 때의 儀式을 '室事'라 하고, 正祭를 지낸 뒤에 堂에서 행하는 의식을 '堂事'라 하는바, 殤 및 庶子로서 자손이 없는 자를 종자의 집 祖廟에서 지낼 때 室 안에서 행하는 의식만 있고 堂에서 행하는 의식은 없음을 말한 것이다.

072401 曾子問曰 葬引이 至于堩(긍)하야 日有食之어든 則有變乎잇가 且不乎잇가 孔子曰 昔者에 吾從老聃(담)하야 助葬於巷黨[81)]할새 及堩하야 日有食之어늘 老聃曰 丘아 止柩就道右하야 止哭以聽變하라하고 旣明反而後에 行하야 曰 禮也라하니라 反葬하야 而丘問之曰 夫柩는 不可以反者也라 日有食之에 不知其已之遲數(삭)이니 則豈如行哉리오 老聃曰 諸侯朝天子할새 見日而行하고 逮日而舍奠하며 大夫使할새 見日而行하고 逮日而舍하나니 夫柩는 不蚤出하며 不莫(모)宿이니 見星而行者는 唯罪人與奔父母之喪者乎인저 日有食之하니 安知其不見星也리오 且君子行禮호되 不以人之親痁(점)患이라하니라 吾聞諸老聃云이로라

曾子가 묻기를 "장례할 때 發靷이 도로에 이르고서 日食이 있으면 〈常禮에〉 변동이 있습니까? 〈常禮에 변동이〉 없습니까?" 하니, 孔子께서 말씀하셨다.

"옛날에 내가 老聃을 따라 巷黨에서 장례를 도울 적에 도로에 이르렀을 때 일식이 있자 노담이 말씀하기를 '丘야 靈柩를 멈추고 길 오른쪽에 나아가서 곡을 멈추고 변화를 기다려라.' 하였다. 그리고 밝은 해가 회복된 뒤에 〈영구를 출발시켜〉 길을 가서 말씀하기를 '이것이 禮이다.' 하였다.

장례하고 돌아와서 내가 그에게 묻기를 '영구라는 것은 돌아올 수가 없는 것입니다. 일식이 있을 때에 일식이 끝나는 것의 더디고 빠름을 알지 못하니, 어찌 그대로 가는 것만 하겠습니까?' 하니, 노담이 말씀하기를 '제후가 천자에게 조회할 적에는 해를 보고 길을 가고 해가 지기 전에 客舍에 머물러 〈齋車에 싣고 간 行主에〉 奠을 올리고, 대부가 사신 갈 적에는 해를 보고 길을 가고 해가 지기 전에 객사에 머무른다. 영구는 너무 일

81) 巷黨 : 鄭玄 注에 따르면 黨의 이름이다.(≪禮記正義≫)

찍 나가지도 않으며 너무 늦게 유숙하지도 않으니, 별을 보고 길을 가는 경우는 오직 罪人이거나 부모의 상에 달려가는 경우일 것이다. 일식이 있으니, 어찌 별을 보지 않을 것이라고 장담하겠는가. 또 군자가 禮를 행하되 남의 어버이로 하여금 〈위태롭고 망하게 될〉 걱정을 끼치지 않게 하는 것이다.' 하였다. 나는 이 말을 노담에게 들었노라."

≪集說≫

堩은 道也라 有變은 變常禮乎요 且不乎는 不變常禮乎라 柩北向而出하니 道右는 則道之東也라 聽變은 聽日食之變動也요 明反은 日光復常也라 舍奠은 晩止舍而設奠於行主也라 安知其不見星은 謂日食旣而星見이니 則昏暗中에 恐有姦慝也라 痁은 病也니 不以人之親痁患은 謂不可使人之親으로 病於危亡之患也라

'堩'은 도로이다. '有變'은 '常禮에 변동이 있습니까?'라고 한 것이고, '且不乎'는 '상례에 변동이 없습니까?'라고 한 것이다. 靈柩가 북향하여 나가니, 길의 오른쪽은 길의 동쪽이다. '聽變'은 일식의 변동을 기다리는 것이다. '明反'은 햇빛이 정상을 회복하는 것이다. '舍奠'은 해 저물 무렵 客舍에 머물러서 모시고 간 신주에 奠을 올리는 것이다. '安知其不見星'은 해가 완전히 가려지면 별이 나타남을 이르니, 어두운 가운데 간특한 일이 있을까 두려워하는 것이다. '痁'은 병듦이니, '不以人之親痁患'은 남의 어버이로 하여금 위태롭고 망하게 될 걱정을 끼치지 않게 함을 이른다.

≪大全≫

張子曰 豫備深思之道也니 苟無虞也인댄 蓋幸而免也니 不知道當如是라 若老子送葬에 日食而止於堩은 似過也나 然蓋有是理하니라

張子 : 〈이 장의 내용은〉 미리 대비하고 깊이 생각하는 도이다. 만일 대비가 없으면 요행으로 화를 면하는 것이니, 도가 마땅히 이와 같아야 함을 알지 못하는 것이다. 老子가 葬送할 적에 日食이 있자 길에서 머무름은 과한 듯하나 이치상 이러한 개연성이 있다.

○ 嚴陵方氏曰 夫柩不蚤出不暮宿者는 慮暗昧之中에 而有不測之患故也라 苟日食而行柩면 豈異夫蚤出暮宿者乎아 堩은 蓋恒行之塗也니 言恒行之塗에 防愼如此면

則非恒之塗도 可知也니라

嚴陵方氏 : 靈柩가 너무 일찍 나가지도 않으며 너무 늦게 유숙하지도 않는 것은 어두운 가운데에 헤아리지 못한 근심이 있을까 염려하기 때문이다. 만일 日食이 있는데 영구를 가게 하면 어찌 아침 일찍 나가고 저녁 늦게 유숙하는 것과 다르겠는가. 塰은 항상 다니는 길이니, 항상 다니는 길에서 방비하고 삼감이 이와 같음을 말했으면, 항상 다니지 않는 길에서도 〈방비하고 삼감을〉 알 수 있는 것이다.

○ 馬氏曰 老聃以止柩聽變으로 爲愈於行也어늘 仲尼以爲禮는 何也오 夫以人之葬이 中道而日食이 皆在道也니 蓋止則安하고 行則危라 其行也非必犯患也요 以人之情爲疑於疾患也일새니 患出於不測이면 則其行이 不若止也라 然則其止非必安也라 就不得已면 則見星而行이니 豈若止哉아 此仲尼所以疑於非禮라가 而終亦以爲禮也니라

馬氏 : 老聃이 〈日食이 있을 적에〉 靈柩를 멈추고 〈일식의〉 변동을 기다리는 것을 길을 가는 것보다 낫다고 하였는데, 仲尼가 禮라고 한 것은 어째서인가?

무릇 사람의 장례 도중에 일식이 생기면 이것은 모두 도로에서 있는 일이니, 영구를 멈추면 편안하고 영구를 가게 하면 위태롭기 때문이다. 길을 가는 것이 반드시 근심거리를 범하는 것은 아니지만 사람의 마음이 〈혹 길을 가다가〉 病苦나 근심거리가 발생할까 의심하기 때문이니, 근심거리가 헤아리지 못한 데서 발생하면 길을 가는 것이 머무르는 것만 못한 것이다. 그렇다면 머무름이 반드시 편안한 것은 아니어서 만일 부득이한 경우라면 별을 보고 길을 가니, 이것이 어찌 머무르는 것만 하겠는가. 바로 이 때문에 중니가 禮가 아닌 것으로 의심하셨다가 끝내 또한 禮라고 하신 것이다.

072501 曾子問曰 爲君使而卒於舍어든 禮曰 公館엔 復하고 私館엔 不復이라하니 凡所使之國에 有司所授舍는 則公館已어니 何謂私館不復也잇고 孔子曰 善乎라 問之也여 自卿大夫士之家를 曰私館이요 公館與公所爲를 曰公館이니 公館復이 此之謂也니라

曾子가 묻기를 "임금의 사신이 되어서 客舍에서 죽으면 禮에 말하기를 '公館에서는 復을 하고 私館에서는 復을 하지 않는다.' 하니, 무릇 사신 간

나라에 有司가 장만해준 객사는 공관인데 어찌 '사관에서는 復을 하지 않는다.' 한 것입니까?" 하니, 孔子께서 말씀하셨다.

"훌륭하구나, 그것에 대해 물음이여! 卿·大夫·士의 집에서 마련해준 것을 사관이라 하고, 公家(국가)에서 만든 객사와 公이 명령하여 마련해준 것을 공관이라 하니, 공관에서 復을 한다는 것은 이것을 말한 것이다."

≪集說≫

復은 死而招魂復魄也라 公館은 公家所造之館也요 與는 及也라 公所爲는 謂公所命停客之處니 卽是卿大夫之館이로되 但有公命故로 謂之公館也라 一說에 公所爲는 謂君所作離宮別館也[82)]라하니라

'復'은 〈사람이〉 죽었을 때 魂을 불러 魄(시신)으로 돌아오게 하는 것이다. '公館'은 公家에서 만든 客舍이고, '與'는 '및'이다. '公所爲'는 公이 명령하여 客이 머무를 수 있게 한 처소를 이르니, 이는 바로 卿大夫의 객사인데 다만 公의 명령이 있었기 때문에 공관이라 한다. 一說에 "'公所爲'는 임금이 〈명하여〉 만들게 한 離宮이나 別館을 이른다." 하였다.

≪大全≫

嚴陵方氏曰 公館之禮는 宜隆故로 復이요 私館之禮는 宜殺(쇄)故로 不復也니라

嚴陵方氏：公館의 禮는 마땅히 융성하게 해야 하므로 復을 하고, 私館의 禮는 마땅히 줄여서 해야 하므로 復을 하지 않는 것이다.

072601 **曾子問曰 下殤은 土周하야 葬于園할새 遂輿機而往은 塗邇故也니 今墓遠이면 則其葬也를 如之何잇고**

---

82) 公所爲 謂君所作離宮別館也：이 내용은 ≪禮記正義≫ 〈雜記 上〉의 鄭玄 注에 보인다. 離宮別館을 하나로 보기도 하고 '離宮의 別館'으로 보기도 하고 '離宮과 別館'으로 보기도 하는데, 離宮은 주로 正宮 이외에 임금이 巡狩할 때 거주하는 宮室을 이르고, 別館은 주로 別莊으로 쓰이는 行宮이나 別墅를 이르기도 하고 客舍를 이르기도 하는바, 여기서는 두 가지로 보고 번역하였다.

曾子가 묻기를 "下殤은 흙벽돌로 주위를 빙 둘러 동산의 가운데에서 장례합니다. 이때 마침내 〈시신을 실은〉 틀을 들고 가는 것은 길이 가깝기 때문이니, 이제 墓가 멀면 그 장례를 어떻게 지내야 합니까?" 하였다.

≪集說≫

八歲至十一이 爲下殤이라 土周는 堲(즐)周也니 說見檀弓[83)]하니라 成人則葬於墓로되 此는 葬于園圃之中이라 輿는 猶抗也요 機者는 輿尸之具니 木爲之라 狀如牀而無脚하니 以繩으로 橫直維繫之하야 抗擧而往堲周之所하야 棺斂而葬之하니 塗近故也라 曾子言 今世禮變하야 皆棺斂下殤於家하야 而葬之於墓하니 則塗遠矣면 其葬也如之何오하니 問旣不用輿機면 則當用人擧棺以往乎아 爲當用車載棺而往乎아하니라 然이나 此謂大夫之下殤과 及士庶人之中下殤耳니 若大夫之適長殤中殤에 有遣車[84)]者는 亦不輿機而葬也니라

8세에서 11세까지가 下殤이다. '土周'는 벽돌로 둘레를 두르는 것이니, 해설이 〈檀弓〉에 보인다. 成人은 〈집에서 떨어져 있는〉 墓에 장례하나 이 下殤은 園圃의 가운데에 장례한다. '輿'는 〈들다는 뜻의〉 '抗'과 같다. 機는 시신을 드는 도구이니, 나무로 만든다. 모양이 平牀과 같은데 다리가 없다. 노끈을 가지고 〈틀을〉 가로와 세

---

83) 土周……說見檀弓 : 〈檀弓 上〉에 "舜임금 때는 와관을 사용하였고, 夏나라 때는 벽돌로 사방을 둘렀고, 殷나라 사람은 〈나무로 만든〉 관과 곽을 사용하였고, 周나라 사람은 〈관과 곽을 사용하고 관과 곽 위에 상여틀을 덮는 휘장인〉 柳衣를 사용하고 翣을 꽂았다.〔有虞氏 瓦棺 夏后氏 堲周 殷人 棺槨 周人 牆置翣〕" 하였는데, 陳澔의 集說에 "'堲周'는 혹 土周라고도 하는데, '堲'은 불에 타고 남은 것이니, 흙을 구워 벽돌을 만들어서 관의 구덩이에 사방을 두른 것이다.〔堲周 或謂之土周 堲者 火之餘燼 蓋治土爲甎 而四周於棺之坎也〕"라고 보인다.

84) 遣車 : ≪禮記正義≫의 注疏에 따르면 장례하는 날 葬地로 출발하기에 앞서 遣奠을 올리는데 여기에 사용한 희생의 다리를 갈대로 짠 둥근 바구니에 담아서 싣고 가는 수레이다. 天子는 9대, 제후는 7대, 대부는 5대, 士는 3대이다. 嫡子의 초상에는 이보다 2대씩 낮추어서, 천자의 적자가 성인이 되어 죽었으면 7대, 16~19세 사이에 죽은 長殤과 12~15세 사이에 죽은 中殤에는 5대, 8~11세 사이에 죽은 下殤에는 3대를 사용한다. 천자의 庶子가 成人이 되어 죽었으면 5대, 장상과 중상에는 3대, 하상에는 1대를 사용한다. 제후 이하의 적자와 서자의 초상에는 천자를 기준으로 한 등급 내려갈 때마다 각각 2대씩 낮춘다.

로로 동여매어 들고서 벽돌을 빙 두른 곳으로 가서 시신을 棺에 담아 장례하니, 길이 가깝기 때문이다.

증자가 말하기를 "지금 세상은 禮가 변하여 모두 집에서 下殤의 시신을 관에 담아 〈집과 떨어져 있는〉 墓에 장례 지낸다. 그렇다면 길이 멀면 그 장례를 어떻게 합니까?"라고 말한 것이니, 이미 시신을 드는 틀을 사용하지 않았으면 마땅히 사람을 써서 관을 들고 가야 하는지, 마땅히 수레를 사용하여 관을 싣고 가야 하는지를 물은 것이다. 그러나 이것은 대부의 下殤과 士・庶人의 中殤・下殤을 말한 것일 뿐이니, 대부의 嫡子의 長殤・中殤에 遣車가 있는 경우에는 또한 〈시신을 실은〉 틀을 들고 가서 장례하지 않는다.

072602 **孔子曰 吾聞諸老聃**호니 **曰 昔者史佚**이 **有子而死**하니 **下殤也**라 **墓遠**이어늘 **召公謂之曰 何以不棺斂於宮中**고 **史佚曰 吾敢乎哉**아 **召公言於周公**이어늘 **周公曰 豈不可**리오하신대 **史佚行之**하니 **下殤**에 **用棺衣**하야 **棺**은 **自史佚始也**니라

孔子께서 말씀하셨다.

"내가 老聃에게 들으니, '옛날 史佚에게 아들이 있었는데 죽으니, 下殤이었다. 묘지가 멀었는데 召公이 사일에게 말하기를 「어찌 집안에서 棺에 넣지 않는가?」 하자, 사일이 말하기를 「제가 어찌 감히 할 수 있겠습니까.」 하였다. 소공이 周公에게 물으니, 주공이 말씀하기를 「어찌 불가하겠습니까.」라고 하자, 사일이 그것을 행하였다.' 하였다. 그러니 하상에 〈집에서〉 관과 壽衣를 사용하여 〈시신을〉 관에 담는 것이 사일로부터 시작된 것이다."

≪集說≫

史佚은 周初良史也라 墓遠은 不葬於園也라 言於周公의 言은 猶問也라 周公曰豈不可者는 謂何爲不可也라 召公이 述周公之言하야 告佚한대 佚於是에 用棺衣而棺斂於宮中하니 是는 此禮之變이 始於史佚也라 舊註以豈爲句者는 非[85]라

史佚은 周나라 초기의 훌륭한 史官이다. 墓가 멀다는 것은 동산에 장례하지 않는 것이다. '言於周公'의 '言'자는 '問'자의 뜻과 같다. '周公曰豈不可者'는 〈'豈不可'의 뜻이〉 '어찌 不可하겠습니까?'라는 말이다. 召公이 周公의 말씀을 기술하여 사일에게 고하자 사일이 이에 棺과 壽衣를 사용하여 집 안에서 시신을 棺에 담았으니, 이것은 이 禮의 변경이 사일로부터 시작되었다는 것이다. 옛 註에서 '豈'자에서 句를 뗀 것은 잘못이다.

≪大全≫

臨川吳氏曰 周人葬下殤之禮는 不用棺하고 但以衣로 斂尸而置之尸牀하며 不用車載하고 衆手舁(여)之하야 以往이라 曾子問 去墓園塗近者는 可如此어니와 若去墓之塗遠이면 則舁尸以往에 而不用棺, 不用車가 似若不可라 故로 問當如之何오하야늘 孔子遂引老聃所言史佚之事하야 以答하시니라 蓋史佚이 曾葬下殤之子할새 而其墓遠하니 方疑於舁尸之不可러니 而召公이 勸以棺斂於宮中하니 則如成人而載以喪車요 不舁機也라 史佚以前에 未有此禮라 故로 有所不敢이러니 於是에 召公이 爲史佚하야 問之周公한대 周公曰 豈不可리오하시니라 蓋禮有從權而以義起者하니 墓近則舁機하고 墓遠則棺斂而車載以往이 雖前時禮所未有나 然亦無害於義也라 史佚이 依周公所言하야 行之하니 自是以後로 葬下殤者 若墓遠則用棺也라 (棺衣)〔衣棺〕[86)]者는 謂斂以衣하고 又斂於棺也라 下殤에 用棺而衣之棺之者[87)] 蓋自史佚始니 前此則衣而已요 不棺之也라

---

85) 舊註以豈爲句者非 : 經文의 '周公曰豈不可'에 대해 ≪禮記正義≫의 鄭玄 注에 "'이 어찌 그러랴! 禮에 불가하다.'는 말이니, 허락하지 않은 것이다.〔言是豈 於禮不可 不許也〕" 하였는데, 陸德明의 音義에서 "'周公曰豈'에서 句를 끊고, '言是豈'에서 구를 끊고, '於禮不可'에서 구를 끊는다.〔周公曰豈絶句 言是豈絶句 於禮不可絶句〕" 한 것을 가리킨다. 이에 따르면 경문의 '周公曰豈不可'는 "周公曰 豈 不可(주공이 말하기를 「어찌 그러랴! 불가하다.」 하였다.)'로 구두를 끊어야 한다. 孔穎達 疏에 "'豈'는 괴이하게 여기고 거절하는 말이다.〔豈者 怪拒之辭〕" 라고 하였다.(≪禮記正義≫) 金在魯는 ≪禮記補註≫에서 이에 대해 "옛 註가 너무 왜곡되었으니, 陳澔의 註에서 이를 비판한 것이 옳다.〔舊說太曲 陳註非之者是〕" 하였다.

86) (棺衣)〔衣棺〕 : 저본에는 '棺衣'로 되어 있으나, 臨川吳氏 설의 앞뒤 문맥을 살펴 '衣棺'으로 바로잡았다.

87) 用棺而衣之棺之者 : 참고로 원문의 '用棺衣하야 棺은'이라는 토는 陳澔의 集說에 의거한 것인데, 臨川吳氏의 이 설에 따르면 토가 '用棺하야 衣棺은'이 되어야 한다.

臨川吳氏 : 周나라 사람이 下殤을 장례 지내는 禮는 棺을 사용하지 않고 다만 壽衣로 시신을 거두어 尸床에 두며 수레를 사용하여 싣지 않고 여러 사람이 손으로 마주 들고 葬地로 간다. 증자가 "墓園과의 거리가 가까운 경우는 이와 같이 할 수 있지만 만약 墓와의 거리가 멀면 〈사람들이〉 시신을 마주 들고 갈 적에 棺도 쓰지 않고 수레도 사용하지 않는 것은 불가한 일인 듯하다."는 의문이 있었기 때문에 "마땅히 어떻게 합니까?"라고 물었는데 공자께서 마침내 老聃이 말한 史佚의 일을 인용하여 답하신 것이다.

사일이 일찍이 하상의 아들을 장례할 적에 그 墓가 멀어서 그때 시신을 들고 가는 것이 불가함을 의심하고 있었는데, 召公이 집 안에서 시신을 棺에 담을 것을 권하였으니, 이는 成人의 喪과 같이 장례용 수레에 실은 것이고 사람들이 틀을 마주 들지 않은 것이다. 사일 때보다 이전 시대에는 이러한 禮가 있지 않았으므로 감히 하지 못한 바가 있었는데, 이에 소공이 사일을 위하여 周公에게 물으니, 주공이 "어찌 不可하겠습니까."라고 대답하였다. 禮는 權道를 따라 義理로 일으키는 경우가 있으니, 묘가 가까우면 사람들이 틀을 마주 들고 가고 묘가 멀면 시신을 棺에 담아 수레로 싣고 가는 것이 비록 前代의 禮에 있지 않은 바이나, 또한 의리로 일으킨 예에 무방한 것이다. 사일이 주공이 말씀한 바를 따라서 행하니, 이때 이후로 하상을 장례하는 자가 만약 묘가 멀면 棺을 쓴 것이다.

'衣棺'은 〈시신을〉 수의로 거두고 또 棺에 거둠을 이른다. 하상에 棺을 써서 수의로 거두고 棺에 거둠은 사일로부터 시작되었으니, 이전에는 수의만 입혔고 棺에 거두지는 않았다.

○ 山陰陸氏曰 下殤은 雖不棺斂於宮中이나 卽塗遠而欲拘墓近之制하면 是膠也라 故로 召公權之에 周公與之하시니라

山陰陸氏 : 下殤은 비록 집 안에서 〈시신을〉 棺에 거두지 않았으나, 만일 길이 먼데도 墓가 가까운 곳에 있을 때의 장례 제도를 고집하고자 하면 이는 한 가지만을 고집하는 것이다. 그러므로 召公이 權道를 따라 하도록 하자 周公이 허여하신 것이다.

072701 曾子問曰 卿大夫將爲尸於公할새 受宿矣어늘 而有齊衰內喪이어든 則如之何잇고 孔子曰 出舍於公館하야 以待事 禮也니라

曾子가 묻기를 "경・대부가 장차 임금의 제사에서 尸童이 될 적에 미리 齋戒를 하였는데, 대문 안의 齊衰의 喪이 있으면 어떻게 해야 합니까?" 하니, 孔子께서 말씀하셨다.

"나가 公館에서 머무르며 임금의 제사가 끝나기를 기다리는 것이 예이다."

≪集說≫

受宿은 受君命而宿齊(재)戒也라 齊衰內喪은 大門內齊衰服之喪也라 待事는 待祭事畢然後歸哭也라

'受宿'은 임금의 명을 받고 미리 齋戒하는 것이다. '齊衰內喪'은 대문 안의 齊衰服의 상이다. '待事'는 제사가 끝나기를 기다린 뒤에 〈喪家에〉 돌아가 곡하는 것이다.

072702 **孔子曰 尸弁冕而出에 卿大夫士가 皆下之어든 尸必式하나니 必有前驅니라**

孔子께서 말씀하셨다.

"尸童이 爵弁을 쓰거나 면류관을 쓰고 〈도로에〉 나오는 경우 卿・大夫・士가 모두 수레에서 내리면 시동이 반드시 경례를 하니, 이때에 반드시 〈행인들을 벽제하는〉 前驅가 있다."

≪集說≫

尸服死者之上服호되 今爲君尸而弁冕者라 弁은 士之爵弁也니 以君之先世에 或有爲大夫士者라 故로 尸亦當弁이어나 或冕也라 出而卿大夫士遇之어든 則下車하면 尸式以答之니라 必有前驅者는 尸出이면 則先驅辟開行人也라

시동은 죽은 자의 〈上等의 예복인〉 上服을 입는데 지금 임금의 시동이 되어서 爵弁을 쓰거나 면류관을 쓴 것이다. 弁은 士의 爵弁이니, 임금의 先代에 혹 대부나 士가 된 사람이 있으므로 시동 또한 마땅히 작변을 하거나 혹은 면류관을 써야 하는 것이다. 나갔을 때 경・대부・士가 그를 만날 경우 수레에서 내리면 시동이 수레에서 경례하여 답한다. '必有前驅'는 시동이 나가면 先驅가 行人들을 辟除하는 것이다.

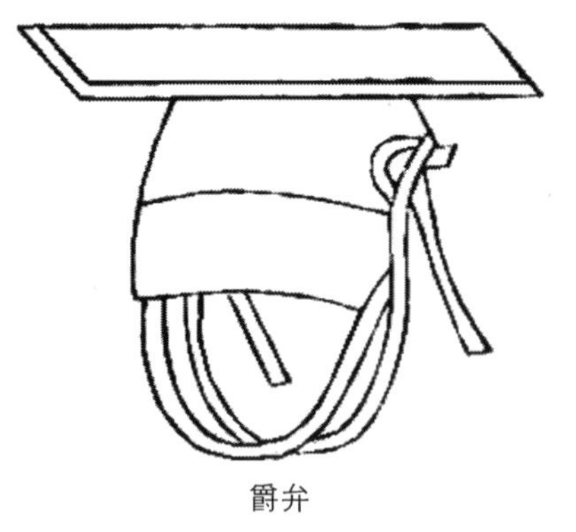
爵弁

冕

072801 子夏問曰 三年之喪에 卒哭하고 金革之事를 無辟(피)也者 禮與잇가 初有司與잇가 孔子曰 夏后氏는 三年之喪에 旣殯而致事하고 殷人은 旣葬而致事하나니 記曰 君子는 不奪人之親하며 亦不可奪親也라하니 此之謂乎인저

子夏가 묻기를 "부모의 삼년상에 卒哭을 하고 〈임금이 명하면〉 전쟁의 일을 피하지 않는 것이 원래의 禮입니까? 아니면 처음에 〈그 일을 피하지 않도록〉 有司가 〈억지로 시키는〉 것입니까?" 하니, 孔子께서 말씀하셨다. "夏后氏는 삼년상에 殯을 하고 나면 직임을 내놓았고, 殷나라 사람은 장례를 마치고 나면 직임을 내놓았다. 기록에 '군자는 남의 어버이 상에 〈슬퍼하는 마음을〉 빼앗지도 않으며 자신의 어버이를 〈잃은 슬픔을〉 빼앗기지도 않는다.'라고 하였으니, 이것을 말한 것일 것이다."

≪集說≫

無辟는 謂君使則行하야 無敢辭辟也니 此禮當然歟아 抑當初에 有司逼遣之歟아하니라 夏之禮는 親喪旣殯이면 卽致還其事於君하고 殷禮는 則葬後에 乃致其事하니라 君子는 指人君也라 臣이 遭父母之喪이면 而君이 許其致事는 是不奪人喪親之心也요 雖君이 有命이나 而不忍違離喪次는 是不可奪其喪親之孝也니라

'無辟'는 임금이 시키면 행하여 감히 사양하고 피하지 못함을 이르니, 이 禮가 당연한 것인가, 아니면 당초에 有司가 핍박하여 시킨 것인가를 물은 것이다.

夏나라의 禮는 어버이의 喪에 殯을 하고 나면 즉시 자기가 맡았던 일을 임금에

게 되돌려주고, 殷나라의 禮는 葬事 지낸 뒤에 비로소 자기가 맡았던 일을 되돌려 주었다.

'군자'는 임금을 가리킨다. 신하가 부모의 상을 만나면 임금이 그가 일을 되돌려 줌을 허락하는 것은 남의 어버이 잃은 슬픔을 빼앗지 않는 것이고, 비록 임금의 命이 있더라도 喪次를 차마 떠날 수 없는 것은 어버이를 잃은 孝心을 빼앗길 수 없어서이다.

≪大全≫

嚴陵方氏曰 致事는 與大夫七十而致事[88]之致事로 同義라 彼는 以老而不勝事요 此는 以喪而不勝事라 故로 皆致之於君也라 凡事皆然이어든 又況金革之事를 可以無辟乎아

嚴陵方氏 : '致事'는 '대부가 70세에 致事(致仕)한다.'의 致事와 뜻이 같다. 〈70세에 致仕하는〉 저 경우는 늙어서 일을 감당하지 못하는 것이고, 이 경우는 喪 때문에 일을 감당하지 못하는 것이므로 모두 임금에게 돌려준 것이다. 무릇 일반적인 일도 모두 그러한데 또 하물며 전쟁의 일을 피하지 않을 수 있겠는가.

072802 子夏曰 金革之事를 無辟(피)也者 非與잇가 孔子曰 吾聞諸老聃호니 曰 昔者에 魯公伯禽이 有爲爲之也[89]하니 今以三年之喪으로 從其利者는 吾弗知也로라

子夏가 말하기를 "전쟁의 일을 피하지 않는 것은 잘못입니까?" 하니, 孔子께서 대답하셨다.

"내가 老聃에게 들으니, '옛날 魯公 伯禽이 이유가 있어서 이것을 하였다.' 하니, 지금 三年喪 중에 이익을 좇는 것은 나는 알지 못하겠다."

---

88) 大夫七十而致事 : 이 내용은 〈曲禮 上〉에 보인다.

89) 魯公伯禽有爲爲之也 : 周公의 아들 伯禽이 魯나라에 봉해졌기 때문에 백금을 魯公이라고 칭한 것으로, 鄭玄 注에 "주공의 아들 백금이 노나라에 봉해졌는데, 徐戎이 난리를 일으키자 백금이 喪의 졸곡을 치르고서 정벌하였으니, 이는 〈왕조의 大事인〉 王事를 급하게 여긴 것이다.〔伯禽 周公子 封於魯 有徐戎作難 喪卒哭而征之 急王事也〕" 하였다.(≪禮記正義≫)

≪集說≫

魯公卒哭에 而從金革之事는 以徐戎之難에 東郊不開[90]하야 不得已而征之니 是有爲爲之也라 今人이 居三年之喪하야 而用兵以逐攻取之利者는 吾不知其爲何禮也라하시니 蓋甚非之之辭라 一說에 利爲例니 言無故而以三年之喪으로 從伯禽之例하야 以用兵者는 甚非也라하니라

魯公이 卒哭을 하고서 전쟁의 일에 종사한 것은 徐戎의 難에 東郊가 개통되지 못하여 부득이하게 정벌한 것이니, 이는 이유가 있어서 행한 것이다. 지금 사람들이 삼년상을 치르면서 用兵을 하여 공격해서 탈취하는 이익을 좇는 것은 내가 무슨 禮가 되는지 알지 못하겠다고 하셨으니, 이는 매우 그르게 여기는 말씀이다. 一說에 "'利'는 '例'가 되어야 한다." 하니, 〈일설은〉 아무런 이유 없이 3년상을 치르는 중에 伯禽의 前例를 따라 용병하는 것은 매우 그릇된 것이라는 말이다.

≪大全≫

臨川吳氏曰 武王崩之年에 武庚叛周한대 徐戎應之어늘 周公東征하야 定殷亂하시고 遣伯禽之國하야 鎭遏東方하신대 元年에 征徐戎하니 蓋此時王室危急하야 伯禽雖有私喪이나 不敢辭辟也니라

臨川吳氏 : 武王이 붕어한 해에 武庚이 周나라를 배반하자 徐戎이 이에 호응하였는데, 周公이 동쪽으로 정벌을 가서 殷나라의 난을 평정하시고 伯禽을 魯나라로 보내어 東方을 진압하고 막게 하셨다. 〈노공〉 원년에 백금이 徐戎을 정벌하였으니, 이때 〈周나라〉 王室이 위급해서 백금이 비록 사사로운 喪이 있었으나 감히 〈서융을 정벌하는 전쟁을〉 사양하여 피하지 못한 것이다.

---

90) 徐戎之難 東郊不開 : 徐戎은 東夷의 一族으로 현재 淮河 하류의 江蘇省 洪澤湖 일대에 살았었고 東郊는 西周의 수도 鎬京에 準하는 도시인 洛陽의 동쪽 교외 지역을 가리키는바, 서융이 난리를 일으켜 낙양 동쪽 교외를 위협해온 일을 이른다. 이때 낙양 동쪽 교외에서 가까운 노나라 땅에 봉해진 백금이 費 땅에서 군사들에게 맹세하고 서융을 정벌한 내용이 ≪書經≫ 〈周書 費誓〉에 실려 있고, 신하들이 노나라 임금과 국가를 칭송하는 시를 지어 노공을 기린 내용이 ≪詩經≫ 〈魯頌 閟宮〉에 실려 있다.

禮記集說大全 卷之八

文王世子[1] 第8

≪集說≫

080000 新安王氏曰 此篇은 首言文王爲世子之事라 故以武王成王爲世子之事로 繼之하고 成王幼에 周公輔導有道라 故以教世子之法繼之하고 爲世子者 當貴親하고 當尊老라 故以待宗族養老之事로 繼之하고 而終以世子之記[2]하니 則言文王之所以事王季者를 皆當以爲法也니라

---

1) 文王世子 : 孔穎達 疏에 따르면 鄭玄이 "'文王世子'라고 명명한 것은, 문왕이 세자였을 때의 법을 기록하였기 때문이다." 하였다. 편의 내용을 크게 나누면 모두 5節이 되는데, '文王之爲世子'부터 '文王之爲世子也'까지 제1절이 되고, '凡學(효)世子'부터 '周公踐阼'까지 제2절이 되고, '庶子之正於公族'부터 '不翦其類'까지 제3절이 되고, '天子視學'부터 '典于學'까지 제4절이 되고, '世子之記'부터 편의 끝까지 제5절이 된다.(≪禮記正義≫)

참고로 조선시대 학자인 權近은 〈문왕세자〉의 經文을 재배열하고 다섯 개의 작은 편으로 나누었는데, ≪禮記正義≫의 分節과 차이가 있다. 그는 이 편이 '文王之爲世子'로 시작하는데도 불구하고 '文王世子'를 가지고 篇名을 삼은 것에 근거하여 '周公踐阼', '教世子', '凡學(효)', '世子之記'를 작은 편들의 제목으로 보았다. 제1편은 '文王之爲世子'부터 '武王九十三而終'까지인데 그 내용은 본래 경문의 배열순서와 같으며, 별도의 제목은 없다. 제2편은 '成王幼不能莅阼'부터 '文王之爲世子也'까지와 '仲尼曰昔者'부터 '世子之謂也'까지를 합하여 한 편으로 만들었는데, '世子之謂也'의 아래에 있는 '周公踐阼' 부분을 '成王幼不能莅阼' 부분의 앞으로 옮겨와 제목으로 삼았다. 제3편은 '凡三王教世子'부터 '不翦其類也'까지인데 그 내용은 본래 경문의 배열순서와 다르며, '一獻無介語可也'의 아래에 있는 '教世子' 부분을 분리하여 바로 그다음에 이어지는 '凡三王教世子' 이하 부분의 제목으로 삼았다. 제4편은 '凡學(효)世子及學士'부터 '典于學'까지인데 그 내용은 본래 경문의 배열순서와 다르며, '凡學(효)' 두 글자를 제목으로 삼았다. 제5편은 '世子之記曰'부터 '然後亦復初'까지인데 그 내용은 본래 경문의 배열순서와 같으며, '世子之記'를 제목으로 삼았다.(≪禮記淺見錄≫ 권7 〈文王世子〉)

2) 世子之記 : 본서 082801의 集說에 "'世子之記'는 옛날에 세자에게 父王을 섬기는 禮를 가르친 편이다.〔世子之記 古者教世子之禮篇也〕"라고 한 것에 의거하여 書名으로 표시하였다.

新安王氏 : 이 편은 먼저 文王이 世子가 되었을 때의 일을 말하였으므로 武王과 成王이 세자가 되었을 때의 일을 가지고 그 뒤를 이었다. 성왕이 어렸을 적에 周公이 도와서 올바른 데로 이끌어감에 방도가 있었으므로 세자를 가르치는 法을 가지고 그 뒤를 이었다. 세자 된 자는 마땅히 친한 이를 귀하게 여기고 노인을 높여야 하므로 宗族을 대우하고 노인을 봉양하는 일을 가지고 그 뒤를 이었다. 마지막으로 ≪世子之記≫를 가지고 끝맺었으니, 이는 문왕이 〈父王인〉 王季를 섬긴 것을 모두 법으로 삼아야 함을 말한 것이다.

080101 **文王之爲世子**에 **朝於王季**호되 **日三**하더시니 **鷄初鳴而衣服**하사 **至於寢門外**하사 **問內豎之御者曰 今日安否何如**오하야시든 **內豎曰 安**이라하야든 **文王乃喜**하시고 **及日中又至**하사 **亦如之**하시며 **及莫**(모)**又至**하사 **亦如之**러시다

文王이 世子가 되었을 적에 〈父王인〉 王季를 뵙되 하루에 세 번씩 하셨는데, 닭이 처음 울면 옷을 입고서 寢門 밖에 가서 당직을 서는 內豎에게 "오늘 안부가 어떠하신가?" 하고 물으셨을 때 내수가 "편안하십니다."라고 대답하면 문왕이 마침내 기뻐하셨고, 점심 무렵에 이르러 다시 가서 또한 그와 같이 하셨으며 저녁 무렵에 이르러 다시 가서 또한 그와 같이 하셨다.

≪集說≫

內豎는 內庭之小臣이요 御는 是直日者라 世子朝父母는 惟朝夕二禮어늘 今文王日三하시니 聖人過人之行也니라

內豎는 內庭에서 일하는 지위 낮은 신하이고, 御는 當直을 서는 자이다. 세자가 부모를 문안하는 것은 오직 하루에 아침과 저녁 두 번 하는 것이 禮인데 지금 문왕이 하루에 세 번 하셨으니, 이는 보통 사람보다 뛰어난 聖人의 行實이다.

≪大全≫

嚴陵方氏曰 內則에 言子事父母호되 鷄初鳴이어든 咸盥漱하며 昧爽而朝하며 日入而夕이라하고 世子之記에도 亦止言朝夕至於大寢門之外어늘 而此言鷄初鳴而衣服하야

至於寢門外라하니 則盥漱之時에도 猶未鷄鳴이요 朝之時에도 猶未昧爽矣요 又有日中之朝하니 此蓋聖人之制니라

嚴陵方氏 : 〈內則〉에 "자식이 부모를 섬기되 닭이 처음 울면 모두 세수하고 양치질하며, 동틀 무렵에 부모를 문안하며, 해가 지면 들어가 저녁 문안을 한다." 하였고, ≪世子之記≫에 또한 다만 "아침과 저녁에 大寢 문밖에 이른다." 하였는데, 여기에서는 "닭이 처음 울면 옷을 입고서 寢門 밖에 이르렀다." 하였다. 그렇다면 세수하고 양치질할 때에도 여전히 닭이 울지 않은 것이고, 아침에 문안할 때에도 아직 동이 트지 않은 것이다. 또 〈아침과 저녁에 더해〉 한낮의 문안이 있었으니, 이는 聖人의 제도이다.

080102 其有不安節이어시든 則內豎以告文王하야든 文王色憂하사 行不能正履라가 王季復膳然後에 亦復初러시다 食上에 必在視寒煖之節하시며 食下어든 問所膳하시고 命膳宰曰 末有原하라 應曰 諾이어든 然後에 退하더시다

〈王季가 병환이 있어서〉 평상시의 일을 편안히 행하지 못하는 때가 있으시면 內豎가 文王에게 고한다. 그리하면 문왕이 얼굴에 근심하는 기색을 띠고서 길을 다닐 적에 걸음을 바르게 하지 못하셨다. 그러다가 왕계가 음식 드시는 것을 회복한 뒤에 또한 처음의 〈낯빛을〉 회복하셨다. 밥상을 올릴 적에 반드시 음식의 차갑고 따뜻한 절도를 살펴보셨으며, 밥상을 물리거든 잡수신 바를 물으시고 〈궁중 요리사인〉 膳宰에게 명하기를 "〈남은 찬을〉 다시 〈올리지〉 말라." 하셨다. 선재가 "네."라고 대답하면 그런 뒤에야 물러가셨다.

≪集說≫

不安節은 謂有疾하야 不能循其起居飮食之常時也라 食上은 進膳於親也요 在는 察也라 食下는 食畢而徹也라 問所膳은 問所食之多寡也라 末은 猶勿也요 原은 再也니 謂所食之餘를 不可再進也라

'不安節'은 병환이 있어서 평상시의 일어나고 앉고 마시고 먹는 것을 행하지 못함

을 이른다. '食上'은 어버이에게 음식을 올리는 것이고, '在'는 살핌이다. '食下'는 먹기를 마치고 밥상을 거두는 것이다. '問所膳'은 먹은 음식의 많고 적음을 묻는 것이다. '末'은 勿과 같고 '原'은 再의 뜻이니, 먹은 음식의 나머지를 다시 올려서는 안 됨을 말한 것이다.

≪大全≫

長樂劉氏曰 文王之於王季에 夜不遑寐라 故로 其旦旦鷄鳴而衣冠已具하시고 內豎曰安이어든 文王乃喜하시니 以其達旦懷憂면 則其喜形於色也라 色憂하야 行不能正履는 心有所懼면 則色形其憂하고 急侍其親이면 則履不能正이니라

長樂劉氏 : 문왕이 왕계를 모실 적에 밤에 잘 겨를이 없었으므로 아침마다 닭이 울 때 의관을 이미 갖추셨고, 內豎가 "〈임금님이〉 편안하십니다."라고 말하면 문왕이 그제야 기뻐하셨으니, 날이 샐 때까지 근심하는 마음을 품고 있다가 〈'편안하시다'는 말을 들으면〉 기쁜 마음이 낯빛에 나타나기 때문이다. 얼굴에 근심하는 기색을 띠고서 길을 다닐 적에 걸음을 바르게 하지 못하신 것은, 마음에 두려워하는 것이 있으면 얼굴에 근심이 나타나고 어버이를 모시는 것을 급히 여기면 걸음을 바르게 하지 못하는 것이다.

○ 嚴陵方氏曰 文王乃喜는 則親喜而己亦喜也요 文王色憂는 則親憂而己亦憂也요 復初는 則親復常故也니라

嚴陵方氏 : '文王乃喜'는 어버이가 기뻐하시면 자기도 기쁘기 때문이고, '文王色憂'는 어버이가 근심하시면 자기도 근심스럽기 때문이고, '復初'는 어버이가 정상으로 회복되었기 때문이다.

080201 **武王**이 **帥**(솔)**而行之**하사 **不敢有加焉**하더시니 **文王**이 **有疾**이어시든 **武王**이 **不說**(탈)**冠帶而養**하시되 **文王一飯**이어시든 **亦一飯**하시며 **文王再飯**이어시든 **亦再飯**하더시니 **旬有二日**에야 **乃間**하시니라

武王은 〈文王이 행하신 것을〉 그대로 따라 행하시어 감히 더함이 있지 못하셨으니, 문왕이 병이 나시면 무왕이 冠과 띠를 벗지 않고 받들어 간

호하셨는데, 문왕이 한 번 밥을 드시면 〈무왕〉 또한 한 번 밥을 드셨으며, 문왕이 두 번 밥을 드시면 〈무왕〉 또한 두 번 밥을 드셨다. 그러더니 열이틀이 지나자 마침내 병이 나으셨다.

≪集說≫

不敢有加는 不可踰越父之所行也라

'不敢有加'는 아버지(文王)가 행하신 것을 넘을 수 없는 것이다.

○ 疏曰 病重之時에는 病恒在身하야 無少間空隙이러니 病今旣損하야는 不恒在身하니 其間에 有空隙이라 故謂病瘳爲間也라

疏 : 병이 위중할 때에는 병이 항상 몸에 있어서 잠시의 빈틈도 없었는데 병이 이제 덜해지고 나서는 〈병이〉 항상 몸에 있지 않으니, 그 사이에 빈틈이 있기 때문에 병이 낫는 것을 '사이〔間〕'라 하는 것이다.

≪大全≫

長樂陳氏曰 聖人之行은 朝親이 至於日三이요 其有不安節이면 則行不能正履하고 以至於一飯亦一飯하고 再飯亦再飯이라 中人之行은 朝親이 止於日二요 其有不安節이면 則止於不滿容하며 於其嘗饌善則能食하고 嘗饌寡則不能飽而已라 於文王에 言色憂하사 行不能正履면 則武王可知요 於武王에 言不說冠帶하고 一飯再飯이면 則文王可知니라

長樂陳氏 : 聖人의 행실은 어버이를 문안하는 것이 하루 세 번에 이르렀고, 〈어버이가 병환이 있어서〉 평상시의 일을 편안히 행하지 못하는 때가 있으면 길을 다닐 적에 걸음을 바르게 하지 못하였고, 한 번 밥을 드시면 자기도 한 번 밥을 드시고 두 번 밥을 드시면 자기도 두 번 밥을 드시기까지 하셨다.

일반 사람의 행실은 어버이를 문안하는 것이 하루 두 번에 그치고, 〈어버이가 병환이 있어서〉 평상시의 일을 편안히 행하지 못하는 때가 있으면 기쁨이 충만한 얼굴을 하지 않기만 하며, 〈어버이가〉 음식을 잘 드시면 자기도 잘 먹고 음식을 적게 드시면 자기도 배부르게 먹지 못할 뿐이다.

문왕에 대하여 '얼굴에 근심하는 기색을 띠고서 길을 다닐 적에 걸음을 바르게 하지 못하셨다.'고 말했으면 무왕에 대해서도 〈그렇다는 것을〉 알 수 있고, 무왕에 대

하여 '冠과 띠를 벗지 않고, 한 번 밥을 드시면 〈또한 한 번 밥을 드시고〉 두 번 밥을 드시면 〈또한 두 번 밥을 드셨다.〉'고 말했으면 문왕에 대해서도 〈그렇다는 것을〉 알 수 있는 것이다.

○ 莊氏曰 天下之理 惟極其至면 則不可以復(부)加니 文王之事親에 豈一毫之不至哉시리오 武王而復求加焉이면 則非可傳也요 非可繼也라 故로 武王之事文王할새 盡循文王之所以事王季者而行之하사 不敢復加焉하시니 玆武王所以爲達孝者歟[3]인저 又曰 子之於親에 日而三朝하니 自三朝之外는 冠帶有時而說(탈)이어늘 今爲親疾하야 跬步不離하고 不敢說冠帶以自適하며 人之飮食은 或疏或數(삭)하야 時其飢飽어늘 今以親疾로 志不在於飮食하야 一飯再飯을 惟親之視하시고 不敢如平時私適其欲이니라

莊氏 : 천하의 이치가 오직 지극함을 다하면 다시 더할 수가 없으니, 문왕이 어버이를 섬김에 어찌 털끝만큼이라도 지극하지 못함이 있었겠는가. 무왕이 〈문왕의 행실에〉 다시 추가하기를 구한다면 〈문왕의 행실은 후세에〉 전할 만한 것도 아니고 계속할 만한 것도 아닌 것이다. 그러므로 무왕이 문왕을 섬길 적에 문왕이 王季를 섬기신 것을 모두 따라 행하시고 감히 다시 더하지 않으셨으니, 이것이 무왕이 누구나 공통적으로 칭찬하는 孝子가 되는 이유일 것이다.

또(莊氏) : 〈일반 사람의〉 자식은 어버이에게 하루에 세 번 문안하니, 하루에 세 번 문안하는 것 외에는 冠과 띠를 때때로 벗을 수 있는데, 〈무왕은〉 지금 어버이의 병환을 위해서 〈어버이의 곁을〉 한 걸음도 떠나지 않고 감히 관과 띠를 벗고서 아무런 속박을 받지 않고 편하게 지내지 않았다. 그리고 〈일반〉 사람의 마시고 먹음은 드물게 하기도 하고 자주 하기도 하여 굶주리고 배부른 때에 맞추는데, 〈무왕은〉 지금 어버이 병환 때문에 마음이 마시고 먹는 데 있지 않아서 한 번 밥 먹고 두 번 밥 먹는 것을 오직 어버이가 드시는 것에 견주어 행하시고 감히 평상시 자기 욕심에 맞추어 행한 것처럼 하지 못한 것이다.

080301 文王이 謂武王曰 女[4]何夢矣오 武王이 對曰 夢에 帝與我九齡하시니이다

---

3) 武王所以爲達孝者歟 : 이 내용은 《中庸章句》 제19장에 孔子가 말하기를 "무왕과 주공은 누구나 공통적으로 칭찬하는 효자이시다. 효는 부모의 뜻을 잘 계승하며 부모의 일을 잘 祖述하는 것이다.〔武王周公 其達孝矣乎 夫孝者 善繼人之志 善述人之事者也〕"라고 한 것을 가리킨다.

文王曰 女以爲何也오 **武王曰 西方**에 **有九國焉**하니 **君王**이 **其終撫諸**(저)신저 **文王曰 非也**라 **古者**에 **謂年齡**이라하니 **齒亦齡也**니 **我百**이요 **爾九十**이니 **吾與爾三焉**호리라하더시니 **文王**은 **九十七**에 **乃終**하시고 **武王**은 **九十三而終**하시니라

文王이 武王에게 이르시기를 "너는 무슨 꿈을 꾸었느냐?" 하셨다. 무왕이 대답하기를 "꿈에 天帝가 저에게 아홉 개의 이〔齡〕를 주셨습니다." 하였다. 문왕이 말씀하시기를 "너는 〈그 꿈을〉 어떻게 생각하느냐?" 하셨다. 무왕이 대답하기를 "서방에 아홉 나라가 있는데, 군왕께서 끝내 그들을 소유하실 것입니다." 하였다. 문왕이 말씀하시기를 "아니다. 옛날에 나이를 '齡(年齡)'이라 일렀는데, '齒(年齒)' 또한 '齡'이다. 나는 100세를 살 것이고 너는 90세를 살 것이니, 내가 너에게 3년을 더 주겠다." 하셨는데, 문왕은 97세에 마침내 별세하셨고 무왕은 93세에 별세하셨다.

≪集說≫

文王疾瘳之後에 武王이 乃得安寢이라 故問其何夢하신대 武王對云 夢에 天帝言與我九齡이라하시니 齡字從齒하니 齒之異名也라 故言年齡하고 又言年齒하니 其義一也라 大戴禮[5]云 男八月生齒하고 八歲而齔[6]이라하니 齒是人壽之數也라 然數之脩短은 稟氣於有生之初하니 文王이 雖愛其子나 豈能減己之年而益之哉리오 好事者爲之辭而不究其理어늘 讀記者信其說而莫之敢議也라

문왕이 병환이 나으신 뒤에 무왕이 마침내 잠을 편안히 잘 수 있었으므로 "무슨 꿈을 꾸었느냐?"라고 묻자, 무왕이 "꿈에 天帝가 저에게 아홉 개의 이를 주겠다고 하였습니다."라고 대답하였다.

---

4) 女 : '汝(너)'와 같다.

5) 大戴禮 : 漢나라 戴德이 편찬한 책으로 秦·漢 이전의 문헌에서 예의에 관한 내용을 수집하여 85편으로 만든 것인데, 조카인 戴聖의 禮學과 구분하기 위해 사람들이 ≪대대례≫라고 불렀다. 이후에 46편이 망실되고, 지금은 39편의 ≪大戴禮記≫가 전한다.

6) 男八月生齒 八歲而齔 : 이 내용은 ≪大戴禮記≫ 〈本命〉에 "남자는 8개월이 되면 이가 나고 8세에 이를 갈고……여자는 7개월이 되면 이가 나고 7세에 이를 간다.〔男以八月而生齒 八歲而齔……女七月生齒 七歲而齔〕"라고 보인다.

'齡'자는 '齒'자를 따랐으니, 이〔齒〕의 다른 이름이다. 그러므로 〈나이를〉 年齡이라고 말하고 또 年齒라고 말하니, 그 뜻이 똑같다. ≪大戴禮≫에 "남자는 〈태어난 지〉 8개월에 이가 나고 8세에 이를 간다." 하였으니, 이〔齒〕는 바로 사람의 수명을 헤아리는 수이다. 그러나 수명의 길고 짧음은 처음 태어났을 적에 기운을 받는 것이니, 문왕이 비록 자기 아들을 사랑하였더라도 어찌 자기의 나이를 줄여서 아들에게 보태줄 수 있겠는가. 好事家가 이 말을 지어내고 그 이치를 연구하지 않았는데, 기록을 읽는 자가 그 말을 믿고 감히 批評하지 않았던 것이다.

≪大全≫

嚴陵方氏曰 文王之疾間에 必知武王有夢者는 以其愛親之心篤而思念之情深故也니라

嚴陵方氏 : 문왕이 병환에 차도가 있자 반드시 무왕이 밤에 꿈을 꾸었음을 아신 것은 〈무왕이〉 어버이를 사랑하는 마음이 돈독하고 〈어버이를〉 근심하고 염려하는 마음이 깊기 때문이었다.

○ 長樂劉氏曰 聖人은 生而知之하사 自誠而明者[7)]니 罔非窮理盡性以至於命[8)]焉이라 是以로 寤寐所萌이 與天地合하고 與鬼神契[9)]하니 則其脩短을 得以自知니라

長樂劉氏 : 聖人은 나면서부터 저절로 道理를 알아 진실함을 말미암아 밝아진 자

---

7) 聖人……自誠而明者 : '生而知之'는 타고난 氣質이 淸明하고 義理가 밝게 드러나서 배우기를 기다리지 않고 아는 聖人의 경지를 말하고, '自誠而明'은 천성이 진실하여 자연히 善에 밝은 성인의 덕을 말하는바, ≪論語≫ 〈季氏〉에서 孔子가 "태어나면서 아는 자가 상등이고, 배워서 아는 자가 다음이고, 이해하지 못하지만 배우는 자가 또 그다음이니, 이해하지 못하는데도 배우지 않으면 백성으로서 하등이 된다.〔生而知之者 上也 學而知之者 次也 困而學之 又其次也 困而不學 民斯爲下矣〕"라고 한 것과, ≪中庸章句≫ 제21장에 "진실함에서 말미암아 밝아짐을 性대로 한 것이라 이르고, 밝음에서 말미암아 진실해지는 것을 가르침으로 이룬 것이라 하니, 진실하면 밝아지고 밝으면 진실해지는 것이다.〔自誠明 謂之性 自明誠 謂之教 誠則明矣 明則誠矣〕"라고 한 것을 인용한 것이다.

8) 窮理盡性以至於命 : 이 내용은 ≪周易≫ 〈說卦傳〉에 보인다.

9) 與天地合 與鬼神契 : 이 내용은 ≪周易≫ 乾卦 〈文言傳〉에 "무릇 大人은 天地와 그 덕이 합하고, 日月과 그 밝음이 합하며, 四時와 그 질서가 합하고, 鬼神과 그 길흉이 합한다.〔夫大人者 與天地合其德 與日月合其明 與四時合其序 與鬼神合其吉凶〕"라고 한 것을 원용한 것이다. ≪孟子≫ 〈盡心 下〉에 "충실하여 빛남이 있음을 大人이라 이르고, 대인이면서 저절로 화함을 聖人이라 한다.〔充實而有光輝之謂大 大而化之之謂聖〕" 하였는바, 성인은 대인의 경지를 넘어섰기 때문에 대인에 관한 것을 성인을 말하는 데 인용한 것이다.

이니, 이치를 궁구하여 天性을 다함으로써 天命에 이르지 않음이 없다. 이 때문에 잠잘 때나 깨어 있을 때나 마음에 싹트는 것이 天地와 부합하고 鬼神과 들어맞으니, 수명의 길고 짧음을 스스로 알 수 있는 것이다.

080401 **成王幼**하사 **不能涖阼**어시늘 **周公相**하사 **踐阼而治**하더시니 **抗世子法於伯禽**하야 **欲令成王之知父子君臣長幼之道也**라 **成王有過**어시든 **則撻伯禽**하시니 **所以示成王世子之道也**니 **文王之爲世子也**[10)]러라

成王이 어려서 〈임금이 설 수 있는〉 동쪽 계단에 군림하지 못하시자, 周公이 〈성왕을〉 도와서 동쪽 계단을 밟고 올라가 다스리셨다. 그런데 세자의 법을 〈주공의 아들〉 伯禽에게 들어 가르쳐서 성왕으로 하여금 父子·君臣·長幼의 도리를 알게 하고자 하셨으므로 성왕이 〈예법에〉 과실이 있으시면 〈주공이〉 백금의 종아리를 치셨다. 이로써 성왕에게 세자의 도리를 보여주신 것이니, 이것은 文王이 세자가 되었을 때 〈행하신 예이다.〉

≪集說≫

石梁王氏曰 文王之爲世子也一句는 衍文이라

石梁王氏 : '文王之爲世子也' 한 구절은 衍文이다.

○ 劉氏曰 成王이 幼弱하야 雖已涖阼爲天子나 而未能行涖阼之事라 書曰 小子同

---

10) 文王之爲世子也 : 鄭玄 注에 "이상의 일들에 대해 제목을 단 것이다.〔題上事〕"라고 하였고, 이 뒤(081301)의 '敎世子'에 대한 정현 주에도 "이 또한 이상의 일들에 대해 제목을 단 것이다.〔亦題上事〕"라고 하였는데, 孔穎達 疏에 "〈注에 말한〉 '題'는 題目이다. 앞의 '文王之爲世子'는 문장이 아래에 있으니 이상의 일에 대해 제목을 단 것이고, 지금 '敎世子'란 문장도 아래에 있으니 이 또한 이상에서 나열한 여러 일에 대해 제목을 단 것이다.〔題謂題目 前文王之爲世子 文在於下 題目以上之事 今敎世子之文 又在於下 亦是題目以上所設諸事〕" 하였다.(≪禮記正義≫) 金在魯의 ≪禮記補註≫에는 "살펴보건대 陽村(權近) 역시 아랫글의 '敎世子'라는 말과 '周公踐阼'라는 말은 모두 편 안에 있는 작은 節의 명칭으로 보아서 정현의 주와 서로 비슷하니, 〈陳澔 集說에 실린〉 劉氏의 해석은 참으로 잘못된 것이고 石梁王氏가 이른바 '衍文'이라고 한 것 역시 옳지 못한 듯하다.〔陽村亦以下文敎世子周公踐阼 皆爲篇內小節之名 與鄭註相類 劉氏之釋固誤 而王氏所謂衍文者 亦恐未然〕" 하였다.

未在位[11)]라하니 亦言其雖已在位나 與未在位同也라 故周公以冢宰攝政하야 相助成王하야 踐履其臨阼之事而治天下호되 以幼年卽尊位하야 而不知父子君臣長幼之道하니 何以治天下哉리오 故周公이 擧世子事君親長上之法하야 以教伯禽하야 使日夕與成王遊處하야 俾其有所視效也라 其或成王이 出入起居之間에 有愆于禮法者어든 則撻伯禽하야 以責其不能盡事君之道하니 所以警教成王하야 而示之以爲世子之道也라 然伯禽所行은 卽文王所行世子之道요 文王所行은 乃諸侯世子之禮라 故曰 文王之爲世子也라하니 言伯禽所行이 非王世子之禮也니라

劉氏 : 성왕이 어려서 비록 이미 동쪽 계단에 군림하여 천자가 되었으나 동쪽 계단에 군림하는 일을 행하지 못하였다. ≪書經≫에 이르기를 "小子가 아직 재위하지 않은 것과 같다." 하였으니, 이 또한 그가 비록 이미 재위하였으나 재위하지 않음과 같음을 말한 것이다.

그러므로 주공이 冢宰로서 攝政하여 성왕을 도와 〈천자의〉 동쪽 계단에 군림하는 일을 실행하여 천하를 다스렸는데, "〈성왕이〉 어린 나이에 높은 지위에 올라서 부자·군신·장유의 도리를 알지 못하니, 어떻게 천하를 다스리겠는가."라고 여겼다. 그러므로 주공이 세자가 君親과 長上을 섬기는 법도를 들어 伯禽을 가르쳐 그로 하여금 밤낮으로 성왕과 더불어 놀고 거처해서 〈성왕이〉 보고 본받는 바가 있게 한 것이다. 그리고 혹 성왕이 출입하고 기거하는 사이에 禮法에 어긋나는 일이 있으면 백금의 종아리를 쳐서 임금을 섬기는 도리를 다하지 못함을 꾸짖었으니, 이는 성왕을 경계하고 가르쳐서 세자 된 자가 행해야 할 도리를 보여준 것이다.

그러나 백금이 행한 것은 바로 옛날 문왕이 행하셨던 세자의 도리이고, 문왕이 행하셨던 것은 바로 제후의 세자의 禮였다. 그러므로 말하기를 "문왕이 세자가 되었을 때 〈행하신 예이다.〉" 하였으니, 백금이 행한 것이 王世子(天子의 世子)의 禮가 아님을 말한 것이다.

11) 小子同未在位 : 이 내용은 ≪書經≫ 〈周書 君奭〉에 "이제 나 小子 旦(周公의 이름)이 처한 상황은 마치 큰 내를 헤엄쳐가는 것과 같으니, 내가 물을 건널 때 너 奭(召公의 이름)과 함께 건너리라. 小子(成王)는 〈재위하였으나 나이가 어려〉 아직 재위하지 않은 것과 같으니, 크게 우리의 책임이 없겠는가.〔今在予小子旦 若游大川 予往 曁汝奭 其濟 小子同未在位 誕無我責〕"라고 보인다.

≪大全≫

嚴陵方氏曰 涖阼는 臨朝也니 阼者는 主人所有事之階라 故로 適子冠於阼以著代하니 則繼體之臨朝行事를 謂之涖阼 亦宜矣라 涖는 言以位臨之요 踐은 言以足履之니 成王은 主也라 故於阼曰涖요 周公은 相之而已라 故於阼曰踐이니 此輕重之別也라 世子於屬則子也요 於位則臣也요 於齒則幼也니 知爲子然後에 能爲父하고 知爲臣然後에 能爲君하고 知爲幼然後에 能爲長이라 故로 抗世子法於伯禽은 欲令成王之知父子君臣長幼之道也라 然其序則先父子而後君臣者는 內外之序也요 先君臣而後長幼者는 上下之序也라 於伯禽言法하고 於成王言道者는 蓋法則下之所守요 道則上之所揆니라

嚴陵方氏 : '涖阼'는 朝廷에 임하는 것이니, 阼(동쪽 계단)는 주인이 일삼음이 있을 때 사용하는 계단이다. 그러므로 嫡子가 동쪽 계단에서 冠禮를 하여 아버지를 대신함을 드러내니, 繼體하는 임금이 조정에 임하여 政事를 행함을 '涖阼'라고 이르는 것도 마땅하다. '涖'는 지위로써 임함을 말하고 '踐'은 발로 밟음을 말하니, 성왕은 임금이기 때문에 동쪽 계단에서 '군림한다〔涖〕' 하였고 주공은 임금을 도왔을 뿐이기 때문에 동쪽 계단에서 '밟다〔踐〕'라고 하였으니, 이는 輕(주공)·重(성왕)의 차이를 구별한 것이다.

세자는 〈父王의 입장에서〉 親屬 관계에 있어서는 자식이고 지위에 있어서는 신하이고 연령에 있어서는 어린 사람이니, 자식 된 자의 도리를 안 뒤에 아버지가 될 수 있고, 신하 된 자의 도리를 안 뒤에 임금이 될 수 있고, 어린 자의 도리를 안 뒤에 어른이 될 수 있다. 그러므로 세자의 법도를 백금에게 들어 가르친 것은 성왕으로 하여금 부자·군신·장유의 도리를 알게 하고자 한 것이다. 그러나 그 순서가 부자를 먼저 말하고 군신을 뒤에 말한 것은 內(집안)·外(집밖)의 차례이고, 군신을 먼저 말하고 장유를 뒤에 말한 것은 〈신분의〉 上(높음)·下(낮음)의 차례이다. 백금에게는 '法'이라 말하고 성왕에게는 '道'라고 말한 것은 法은 아래에서 지키는 것이고 道는 위에서 헤아리는 것이기 때문이다.

080501 凡學(효)世子及學(효)士호되 必時니 春夏엔 學(효)干戈하고 秋冬엔 學(효)羽籥호되 皆於東序니라

무릇 世子를 가르치고 士를 가르치되 반드시 계절에 따라 하였으니, 봄과 여름에는 방패와 戈를 〈잡고 추는 武舞를〉 가르치고, 가을과 겨울에는 羽와 籥을 〈잡고 추는 文舞를〉 가르쳤는데, 모두 東序에서 하였다.

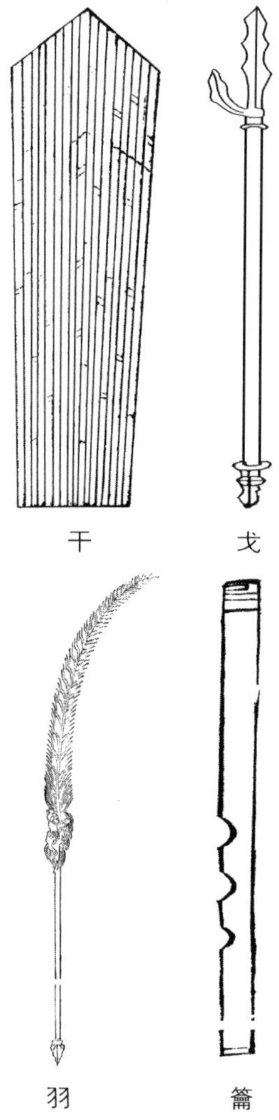

≪集說≫

學(효)는 敎也라 士는 卽王制所謂司徒論俊選而升於學之士也[12)]라 必時는 四時各有所敎也라 干은 盾也니 捍兵難之器요 戈는 句孑戟也[13)]요 羽는 翟雉之羽也요 籥은 笛之屬也라 四物은 皆舞者所執이로되 干戈는 爲武舞라 故於陽氣發動之時에 敎之하니 示有事也요 羽籥은 爲文舞라 故於陰氣凝寂之時에 敎之하니 示安靜也라 東序는 大(태)學也라

'學'는 가르침이다. '士'는 바로 〈王制〉에 이른바 "司徒가 俊士와 選士를 논하여 太學으로 올린다."의 士이다. '必時'는 四時에 〈계절 별로〉 각각 가르치는 바가 있는 것이다. 干은 방패이니 兵難을 방어하는 武器이고, 戈는 句孑戟이고, 羽는 꿩의 깃털이고, 籥은 피리의 등속이다. 이 네 가

---

12) 王制所謂司徒論俊選而升於學之士也 : 이 내용은 〈王制〉의 "〈司徒가 왕성 밖 100리 이내의〉 鄕에 명하여 뛰어난 士를 논하여 司徒에게 올리게 하니 이를 '選士'라 하고, 사도가 선사 중에 뛰어난 자를 논하여 太學에 올리니 이를 '俊士'라 한다.〔命鄕 論秀士 升之司徒 曰選士 司徒論選士之秀者 而升之學 曰俊士〕"라는 것을 두고 한 말이다.

13) 戈句孑戟也 : ≪周禮注疏≫ 〈考工記 冶氏〉에 "戈는 〈창날 부분의〉 너비가 2촌, 內는 〈길이가 너비의〉 2배이고, 胡는 3배이고, 援은 4배이다.〔戈 廣二寸 內倍之 胡三之 援四之〕"라고 하였는데, 鄭玄 注에 "戈는 지금의 句孑戟이다. 혹은 雞鳴이라 하기도 하고 혹은 擁頸(옹경)이라 하기도 한다. 內는 胡에서 안쪽으로 창 자루와 접한 부분인데, 길이가 4촌이다. 胡는 〈길이가〉 6촌이고 援은 〈길이가〉 8촌이다. 鄭司農이 말하였다. '援은 〈창의〉 곧은 칼날이고, 胡는 거기에서 튀어나온 칼날이다.'〔戈 今句孑戟也 或謂之雞鳴 或謂之擁頸 內 謂胡以內接柲者也 長四寸 胡 六寸 援 八寸 鄭司農云 援 直刃也 胡 其孑〕" 하였다.

지 물건은 다 춤추는 자가 잡는 것인데, 방패와 戈는 武舞가 되기 때문에 陽氣가 발동하는 때에 가르치니 일이 있음을 보인 것이고, 羽와 籥은 文舞가 되기 때문에 陰氣가 端正하고 鎭定될 때에 가르치니 安靜함을 보인 것이다. 東序는 태학이다.

≪大全≫

山陰陸氏曰 先王之制舞也에 文必以羽籥하고 武必以干戚者라 蓋籥은 聲也요 羽는 容也니 聲音以紀之하고 文物以昭之者는 文也라 故於文舞에 用之요 干以扞其內하고 戚以誅其外者는 武也라 故於武舞에 用之하니라

山陰陸氏 : 先王이 춤을 만들 적에 文舞는 반드시 羽와 籥을 사용하고 武舞는 반드시 방패와 도끼를 사용하였다. 籥은 소리를 내는 물건이고 羽는 용모를 꾸미는 물건이니, 音聲으로 紀綱을 세우고 文彩 있는 물건으로 밝히는 것은 文이므로 문무에 이것을 사용하는 것이고, 방패로써 안을 護衛하고 도끼로써 밖을 주벌하는 것은 武이므로 무무에 이것을 사용하는 것이다.

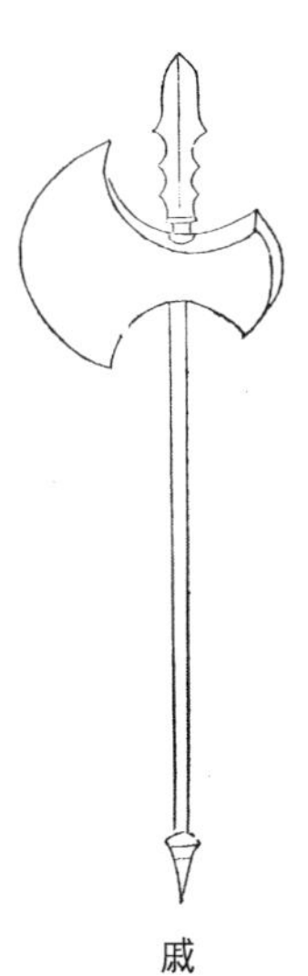
戚

080502 小樂正이 學(효)干이어든 大胥贊之하고 籥師學(효)戈어든 籥師丞이 贊之하며 胥鼓南이니라

小樂正이 방패로 〈춤추는 법을〉 가르치면 大胥가 이것을 돕고, 籥師가 戈로 춤추는 법을 가르치면 籥師丞이 이것을 도우며, 대서가 북을 쳐 南의 곡조를 맞춘다.

≪集說≫

四人은 皆樂官之屬이라 贊은 相助之也라 胥는 卽大胥也라 南은 南夷之樂也라 東夷之樂曰昧요 南夷之樂曰南이요 西夷之樂曰朱離요 北夷之樂曰禁이니 明堂位에 又云任은 南蠻之樂也[14]라하니라 周禮旄人이 教國子南夷樂之時에 大胥則擊鼓하야 以節

14) 任南蠻之樂也 : 이 내용은 〈明堂位〉에 "〈昧〉는 東夷의 음악이고 〈任〉은 南蠻의 음악이니,

其音曲이라 故云 胥鼓南也[15)]라 先王作樂이 至矣盛矣어늘 而猶以遠方蠻夷之樂으로 教人者는 所以示輿圖之無外와 異類之咸賓이요 奏之宗廟之中은 侈其盛也라 獨擧南樂이나 則餘三方도 皆教習을 可知라

〈小樂正・大胥・籥師・籥師丞〉 네 사람은 모두 樂官의 등속이다. 贊은 도움이다. 胥는 바로 大胥이다. 南은 南夷의 음악이다. 東夷의 음악을 〈昧〉라 하고, 南夷의 음악을 〈南〉이라 하고, 西夷의 음악을 〈朱離〉라 하고, 北夷의 음악을 〈禁〉이라 하니, 〈明堂位〉에 또 이르기를 "〈任〉은 南蠻의 음악이다." 하였다. ≪周禮≫의 旄人이 〈公・卿・大夫의 자제인〉 國子에게 남이의 음악을 가르칠 적에 대서가 북을 쳐서 곡조를 맞추므로 '胥鼓南'이라 한 것이다.

先王이 음악을 만든 것이 지극하고 성대한데도 오히려 먼 지방인 蠻夷의 음악을 가지고 사람들을 가르친 것은 領土에 外地가 없음과 다른 종족이 모두 복종함을 보인 것이고, 이것을 종묘의 가운데에서 연주함은 성대함을 과시한 것이다. 〈여기서는〉 오직 남이의 음악을 들었으나 나머지 세 방위의 음악도 모두 가르쳐 익히게 하였음을 알 수 있다.

≪大全≫

長樂劉氏曰 周官에 大司樂이 以樂舞教國子하야 舞雲門, 大卷, 大咸, 大(磬)〔磬(소)〕,[16)] 大夏, 大濩(호), 大武[17)]하니 蓋六代聖王이 神其德行하야 以成變化하고 以參天地하고

동이와 남만의 음악을 太廟에서 연주하는 것은 〈周公이〉 魯나라를 천하에 넓힌 〈성대한〉 勳業을 말한 것이다.〔昧 東夷之樂也 任 南蠻之樂也 納夷蠻之樂於太廟 言廣魯於天下也〕"라고 보인다.

15) 周禮旄人……故云胥鼓南也 : 이 내용은 '大胥'에 대해 ≪禮記正義≫의 孔穎達 疏를 옮긴 것인데, 공영달이 참조한 ≪周禮≫의 해당 내용은 ≪周禮≫ 〈春官 旄人〉에 "散樂의 樂舞와 夷樂의 악무를 가르침을 관장한다. 무릇 사방에서 춤으로써 벼슬하는 자들이 여기에 소속되어있다. 제사 지낼 적에 빈객들이 〈旄人의〉 宴享의 음악에 맞추어 춤을 춘다.〔掌教舞散樂 舞夷樂 凡四方之以舞仕者 屬焉 凡祭祀 賓客舞其燕樂〕"라고 보인다. '散樂'은 雅樂보다 급이 낮은 雜樂으로, 민간에서 전해지는 통속적인 음악을 가리키며, '夷樂'은 사방 오랑캐의 음악을 가리킨다.

16) (磬)〔磬(소)〕: 저본에는 '磬'으로 되어 있으나, ≪周禮≫ 〈春官 大司樂〉에 의거하여 '磬'로 바로잡았다.

17) 以樂舞教國子……大武 : 이 내용은 ≪周禮≫ 〈春官 大司樂〉에 보이는바, 鄭玄 注에 따르면 〈雲門〉과 〈大卷〉부터 〈大武〉까지는 周나라에 보존되었던 6代 왕조의 음악으로, 〈雲門〉과

載其地德하야 以感神祇(기)者 樂與舞에 存焉이라 故로 使國子學之하야 由其舞以志厥功하고 由其聲以想厥德이니 然後에 中和生於誠明[18]하고 而志氣趨于聖智矣라 故로 孝友形於中而舞蹈應於外라 此三代遜于五品하야 無所入而弗自得者니 教國子以樂舞하야 行於人倫也라 東序는 大(태)學也라 是以小樂正教干이어든 大胥贊之하고 籥師教戈어든 籥師丞贊之하야 各用其職하야 以時擧焉이라 胥鼓南者는 舞는 以樂爲節者也요 樂은 以舞爲成者也라 故로 奏六代之舞하면 則合六代之樂이니 先王用之하야 致中和位天地하고 澤四海來百蠻焉일새 乃用四夷之樂하야 以彰德化하니라

長樂劉氏 : ≪周官(주례)≫에 "大司樂이 樂舞를 가지고 國子에게 〈雲門〉과 〈大卷〉, 〈大咸〉, 〈大磬〉, 〈大夏〉, 〈大濩〉, 〈大武〉를 춤추는 것을 가르친다." 하였으니, 6代의 聖王이 德行을 신묘하게 하여 變化를 이루고 天地의 造化에 참여하고 땅의 德을 쌓아서 天地神明을 감동시킨 것이 음악과 춤에 보존되어 있었다. 그러므로 國子로 하여금 이것을 배우게 해서 춤을 통하여 그 功을 기억하고 음악을 통하여 그 德을 생각하게 하였으니, 그런 뒤에야 中和가 誠明에서 생기고 志氣가 聖智로 달려가는 것이다. 그러므로 孝誠과 友愛가 마음속에서 나타나고 舞蹈가 밖에서 응하였다. 이는 〈夏·殷·周〉 三代 시대의 왕조가 五倫을 順히 따라서 들어가는 곳마다 스스로 만족하지 않음이 없었던 것이니, 이는 국자에게 음악과 춤을 가르쳐 인륜을 행하게 하였기 때문이다.

東序는 太學이다. 이 때문에 小樂正이 방패로 춤추는 법을 가르치면 大胥가 돕고 籥師가 戈로 춤추는 법을 가르치면 籥師丞이 도와서 각각 그 직책을 따라 그에 합당

〈大卷〉은 黃帝, 〈大咸〉은 堯, 〈大磬〉는 舜, 〈大夏〉는 禹, 〈大濩〉는 湯, 〈大武〉는 武王의 음악이다.(≪周禮注疏≫) 磬는 음과 뜻이 韶와 같다. 韶는 磬의 古文 假借字이다.

18) 中和生於誠明 : 中和는 하늘이 부여해준 本性을 지극히 실천하여 세상 만물까지 잘 다스려지게 하는 경지로, 이는 성실함으로 말미암아 事理를 분명하게 아는 聖人의 德을 갖추었을 때 이루어진다는 말이다. 이 내용은 ≪中庸章句≫ 제1장에서 "희로애락이 발하지 않은 것을 中이라 하고 발하여 절도에 맞는 것을 和라 하니, 중이라는 것은 천하의 大本이고 화라는 것은 천하의 達道이다. 중과 화를 지극히 하면 천지가 제자리를 편안히 하고 만물이 잘 생육될 것이다.〔喜怒哀樂之未發 謂之中 發而皆中節 謂之和 中也者 天下之大本也 和也者 天下之達道也 致中和 天地位焉 萬物育焉〕"라고 한 것과, 제21장에 "誠으로 말미암아 사리를 분명하게 아는 것을 性이라 이르고, 사리를 분명하게 아는 것으로 말미암아 성실해짐을 敎라 이르니, 성실하면 사리를 분명하게 알고, 사리를 분명하게 알면 성실해진다.〔自誠明 謂之性 自明誠 謂之教 誠則明矣 明則誠矣〕"라고 한 것에서 온 말이다.

한 시기에 거행하는 것이다.

'胥鼓南'은, 춤은 음악을 박자로 삼는 것이고 음악은 춤을 완성으로 삼는 것이므로 6代의 舞曲을 연주하면 6대의 음악에 합하는 것이니, 선왕이 이것을 써서 中和를 지극히 하여 天地를 편안히 제자리 잡게 하고 四海에 은택이 미쳐 여러 오랑캐들을 오게 한다. 그래서 마침내 사방 오랑캐의 음악을 써서 德化를 드러낸 것이다.

○ 長樂陳氏曰 書云 比爾干하고 稱爾戈[19]라하니 干則直兵而其形欲立하고 戈則句兵而其形欲倒하니 皆自衛之兵이요 非伐人之器也라 古之教舞者 朱其干하고 玉其戚[20]하니 則尙道요 不尙事며 尙德이요 不尙威라 是以로 學(효)干이 在小樂正하고 而以大胥贊之하며 學(효)戈 在籥師하고 而以籥師丞贊之하니 干戈之事를 寓之於樂이 如此면 則武不可(覿)〔黷〕[21]之意를 覩矣니라

長樂陳氏 : ≪書經≫에 이르기를 "너희 방패를 나란히 하고 너희 戈를 들어라." 하였는데, 방패는 〈세로로〉 곧은 병기여서 그 형상이 서고자 하는 형상이고 戈는 칼날이 굽은 병기여서 그 형상이 거꾸로 하려는 형상이니, 모두 자신을 호위하는 무기이고 남을 공격하는 무기가 아니다.

옛날 춤을 가르치는 자가 방패를 붉게 칠하고 도끼를 玉으로 장식했으니, 그렇다면 道를 숭상한 것이고 일을 숭상하지 않은 것이며, 德을 숭상한 것이고 威嚴을 숭상하지 않은 것이다. 이 때문에 방패로 추는 춤을 가르치는 일을 小樂正에게 맡기고 大胥로 하여금 돕게 하고, 戈로 추는 춤을 가르치는 것을 籥師에게 맡기고 籥師丞으로 하여금 돕게 하니, 방패와 戈로 행하는 일을 음악에 부친 뜻이 이와 같다면 武를

---

19) 比爾干 稱爾戈 : 이 내용은 ≪書經≫ 〈周書 牧誓〉에 "너희 戈를 들고 너희 방패를 나란히 하고 너희 矛를 세워라. 내 맹세를 하겠다.〔稱爾戈 比爾干 立爾矛 予其誓〕"라고 보인다. 〈牧誓〉에는 周 武王이 殷나라를 치기 위해 牧野의 싸움을 하기에 앞서 군사들에게 맹세한 내용이 기록되어 있다.

20) 朱其干 玉其戚 : 이 내용은 〈明堂位〉에 "〈악공이 太廟의 堂上에〉 올라가서 〈周 文王의 德을 노래한 ≪詩經≫ 〈周頌〉의〉 〈淸廟〉를 연주하고 당하에서는 관악기로 〈문왕의 武功을 노래한〉 〈象武〉를 연주하며, 붉은 방패와 〈자루를 옥으로 꾸민〉 옥도끼를 들고 〈주나라 때의 服制에 따라〉 冕服을 입고서 〈周 武王이 紂를 정벌한 것을 노래한〉 〈大武〉의 연주에 맞추어 춤을 춘다.〔升歌淸廟 下管象 朱干玉戚 冕而舞大武〕"라고 보인다.

21) (覿)〔黷〕 : 저본에는 '覿'으로 되어 있으나, 四庫全書本 ≪禮記大全≫에 의거하여 '黷'으로 바로잡았다.

함부로 사용해서는 안 되는 뜻을 볼 수 있다.

○ 山陰陸氏曰 干戈는 兩舞也라 故로 各以其官敎之하니라

山陰陸氏 : 방패로 추는 춤과 戈로 추는 춤은 두 가지 춤이다. 그러므로 각각 담당한 관직에서 가르친 것이다.

080503 春誦하고 夏弦이어든 大(태)師詔之瞽宗하며 秋學禮어든 執禮者詔之하며 冬讀書[22)]어든 典書者詔之니 禮在瞽宗이요 書在上庠이니라

봄에 〈歌樂의 篇章을 입으로〉 외고 여름에 〈≪詩≫章의 音節을〉 현악기로 연주하면 太師가 이것을 〈殷나라의 太學인〉 瞽宗에서 가르치며, 가을에 ≪禮≫를 배우면 禮를 집행하는 자가 가르치며, 겨울에 ≪書≫를 읽으면 書를 맡은 자가 가르치니, ≪禮≫는 고종에서 가르치고 ≪書≫는 〈有虞氏(舜)의 태학인〉 上庠에서 가르친다.

≪集說≫

誦은 口誦歌樂之篇章也요 弦은 以琴瑟播被詩章之音節也니 皆太師詔敎之라 瞽宗은 殷學名이요 上庠은 虞學名이니 周有天下에 兼立虞夏殷周之學也라

'誦'은 歌樂의 篇章을 입으로 외는 것이고, '弦'은 琴과 瑟로써 ≪詩≫章의 音節을 연주하여 널리 퍼뜨리는 것이니, 모두 太師가 가르친다. '瞽宗'은 殷나라 太學의 이름이고 '上庠'은 有虞氏의 태학의 이름이니, 周나라가 천하를 소유함에 虞・夏・殷・周나라의 태학을 아울러 세운 것이다.

≪大全≫

長樂劉氏曰 春者는 陽氣宣吐하야 以生萬物也라 故宜誦以宣其中和之聲焉이요 夏者는 陽氣盛大하야 以壯萬物也라 故宜弦以極其純粹之致焉이니 皆大(태)師之職으로 以敎國

---

22) 書 : 〈虞書〉, 〈夏書〉, 〈商書〉와 같은 周나라 이전 古代의 事迹을 기술한 책들을 가리키는데, 현재 전하는 ≪尙書≫나 ≪書經≫이라는 이름은 후대에 만들어진 것이기 때문에 ≪禮≫・≪樂≫・≪詩≫를 각각 ≪禮經≫・≪樂經≫・≪詩經≫이라고 번역하지 않은 것처럼 이것도 번역에서 ≪書經≫이라고 칭하지 않았다.

子者也라

長樂劉氏 : 봄은 陽氣가 퍼져나가 萬物을 낳으므로 마땅히 〈歌樂의 篇과 章을〉 외워서 中和의 소리를 퍼트려야 하고, 여름은 양기가 성대하여 만물을 장대하게 하므로 마땅히 〈詩章의 音節을〉 현악기로 연주해서 純粹의 極致를 지극히 해야 하니, 이는 모두 太師의 직책으로 國子를 가르치는 것이다.

○ 嚴陵方氏曰 誦者는 人也요 弦者는 絲也니 人之事는 始於東하고 絲之音은 屬於南이라 故誦以春而弦以夏라 禮者는 體也[23]요 書者는 事也니 體之文은 成於西하고 事之質은 辨於北이라 故禮以秋而書以冬하니 此又其別也라 太師則樂工之所師而爲大者也니 而樂은 以陽爲主라 故로 以之詔弦誦焉이요 執禮者詔禮하고 典書者詔書는 亦各以其類也라 於禮言學하고 於書言讀者는 皆學而讀之니라

嚴陵方氏 : 외는 것은 사람이 소리 내는 것이고 현악기는 실로 소리 내는 것이니, 사람의 일은 동쪽에서 시작하고 실의 소리는 남쪽에 속한다. 그러므로 입으로 외는 것은 〈동쪽에 해당하는 계절인〉 봄에 하고 현악기를 연주하는 것은 〈남쪽에 해당하는 계절인〉 여름에 하는 것이다.

≪禮≫는 〈사람의〉 몸통이고 ≪書≫는 〈사람이 행한〉 일이니, 몸통의 무늬는 서쪽에서 이루어지고 일의 바탕은 북쪽에서 분별된다. 그러므로 ≪禮≫는 〈서쪽에 해당하는 계절인〉 가을에 가르치고 ≪書≫는 〈북쪽에 해당하는 계절인〉 겨울에 가르치니, 이는 또 구별한 것이다.

太師는 樂工들이 스승 삼아서 크게 여기는 자이니, 樂은 陽을 위주로 삼기 때문에 태사로 하여금 현악기를 연주하고 〈歌樂의 篇章을〉 외는 것을 가르치게 하며, 禮를 집행하는 자가 ≪禮≫를 가르치고 書를 맡은 자가 ≪書≫를 가르치는 것은 또한 각각 그 종류를 따른 것이다. ≪禮≫에 '學'이라고 말하고 ≪書≫에 '讀'이라고 말한 것은 〈≪禮≫와 ≪書≫는〉 모두 배우고 읽는 것이라는 의미이다.

○ 長樂陳氏曰 此言春誦하고 夏弦하고 秋學禮하고 冬讀書하며 王制에 言春秋教以禮

---

23) 禮者體也 : 이 내용은 〈禮器〉에 "禮는 사람의 몸통과 같다. 몸통을 갖추지 못하면 군자는 온전하지 못한 사람이라고 이르니, 예를 진설함이 마땅하지 않음은 몸통이 갖추어지지 못한 것과 같다.〔禮也者 猶體也 體不備 君子 謂之不成人 設之不當 猶不備也〕"라고 보인다.

樂하고 冬夏教以詩書者하니 言書禮면 則知誦之爲詩弦之爲樂이요 言弦誦이면 則知禮之爲行書之爲事也라 蓋春秋는 陰陽之中이니 而禮樂이 皆欲其中이라 故로 以二中之時教之하니 凡此는 合而教之也요 分而教之하면 則誦詩以春하고 弦樂以夏하고 學禮以秋하고 讀書以冬이니라

長樂陳氏 : 여기에서 "봄에 〈≪詩≫를〉 외고 여름에 〈≪樂≫을〉 현악기로 연주하고, 가을에 ≪禮≫를 배우고, 겨울에 ≪書≫를 읽는다." 하고, 〈王制〉에서 "봄과 가을에는 ≪禮≫와 ≪樂≫을 가르치고, 겨울과 여름에는 ≪詩≫와 ≪書≫를 가르친다." 하였으니, ≪書≫와 ≪禮≫를 말했으면 외는 것은 ≪詩≫이고 현악기로 연주하는 것은 ≪樂≫임을 알 수 있으며, 현악기로 연주하는 것과 외는 것을 말했으면 ≪禮≫가 실행이고 ≪書≫가 일임을 알 수 있는 것이다.

봄과 가을은 陰과 陽의 중간인데, 禮와 樂이 모두 〈중간에〉 들어맞고자 하기 때문에 두 中의 때(春分과 秋分)에 가르치니, 이것은 합하여 가르친 것이다. 그리고 나누어 가르치면 ≪詩≫를 외는 것은 봄에 하고, ≪樂≫을 현악기로 연주하는 것은 여름에 하고, ≪禮≫를 배우는 것은 가을에 하고, ≪書≫를 읽는 것은 겨울에 하는 것이다.

○ 馬氏曰 禮는 由陰作하고 而秋者는 萬物之所斂而亦陰也라 故秋學禮요 書는 以道事요 而冬者는 萬物之所藏而亦事也라 故冬讀書라 又曰 春夏學干戈하고 秋冬學羽籥者는 在於大(태)學也요 王制曰 春秋教以禮樂하고 冬夏教以詩書者도 亦在大學也라 故로 教之以詩書禮樂이면 則未嘗不教之以干戈羽籥也니 此所以互見之也니라

馬氏 : ≪禮≫는 陰으로 말미암아 생기는 것이고 가을은 만물이 거두는 때여서 또한 陰이므로 가을에 ≪禮≫를 배우는 것이다. ≪書≫는 일을 말하는 것이고 겨울은 만물이 감추는 때여서 또한 일이므로 겨울에 ≪書≫를 읽는 것이다.

또(馬氏) : 봄과 여름에 방패와 戈로 춤추는 것을 가르치고 가을과 겨울에 羽와 籥으로 춤추는 것을 가르치는 것은 太學에서 하고, 〈王制〉에 "봄과 가을에는 ≪禮≫와 ≪樂≫을 가르치고, 겨울과 여름에는 ≪詩≫와 ≪書≫를 가르친다."는 것도 태학에서 한다. 그러므로 ≪詩≫·≪書≫·≪禮≫·≪樂≫을 가르치면 일찍이 방패와 戈와 羽와 籥으로 춤추는 것을 가르치지 않음이 없었으니, 이는 〈언급하지 않은 것을〉 서로 드러낸 것이다.

080601 凡祭와 與養老乞言과 合語之禮를 皆小樂正이 詔之於東序니라

무릇 제사의 禮와 노인을 봉양하면서 훌륭한 말씀을 청하는 禮와 合語의 禮를 모두 小樂正이 東序(太學)에서 가르친다.

≪集說≫

祭是一事요 養老乞言이 是一事요 合語是一事라 故以凡言之라 養老乞言은 謂行養老之禮之時에 因乞善言之可行者於此老人也요 合語는 謂祭及養老와 與鄉射・鄉飮・大射・燕射[24]之禮에 至旅酬之時하면 皆得言說先王之法[25]하니 合會義理하야 而相告語也[26]라 其間에 各有威儀容節하니 皆須小樂正이 詔教之於東序之中이니라

제사가 한 가지 일이고, 노인을 봉양하면서 좋은 말을 청하는 것이 한 가지 일이고, 合語가 한 가지 일이므로 '모두〔凡〕'라고 말한 것이다. '養老乞言'은 養老의 禮를 행할 적에 〈이 기회를〉 인하여 행할 만한 좋은 말을 이 노인에게 청함을 이른다. 合語는, 제사의 禮와 양로의 禮와 鄉射禮・鄉飮酒禮・大射禮・燕射禮에 旅酬를 할 때가 되면 모두 先王의 法을 담론할 수 있으니, 義理에 맞는 법을 취합하여 서로 고해 줌을 이른다. 그 사이에 각각 禮法에 맞는 몸가짐과 節次가 있으니, 모두 모름지기 小樂正이 이것을 東序의 안에서 가르쳐야 한다.

---

24) 大射燕射 : 大射는 제사 때 士를 선발하기 위해 시행하는 射禮로, ≪周禮≫ 〈天官 司裘〉에 "천자가 大射禮를 행하면 虎侯・熊侯・豹侯를 공급하고 과녁 위에 正鵠을 설치하며, 제후에게는 웅후・표후를 공급하고 卿과 대부에게는 麋侯를 공급하는데 모두 과녁 위에 정곡을 설치한다.〔王大射則共虎侯熊侯豹侯 設其鵠 諸侯則共熊侯豹侯 卿大夫則共麋侯 皆設其鵠〕" 하였다. 燕射는 古代에 활을 쏘는 예법 가운데 하나로 연회 자리에서 활을 쏘는 것인바, ≪주례≫ 〈春官 樂師〉에 "연사에는 射夫를 거느리고서 활과 화살을 가지고 춤을 춘다.〔燕射 帥射夫 以弓矢舞〕" 하였다.

25) 至旅酬之時 皆得言說先王之法 : 旅酬는 鄉射禮나 祭禮 등의 의식이 끝난 뒤에 행사에 참여했던 친족이나 빈객들이 술잔을 들어 술을 마시고 서로 공경의 예를 표하며 술잔을 권하는 의례인바, ≪儀禮注疏≫ 〈鄉射禮〉에 "옛날에는 旅酬를 할 적에 말을 하였다.〔古者 於旅也語〕"라고 하였는데, 鄭玄 注에 "예가 이루어지고 악이 갖추어지면 마침내 선왕의 예악의 도를 말할 수 있다.〔禮成樂備 乃可以言語先王禮樂之道也〕"라고 하였다.

26) 祭及養老……而相告語也 : 이 내용은 孔穎達 疏에 "合語는 義理에 맞는 법을 취합하여 말하는 것을 이른다.〔合語者 謂合會義理而語說也〕"라고 보인다.(≪禮記正義≫)

≪大全≫

長樂劉氏曰 祭는 謂祀天神과 祭地祇와 饗宗廟之禮라 凡九獻[27)]은 自始及終히 其儀百出하고 禮意深遠하니 非學弗通이요 而臣子之義는 致敬以事其君者也라 苟不素習祭儀하야 預講厥義하면 則與祭執事에 違悞[28)]必多하리니 非以致敬也라 養老者는 有國之大教也라 王者必齋戒盡敬하야 致養乎三老五更[29)]은 所以教天下之爲人子者孝於其父하고 爲人弟者敬於其兄也라 既教世子以養老之道하야 俾知所以憲也어든 而後에 教之以乞言之義하니 謂虛己以納其言也라 不能憲하고 又不能納이면 民不效之矣리라 合語者는 謂鄕飮酒也와 鄕射也와 大射也와 燕射也와 祭饗也와 燕賓也니 凡是數禮를 下自鄕黨으로 上至朝廷히 莫不行之者어늘 有貴賤之禮는 所以明君臣之道也요 有尊卑之禮는 所以明父子之道也요 有長幼之禮는 所以明兄弟之道也요 有陰陽之禮는 所以明夫婦之道也요 有賓主之禮는 所以明朋友之道也라 惟是五者를 謂之人倫이니 聖人用之하야 以齊一天下하야 致之中和하야 而正是性命이니 所以育萬物贊天地[30)]하야 永固命於無疆者는 莫不以人倫爲本焉이라 故로 終日行禮에 酒盈人渴

---

27) 九獻 : ≪周禮≫ 〈秋官 大行人〉에 보이는데, 賈公彦 疏에 "九獻은 王이 빈객에게 술잔을 올리고, 빈객이 주인에게 답잔을 올리고, 주인이 스스로 따라 마시고 빈객에게 권하는 술잔을 올리는데, 권하는 술잔을 올린 뒤에 다시 〈이 절차를 반복하여〉 여덟 번 술잔을 올리면 이것이 九獻이 된다.〔九獻者 王酌獻賓 賓酢主人 主人酬賓 酬後更八獻 是爲九獻〕"라고 하였다.(≪周禮注疏≫)

28) 悞 : '誤(잘못하다)'의 뜻이다.

29) 三老五更 : 〈文王世子〉의 후반에 보이는데, 鄭玄 注에 "三老와 五更은 각각 1명이니, 모두 연로할 때까지 일을 많이 경험하고서 致仕한 사람이다. 천자가 부형으로 봉양하여 천하 사람들에게 孝悌를 보여주는 것이다. 삼로와 오경이라고 칭한 것은 三辰과 五星을 취하여 본뜬 것이니, 〈三辰과 五星은〉 하늘이 천하를 밝게 비추는 도구이다.〔三老五更 各一人也 皆年老更事致仕者也 天子以父兄養之 示天下之孝悌也 名以三五者 取像三辰五星 天所因以照明天下者〕" 하였다.(≪禮記正義≫) 三辰은 해·달·별을 가리키고, 五星은 다섯 개의 큰 行星인 水星·金星·火星·木星·土星을 이른다.

30) 育萬物贊天地 : 이 내용은 ≪中庸章句≫ 제27장에 "크구나 성인의 도여! 양양히 만물을 발육하여 그 높고 큼이 하늘에 다하였도다.〔大哉 聖人之道 洋洋乎發育萬物 峻極于天〕"라고 한 것과, 제22장에 "오직 천하의 지극한 성실함만이 그 性을 다할 수 있다. 그 性을 다할 수 있으면 사람의 性을 다할 수 있고, 사람의 性을 다할 수 있으면 物의 性을 다할 수 있고, 物의 性을 다할 수 있으면 천지의 化育을 도울 수 있고, 천지의 화육을 도울 수 있으면 천지와 나란히 셋이 될 수 있다.〔惟天下至誠 爲能盡其性 能盡其性 則能盡人之性 能盡

而不敢飮하고 殽乾人飢而不敢食者는 以其有合語之禮 在其後焉일새라 人倫之道 因此禮而旣明이어든 乃於旅酬之時에 歡樂之情通而語言之義合焉하니 此君臣所以和同而誠意所以浹洽也니라

長樂劉氏 : 제사는 天神에 제사하는 禮와 地祇(地神)에 제사하는 예와 宗廟에 祭享하는 예를 이른다. 무릇 九獻은 시작부터 끝날 때까지 儀式이 갖가지로 나와서 禮의 뜻이 심원하니 배우지 않으면 통할 수가 없으며, 신하의 義理는 恭敬을 지극히 하여 임금을 섬기는 것인데, 만일 제사의 의식을 평소에 연습하여 그 意義를 미리 익혀놓지 않으면 제사에 참여하여 일을 집행할 적에 잘못하는 것이 반드시 많을 것이니 이는 공경을 지극히 하는 것이 아니다.

노인을 봉양하는 것은 나라를 소유한 자가 배워야 할 중요한 禮敎이다. 王者가 반드시 齋戒하고 공경을 다하여 三老와 五更을 지극히 봉양함은 천하의 자식 된 자에게는 자기 부모에게 효도하고 아우 된 자에게는 자기 형에게 공경함을 가르치기 위한 것이다. 이미 세자에게 양로의 도리를 가르쳐서 본받을 바를 알게 하였으면 그 뒤에 노인에게 훌륭한 말을 청하는 의리를 가르치니, 이는 자신을 비워 노인의 말을 겸허히 받아들임을 이른다. 능히 〈양로의 도리를〉 본받지 못하고 또 〈노인의 말을 겸허히〉 받아들이지 못하면 백성이 본받지 않을 것이다.

合語는 鄕飮酒·鄕射·大射·燕射·祭享·燕賓을 이르니, 무릇 이 몇 가지 禮는 아래로 鄕黨으로부터 위로 朝廷에 이르기까지 행하지 않음이 없는데, 貴賤의 예가 있음은 君臣의 도리를 밝히는 것이고, 尊卑의 예가 있음은 父子의 도리를 밝히는 것이고, 長幼의 예가 있음은 형제의 도리를 밝히는 것이고, 陰陽의 예가 있음은 부부의 도리를 밝히는 것이고, 賓主의 예가 있음은 朋友의 도리를 밝히는 것이다. 오직 이 〈군신·부자·부부·장유·붕우〉 다섯 가지를 人倫이라 이르는데, 聖人이 이것을 사용하여 천하를 통일해서 中和를 지극히 하여 이 性命을 바르게 하니, 만물을 기르고 천지를 도와서 하늘의 견고한 命을 끝없는 후대까지 길이 유지하기 위해서는 인륜을 근본으로 삼지 않음이 없어야 한다. 그러므로 종일토록 禮를 행함에 술은 〈술동이에〉 가득하지만 사람은 갈증이 나더라도 감히 〈술을〉 마시지 못하고, 음식은 마르고 있지만 사람은 배고프더라도 감히 〈음식을〉 먹지 못하는 것은 合語의 禮

人之性 則能盡物之性 能盡物之性 則可以贊天地之化育 可以贊天地之化育 則可以與天地參矣]"라고 한 것을 원용하였다.

가 그 뒤에 있기 때문이다. 인륜의 도가 이 禮로 인하여 밝아지고 나면 마침내 旅酬를 할 적에 기쁘고 즐거운 情이 통하고 말하는 의리가 화합하니, 이것이 바로 君臣이 화목하고 마음을 같이 하며 誠意가 넉넉하게 미치는 이유이다.

○ 馬氏曰 古者旅酬之際에 必合之以語하되 而道其禮樂之意는 以示其和樂而不流하고 安燕而不亂也[31)]하니라

馬氏 : 옛날 旅酬를 할 적에 반드시 말을 통해 화합하되 禮樂의 뜻을 말했던 것은 和樂하면서도 방탕한 데로 흐르지 않고 燕樂을 편안히 즐기면서도 문란해지지 않음을 보인 것이다.

080701 大樂正이 學(효)舞干戚[32)]과 語說과 命乞言[33)]호되 皆大樂正이 授數어든 大司成이 論說在東序니라

---

31) 其和樂而不流 安燕而不亂也 : 이 내용은 〈鄕飮酒義〉에 "樂工이 들어가서 堂 위에 올라가 노래하여 세 번 마치면 주인이 〈악공에게〉 술을 올리며, 생황을 부는 자가 들어가서 세 번 연주하여 마치면 주인이 그에게 술을 올리며, 당 위와 당 아래에서 교대로 노래하여 세 번 끝마치고 음악을 합주하여 세 번 끝마치면 악공이 〈樂正에게〉 음악이 구비되었음을 고하고, 〈악정이 빈객에게 고하고서〉 마침내 나온다. 그리하여 〈장차 旅酬를 행할 것임을 보이기 위해 주인을 보좌하는〉 한 사람이 술잔을 들면 마침내 〈여럿이 술을 권할 때에 예절을 잃지 않도록 감독하기 위해 주인이 예를 돕는 자 중에서〉 司正을 세우니, 능히 화락하면서도 방탕한 데로 흐르지 않음을 알 수 있다.〔工入 升歌三終 主人獻之 笙入三終 主人獻之 間歌三終 合樂三終 工告樂備 遂出 一人揚觶 乃立司正焉 知其能和樂而不流也〕"라고 하고, 또 "〈堂에서〉 내려와 신을 벗고 자리로 올라가 앉아서 술잔을 무수히 들되, 술을 마시는 절도를 〈살펴보건대〉 아침에는 조회를 폐하지 않고 저녁에는 저녁 일을 폐하지 않으며, 빈객이 나가면 주인이 절하고 전송하여 〈鄕飮酒의〉 예절이 마침내 이루어지니, 燕樂을 편안히 즐기면서도 문란해지지 않음을 알 수 있다.〔降說屨升坐 脩爵無數 飮酒之節 朝不廢朝 莫不廢夕 賓出 主人拜送 節文終遂焉 知其能安燕而不亂也〕"라고 한 데에 보인다.

32) 學(효)舞干戚 : 孔穎達 疏에 "앞 문장에서 小樂正이 이미 〈祭·養老乞言·合語〉 세 가지의 威儀를 가르쳤고, 지금 大樂正이 또 〈舞干戚·語說·命乞言 등〉 세 가지의 義理를 가르치니, 干戚은 바로 앞 문장의 제사로 제사를 지낼 때에 방패와 도끼의 기물을 잡고 춤을 춘다. 여기서 '제사'를 말하지 않고 '舞干戚'을 말한 것은 제사 외에 나머지 행사에 방패와 도끼를 잡고 추는 춤을 모두 가르치는 듯하다.〔前文 小樂正既敎三者之威儀 今大樂正又敎三者之義理 干戚卽前文祭祀也 祭祀之時 舞其干戚之器也 不云祭祀而云舞干戚者 容祭祀之外餘干戚皆敎之〕"라고 하였다.(≪禮記正義≫)

33) 命乞言 : 공영달의 소에 "大樂正이 이 세자와 學士에게 명하여 노인에게 훌륭한 말을 청하도록 한다.〔大樂正命此世子及學士 於老者而乞言〕" 하였다.(≪禮記正義≫)

大樂正이 방패와 도끼로 춤추는 것과, 合語의 말과, 〈世子 및 學士에게〉 명하여 훌륭한 말을 청하게 하는 것을 가르치되, 모두 대악정이 〈篇章의〉 數를 가르쳐주면 大司成의 관원이 〈가르침을 받은 자들에 대해〉 東序(太學)에서 論說한다.

≪集說≫

戚은 斧也라 大樂正이 敎世子及士以舞干戚之容節과 及合語之說과 與乞言之禮니 此三者는 皆大樂正이 授之以篇章之數라 於是에 大司成之官이 於東序而論說此受敎者義理之淺深과 才能之優劣也라

戚은 도끼이다. 大樂正이 세자와 士에게 방패와 도끼로 춤추는 몸가짐과 節度 및 合語의 말과 훌륭한 말을 청하는 禮를 가르치니, 이 세 가지는 모두 대악정이 篇章의 數에 따라 가르쳐준다. 이에 大司成의 관원이 東序에서 이 교육을 받은 자들의 義理의 깊이와 재능의 優劣을 論說하는 것이다.

≪大全≫

石林葉(섭)氏曰 三者는 小樂正이 詔其威儀하고 而至於度數하야는 則大樂正이 授干戚之數則有俯仰하고 授合語之數則有進退하고 授乞言之數則有升降이라 其在東序者는 數之始也라

石林葉氏 : 세 가지는 小樂正이 그 威儀를 가르치고, 度數의 경우 大樂正이 방패와 도끼의 도수를 가르칠 경우에는 아래를 굽어보고 위를 우러러보는 도수가 있고, 合語의 도수를 가르칠 경우에는 나아가고 물러가는 도수가 있고, 훌륭한 말을 청하는 도수를 가르칠 경우에는 올라가고 내려가는 도수가 있는 것이다. 東序에서 하는 것은 〈동쪽이〉 수의 시작이기 때문이다.

○ 新安王氏曰 論說者는 卽舞干戚과 語說과 乞言之數를 爲講論而詳說之也[34]라

---

34) 論說者……爲講論而詳說之也 : 論說에 대한 新安王氏의 이 설명은 아래의 臨川吳氏 설과 같은데, "大司成의 관원이 東序에서 이 교육을 받은 자들의 義理의 깊이와 재능의 優劣을 論說하는 것이다.〔大司成之官 於東序而論說此受敎者義理之淺深 才能之優劣也〕"라고 한 陳澔의 集說과 차이가 있다. 진호의 설은 鄭玄 注에 "'論說'은 그 사람의 의리의 깊이와 재능

上所謂干戈羽籥之舞와 弦誦之歌와 書禮之文이 無一不盡이로되 而非敎者爲之論說이면 則習其事로되 不明其義하고 誦讀其言이로되 不明其指歸하야 與不學無異하니 大司成이 所以在東序하야 爲之論說也라 大司成은 卽大司樂也니 不謂之大司樂而謂之大司成者는 以世子及國子之德業을 大司樂이 敎之使成也일새니라

新安王氏 : 論說은 바로 방패와 도끼로 춤을 추는 數와 合語를 하는 수와 훌륭한 말을 청하는 수를 講論하여 자세히 설명하는 것이다. 위에서 말한 방패와 戈, 羽와 籥의 춤과 현악기를 타고 詩歌를 외는 노래와 ≪書≫와 ≪禮≫의 글이 한 가지도 지극하지 않음이 없으나, 가르치는 자가 논설해주지 않으면 그 일을 익히면서도 意義를 밝게 알지 못하고 그 말을 誦讀하면서도 要旨를 밝게 알지 못해서 배우지 않은 것과 다름이 없으니, 大司成이 이 때문에 東序에서 배우는 자들을 위하여 논설해주는 것이다. 대사성은 바로 大司樂이니, 대사악이라고 말하지 않고 대사성이라고 말한 것은 世子와 國子의 德業을 대사악이 가르쳐서 이루게 하기 때문이다.

○ 臨川吳氏曰 旣言大樂正授數하고 而又特言大司成論說하니 蓋授數는 猶未離乎業이요 於論說에 始可言成也라 成은 猶成於樂[35]之成이니 謂敎之之至하야 使其德周完全備하야 無虧欠也니라

臨川吳氏 : 이미 大樂正이 〈篇章의〉 數를 가르쳐준다고 말한 뒤에 또 특별히 大司成이 論說한다고 말하였으니, 數를 가르쳐줌은 아직 學業 과정을 다 거치지 않은 것이고, 논설하는 것에서 비로소 이루어짐을 말할 수 있는 것이다. 成은 "成於樂(음악에서 이룬다.)"의 '成'과 같으니, 가르침이 지극해서 德이 두루 완비되어 부족함이 없게 함을 이른다.

080801 凡侍坐於大司成者는 遠近이 間三席이면 可以問이니 終則負牆이요 列事未盡이어든 不問이니라

의 우열에 대해 등급을 매기는 것이다.〔論說 課其義之淺深才能優劣〕"라고 한 말을 따른 것이다.(≪禮記正義≫)

35) 成於樂 : 이 내용은 ≪論語≫ 〈泰伯〉에 "시에서 흥기하고 예에서 서고 음악에서 이룬다.〔興於詩 立於禮 成於樂〕"라고 보인다.

무릇 大司成을 모시고 앉는 자는 거리가 돗자리 세 개 정도의 간격이면 자문할 수 있으니, 자문이 끝나면 〈물러나 뒤쪽의 돗자리로 나아가〉 벽을 등지고 앉고, 하시는 말씀을 아직 다 끝마치지 않았으면 〈방해가 되지 않도록〉 자문하지 않는다.

≪集說≫

席廣이 三尺三寸三分寸之一이니 三席은 所謂函丈[36)]也라 相對遠近如此는 取其便於咨問이라 問終則却就後席하야 背負牆壁而坐하야 以避後來問事之人하고 其問事之時에 尊者有教而已猶未達이면 則必待其言盡然後에 更(갱)問하고 若陳列未竟이면 則不敢先問하야 以參錯尊者之言也라

돗자리의 너비가 3尺 3寸과 3分의 1寸이니, 三席은 이른바 '函丈'이라는 것이다. 상대하는 거리를 이와 같이 함은 咨問하기에 편리한 거리를 취한 것이다. 자문하는 것이 끝나면 물러나 뒤쪽의 돗자리로 나아가 벽을 등지고 앉아서 뒤에 와서 일을 자문하는 사람을 피한다. 일을 자문할 적에 尊者가 가르쳐줌이 있어도 자기가 아직 통달하지 못했으면 반드시 말씀을 다하기를 기다린 뒤에 다시 자문하고, 만약 〈존자가〉 하시는 말씀을 다 끝마치지 않았으면 감히 먼저 자문하여 존자의 말씀을 어지러이 뒤섞이게 하지 못한다.

≪大全≫

嚴陵方氏曰 可以問者는 以其聲足以相聞이요 又不至於大逼也라 曲禮曰 先生問焉이어든 終則對[37)] 亦此之意니라

嚴陵方氏 : '可以問'은 자신의 소리가 충분히 상대에게 들릴 수 있는 거리이면서도

---

36) 函丈 : 스승과 제자의 자리를 1丈의 간격으로 떼어놓는 것을 이른다. 돗자리의 너비가 3尺 3寸과 3分의 1寸이니, 돗자리가 3개면 1丈이 된다. 일설로 魏나라의 王肅은 '丈'을 '杖'으로 보고, 옛사람들은 강설할 때 지팡이로 그리며 가르쳤기 때문에 지팡이를 용납할 만한 거리를 두는 것이라고 하였다.

37) 先生問焉 終則對 : 이 내용은 〈曲禮 上〉에 "선생을 모시고 앉았을 때 선생이 물으시거든 〈공경함의 표시로〉 묻는 말이 끝나면 대답하며, 학업을 청할 때는 〈공경함의 표시로〉 일어나 앞으로 나아가 청하며, 설명을 더 청할 때에도 〈공경함의 표시로〉 일어나 앞으로 나아가 청한다.〔侍坐於先生 先生問焉 終則對 請業則起 請益則起〕"라고 보인다.

너무 가까운 거리가 되지 않기 때문이다. 〈曲禮〉의 "선생이 물으시거든 묻는 말이 끝나면 대답한다."라는 것도 이 글에서 말한 뜻과 같다.

080901 凡學은 春에 官이 釋奠于其先師하나니 秋冬에 亦如之니라

무릇 배울 때에는, 봄에는 〈가르침을 관장하는〉 관원이 先師에게 釋奠의 예를 행하니, 가을과 겨울에도 이와 같이 한다.

≪集說≫

官은 掌教詩書禮樂之官也라 若春誦夏弦이면 則太師釋奠하고 教干戈면 則小樂正及樂師釋奠也요 秋學禮하고 冬讀書면 則其官이 亦如之니라 釋奠者는 但奠置所祭之物而已요 無尸하고 無食飮酬酢等事하니 所以若此者는 以其主於行禮요 非報功[38]也일새라 先師는 謂前代明習此事之師也라

官은 ≪詩≫·≪書≫·≪禮≫·≪樂≫을 가르치는 것을 관장하는 官員이다. 예컨대 봄에 詩歌를 외고 여름에 현악기를 연주하는 것을 가르치면 太師가 釋奠을 하고, 방패와 戈로 춤추는 것을 가르치면 小樂正과 樂師가 석전을 하고, 가을에 ≪禮≫를 배우고 겨울에 ≪書≫를 읽으면 그 〈禮를 집행하는 자와 書를 맡은〉 관원이 또한 이와 같이 하는 것이다. 석전은 다만 祭物을 올려놓을 뿐이고, 尸童이 없고 음식을 먹고 마시거나 酬酌하는 등의 일이 없으니, 이와 같이 하는 까닭은 그 〈先師의 은혜를 받드는 제사의〉 禮를 행하는 데 주안점이 있고 功勞에 보답하는 제사가 아니기 때문이다. 선사는 前代에 이 〈≪詩≫·≪書≫·≪禮≫·≪樂≫의〉 일을 밝게 익힌 스승을 이른다.

≪大全≫

嚴陵方氏曰 釋奠은 止言三時하고 而不及夏者니 弦誦一師요 夏則因春故也니라

---

38) 報功 : 이 내용은 漢나라 王充의 ≪論衡≫ 〈祭意〉에 "무릇 제사의 의리는 두 가지가 있으니, 첫째는 공로에 보답하는 것이고, 둘째는 선조를 공경히 받드는 것이다. 공로에 보답하여 〈각자 맡은 일에〉 부지런히 힘쓰게 하고, 선조를 공경히 받들어 〈선조의〉 은혜를 우러러 공경하는 것이다.〔凡祭祀之義有二 一曰報功 二曰修先 報功以勉力 修先以崇恩〕"라고 보인다.

嚴陵方氏 : 釋奠은 다만 세 계절을 말하고 여름을 언급하지 않았으니, 〈여름에〉 현악기를 연주하고 〈봄에〉 詩歌를 외는 것을 가르치는 사람은 太師 한 사람이고 여름에는 봄에 가르치는 것을 이어받기 때문이다.

○ 新安王氏曰 先師者는 習樂에 有樂之先師요 習禮에 有禮之先師요 讀書에 有書之先師니라

新安王氏 : 先師는 ≪樂≫을 익힐 때에는 ≪樂≫의 선사가 있고, ≪禮≫를 익힐 때에는 ≪禮≫의 선사가 있고, ≪書≫를 읽을 때에는 ≪書≫의 선사가 있는 것이다.

081001 凡始立學者는 必釋奠于先聖先師호되 及行事하야 必以幣니라

무릇 처음에 學을 세우는 자는 반드시 〈周公·孔子 등의〉 先聖과 先師에게 釋奠을 올리되, 〈석전의〉 일을 거행할 적에는 반드시 폐백을 사용한다.

≪集說≫

諸侯初受封에 天子命之教어든 於是立學하니 所謂始立學也라 立學事重이라 故釋奠于先聖先師하니 四時之教는 常事耳라 故惟釋奠于先師요 而不及先聖也라 行事는 謂行釋奠之事요 必以幣는 必奠幣爲禮也라 始立學而行釋奠之禮엔 則用幣하고 四時常奠엔 不用幣也라

제후가 처음 封地를 받을 때에 천자가 그에게 명하여 사람들을 가르치게 하면 이에 學을 세우니, 이른바 "처음 學을 세운다."는 것이다. 學을 세우는 일은 중요하기 때문에 先聖과 先師에게 釋奠을 올리니, 四時의 가르침은 평상적인 일일 뿐이므로 〈해당되는〉 선사에게만 석전을 올리고 선성에까지는 미치지 않는다. '行事'는 석전의 일을 행함을 이르고, '必以幣'는 반드시 幣帛을 올림을 禮로 삼는 것이다. 처음 學을 세우고서 석전의 禮를 행할 때에는 폐백을 사용하고, 사시의 평상적인 석전에는 폐백을 사용하지 않는다.

≪大全≫

長樂陳氏曰 四時釋奠엔 止於先師하고 始立學釋奠은 則及于先聖者는 德之小者는 親而不尊故로 其祭數(삭)하고 德之大者는 尊而不親故로 其祭疏니라

長樂陳氏 : 四時의 釋奠에는 先師에게만 올리고 처음으로 學을 세워 석전을 올리는 것은 先聖에게 미치는 것은, 德이 작은 자는 가까이하되 존숭하지 않기 때문에 제사를 자주 지내고, 덕이 큰 자는 존숭하되 가까이하지 않기 때문에 제사를 드물게 지내는 것이다.

○ 馬氏曰 必以幣者는 有以加其禮也니라

馬氏 : 반드시 幣帛을 쓰는 것은 禮를 더함이 있는 것이다.

081101 **凡釋奠者는 必有合也니 有國故어든 則否니라 凡大合樂엔 必遂養老니라**

무릇 釋奠을 올리는 자는 반드시 음악을 合奏함이 있으니, 나라에 변고가 있으면 합주하지 않는다. 무릇 음악을 크게 합주할 경우에는 반드시 노인을 봉양하는 예를 이룬다.

≪集說≫

凡行釋奠之禮에 必有合樂之事로되 若國有凶喪之故면 則雖釋奠이나 不合樂也라 常事엔 合樂호되 不行養老之禮하고 惟大合樂之時에 人君視學하면 必養老也라 舊說에 合者는 謂若本國에 無先聖先師면 則合祭隣國之先聖先師하고 本國에 故有先聖先師하야 如魯有孔顔之類면 則不合祭隣國之先聖先師也[39]라하니 未知是否로라

무릇 釋奠의 禮를 행할 적에 반드시 음악을 합주하는 일이 있으나 만약 나라에 흉한 喪의 변고가 있으면 비록 석전을 하더라도 음악을 합주하지 않는다. 평상적인 일에는 음악을 합주하되 노인을 봉양하는 禮를 행하지 않고, 오직 음악을 크게 합주할 적에 임금이 學을 시찰하면 반드시 노인을 봉양하는 예를 행한다.

舊說에 "合은 만약 本國에 先聖과 先師가 없으면 이웃 나라의 선성과 선사에 합하

---

39) 舊說……則不合祭隣國之先聖先師也 : 舊說은 鄭玄 注와 孔穎達 疏를 가리키는데, 金在魯의 ≪禮記補註≫에 따르면 朱子의 ≪儀禮經傳通解≫에 "지금 아랫글을 가지고 살펴보건대, 有合은 마땅히 合樂의 뜻이 되어야 하며, 國故는 마땅히 喪紀와 凶札 따위가 되어야 한다.〔今以下文考之 有合 當爲合樂 國故 當爲喪紀凶札之類〕" 하였으므로, 陳澔가 인용한 舊說은 분명하게 잘못된 것이라고 하였다.

여 제사함을 이르고, 본국에 예부터 선성과 선사가 있어서 魯나라에 孔子와 顔子가 있는 경우와 같으면 이웃 나라의 선성과 선사에 합하여 제사하지 않는다." 하니, 옳은 말인지 알지 못하겠다.

≪大全≫

嚴陵方氏曰 師는 不必聖이나 聖則師可知라 必始立學然後에야 及于先聖者는 重其始故也라 釋奠之有合은 非大合也니 大合樂은 謂天子視學之時也라 故로 言必遂養老하니 後[40]言遂設三老五更群老之席位者 以此니라

嚴陵方氏 : 스승은 반드시 聖人인 것은 아니나 성인이면 스승임을 알 수 있다. 반드시 처음 學을 세운 뒤에야 先聖에게 미치는 것은 처음 〈學을 세움을〉 중히 여기기 때문이다. 釋奠에 합주함이 있는 것은 크게 합주하는 것이 아니니, 음악을 크게 합주함은 천자가 學을 시찰할 때를 이른다. 그러므로 "반드시 노인을 봉양하는 예를 이룬다." 했으니, 뒤에 "마침내 三老와 五更, 여러 노인의 자리를 진설한다."라고 한 것은 이 때문이다.

○ 石林葉(섭)氏曰 天子一入學에 而所教者三이니 釋奠以教其重道也하고 合樂以教其崇德也하고 養老以教其致孝也라 三代盛時에 貴游子弟 皆能秉禮하니 出封於外하면 足以禦亂하고 食采於內하면 足以助治는 此道素行也니라

石林葉氏 : 천자가 한 번 學에 들어갔을 때 가르치는 것이 세 가지이니, 釋奠을 올려 道를 소중히 여김을 가르치고, 음악을 합주하여 德을 존숭함을 가르치고, 노인을 봉양하여 孝를 지극히 함을 가르친다. 三代의 성할 때에 顯貴한 집안의 자제들이 모두 禮를 잘 지켰으니, 外地에 나가서 封地를 받으면 충분히 亂을 막을 수 있고 나라 안에서 采邑의 租稅를 받아 먹으면 충분히 다스림을 도울 수 있었던 것은 이 道를 평소에 행하였기 때문이다.

081201 凡語于郊[41]者는 必取賢斂才焉하나니 或以德進하고 或以事擧하고

40) 後 : 뒤의 082602를 가리킨다.

41) 郊 : 都城 밖의 50리부터 100리 사이에 있는 遠郊에 세운 郊學을 이르는바, 淸나라 段玉裁의 ≪禮記四郊小學疏證≫에 "鄕學은 도성 밖의 50리 이내에 있는 近郊의 學이고, 郊學

或以言揚하며 **曲藝**를 **皆誓之**하야 **以待又語**니 **三而一有焉**이어든 **乃進其等**호되 **以其序**하야 **謂之郊人**이라하야 **遠之**호되 **於成均**엔 **以及取爵於上尊**(준)**也**니라

무릇 郊學에서 〈學士의 재능에 대해〉 논평할 경우에는 반드시 賢德이 있는 자를 취하고 재능이 있는 자를 거두어들이니, 혹은 도덕으로 등용하고 혹은 功業으로 천거하고 혹은 언어로 드날리며, 작은 기능을 가지고 있는 자들을 모두 경계해서 다시 논평할 때를 기다리게 하는데, 〈도덕·공업·언어〉 세 가지 일을 들어 〈논평할 적에〉 한 가지 일이라도 〈좋게 여길 만한〉 것이 있으면 〈재능이〉 동등한 자들 가운데에서 바로 뽑아 승진시키되 〈능한 바의 高下를 가지고〉 차서를 삼는다. 그래서 이를 일러 '郊人'이라고 하여 소원히 하는데, 成均에서는 〈천자가 술을 마실 경우에 이 교인이〉 堂上의 술동이에서 술을 가져올 수 있다.

≪集說≫

語于郊者는 論辨學士才能於郊學之中也라 有賢德者면 則錄取之하고 有才能者면 則收斂之하니 道德爲先이요 事功次之요 言語又次之라 曲藝는 一曲之藝니 小小技能若醫卜之屬이라 誓는 戒謹也라 學士中에 或無德無事無言之可取요 而有此曲藝之人이 欲投試考課者어든 皆郤之하야 使退而謹習所能하야 以待後次再語之時하면 乃考評之也라 三而一有者는 謂此曲藝之人이 擧說三事에 而一事有可善者라 乃進其等은 卽於其同等之中에 拔而升進之也라 然猶必使之於同輩中에 以所能高下로 爲次序하야 使不混其優劣也라 如此之人을 但止目之曰郊人이라하니 非俊選之比也니 以非士類故로 疏遠之라 成均은 五帝大(태)學之名이니 天子設四代之學[42]이라 上尊(준)은 堂上

은 100리 이내에 있는 원교의 學이고, 遂學은 원교의 밖에 있는 學이다.〔鄕學蓋在五十里近郊 郊學蓋在百里遠郊 遂學蓋在遠郊之外〕" 하였다.

42) 四代之學 : 四代는 舜임금 시대인 虞나라, 禹임금 시대인 夏나라, 湯임금 시대인 殷나라, 武王의 시대인 周나라를 이르는바, 우나라의 태학인 虞庠과 하나라의 태학인 夏學과 은나라의 태학인 殷學과 주나라의 태학인 東膠(동교)를 이른다.(≪禮記注疏≫ 〈王制〉)

之酒尊(준)也라 若天子飮酒於成均之學宮이면 此郊人雖賤이나 亦得取爵於堂上之尊(준)하야 以相旅勸焉하니 所以榮之也라 人字와 之字와 均字에 皆句絶[43]이라

'語于郊'는 學士의 재능을 郊學의 안에서 논평하는 것이다. 賢德이 있는 자면 거두어 취하고 재능이 있는 자면 거두어들이니, 도덕이 우선이고 功業이 그다음이고 언어가 또 그다음이다.

'曲藝'는 한 가지 작은 재능이니, 醫藥과 卜筮 같은 따위의 소소한 기능이다. '誓'는 경계함이다. 학사 중에 혹 도덕이나 공업이나 언어에서 취할 만한 이가 없고 이 소소한 기능을 가진 사람이 시험에 참가하고자 하면 모두 물리치고서 그들로 하여금 물러가 〈도덕・공업・언어 가운데〉 잘할 수 있는 것을 삼가 부지런히 익히게 해서 다음 번에 다시 논평할 때가 되면 마침내 시험하여 논평하는 것이다. '三而一有'는 이 한 가지 작은 재능을 가진 사람이 세 가지 일을 들어 말할 적에 한 가지 일이라도 좋게 여길 만한 것이 있음을 이른다. '乃進其等'은 바로 〈재능이〉 동등한 자들 가운데에서 뽑아 승진시키는 것이다. 그러나 반드시 그들로 하여금 같은 무리 중에서 능한 바의 高下를 가지고 次序를 구분하게 해서 優等한 자와 劣等한 자를 뒤섞이지 않게 하는 것이다. 이와 같은 사람을 단지 지목하여 '郊人'이라 하는데, 〈選士 중에 뛰어난 士인〉 俊士와 〈鄕의 뛰어난 士인〉 選士에 비할 바가 아니니, 士의 무리가 아니기 때문에 소원히 하는 것이다.

成均은 五帝시대 太學의 이름이니, 천자는 四代의 學을 설치한다. '上尊'은 堂 위의 술동이이다. 만약 천자가 성균의 學宮에서 술을 마신다면 이 교인이 비록 천하나 또한 당상의 술동이에서 술을 가져다 여럿이 서로 권할 수 있으니, 〈교인을〉 영화롭게 해주는 것이다. '人'자와 '之'자, '均'자에서 모두 句를 뗀다.

≪大全≫

嚴陵方氏曰 必取賢斂才於郊學을 如此면 則國學可知矣라 夫自外入內를 謂之進이요 自下升上를 謂之擧요 自隱之顯을 謂之揚이라 德成而上하고 事成而下[44]라 故先德而

43) 人字……皆句絶 : '謂之郊人'의 '人'자, '遠之'의 '之'자, '於成均'의 '均'자에서 모두 句를 끊어 읽으라는 말이다.

44) 德成而上 事成而下 : 이 내용은 〈樂記〉의 "德이 이루어지면 자리가 위에 있고 재주가 이루어지면 자리가 아래에 있으며, 행실이 이루어지면 자리가 앞에 있고 일이 이루어지면

後事하며 事者는 言之實이요 言者는 事之文이라 故先事而後言이라 藝謂之曲은 則以在道之一曲故也요 謂之郊人은 以其非有長民之美하야 猶近乎鄙故也라 藝成而下는 非君上之所宜近이라 故로 日遠之也라하니라

嚴陵方氏 : 반드시 郊學에서 賢德이 있는 자를 취하고 재능이 있는 자를 거두어들이기를 이와 같이 하면 國學에서도 〈어떻게 하는지〉 알 수 있는 것이다. 밖에서 안으로 들어오게 함을 '進'이라 이르고, 아래에서 위로 올라가게 함을 '擧'라 이르고, 숨겨진 곳에서 드러난 곳으로 가게 하는 것을 '揚'이라 이른다.

도덕이 이루어지면 자리가 위에 있고 공업이 이루어지면 자리가 아래에 있으므로 도덕을 우선으로 삼고 공업을 뒤로 삼은 것이며, 공업은 언어의 실제이고 언어는 공업의 文彩이므로 공업을 우선으로 삼고 언어를 뒤로 삼은 것이다.

藝를 '曲藝'라고 말한 것은 道의 한 부분〔曲〕에 있기 때문이고, '郊人'이라고 말한 것은 백성의 우두머리 된 자의 아름다움을 지닌 것이 아니어서 아직도 속된 사람에 가깝기 때문이다. 작은 재능이 이루어지면 자리가 아래에 있는 것은 임금이 마땅히 가까이할 바가 아니므로 "소원히 한다."고 말한 것이다.

○ 長樂陳氏曰 或以德進이면 則不必事也요 或以事擧면 則不必言也라 語曰 德行言語政事[45]라하니 德進은 所謂德行也요 事擧는 所謂政事也요 言揚은 所謂言語也라 聖人不求全不責備[46] 意與此同이니라 又曰 曲藝皆誓者는 法也요 三而有一이어든

자리가 뒤에 있는 것이다.〔德成而上 藝成而下 行成而先 事成而後〕"라는 구절을 원용한 것인데, 이에 대하여 鄭玄 注에 "德은 三德이다. 行은 三行이다. 藝는 재주이다. 先은 자리가 위에 있음을 이른다. 後는 자리가 아래에 있음을 이른다.〔德 三德也 行 三行也 藝 才技也 先 謂位在上也 後 謂位在下也〕" 하였다.(≪禮記正義≫) 三德과 三行은 ≪周禮≫ 〈地官 師氏〉에 "〈사씨가〉 삼덕을 가지고 國子를 가르치니, 첫 번째는 至德이니 도의 근본으로 삼고, 두 번째는 敏德이니 행실의 근본으로 삼고, 세 번째는 孝德이니 이로써 悖惡을 안다. 삼행을 가르치니, 첫 번째는 孝行이니 부모를 친애하게 하고, 두 번째는 友行이니 이로써 賢良한 사람을 높이게 하고, 세 번째는 順行이니 이로써 스승과 어른을 섬기게 한다.〔以三德敎國子 一曰至德 以爲道本 二曰敏德 以爲行本 三曰孝德 以知逆惡 敎三行 一曰孝行 以親父母 二曰友行 以尊賢良 三曰順行 以事師長〕"라고 보인다. 정현의 주에 '至德'은 中和의 덕이고 '敏德'은 인의가 때에 맞는 것〔仁義順時者〕이라고 하였다.(≪周禮注疏≫)

45) 語曰 德行言語政事 : 이 내용은 ≪論語≫ 〈先進〉에, 孔子의 제자들을 장점에 따라 네 가지로 분류하여 "德行에는 顔淵·閔子騫·冉伯牛·仲弓이고, 言語에는 宰我와 子貢이고, 政事에는 冉有와 季路이고, 文學에는 子游와 子夏이다." 한 것을 가리키는바, 후세에 이를 孔門四科라고 하였다.

乃進은 恩也며 謂之郊人은 法也요 於成均以取爵은 亦恩也니 恩與法이 竝行而不偏하니 所以取之雖略이나 無害於賢而用之也니라

長樂陳氏 : 혹 道德으로 등용하면 굳이 功業을 따질 필요가 없고, 혹 공업으로 천거하면 굳이 言語를 따질 필요가 없는 것이다. ≪論語≫에 '德行'과 '言語'와 '政事'를 말했으니, 도덕으로 등용함은 이른바 '덕행'이고, 공업으로 천거함은 이른바 '정사'이고, 언어로 드날림은 이른바 '언어'이다. "聖人은 완전하기를 요구하지 않고 具備하기를 바라지 않는다."라고 한 말의 뜻이 이것과 똑같다.

또(長樂陳氏) : 작은 재능을 가지고 있는 자들을 모두 경계함은 法이고 세 가지 중에 한 가지 일이라도 〈좋게 여길 만한 것이〉 있으면 〈재능이 동등한 자들 가운데에서〉 승진시키는 것은 恩惠이며, 郊人이라고 이른 것은 법이고 成均에서 술을 가져옴은 또한 은혜이니, 은혜와 법이 함께 행해져서 偏僻되지 않다. 이 때문에 취하기를 비록 간략히 하더라도 賢德이 있어서 등용하는 것에는 해될 것이 없다.

○ 馬氏曰 或以德進하고 或以事擧하고 或以言揚엔 有以見其立賢無方[47]也요 曲藝를 皆有以誓之엔 則又有以見其待人之恕也니라

馬氏 : 혹은 道德으로 등용하고 혹은 功業으로 천거하고 혹은 言語로 드날림에서는 賢德이 있는 이를 등용할 적에 일정한 부류를 따짐이 없음을 볼 수 있고, 작은 재능을 가지고 있는 자들을 모두 경계한 것에서는 또 사람을 대함이 仁慈함을 볼 수 있다.

081301 始立學者는 旣興(흔)[48]器用幣니 然後에 釋菜호되 不舞하고 不授

---

46) 聖人不求全不責備 : 이 내용은 孔子가 "군자는 섬기기는 쉬워도 기쁘게 하기는 어려우니, 기쁘게 하기를 道로써 하지 않으면 기뻐하지 않으며 사람을 부릴 적에는 그릇에 맞게 한다. 소인은 섬기기는 어려워도 기쁘게 하기는 쉬우니, 기쁘게 하기를 비록 道에 맞게 하지 않더라도 기뻐하며 사람을 부릴 적에는 구비하기를 요구한다.〔君子 易事而難說也 說之不以道 不說也 及其使人也 器之 小人 難事而易說也 說之雖不以道 說也 及其使人也 求備焉〕"라고 한 말과, 周公이 "한 사람의 몸에 모든 것이 갖추어지기를 요구하지 않는다.〔無求備於一人〕"라고 한 말을 원용한 것이다.(≪論語≫ 〈子路〉, 〈微子〉)

47) 立賢無方 : 賢德이 있는 인물을 등용할 적에는 그 出處와 貴賤과 親疏 등을 따지지 않는다는 뜻으로 ≪孟子≫ 〈離婁 下〉에 보인다.

48) 興(흔) : '釁(기물에 희생의 피를 바름)'과 같다.

器하며 **乃退**하야 **儐于東序**호되 **一獻無介語 可也**니 **教世子**니라

처음에 學을 세우는 자는 〈不吉한 것을 물리치기 위해〉 기물에 희생의 피를 바르고 나면 〈先聖과 先師에게〉 폐백을 사용하여 〈기물이 완성되었음을 고하니,〉 그러한 뒤에 〈이 기물을 장차 쓸 것임을 고하기 위해〉 釋菜를 행하되 춤을 추지 않으며 〈춤을 추는 자에게 손에 잡는〉 기물을 주지 않는다. 이에 물러나와 東序(太學)에서 賓禮로 賓을 접대하되 〈酬酌의 번거로움이 없도록〉 1獻만 행하고 〈명령 전달을 도와주는〉 介가 없고 〈合語의 예가 없도록〉 말함이 없게 하는 것이 〈예에 있어서〉 옳으니, 이것이 세자를 가르치는 방법이다.

≪集說≫

立學之初엔 未有禮樂之器어늘 及其制作之成하야 塗釁既畢이면 即用幣于先聖先師하야 以告此器之成하고 繼又釋菜하야 以告此器之將用也라 凡祭祀에 用樂舞者는 則授舞者以所執之器하니 如干戈羽籥之類니 今此釋菜禮輕하야 既不用舞라 故不授舞器也라 諸侯有功德者는 亦得立異代之學이라 東序는 夏制也니 與虞庠相對하야 東序는 在東하고 虞庠은 在西[49]라 乃退하야 儐于東序者는 謂釋菜在虞庠之中하니 禮畢에 乃從虞庠而退하야 儐禮其賓於東序之中하니라 其禮既殺(쇄)하야 惟行一獻하고 無介無語 於禮亦可也라 此以上은 雖不專是教世子之事나 然以教世子爲主라 故以此句로 摠結上文하니라

學을 세울 때 처음에는 禮樂의 器物이 없는데 제작이 완성되어서 기물의 틈에 피를 바르는 것이 끝나고 나면 즉시 先聖과 先師에게 폐백을 사용하여 이 기물이 완성되었음을 고하고, 뒤이어 또 釋菜하여 이 기물을 장차 쓸 것임을 고한다. 무릇 제사

---

49) 東序夏制也……在西 : 東序와 東膠(동교)는 太學의 이름으로 國中 王宮의 동쪽에 있고, 虞庠과 西序는 小學의 이름으로 西郊에 있었다. 舜임금의 虞나라와 湯임금의 殷나라는 질박함을 숭상하여 사물이 이루어지는 뜻을 취하여 태학을 서쪽에 두고 소학을 동쪽에 두었으며, 禹임금의 夏나라와 文王・武王의 周나라는 文飾을 귀하게 여겨 점점 기르는 뜻을 취하여 태학을 동쪽에 두고 소학을 서쪽에 두었다.(≪禮記正義≫ 〈王制〉)

에 樂舞를 쓸 경우에는 춤추는 자에게 잡을 기물을 주니, 예컨대 방패와 戈와 羽와 籥과 같은 따위인데, 지금 이 석채는 禮가 가벼워 이미 악무를 쓰지 않으므로 춤출 때 사용하는 기물을 주지 않는 것이다.

제후 중에 功德이 있는 자는 또한 다른 왕조의 學을 세울 수 있다. 東序는 夏나라의 제도이니, 〈虞나라의 태학인〉 虞庠과 상대가 되어 동서는 동쪽에 있고 우상은 서쪽에 있다. '乃退 儐于東序'는 석채를 虞庠의 안에서 하니 그 禮가 끝나면 虞庠에서 물러나와 동서의 안에서 賓을 賓禮로 예우함을 이른다. 禮가 이미 줄어들어서 오직 一獻만 행하고, 介가 없고 말함이 없는 것이 禮에 있어서 또한 옳다.

이상의 내용은 비록 오로지 世子를 가르치는 일만은 아니나 세자를 가르침을 위주로 하였으므로 이 구절을 가지고 위의 글을 총결한 것이다.

○ 石梁王氏曰 三字는 亦衍文이라

石梁王氏 : 〈'敎世子'〉 세 글자 또한 衍文이다.

≪大全≫

長樂陳氏曰 凡家造에 祭器爲先이요 養器爲後[50]니 國亦如之라 諸侯之國이 命之敎而立學者 亦必以祭器爲先하니 則興(흥)器者는 造祭器之謂也[51]니라

長樂陳氏 : 무릇 집에서 물건을 장만할 적에 祭器를 가장 먼저 장만하고 〈자기 자신을〉 봉양하는 기물을 맨 나중에 장만하니, 나라에서 장만하는 것도 이와 같다. 제후의 나라가 가르침을 명하여 學을 세우는 경우에도 반드시 祭器를 가장 먼저 장만할 것으로 삼으니, '興器'는 제기를 장만함을 이른다.

○ 嚴陵方氏曰 儐은 謂事畢而以賓禮接賓이라 一獻則無酬酢之煩이요 無介則無傳命之助요 無語則無合語之禮하니 凡此는 又以始立學而事未暇備故也라 然非以之爲常이요 特可一時而已니라

50) 凡家造……養器爲後 : 이 내용은 〈曲禮 下〉에 "무릇 〈대부가〉 집에서 물건을 장만할 때에는 〈선조를 섬기는 데 필요한〉 제기를 가장 먼저 장만하고, 〈고을 백성에게 세금으로 제사에 쓸 희생을 내게 하는〉 犧賦를 그다음에 장만하고, 〈자기 자신을〉 봉양하는 기물을 맨 나중에 장만한다.〔凡家造 祭器爲先 犧賦爲次 養器爲後〕"라고 보인다.

51) 興(흥)器者造祭器之謂也 : 陳澔가 '興器'의 '興'을 '釁(피를 바르다)'의 뜻으로 본 것과 달리 長樂陳氏는 '造(장만하다)'의 뜻으로 본 것이다.

嚴陵方氏 : 儐은 제사의 일이 끝나면 빈객의 禮로써 빈객을 접대함을 이른다. 一獻을 하면 酬酌의 번거로움이 없고, 介가 없으면 명을 전달함에 도와주는 이가 없고, 말이 없으면 合語의 禮가 없으니, 무릇 이렇게 하는 것은 또 처음 學을 세울 적에 일을 완비할 겨를이 없기 때문이다. 그러나 이것을 常例로 삼은 것이 아니고 다만 일시적으로 행할 수 있을 뿐이다.

081401 **凡三王**이 **敎世子**하사되 **必以禮樂**하니 **樂**은 **所以修內也**요 **禮**는 **所以修外也**니 **禮樂**이 **交錯於中**하야 **發形於外**라 **是故**로 **其成也**에 **懌**(역)하야 **恭敬而溫文**이니라

무릇 〈夏 · 殷 · 周〉 三代의 왕들은 世子를 가르치시되 반드시 禮 · 樂을 가지고 하셨는데, 악은 내면을 닦는 것이고 예는 외면을 닦는 것이니, 예와 악이 마음속에서 교차하여 외면에 발현된다. 그러므로 〈예와 악의 가르침이〉 이루어지면 즐거워서 공손하고 경건하면서도 온화하고 文雅한 기상이 있게 된다.

≪集說≫

修內者는 消融其邪慝之蘊이요 修外者는 陶成其恭肅之儀라 禮之修達於中하고 樂之修達於外 所謂交錯於中也라 有諸中이면 必形諸外라 故其成也에 懌이니 此懌字는 與魯論不亦說(열)乎之說相似[52]라 旣有恭敬之實德하고 又有溫潤文雅之氣象하니 禮樂之敎大矣라

'修內'는 내면에 쌓인 사특함을 녹여 사라지게 하는 것이고, '修外'는 恭敬하고 엄숙한 禮儀를 陶冶하여 이루는 것이다. 禮를 닦음이 내면에서 달성되고 樂을 닦음이 외면에서 달성되는 것이 〈여기에서〉 이른바 "마음속에서 교차한다."는 것이다. 마

---

52) 此豫字與魯論不亦說(열)乎之說相似 : 漢나라 때에 ≪魯論≫ · ≪齊論≫ · ≪古論≫ 세 종류의 ≪논어≫가 있었는데 ≪노논≫이 현재 전하는 ≪논어≫로, 원문의 '懌'자의 뜻이 ≪논어≫의 "배우고 때때로 익히면 또한 기쁘지 않겠는가.〔學而時習之 不亦說乎〕"의 '說'자와 비슷하다는 말이다.

음속에 있으면 반드시 밖에 드러나므로 이루어지면 즐거운 것이니, 여기의 '懌'자는 ≪魯論≫에서 "不亦說乎(또한 기쁘지 않겠는가.)"라고 한 곳의 '說'자와 〈의미가〉 서로 비슷하다. 이미 공손하고 경건한 실제의 德이 있고 또 온화하고 文雅한 氣象이 있으니, 禮樂의 가르침이 큰 것이다.

≪大全≫

嚴陵方氏曰 樂由中出故로 以之修內하고 禮自外作故로 以之修外라 然禮樂은 蓋人之所固有也니 先王之敎人에 豈能責之以其所無哉아 亦因其所有하야 修之俾勿壞而已라 兩相合을 謂之交요 兩相雜을 謂之錯이라 溫則不暴요 文則不野니라

嚴陵方氏 : 樂은 안에서 나오기 때문에 이것으로 내면을 닦고, 禮는 밖에서 만들어지기 때문에 이것으로 외면을 닦는 것이다. 그러나 禮와 樂은 사람이 본래 가지고 있는 것이니, 先王이 사람을 가르치실 적에 어찌 소유하지 않은 것을 요구하셨겠는가. 또한 본래 가지고 있는 것을 인하여 닦아서 무너지지 않게 할 뿐이다. 둘이 서로 합함을 '交'라 이르고, 둘이 서로 섞임을 '錯'이라 이른다. 온화하면 포악하지 않고 文雅하면 촌스럽지 않다.

○ 馬氏曰 禮樂者는 所以治其內外之道也라 治內엔 則莫如樂이요 治外엔 則莫如禮라 故樂所以修內요 禮所以修外하야 而敎之所始也니 此는 禮樂之分也라 禮樂之交錯於中而發形於外하면 則禮不止於修外하고 樂不止於修內하야 而敎之成也니 此는 禮樂之合也라 是故로 其成也에 懌하야 恭敬而溫文하니 其成也懌엔 有以見其內和也요 恭敬而溫文엔 有以見其外和也라 溫者는 以言其有容也요 文者는 以言其有別也니라

馬氏 : 禮와 樂은 내면과 외면을 다스리는 방도이다. 내면을 다스림에는 樂보다 더 좋은 것이 없고 외면을 다스림에는 禮보다 더 좋은 것이 없다. 그러므로 樂은 내면을 다스리는 것이고 禮는 외면을 다스리는 것이어서 가르침이 시작되는 것이니, 이는 禮와 樂이 나누어진 것이다. 禮와 樂이 중심에서 교차하여 외면에 드러나면 禮는 외면을 닦는 데에서 그치지 않고 樂은 내면을 닦는 데에서 그치지 않아 가르침이 완성되니, 이것은 禮와 樂이 합한 것이다.

이 때문에 이루어지면 즐거워서 공손하고 경건하면서도 온화하고 文雅하니, 이루어지면 즐거워함에서는 내면의 조화로움을 볼 수 있고, 공손하고 경건하면서도 온

화하고 文雅함에서는 외면의 조화로움을 볼 수 있다. 溫은 〈남들을〉 包容함이 있음을 말한 것이고, 文은 〈남들과〉 구별되는 점이 있음을 말한 것이다.

○ 西山眞氏曰 三王之敎世子에 必以禮樂者는 禮는 所以起人之敬心이니 敬心生則慢心窒矣요 樂은 所以感人之和心이니 和心生則戾心消矣라 其薰陶德性하고 變化氣質이 莫妙於此者라 然樂雖修內나 由內以達外하고 禮雖修外나 由外以入中하니 二者醲醲涵暢하면 相與無間이라 故로 其成也에 但見其悅懌而已요 恭敬溫文而已라 恭者는 敬之發於外者也요 敬者는 恭之主於中者也니 此皆敎以禮樂之功也니라

西山眞氏：三代의 왕들이 世子를 가르칠 적에 반드시 禮樂으로 하셨던 것은, 禮는 사람의 恭敬하는 마음을 일으키는 것이니 공경하는 마음이 생기면 怠慢한 마음이 그치고, 樂은 사람의 조화로운 마음을 감동시키는 것이니 조화로운 마음이 생기면 포악한 마음이 사라진다. 德性을 薰陶하고 氣質을 變化시키는 것이 이보다 더 묘한 것이 없다.

그러나 樂은 비록 내면을 닦는 것이더라도 내면을 통하여 외면에 도달하고, 禮는 비록 외면을 닦는 것이더라도 외면을 통하여 중심으로 들어오니, 두 가지가 농후하게 함양되고 통창하면 서로 간격이 없다. 그러므로 이루어지면 다만 그 즐거움을 볼 뿐이고, 공손하고 경건하면서도 온화하고 文雅할 뿐이다. 공손함은 경건함이 외면에 나타나는 것이고, 경건함은 공손함이 중심에서 주장이 되는 것이니, 이는 모두 禮와 樂을 가르친 功效이다.

081501 立太傅少傅[53)]하야 以養之는 欲其知父子君臣之道也니 太傅는 審父子君臣之道하야 以示之하고 少傅는 奉世子하야 以觀太傅之德行而審喩之하나니 太傅在前하고 少傅在後하며 入則有保하고 出則有師라 是以로 敎

53) 太傅少傅：周나라 때의 관직명으로, ≪書經≫ 〈周書 周官〉에 "태사·태부·태보를 세우니, 이것이 삼공이다. 道를 논하고 나라를 다스리며 음양을 조화하여 다스리니, 관원을 모두 구비할 필요가 없다. 오직 그 적임자를 둔다.〔立太師太傅太保 玆惟三公 論道經邦 燮理陰陽 官不必備 惟其人〕"라고 하고, 또 "소사·소부·소보를 삼고라 하니, 公의 다음이 되어 조화를 넓혀 천지를 공경하여 밝혀서 나 한 사람을 보필한다.〔少師少傅少保 曰三孤 貳公弘化 寅亮天地 弼予一人〕"라고 한 데 보인다. 그런데 여기서는 세자를 보필하는 태부와 소부를 가리킨 것이다.

喩而德成也[54]하나니라 **師也者**는 **教之以事**하야 **而喩諸德者也**요 **保也者**는 **愼其身以輔翼之**하야 **而歸諸道者也**니라 **記曰 虞夏商周**는 **有師保**하며 **有疑丞**하니 **設四輔及三公**엔 **不必備**라 **唯其人**이라하니 **語使能也**니라

〈世子의〉 太傅와 少傅를 세워 세자를 기르는 것은 父子·君臣의 도리를 알게 하려고 해서이다. 태부는 부자·군신의 도리를 살펴서 모범을 보이고, 소부는 세자를 받들어 태부의 덕행을 살펴서 자세하게 타이르는데, 태부는 앞에 있고 소부는 뒤에 있으며, 들어가면 〈세자의〉 保가 있고 나오면 〈세자의〉 師가 있다. 이 때문에 〈세자가〉 가르침에 깨닫고 덕이 이루어지는 것이다.

師는 일을 가지고 가르쳐 덕을 깨닫게 하는 자이고, 保는 자기 몸을 삼가 세자를 輔翼해서 道로 돌아가게 하는 자이다. 옛 기록에 이르기를 "虞·夏·商·周는 師·保가 있고 疑·丞이 있었으니, 이들 四輔와 三公(太師·太傅·太保)을 설치함에는 관원을 모두 구비할 필요가 없다. 오직 그 적임자를 둔다." 하였으니, 유능한 사람을 가려 부림을 말한 것이다.

≪集說≫

養者는 **長而成之之謂**라 **審喩**는 **詳審言之**하야 **使通曉也**라 **前後**는 **以行步言**이요 **出入**은 **以居處言**이라 **愼其身**은 **使之謹守其身也**라 **師保疑丞**은 **四輔也**니 **一說**에 **前疑後丞左輔右弼**이 **爲四輔**라하니라 **四輔與三公**은 **不必其全備**요 **惟擇其可稱職者**라 **惟其人以上**은 **皆記文**이라 **語**는 **言也**니 **語使能也一句**는 **是記者釋之之辭**라

'養'은 길러서 이루어지게 함을 이른다. '審喩'는 자세하고 분명하게 말해서 通達하게 하는 것이다. '前後'는 걸어 다니는 것을 기준으로 말하였고, '出入'은 거처하는 것을 기준으로 말하였다. '愼其身'은 세자로 하여금 자기 몸을 삼가 지키게 하는 것

54) 教喩而德成也 : 孔穎達 疏에 "세자가 밖으로는 〈太傅·少傅와 같은〉 傅相이 있고 안으로는 師와 保가 있기 때문에 세자가 스승의 가르침에 밝게 깨달아서 덕행과 공업이 성취되는 것이다.〔以世子外有傅相 內有師保 是以世子於師教曉喩 其德業成就〕"라고 하였다.(≪禮記正義≫)

이다. 師·保·疑·丞은 四輔이니, 일설에는 앞의 疑와 뒤의 丞과 왼쪽의 輔와 오른쪽의 弼을 사보라 한다. 사보와 三公(太師·太傅·太保)은 관원을 완전히 갖출 필요가 없고, 오직 직책을 제대로 수행할 수 있는 자를 택하는 것이다. '惟其人' 이상은 모두 옛 기록의 글이다. 語는 말함이니, '語使能也' 한 구절은 기록한 자가 〈옛 기록을〉 해석한 말이다.

○ 朱子曰 師保疑丞의 疑字는 曉不得하니 想止是有疑卽問他之意[55]니라

朱子 : '師保疑丞'의 '疑'자는 〈무슨 뜻인지〉 분명하게 알 수가 없으니, 아마도 다만 의심이 있으면 즉시 그에게 묻는다는 뜻인 듯하다.

≪大全≫

嚴陵方氏曰 禮樂者는 敎之之道也니 苟非敎之之人이면 則道不虛行이라 故로 立太傅少傅以養之니 養之는 將以成其才故也라 內則父子와 外則君臣이 人之大倫也니 敎養之道 欲其知此而已라 保則親也라 故入則有保하고 師則正也라 故出則有師라 然分而言之하면 固如此로되 合而言之하면 則左右前後出入起居에 師也傅也保也 未嘗不在焉이니라

嚴陵方氏 : 禮와 樂은 가르치는 方道이니, 만일 이것을 가르칠 만한 사람이 아니면 道가 아무 까닭 없이 행해지지 않는다. 그러므로 太傅·少傅를 세워서 세자를 기르는 것이니, 기름은 장차 세자의 재주를 이루어주려는 것이기 때문이다. 안으로는 부자간과 밖으로는 군신간이 사람의 큰 윤리이니, 가르치고 기르는 방도는 이것을 알게 하고자 하는 것일 뿐이다. 保는 친근히 하는 자이므로 〈거처에〉 들어가면 保가 있고, 師는 바르게 하는 자이므로 〈거처에서〉 나가면 師가 있는 것이다. 그러나 나누어서 말하면 진실로 이와 같으나 합하여 말하면 〈세자의〉 左右와 前後, 出入하는 곳과 起居하는 곳에 師·傅·保가 일찍이 있지 않은 곳이 없는 것이다.

○ 長樂陳氏曰 師는 則帥(솔)以善而使之知요 保는 則保其善而使之勿失이요 傅는 則輔其善而使之成이라 太傅在前하고 少傅在後하면 則師保在左右矣요 入則有保하고

---

55) 師保疑丞……想止是有疑卽問他之意 : 이 내용은 ≪朱子語類≫ 권87 〈禮四 小戴禮 文王世子〉에 보인다.

出則有師하면 則太傅少傅出入皆預矣라 出入前後에 莫非正人이면 則目不閱淫色하고 耳不聞優笑하고 居不近庸邪하고 玩不備珍異하야 而所見者正事요 所聞者正言이요 所行者正道니 此所以敎喩而德成이니라 又曰 師는 敎之以事而喩諸德이니 師氏敎國子以三德三行[56]이 是也요 保는 愼其身以輔翼之하야 而歸諸道니 保氏養國子以六藝六儀[57] 是也라 虞夏殷周之有師保는 所謂設三公也요 有疑丞은 所謂設四輔也라 師保를 謂之三公하야 充其數則有傅하고 疑丞을 謂之四輔하야 充其數則有輔弼이라 夫能은 有聖人之能하고 有賢者之能하고 有能者之能也니 所謂使能者는 兼聖賢而言之也니라

長樂陳氏：師는 善을 솔선하여 〈세자로 하여금 善을〉 알게 하는 자이고, 保는 善을 보존하여 〈세자로 하여금 善을〉 잃지 않게 하는 자이고, 傅는 善을 보조하여 〈세자로 하여금 善을〉 이루게 하는 자이다.

太傅가 앞에 있고 少傅가 뒤에 있으면 師와 保는 왼쪽과 오른쪽에 있는 것이고, 들어가면 保가 있고 나오면 師가 있으면 태부와 소부가 나가고 들어가는 것에 모두 관여하는 것이다. 나가고 들어올 때와 앞뒤에 올바른 사람 아님이 없으면 눈으로 음탕한 色을 보지 않고 귀로 농지거리하는 소리를 듣지 않고 거처에서 용렬하고 간사한 자를 가까이하지 않고 완호물에 진귀하거나 기이한 것을 구비하지 않는다. 그리하여 보는 것이 올바른 일이고 듣는 것이 올바른 말이고 행하는 것이 올바른 道理이니, 이것이 〈세자가 스승의〉 가르침에 깨달아 德이 이루어지는 까닭이다.

또(長樂陳氏)：師는 일을 가지고 가르쳐서 德을 깨우치게 하니 師氏가 國子에게 三德과 三行을 가르친 것이 여기에 해당하고, 保는 자기 몸을 삼가 도와서 인도하여 道

---

56) 師氏敎國子以三德三行：三德과 三行은 ≪周禮≫ 〈地官 師氏〉에 보이는데, 자세한 내용은 082101의 大全 譯註 '德成而上 事成而下' 참조.

57) 保氏養國子以六藝六儀：≪周禮≫ 〈地官 保氏〉에 "〈國子에게 禮·樂·射·御·書·數〉 六藝를 가르치는데, 첫 번째는 五禮이고, 두 번째는 六樂이고, 세 번째는 五射이고, 네 번째는 五馭(五御)이고, 다섯 번째는 六書이고, 여섯 번째는 九數이다. 여섯 가지 儀容을 가르치는데, 첫 번째는 제사의 의용이고, 두 번째는 빈객의 의용이고, 세 번째는 조정의 의용이고, 네 번째는 喪紀(喪事)의 의용이고, 다섯 번째는 軍旅의 의용이고, 여섯 번째는 車馬의 의용이다.〔乃敎之六藝 一曰五禮 二曰六樂 三曰五射 四曰五馭 五曰六書 六曰九數 乃敎之六儀 一曰祭祀之容 二曰賓客之容 三曰朝廷之容 四曰喪紀之容 五曰軍旅之容 六曰車馬之容〕"라고 하였다.

로 돌아가게 하니 保氏가 국자에게 六藝와 六儀를 가르치는 것이 여기에 해당한다. 虞・夏・殷・周의 시대에 師・保가 있었던 것은 이른바 "三公을 설치했다."는 것이고, 疑・丞이 있었던 것은 이른바 "四輔를 설치했다."는 것이다. 師・保를 '삼공'이라 일러서 그 수를 채우면 傅가 있고, 疑・丞을 사보라 일러서 그 수를 채우면 輔・弼이 있었다. 能(유능함)에는 聖人의 능력이 있고 賢者의 능력이 있고 能한 자의 능력이 있으니, 이른바 "유능한 사람을 가려 부린다."는 것은 성인과 현자를 아울러 말한 것이다.

○ 西山眞氏曰 立太傅少傅以養之하니 養者 從容啓迪以養其本然之善하야 使之自然開悟也라 然其道無他요 不過君臣父子之大倫而已라 太傅以審示는 言謂修於身以示之也요 少傅以審喩는 言謂開說其義以曉之也니 太傅少傅所以教者 雖同이나 然太傅는 以身教하고 少傅는 以言教하니 二者蓋互相發也니라 又曰 師也者는 教世子以事하야 而喩諸德이니 謂教之以事親之事면 則知孝之德하고 教之以事長之事면 則知弟之德이니 天下無事外之德也라 保는 則安護世子之身하야 輔之翼之하야 使歸諸道하야 耳目口體를 不以欲而動이니 卽所謂道니 天下無身外之道也라 古者所謂師保其職이 蓋如此하니라

西山眞氏 : 太傅・少傅를 세워서 기르니, 기른다는 것은 차분하고 침착하게 啓導하여 〈세자의〉 本然의 善을 길러서 〈그로 하여금〉 자연히 깨닫게 하는 것이다. 그러나 그 방도는 다른 것이 없다. 군신간과 부자간의 큰 윤리에 지나지 않는다. 태부가 〈부자와 군신의 도리를〉 살펴서 모범을 보인다는 것은 자신을 닦아서 보여줌을 말한 것이고, 소부가 〈태부의 德行을 살펴서〉 자세히 타이른다는 것은 그 義理를 해설하여 깨닫게 함을 이르는데, 태부・소부가 가르치는 것은 비록 같으나 태부는 몸으로 가르치고 소부는 말로 가르치니, 두 가지가 서로 증명이 된다.

또(西山眞氏) : 師는 일을 가지고 세자를 가르쳐서 德을 깨닫게 하는 자인데, 어버이를 섬기는 일을 가지고 가르치면 세자가 효도하는 덕을 알고, 어른을 섬기는 일을 가지고 가르치면 세자가 공경하는 덕을 앎을 이르니, 천하에 일에서 벗어난 德은 없는 것이다. 保는 세자의 몸을 편안히 보호하여 輔翼해서 道로 돌아가게 해서 귀와 눈과 입과 몸을 욕심에 따라 움직이는 일이 없게 하는 자인데, 이것이 이른바 '道'이니, 천하에 몸을 벗어난 道는 없는 것이다. 옛날에 이른바 '師'와 '保'가 그 직책이 이와 같았다.

081601 **君子曰 (德)[58] 德成而教尊**하고 **教尊而官正**하고 **官正而國治**하나니 **君之謂也**니라

군자가 말하였다.

"〈세자의〉 덕이 이루어지면 가르침이 높아지고 가르침이 높아지면 官吏가 바루어지고 관리가 바루어지면 나라가 다스려지니, 〈세자가〉 임금이 됨을 말한 것이다."

≪集說≫

君子曰德의 此德은 是指世子之德이니 世子之德이 有成이면 則教道尊嚴하야 而無敢慢易(이)者라 故凡居官守者 皆以正自處하야 官正而國治하나니 世子爲君之謂也니라

'君子曰德'의 이 '德'자는 세자의 덕을 가리키니, 세자의 덕이 이루어지면 가르치는 道가 尊嚴해져서 감히 태만하고 함부로 하는 자가 없다. 그러므로 무릇 관직에 처한 자가 모두 正道로써 自處하여 官吏가 바루어지고 나라가 다스려지는 것이니, 세자가 임금이 됨을 말한 것이다.

≪大全≫

嚴陵方氏曰 言君子有君國子民之德也니 蓋教世子에 必使爲君子라 故로 以是言之라 德成而教尊者는 爲其能重道故也니 教尊而官正하고 官正而國治하나니 學至於此然後에 能爲君이라 故로 曰 君之謂也라하니라

嚴陵方氏 : 군자가 나라의 임금이 되고 백성을 사랑하는 덕이 있음을 말한 것이다. 세자를 가르칠 적에 반드시 군자가 되게 하였으므로 이것을 말한 것이다. 덕이 이루어지면 가르침이 높아짐은 능히 道를 중요하게 여기기 때문이다. 가르침이 높아지면 관리가 바루어지고 관리가 바루어지면 나라가 다스려지니, 배움이 이러한

58) (德) : 저본에는 '德'이 있으나, 金在魯의 ≪禮記補註≫에 "陳澔의 註의 뜻은 '君子曰德' 네 글자를 한 句로 삼은 것 같은데, 여기의 '德'자는 傳寫하다가 들어간 衍字인 듯하다. ≪儀禮經傳通解≫에도 이 경문이 실려 있는데 역시 '德'자가 없다.〔陳註之意 似以君子曰德四字爲一句 而竊恐一德字是傳寫之衍 通解載此 而亦無德字〕" 한 것에 따라 衍文으로 처리하고, '德成而教尊'부터 이 문단 끝까지를 군자가 한 말로 번역하였다.

경지에 이른 뒤에야 능히 임금이 될 수 있으므로 "임금이 됨을 말한다." 한 것이다.

○ 馬氏曰 官正은 以言其近이요 國治는 以言其遠이라 夫德之所成者衆矣로되 而獨言君者는 蓋有德而無位면 則教未必尊이요 官未必正이요 國未必治也니 有君德而有君位然後에 可以及此也니라

馬氏 : 관리가 바루어진다는 것은 가까운 것을 말한 것이고, 나라가 다스려진다는 것은 먼 것을 말한 것이다. 덕을 이룬 자가 많으나 오직 임금를 말한 것은, 덕만 있고 지위가 없으면 가르침이 반드시 높아지는 것은 아니고 관리가 반드시 바루어지는 것은 아니고 나라가 반드시 다스려지는 것은 아니기 때문이니, 임금의 덕이 있으면서 임금의 지위를 가진 뒤에야 이러한 경지에 도달할 수 있는 것이다.

081701 仲尼曰 昔者에 周公攝政하사 踐阼而治하실새 抗世子法於伯禽은 所以善成王也라 聞之호니 曰 爲人臣者는 殺其身하야 有益於君이면 則爲之라하니 況于[59)]其身하야 以善其君乎아 周公이 優爲之하시니라

仲尼께서 말씀하셨다.

"옛날에 周公이 섭정하여 동쪽 계단을 밟아 다스리실 적에 世子를 가르치는 법을 伯禽에게 들어 보인 것은 成王을 선하게 하려고 해서였다. 내가 들으니 '신하 된 자는 자기 몸을 죽여서 임금에게 유익함이 있으면 그것을 한다.' 하였다. 하물며 자기 몸을 굽혀서 임금을 선하게 함에 있어서랴. 주공이 충분히 이것을 하셨다."

≪集說≫

前言周公相踐阼而治어늘 此缺相字하고 而下文에 又有周公踐阼之言하니 皆記者之失也라 以世子之法教世子는 直道也어늘 今舉世子法於伯禽하야 而教成王은 是迂曲其事也라 人臣이 殺身爲國이라도 猶尙爲之어늘 今周公은 不過迂曲其身之所行하야 以成君之善이니 宜乎優爲之也니라

---

59) 于 : '迂'와 같다. 이 '于'자를 集說에서는 '迂曲(굽히다)'의 듯으로 풀이하였으나, ≪禮記正義≫에서 鄭玄은 '廣'과 '大'의 뜻으로 풀이하였다.

앞에서는 "주공이 〈成王을〉 도와서〔相〕 동쪽 계단을 밟아 다스렸다."고 말했는데, 여기서는 '相'자가 빠졌고 아랫글에 또 "주공이 동쪽 계단을 밟으셨다."는 말이 있으니, 이것은 모두 기록한 자의 잘못이다.

세자를 가르치는 법으로 세자를 가르치는 것은 바른 道인데, 지금 세자를 가르치는 법을 伯禽에게 들어서 성왕을 가르친 것은 그 일을 굽힌 것이다. 신하가 자기 몸을 죽여서 나라를 위하더라도 오히려 행하는데, 지금 주공은 자신이 행하는 바를 굽혀서 임금의 善을 이룸에 지나지 않으니, 이것을 충분히 하심이 마땅하다.

○ 劉氏曰 書蔡仲之命에 曰 惟周公이 位冢宰하야 正百工이라하니 此言攝政踐阼而治는 是는 以冢宰로 攝行踐阼之政이요 非謂攝居天子之位也라 孔子言 周公이 擧世子法於伯禽者는 非自教其子요 蓋示法以善成王也라 吾聞古人言호니 爲人臣者 殺身而有益於君이라도 猶且爲之라하니 況止迂其身以善其君乎아 此는 大人正己而物正之事니 周公은 大聖人也라 故優爲之라하시니라

劉氏 : ≪書經≫ 〈周書 蔡仲之命〉에 "주공이 冢宰의 지위에 있으면서 百工(百官)을 바로잡았다." 하였으니, 여기서 "섭정하여 동쪽 계단을 밟아 다스렸다." 한 것은 총재로서 동쪽 계단을 밟아 다스리는 政事를 대신 행하신 것이고, 천자의 지위에 잠시 처하셨음을 이른 것이 아니다. 孔子께서 말씀하시기를 "주공이 伯禽에게 세자를 가르치는 법을 들어 보인 것은 직접 자기 자식을 가르치려고 한 것이 아니고, 〈백금을 통해 세자에게 세자의〉 법을 보여서 成王을 선하게 한 것이다. 또 내가 듣건대 옛사람이 '신하 된 자가 자신을 죽여서 임금을 유익하게 하더라도 오히려 또 이것을 하였다.' 하였으니, 하물며 다만 자신을 굽혀서 임금을 선하게 했음에랴. 이는 大人이 자기 몸을 바르게 하여 남이 바르게 되는 일이니, 주공은 큰 聖人이시므로 충분히 하신 것이다." 하셨다.

≪大全≫

西山眞氏曰 周公抗世子法於伯禽者는 蓋成王雖幼나 已爲君矣니 不可以教世子者教之요 惟以教世子者教伯禽하야 使成王觀之하니 是乃所以善成王也니라

西山眞氏 : 주공이 세자를 가르치는 법을 伯禽에게 들어 보인 것은 成王이 비록 어리나 이미 임금이 되었으니, 세자를 가르치는 것을 가지고 가르칠 수가 없고, 오

직 세자를 가르치는 것을 가지고 백금을 가르쳐서 성왕으로 하여금 이것을 보게 하였다. 이것이 바로 성왕을 선하게 만든 이유이다.

○ 長樂陳氏曰 迂身은 非直躬者也요 殺身은 非迂身者也라 迂身以善其君者는 易(이)하고 殺身以有益於君者는 難하니 爲人臣者 於其難者에도 猶且爲之어든 況其易者乎아 此周公所以優爲之也라 蓋周公은 以臣而攝君之政하고 成王은 以君而學世子之事하니 此爲迂也라 然不爾면 不足令成王知君臣長幼之義니 先儒嘗謂周公之道 曲而當[60]者 此也니라

長樂陳氏 : '迂身'은 몸을 곧게 하는 것이 아니고, '殺身'은 몸을 굽히는 것이 아니다. 자기 몸을 굽혀 임금을 선하게 하는 것은 쉽고 자기 몸을 죽여서 임금을 유익하게 하는 것은 어려우니, 신하 된 자가 어려운 일에 있어서도 오히려 하는데 하물며 쉬운 일에 있어서랴. 이는 주공이 충분히 하신 이유이다.

주공은 신하로서 임금의 政事를 대신 행하였고, 成王은 임금으로서 세자의 일을 배웠으니, 이것이 굽힘이 되는 것이다. 그러나 이와 같이 하지 않으면 성왕으로 하여금 君臣과 長幼의 의리를 알게 하지 못하니, 先儒가 일찍이 "주공의 방도가 굽힌 것이면서도 마땅하다."라고 한 것이 이것을 가리킨다.

081702 是故로 知爲人子然後에 可以爲人父요 知爲人臣然後에 可以爲人君이요 知事人然後에 能使人이니 成王幼하사 不能涖阼하시나 以爲世子인댄 則無爲也라 是故로 抗世子法於伯禽하사 使之與成王居하야 欲令成王之知父子君臣長幼之義也니라 君之於世子也에 親則父也요 尊則君也라 有父之親하고 有君之尊然後에 兼天下而有之라 是故로 養世子를 不可不愼也니라

---

60) 先儒嘗謂周公之道曲而當 : 先儒는 隋나라 학자인 王通으로, 인용한 내용은 그가 지은 ≪中說≫ 권4 〈周公篇〉에 보인다. 왕통은 자가 仲淹이고 시호는 文中子이다. 20세에 〈太平十二策〉을 바쳤다가 받아들여지지 않자 河汾 사이로 물러나 道學을 강론하고 ≪續經≫과 ≪중설≫을 지었다. 房玄齡, 杜如晦, 魏徵, 李靖 등 당대의 쟁쟁한 학자가 모두 왕통의 문하에서 나왔는데, 당시 사람들이 이들을 '河汾門下'라고 칭하였다.

이 때문에 자식이 해야 할 도리를 안 뒤에야 아버지가 될 수 있고, 신하가 해야 할 도리를 안 뒤에야 임금이 될 수 있고, 남을 섬길 줄 안 뒤에야 남을 부릴 수 있는 것이다. 成王이 어려서 동쪽 계단에 군림하지 못하나, 만약 성왕을 세자로 여긴다면 세자로 처우할 방법이 없었다. 이 때문에 세자를 가르치는 법을 伯禽에게 들어 보여서 성왕과 함께 거처하게 하여 성왕으로 하여금 父子・君臣・長幼의 의리를 알게 하고자 하신 것이다. 임금이 세자에게 있어서 親屬으로 말하면 아버지이고 尊貴함으로 말하면 임금이니, 아버지의 친함이 있고 임금의 존엄함이 있은 뒤에야 천하를 겸하여 소유할 수 있다. 이 때문에 세자를 기름을 신중히 하지 않을 수 없는 것이다.

≪集說≫

武王旣崩이면 則成王無父하니 雖年幼하야 未知君道나 若以之爲世子인댄 則無爲子之處矣라 故云 以爲世子則無爲也라 君於世子에 以親言則是父요 以尊言則是君이니 能盡君父之道하야 以敎其子然後에 可以保有天下之大라 不然이면 則他日爲子者 不克負荷矣[61)]리니 可不愼乎아

武王이 이미 별세하였으면 成王은 아버지가 없으니, 비록 나이가 어려서 임금의 道를 알지 못하나 만약 성왕을 세자로 여긴다면 〈이미 임금이 되었기 때문에〉 세자로 처우할 방법이 없었으므로 "세자로 여긴다면 세자로 처우할 방법이 없었다."라고 말한 것이다. 임금은 세자에게 친함으로 말하면 아버지이고 존엄함으로 말하면 임금이니, 임금과 아버지의 도리를 다해서 자식을 가르친 뒤에야 〈그 자식이〉 큰 천하를 보유할 수 있다. 그렇지 않으면 뒷날 자식 된 자가 임금의 지위를 계승하지 못할 것이니, 신중히 하지 않을 수 있겠는가.

≪大全≫

嚴陵方氏曰 居君父之位하고 操使令之權하야 其可以不知臣子事人之道哉아 旣居天

61) 不克負荷矣 : 先王의 지위를 계승하지 못한다는 말로, ≪春秋左氏傳≫ 昭公 7년 조의 "아버지가 장작을 쪼개놓았는데, 그 아들이 등에 지지 못한다.〔其父析薪 其子弗克負荷〕"라는 말에서 유래하였다.

子矣면 又不可以世子之法加之라 故로 抗世子法於伯禽하야 使之與成王居하시니 欲其相觀而善故也라 此又繼言長幼로되 而上不言者는 以事人使人兼之故也니라

嚴陵方氏 : 임금과 아버지의 지위에 거하고 명령하여 부리는 권세를 잡고서 신하와 자식이 사람을 섬기는 도리를 몰라서야 되겠는가. 이미 천자의 지위에 있으면 또 세자를 가르치는 법을 〈그에게〉 부가할 수 없으므로 〈주공이〉 세자를 가르치는 법을 伯禽에게 들어 보여 그를 成王과 함께 거처하게 하신 것이니, 이는 〈성왕으로 하여금〉 보고서 선해지도록 하고자 한 것이다. 여기에 또 이어서 長幼를 말했으나 위에서는 말하지 않은 것은 〈신하가〉 사람을 섬기고 〈임금이〉 사람을 부리는 것을 가지고 〈長과 幼를〉 아울렀기 때문이다.

○ 臨川吳氏曰 凡天下之爲人父者는 於其子에 雖有父之親이나 而無君之尊也하고 凡天下之爲人君者는 於其臣에 雖有君之尊이나 而無父之親也라 唯君之於世子에 其親則父요 其尊則君이라 旣爲之父하고 又爲之君然後에 能兼天下尊親二者而有之니 有之는 謂有父之親하고 有君之尊也라 彼但有父之親而無君之尊者도 猶不可不知教其子어든 況兼親尊二者而有之者 其於教世子而可以不愼乎아 愼은 謂盡其心하고 盡其道하야 而不敢忽慢簡略也니라

臨川吳氏 : 무릇 천하에서 아버지 된 자는 자식에게 비록 아버지의 친함이 있으나 임금의 존엄함은 없고, 무릇 천하에 임금 된 자는 신하에게 비록 임금의 존엄함이 있으나 아버지의 친함은 없다. 오직 임금이 세자에게 친함으로는 아버지이고, 존엄함으로는 임금이다. 이미 아버지가 되고 또 임금이 된 뒤에야 능히 천하의 존엄함과 친함 두 가지를 겸하여 소유할 수 있으니, 소유한다는 것은 아버지의 친함을 소유하고 임금의 존엄함을 소유함을 이른다. 저 아버지의 친함만 있고 임금의 존엄함이 없는 자도 오히려 자식을 가르칠 줄 몰라서는 안 되는데, 하물며 친함과 존엄함 두 가지를 겸하여 소유한 자가 세자를 가르침에 신중하지 않을 수 있겠는가. 愼은 마음을 다하고 道理를 다하여 감히 함부로 하거나 소홀히 하지 않음을 이른다.

081703 行一物而三善皆得者는 唯世子而已니 其齒於學之謂也라 故로 世子齒於學이어든 國人觀之하고 曰 將君我而與我齒讓은 何也오 曰 有父

在면 **則禮然**이라하나니 **然而衆知父子之道矣**니라 **其二曰 將君我而與我齒讓**은 **何也**오 **曰 有君在**면 **則禮然**이라하나니 **然而衆著於君臣之義也**니라 **其三曰 將君我而與我齒讓**은 **何也**오 **曰 長長也**라하나니 **然而衆知長幼之節矣**니라 **故**로 **父在**어든 **斯爲子**요 **君在**어든 **斯謂之臣**이니 **居子與臣之節**은 **所以尊君親親也**라 **故**로 **學**(효)**之爲父子焉**이며 **學**(효)**之爲君臣焉**이며 **學**(효)**之爲長幼焉**이니 **父子君臣長幼之道 得而國治**니라 **語曰 樂正**은 **司業**하고 **父師**는 **司成**이라 **一有元良**이면 **萬國以貞**[62]이라하니 **世子之謂也**니라

〈백성들과 年齒를 따져 사양하는〉 한 가지 일을 행함에 〈사람들로 하여금 父子·君臣·長幼〉 세 가지 善을 모두 얻게 할 수 있는 자는 오직 世子뿐이니, 세자가 學宮에서 〈함께 배우는 자들과〉 연치를 따짐을 이른다. 그러므로 세자가 학궁에서 연치를 따질 경우 나라 사람들이 그것을 보고 "장차 나에게 군림할 분인데 나와 연치를 따져 辭讓함은 어째서인가?"라고 물으면, 〈禮를 아는 자가〉 "〈세자의 위에〉 아버지가 살아 계시면 예가 이와 같은 것이다."라고 대답한다. 그리하여 사람들이 부자간의 도리를 알게 된다.

두 번째로 말하기를 "장차 나에게 군림할 분인데 나와 연치를 따져 사양함은 어째서인가?"라고 하면, "〈세자의 위에〉 임금이 살아 계시면 예가 이와 같은 것이다."라고 대답한다. 그리하여 사람들이 군신간의 의리를 밝게 알게 된다.

세 번째로 말하기를 "장차 나에게 군림할 분인데 나와 연치를 따져 사양함은 어째서인가?"라고 하면, "어른을 어른으로 섬기는 〈도리를 드러낸〉 것이다."라고 대답한다. 그리하여 여러 사람이 장유간의 예절을 알게

62) 一有元良 萬國以貞 : 이 내용은 ≪書經≫ 〈商書 太甲 下〉에 "한 사람이 크게 선량하면 萬國이 올바르게 될 것입니다.〔一人元良 萬邦以貞〕"라고 보인다.

된다.

그러므로 아버지가 살아 계시면 자식이 되는 것이고, 임금이 살아 계시면 신하라고 이르는 것이니, 자식과 신하의 입장에서 행해야 할 예절은 임금을 높이고 어버이를 친애하는 것이다. 그러므로 부자 된 도리를 가르치며 군신 된 도리를 가르치며 장유 된 도리를 가르치는 것이니, 부자·군신·장유의 도리가 분명해지면 나라가 잘 다스려진다.

옛말에 이르기를 "樂正은 세자의 학업을 맡고, 父師는 세자의 덕업의 성취를 맡는다." 하였다. 〈또 ≪書經≫에 이르기를〉 "한 사람이 크게 선량하면 萬國이 올바르게 된다." 하였으니, 세자를 말한 것이다.

≪集說≫

一物은 一事也니 與國人齒讓之一事也라 三善은 謂衆人知父子君臣長幼之道也라 君我는 君臨乎我也라 世子與同學之人讓齒어든 其不知禮者 見之而疑면 其知禮者 從而曉之曰 父在之時에 常執謙卑하야 不敢居人之前하니 其禮當如此也라하니 如此而衆知父子之道矣라 其二其三도 皆此意라 學(효)之는 教之也라 語는 古語也라 樂正은 主世子詩書之業하고 父師는 主於成就其德行이라 一有는 書作一人하니 謂世子也라 世子有大善이면 則萬邦皆正矣니라

'一物'은 한 가지 일이니, 나라 사람과 年齒를 따져 사양하는 한 가지 일이다. '三善'은 사람들이 父子와 君臣과 長幼의 도리를 앎을 이른다. '君我'는 나에게 군림하는 것이다. 세자가 함께 배우는 사람들과 연치를 따져 사양하거든 禮를 알지 못하는 자가 이것을 보고 의심할 경우에 禮를 아는 자가 따라서 깨우쳐주기를 "아버지가 살아 계실 적에는 항상 謙遜함을 지켜서 감히 남의 앞에 처하지 못하니, 그 禮가 마땅히 이와 같아야 하는 것이다." 하니, 이와 같이 해서 사람들이 부자의 道를 알게 되는 것이다. 두 번째와 세 번째도 모두 이 뜻이다. '學之'는 가르침이다. '語'는 옛말이다. 樂正은 세자의 詩書 배우는 일을 주관하고, 父師는 德行의 성취를 주관한다. '一有'는 ≪書經≫에는 '一人'으로 되어 있으니, 세자를 이른다. 세자가 큰 善이 있으면 萬國이 모두 바르게 된다.

≪大全≫

長樂陳氏曰 經曰 雖天子라도 必有尊也[63]라하니 以天子尙有所尊이어늘 而況於民乎아 故로 知爲父子則孝하고 知爲君臣則忠하고 知爲長幼則順하니 孝弟忠順立而國治矣니라

長樂陳氏：經에 이르기를 "비록 천자라도 반드시 높일 분이 있다." 하였으니, 천자로서도 오히려 높이는 바가 있는데 백성은 더 말할 것이 있겠는가. 그러므로 부자간이 되면 〈자식이〉 효도함을 알고, 군신간이 되면 〈신하가〉 忠誠함을 알고 장유간이 되면 〈어린 사람이〉 順從함을 아는 것이니, 효도와 공경·忠誠·順從이 확립되면 나라가 다스려진다.

○ 嚴陵方氏曰 齒讓者는 序齒相讓也라 父在斯爲子요 君在斯謂之臣이라하야 或言爲하고 或言謂之者는 唯其以天合故로 直言爲하고 惟其以人合故로 止言謂之也라 內則父子요 外則君臣이니 長幼則內外之所兼有也라 內外治면 則國其有不治者乎아

嚴陵方氏：'齒讓'은 年齒를 순서로 삼아 서로 사양하는 것이다. "父在斯爲子 君在斯謂之臣(아버지가 살아 계시면 자식이 되고 임금이 살아 계시면 신하라 이른다.)"이라 하여 혹은 '爲'라고 말하고 혹은 '謂之'라고 말한 것은 오직 〈부자간은〉 天倫으로 결합한 관계이기 때문에 곧바로 '爲'라고 말하였고, 〈군신간은〉 오직 人倫으로 결합한 관계이기 때문에 다만 '謂之'라고 말한 것이다. 집안에는 부자간이 있고 집밖에는 군신간이 있으니, 長幼간은 안과 밖의 관계를 겸하여 가진 것이다. 안과 밖이 다스려지면 나라에 어찌 다스려지지 않는 것이 있겠는가.

○ 臨川吳氏曰 得者는 謂於父子君臣長幼之道에 無所失也니라

臨川吳氏：〈'行一物而三善皆得者'의〉 '得'은 父子·君臣·長幼의 道에 잃는 것이 없음을 이른다.

---

63) 經曰……必有尊也：이 내용은 〈曾子問〉의 "증자가 묻기를 '옛날에 군대가 출동할 적에 반드시 遞遷할 신주를 가지고 갔습니까?' 하니, 공자께서 말씀하셨다. '천자가 巡狩할 적에 체천할 신주를 가지고 가서 齊車에 실은 것은 「반드시 높일 분이 있음」을 말하는 것이다. 지금 일곱 사당의 신주를 취하여 가니, 이는 잘못이다.'〔曾子問曰 古者 師行 必以遷廟主 行乎 孔子曰 天子巡守 以遷廟主行 載于齊車 言必有尊也 今也 取七廟之主以行 則失之矣〕"라는 말을 원용한 것이다.

○ 新安王氏曰 樂正司業은 前章所謂大樂正授數 是也요 父師司成은 所謂太傅少傅有保有師以成世子之德[64]者也니라

新安王氏 : 樂正이 學業을 맡음은 〈문왕세자〉 앞 章에 이른바 "大樂正이 〈篇章의〉 數를 가르쳐준다."는 것이고, 父師가 덕업의 성취를 맡음은 이른바 "太傅와 少傅와 保와 師가 있어서 세자의 덕을 이룬다."는 것이다.

○ 石林葉(섭)氏曰 一人元良하면 萬國以貞하니 蓋乾始於元而終於貞[65]이라 世子有君道也하니 體元之善이면 則仁以長人이요 立事之幹이면 則貞以及萬國[66]이니라

石林葉氏 : 한 사람이 크게 선량하면 萬國이 올바르게 되니, 이는 乾이 元에서 시작하여 貞에서 끝나는 것이다. 세자에게는 임금의 道가 있으니, 元의 善을 체행하면 仁하여 남의 우두머리가 될 수 있고, 일의 根幹을 세우면 貞하여 만국에 미칠 수 있는 것이다.

081704 周公이 踐阼하시니라

周公이 동쪽 계단을 밟으셨다.

---

64) 太傅少傅有保有師以成世子之德 : 이 내용은 〈文王世子〉의 앞쪽에 "태부는 앞에 있고 소부는 뒤에 있으며, 들어가면 〈세자의〉 保가 있고 나오면 〈세자의〉 師가 있으므로 〈세자가〉 가르침에 깨닫고 덕이 이루어지는 것이다.〔太傅在前 少傅在後 入則有保 出則有師 是以教喩而德成也〕"라고 한 것을 가리킨다.

65) 乾始於元而終於貞 : 이 내용은 ≪周易≫ 乾卦의 "乾은 元하고 亨하고 利하고 貞하다.〔乾 元亨利貞〕"라고 한 말을 원용한 것이다. 元은 만물의 시작(始)으로 계절로는 봄이며 인간의 性으로는 仁이고, 亨은 만물의 성장(長)으로 여름이며 禮이고, 利는 만물의 이룸(遂)으로 가을이며 義이고, 貞은 만물의 완성(成)으로 겨울이며 智가 된다.

66) 體元之善……則貞以及萬國 : 이 내용은 ≪周易≫ 乾卦 〈文言傳〉의 "군자가 인을 체행함이 남의 우두머리가 될 만하며……정고함이 족히 일의 근간이 될 수 있다.〔君子體仁足以長人……貞固足以幹事〕"라는 말을 원용한 것인데, 朱子의 ≪周易本義≫에 "仁으로 體를 삼으면 어느 한 물건도 사랑하는 가운데에 있지 않음이 없으므로 족히 사람의 우두머리가 될 수 있는 것이고……貞固는 正道가 있는 곳을 알아 굳게 지키는 것이니, ≪孟子≫에 이른바 '알아서 버리지 않는다.'는 것이므로 일의 근간이 될 수 있는 것이다.〔以仁爲體 則无一物不在所愛之中 故足以長人……貞固者 知正之所在而固守之 所謂知而弗去者也 故足以爲事之幹〕"라고 설명하였다.

≪集說≫

石梁王氏曰 此當爲衍文이라

石梁王氏 : 이는 마땅히 衍文이 되어야 한다.

○ 劉氏曰 此四字는 說者以下文更端이라 故著此하야 以結上文周公相踐阼之事라 然因其缺一相字하야 遂啓明堂位周公踐天子位[67]之說하고 其後에 馴致新莽居攝簒漢之禍[68]하니 實此語基之하니라

劉氏 : 이 〈'周公踐阼'〉 네 글자는, 해설하는 자가 다음과 같이 말하였다. "아랫글에서 단서를 바꾸었기 때문에 이 말을 기록하여 上文의 '周公이 〈成王을〉 도와서 동쪽 계단을 밟은' 일을 끝맺은 것이다. 그러나 〈이 글에서〉 '相'자 하나를 빠뜨림으로 인하여 마침내 〈明堂位〉의 '周公이 天子의 지위를 밟았다.'는 말을 하게 만들었고, 그 뒤에 新나라 王莽이 〈나이 어린〉 임금을 대신하여 攝政하면서 漢나라를 찬탈하는 화를 점점 이루게 하였으니, 진실로 이 말이 토대가 된 것이다."

081801 庶子之正於公族者는 敎之以孝弟睦友子愛하야 明父子之義와 長幼之序니라

庶子로서 公의 집안사람들을 다스리는 자는 공의 집안사람들에게 효도와 공경, 화목과 우애, 慈愛를 가르쳐서 父子의 의리와 長幼의 차례를 밝힌다.

---

67) 明堂位周公踐天子位 : 이 내용은 〈明堂位〉에 "무왕이 崩하셨을 적에 成王이 어리셔서 주공이 동쪽 계단(천자의 자리)을 밟아 천하를 다스리셨는데, 6년에 명당에서 제후들에게 조회를 받고 禮와 樂을 제정하며 度·量·衡을 반포하셨다. 그러자 천하가 크게 복종하였는데, 7년 만에 성왕에게 정권을 돌려주셨다.〔武王崩 成王幼弱 周公踐天子之位以治天下 六年 朝諸侯於明堂 制禮作樂 頒度量 而天下大服 七年 致政於成王〕"라고 보인다.

68) 馴致新莽居攝簒漢之禍 : 莽은 前漢 때 사람인 王莽으로 平帝를 시해하고 孺子 嬰을 옹립한 다음 周公이 천자의 지위를 밟은 故事를 따른다는 구실로 어린 임금을 대신하여 섭정하다가 帝位를 찬탈하여 新나라를 세운 것을 두고 한 말이다. 왕망은 주공의 先例를 들어 자신의 집권을 정당화하였지만, 內治와 外交에 실패하여 재위 15년 만에 後漢의 光武帝에게 살해되었다.(≪漢書≫ 권99上 〈王莽傳〉)

≪集說≫

庶子는 司馬之屬官이라 正於公族은 爲政於公族也라 周禮에 庶子掌國子之倅(쉬)[69]라하니 倅(쉬)는 副貳也요 國子는 是公卿大夫士之子니 則貳其父者也라

庶子는 司馬의 屬官이다. '正於公族'은 公의 집안사람을 다스리는 것이다. ≪周禮≫에 "서자는 國子로서 아버지를 보좌하는 이들을 관장한다." 하였으니, 倅는 보좌함이고 國子는 公·卿·大夫·士의 아들이니, 아버지를 보좌하는 자이다.

≪大全≫

長樂陳氏曰 言教世子하고 而繼之以庶子正公族은 行法은 自貴者始故也라 教之事乎上엔 則以孝弟하고 教之交乎旁엔 則以睦友하고 教之恤乎下엔 則以子愛니라

長樂陳氏 : 세자를 가르침을 말하고서 뒤이어 庶子가 公의 집안사람을 다스림을 말한 것은 法을 행함은 귀한 자부터 시작하기 때문이다. 윗사람을 섬기는 것을 가르칠 경우에는 효도하고 공경하라고 가르치고, 옆사람과 사귀는 것을 가르칠 경우에는 화목하고 우애하라고 가르치고, 아랫사람을 돌보는 것을 가르칠 경우에는 자애하라고 가르친다.

○ 臨川吳氏曰 善事親之孝는 卽父子之義也요 善事兄之弟는 卽長幼之序也라 睦友子愛는 皆孝弟之推니 睦者는 和於族이요 友者는 和於弟요 子者는 慈於子요 愛者는 慈於幼니라

臨川吳氏 : 어버이를 섬기는 孝를 잘함은 바로 父子간의 의리이고, 형을 섬기는

69) 庶子掌國子之倅(쉬) : 이 내용은 ≪周禮≫ 〈夏官 諸子〉의 "제자는 國子로서 아버지를 보좌하는 이들을 관장한다.〔諸子掌國子之倅〕"라는 말을 인용한 것인데, 賈公彦 疏에 "천자의 제자와 제후의 서자는 모두 卿과 大夫와 士의 적자를 관장하는데, 적자가 많기 때문에 '諸'라고 하였고, 혹은 '庶'라고 말하기도 하니, '諸'와 '庶'는 통용되는 명칭이기 때문에 천자의 '제자'가 '서자'가 되는 것이다.〔天子之諸子諸侯之庶子 皆掌卿大夫士之適子 適子衆多 故云諸 或言庶 諸庶通名 故天子諸子爲庶子也〕"라고 하였다.(≪周禮注疏≫) 또 ≪禮記≫ 〈燕義〉에 "庶子官은 제후와 卿과 대부와 士의 여러 아들로서 아버지를 보좌하는 이들을 관장한다.〔庶子官職諸侯卿大夫士之庶子之卒(쉬)〕"라고 하였는데, 孔穎達 疏에 "천자의 경우에는 '제자'라고 이르고 제후의 경우에는 '서자'라고 이르니, 관장하는 것은 똑같다.〔天子謂之諸子 諸侯謂之庶子 職掌同也〕"라고 하였다.(≪禮記正義≫)

공경을 잘함은 바로 長幼간의 차례이다. 睦·友·子·愛는 모두 효도와 공경을 미루어간 것이니, 睦은 宗族과 화목함이고, 友는 아우와 화목함이고, 子는 자식을 자애함이고, 愛는 어린 사람을 자애함이다.

081802 其朝于公에 內朝[70] 則東面北上이니 臣有貴者라도 以齒니라

〈公의 집안사람이〉 公에게 조회할 적에 內朝에서는 〈서쪽에 서서〉 동향을 하고 북쪽을 上位로 삼으니, 〈同姓의〉 신하 중에 신분이 귀한 자가 있더라도 〈서열은〉 年齒를 따른다.

≪集說≫

內朝는 路寢之庭也라 言公族之人이 若朝見(현)於公之內朝면 則立於西方而面向東하고 尊者在北하야 以次而南이라 然이나 既均爲同姓之臣이면 則一以昭穆之長幼로 爲序니 父兄雖賤이나 必居上하고 子弟雖貴나 必處下也라

內朝는 路寢의 뜰이다. 이는 "公의 집안사람이 만약 公의 내조에서 朝見하게 되면 서쪽에 서서 얼굴은 동쪽을 향하고 尊者가 북쪽에 위치하여 차례대로 남쪽으로 내려간다. 그러나 이미 똑같이 同姓의 신하가 되었으면 한결같이 昭穆의 長幼로써 차례를 삼으니, 父兄은 비록 천하더라도 반드시 위에 처하고, 子弟는 비록 귀하더라도

70) 內朝 : 천자나 제후가 정무를 처리하거나 휴식을 취하는 장소로, 外朝와 상대하여 말한 것이다. 內朝는 두 가지가 있다. 하나는 路門 밖에 있는 것으로 천자나 제후가 정무를 처리하는 곳인데 治朝라고도 한다. 하나는 노문 안의 路寢에 있는 뜰(庭)로 천자나 제후가 정무를 처리한 뒤에 휴식을 취하는 곳인바 燕朝라고도 하는데, 陳澔의 集說에서 말한 내조가 이곳이다. 천자의 궁궐은 밖에서부터 안쪽으로 皐門·雉門·庫門·應門·路門 다섯 문이 순서대로 있고, 제후는 치문·고문·노문 세 문이 순서대로 있는바, 외조는 치문 밖에 있는데, 천자와 제후 모두 외조·내조·연조 三朝가 있다.(≪周禮注疏≫)

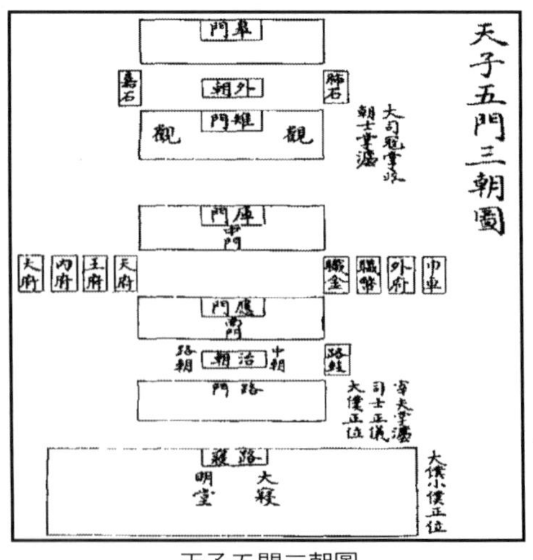

天子五門三朝圖

반드시 아래에 처한다."라고 말한 것이다.

081803 **其在外朝**하야는 **則以官**이니 **司士爲之**니라

外朝에 있어서는 관직을 따라 서열하니, 司士가 이것을 맡는다.

≪集說≫

外朝는 路寢門外之朝也라 若公族이 朝見於外朝하야 與異姓之臣으로 雜列이면 則以官之高卑로 爲次序하고 不序年齒也라 司士는 亦司馬之屬이니 主爲朝見之位次者라

外朝는 路寢 문밖의 조회하는 곳이다. 만약 公族이 외조에서 朝見하여 異姓의 신하와 뒤섞여 나열하게 되면 관직의 高下로 次序를 삼고 年齒로 차서를 삼지 않는다. 司士는 또한 司馬의 관속이니, 조현하는 位次를 만드는 것을 주관하는 자이다.

≪大全≫

馬氏曰 內朝以齒면 則公族有所伸하고 外朝以官이면 則公族有所屈하니 有所伸有所屈이 皆先王治宗族之道니라

馬氏 : 內朝에서 연치를 따르면 公의 집안사람이 〈私的인 情에〉 펴는 바가 있게 되고, 外朝에서 관직을 따라 서열하면 公의 집안사람이 〈公的인 義理에〉 굽히는 바가 있으니, 펴는 바가 있고 굽히는 바가 있는 것이 모두 先王이 宗族을 다스린 방도이다.

○ 嚴陵方氏曰 北上則所尊在內也[71]라 臣有貴者라도 以齒면 則賤者도 可知矣라 自三公而下 皆在所司어늘 而以士名官者는 司至於士니 則朝之所司者悉矣니라

嚴陵方氏 : 北을 上位로 하면 높이는 바가 안에 있는 것이다. 신하 중에 신분이 귀한 자가 있더라도 연치를 따라 서열하면 천한 자도 〈연치를 따라 서열함을〉 알 수 있다. 三公 이하가 모두 맡는 바가 있는데 士로 官名을 지은 것은 맡음이 士에까지 이른 것이니, 그렇다면 朝廷에서 맡는 바가 남김없이 다 이루어진 것이다.

---

71) 北上則所尊在內也 : 〈天子五門三朝圖〉에 의하면 內朝와 外朝는 상황에 따라 지칭하는 장소가 다르나 항상 북쪽을 내조, 남쪽을 외조로 보며, 북쪽을 안, 남쪽을 밖으로 말한다.

081804 **其在宗廟之中**하야는 **則如外朝之位**니 **宗人授事**호되 **以爵以官**이니라

宗廟 가운데에 있을 적에는 외조의 위차와 똑같이 하니, 宗人이 사람들에게 일을 맡겨주되 작위에 따르고 관직에 따른다.

≪集說≫

宗人之官은 掌禮及宗廟中授百官以職事者라 以爵은 隨其爵之尊卑하야 貴者在前하고 賤者在後也요 以官은 隨其官之職掌하야 使各供其事也라

宗人이라는 관직은 禮 및 종묘 안에서 百官에게 직무를 맡겨줌을 관장한다. '以爵'은 작위의 貴賤에 따라서 존귀한 자가 앞에 있고 비천한 자가 뒤에 있게 하는 것이고, '以官'은 맡은 관직에 따라서 각각 일을 돕게 하는 것이다.

≪大全≫

長樂陳氏曰 外朝主敬하고 宗廟之中亦主敬이라 故로 在宗廟之中이면 則如外朝之位니라

長樂陳氏 : 외조는 공경을 주장하고 종묘의 가운데에서도 공경을 주장하므로 종묘의 가운데에 있으면 외조의 位次와 같게 한다.

081901 **其登**하야 **餕**하며 **獻**하며 **受爵**은 **則以上嗣**니라

〈堂 위에〉 올라가서 〈尸童의〉 대궁을 먹으며 〈시동에게〉 술잔을 올리며 〈시동에게〉 술잔을 받는 것은 〈적장자인〉 上嗣가 행하도록 한다.

≪集說≫

登은 自堂下而升堂上也라 餕은 食尸之餘也니 尸出이면 宗人이 使嗣子及長兄弟로 升堂하야 相對而餕也라 以特牲禮[72]次序言之컨대 先時에 祝酌爵觶(치)하야 奠于鉶

72) 特牲禮 : ≪儀禮≫의 〈特牲饋食禮〉로, '特'은 하나라는 뜻이고, '特牲'은 犧牲이 돼지(豕) 한 종류이다. 제후국의 士가 歲時를 만나면 돼지 한 종류와 黍·稷을 포함한 여러 가지 음식과 술을 장만하여 사당에서 돌아가신 아버지와 할아버지의 신에게 제사를 지내는데, 아버지와 할아버지가 살아 계실 때 자손이 음식을 올려 봉양했던 것과 똑같이 하기 때

南이라가 俟主人獻內兄弟[73]畢하고 長兄弟及衆賓長이 爲加爵之後에 宗人이 使嗣子로 飮鉶南之奠爵이라 嗣子盥而入拜어든 尸執此奠爵하나니 嗣子進受하고 復位而拜면 尸答拜하고 嗣子飮畢拜尸하면 尸又答拜하니 所謂受爵也라 嗣子又擧所奠爵하야 洗而酌之하야 以入獻尸하면 尸拜而受어든 嗣子答拜하니 所謂獻也라 無算爵[74]之後에 禮畢尸出하면 乃餕하니 此三事者는 受爵在先이요 獻次之요 餕最在後어늘 今言餕獻受爵은 以重在餕故로 逆言之歟인저 上嗣는 適子之長者爲最上也라 此謂士禮[75]요 大夫之嗣無此禮者는 避君也라 故少牢禮[76]에 無嗣子擧奠之文하니라

登은 堂 아래에서 당 위로 올라가는 것이다. 餕은 尸童이 먹고 남은 음식을 먹는 것이니, 시동이 나오면 宗人이 嗣子 및 〈형제 중에 나이가 많은〉 長兄弟로 하여금 堂에 올라가서 서로 마주하여 대궁을 먹게 한다.

≪儀禮≫ 〈特牲饋食禮〉의 次序를 가지고 말하면, 이보다 먼저 祝官이 술잔에 술을 따라서 국그릇 남쪽에 올려놓았는데, 주인이 內兄弟에게 술잔을 모두 올리고 장형제와 衆賓의 長이 加爵을 올리기를 기다린 뒤에 종인이 사자로 하여금 〈陰厭 때〉 국그릇 남쪽에 올려놓았던 술잔을 마시게 한다. 사자가 〈堂 아래에서〉 손을 씻고 〈室 안으로〉 들어가 절하면 시동이 〈祝이 올렸던〉 이 술잔을 들어 사자에게 준다. 사자가 나아가서 술잔을 받고 〈室 안의〉 자리로 돌아가 〈술을 고수레하고 조금 맛본 뒤에〉 절하면 시동이 答拜하고, 사자가 다 마시고 시동에게 절하면 시동이 또다시

문에 '特牲饋食禮'라고 칭한다.

73) 內兄弟 : ≪儀禮≫ 〈特牲饋食禮〉의 '內兄弟'에 대한 鄭玄 注에 "내빈과 종부이다.〔內賓宗婦〕"라고 하였고, '內賓宗婦'에 대한 정현의 주에 "내빈은 고모와 자매이다. 종부는 족인의 부인이다.〔內賓 姑姊妹 宗婦 族人之婦〕" 하였다.(≪儀禮注疏≫)

74) 無算爵 : 술잔 수를 헤아리지 않고 술을 마시는 儀節을 이른다.(≪儀禮≫ 〈燕禮〉)

75) 此謂士禮 : 金在魯의 ≪禮記補註≫에 "마땅히 통틀어서 천자와 제후 및 士의 예라고 해야 할 것인데, 陳澔의 註에서는 다만 '이는 士의 예를 이른 것이다.' 하였다. 여기서 '此'자는 인용한 〈特牲饋食禮〉를 가리키니, 〈특생궤사례〉를 인용한 것은 천자와 제후의 祭禮가 망실되었기 때문이다.〔當通爲天子諸侯及士之禮 而陳註只云此謂士禮者 此字指所引特牲禮也 引特牲禮者 天子諸侯之祭禮亡逸故也〕"라고 설명하였다.

76) 少牢禮 : ≪儀禮≫의 〈少牢饋食禮〉로, '少牢'는 희생이 羊과 돼지(豕) 두 종류이다. 제후국의 卿·大夫가 歲時를 만나면 소뢰와 黍·稷을 포함한 여러 가지 음식과 술을 장만하여 사당에서 돌아가신 아버지와 할아버지, 증조 할아버지의 신에게 饋食禮를 행하기 때문에 '소뢰궤사례'라고 이른다.

답배하니, 이것이 이른바 '受爵'이다.

사자가 또다시 내려두었던 빈 술잔을 들어서 〈堂을 내려가〉 깨끗이 씻어 술을 따라 가지고 〈室 안으로〉 들어가 시동에게 올린다. 시동이 절하고 받거든 사자가 답배를 하니, 이것이 이른바 '獻'이다. 無算爵을 한 뒤에 禮가 끝나고 시동이 나오면 그제야 餕을 하니, 이 세 가지의 일은 受爵이 맨 앞에 있고 獻이 그다음이고 餕이 맨 뒤에 있는데, 이제 餕・獻・受爵의 순서로 말한 것은 중함이 餕에 있기 때문에 순서를 거슬러서 말한 듯하다.

'上嗣'는 嫡子 중에 연장자를 最上으로 삼는 것이다. 이는 士의 禮를 말한 것이고, 대부의 사자에 대해 이 禮가 없는 것은 임금의 禮를 避嫌한 것이다. 그러므로 〈少牢饋食禮〉에는 사자가 〈陰厭 때 祝이 올려서 내려놓았던〉 술잔을 들어 마신다는 글이 없다.

≪大全≫

山陰陸氏曰 內朝는 親親하고 外朝는 貴貴하고 在宗廟之中이면 則二者竝隆이라 宗人이 授事以爵以官은 貴貴也요 其登하야 餕獻受爵則以上嗣는 親親也라 以官은 若君執圭瓚祼尸어든 大宗執璋瓚亞(獻)〔祼〕[77][78]之類요 以爵은 若迎牲에 君執引[79]이어든 大夫從하고 士執芻[80]之類也라 獻者는 謂上嗣嘗受爵於尸矣요 已而復酌獻尸也라

山陰陸氏 : 內朝에서는 親屬을 친애하고 外朝에서는 귀한 사람을 귀하게 여기고 宗廟의 안에 있으면 두 가지를 모두 높인다. 宗人이 일을 맡겨주되 爵位를 따르고 官職을 따름은 귀한 사람을 귀하게 여기는 것이고, 堂 위로 올라가 〈尸童의〉 대궁을 먹고 〈시동에게〉 술잔을 올리고 〈시동에게〉 술잔을 받을 때에는 上嗣가 행하도록

77) (獻)〔祼〕 : 저본에는 '獻'으로 되어 있으나, 〈祭統〉에 의거하여 '祼'으로 바로잡았다.

78) 君執圭瓚祼尸大宗執璋瓚亞(獻)〔祼〕 : 이 내용은 〈祭統〉의 "임금이 규찬을 잡고 시동에게 강신을 하면 대종백이 장찬을 잡고 두 번째로 강신을 한다.〔君執圭瓚祼尸 大宗執璋瓚亞祼〕"라는 구절을 인용한 것이다. 鄭玄 注에 "규찬과 장찬은 〈울창주를 따르는 옥그릇인〉 祼器이니, 圭와 璋으로 자루를 만든다.〔圭瓚璋瓚 祼器也 以圭璋爲柄〕" 하였다.(≪禮記正義≫)

79) 引 : '紖(희생의 끈)'과 같다.

80) 迎牲……士執芻 : 이 내용은 〈祭統〉의 "희생을 맞이할 때에 이르러 임금이 희생의 끈을 잡으면 경대부가 뒤를 따르고 士가 꼴을 잡는다.〔及迎牲 君執紖 卿大夫從 士執芻〕"라는 구절을 인용한 것이다.

하는 것은 친속을 친애함이다. 관직을 따른다는 것은 예컨대 임금이 圭瓚을 잡고 시동에게 울창주를 따르면 大宗伯이 璋瓚을 잡고 두 번째로 울창주를 따르는 따위이고, 작위를 따른다는 것은 예컨대 犧牲을 맞이할 때에 임금이 희생의 끈을 잡으면 대부가 뒤를 따르고 士가 꼴을 잡는 따위이다. '獻'은 上嗣가 일찍이 시동에게 술잔을 받고 나서 다시 술을 따라 시동에게 올림을 이른다.

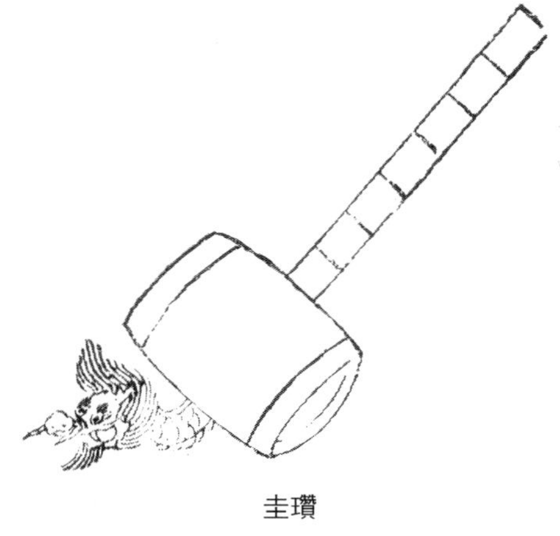

圭瓚

082001 **庶子治之**호되 **雖有三命**[81)]이나 **不踰父兄**[82)]이니라

庶子가 다스리되 비록 3命의 귀한 사람이 있더라도 父兄의 位次를 넘지 않게 한다.

≪集說≫

庶子治公族朝內朝之禮호되 雖有三命之貴나 而其位次 不敢踰越無爵之父兄而居其上이니 卽上章所言臣有貴者以齒也라

서자가 公의 집안사람이 內朝에서 朝見하는 禮를 다스리되 비록 3命의 귀한 사람이 있더라도 그의 位次가 감히 작위가 없는 父兄을 넘어서 그 위에 있지 못하게 하니, 바로 윗장에서 이른바 "신하 중에 귀한 자가 있더라도 연치를 따른다."는 것이다.

---

81) 三命 : 높은 벼슬을 뜻하는바, ≪周禮≫ 〈春官 大宗伯〉에 "1命에 직무를 받고, 再命에 관복을 받고, 3命에 작위를 받는다.〔壹命受職 再命受服 三命受位〕"라고 하였는데, 鄭玄 注에 따르면 1명은 천자의 下士와 列國의 士와 子·男의 대부이고, 재명은 천자의 中士와 열국의 대부와 子·男의 卿이고, 3명은 천자의 上士와 열국의 卿이다.(≪周禮注疏≫)

82) 庶子治之……不踰父兄 : 孔穎達 疏에 "이 句는 두 조목의 앞인 '臣有貴者以齒'의 아래를 이어야 한다. 외조에서 이미 '司士가 맡는다.' 하였으니, 내조에서는 자연스럽게 서자가 다스리기 때문이다. 〈이 구가〉 여기에 있는 것은 竹簡이나 木札에 落張이 생겼기 때문에 여기에 있는 것이다.〔此句應承第二條前臣有貴者以齒之下 其外朝旣云司士爲之 則內朝自然庶子治之也 所以在此者 當是簡札遺脫故在此也〕" 하였는데, 陳澔의 集說에서는 아무런 언급이 없다.(≪禮記正義≫)

○ 疏曰 若非內朝요 其餘會聚면 則一命은 齒于鄕里하니 謂一命尙卑라 若與鄕里長宿으로 燕食이면 則猶計年也요 再命은 齒于父族하니 謂再命漸尊이라 不復與鄕里計年하야 唯官高在上이로되 但父族爲重하야 猶計年爲列也요 三命은 不齒하니 謂三命大貴라 則亦不復與父族計年하야 燕會則別席獨坐하야 在賓之東矣니라

疏 : 만일 內朝가 아니고 그밖의 모임이면 1命은 鄕里에서 연치를 따지니, 이는 "1命은 벼슬이 아직 낮으므로 만약 향리의 연장자이거나 명망 있는 사람들과 잔치에서 음식을 먹게 되면 오히려 연치를 따진다."라는 말이다. 再命은 父系의 친족에서 연치를 따지니, 이는 "再命은 벼슬이 조금 더 높으므로 더 이상 향리의 사람들과 연치를 따지지 않아서 오직 관직이 높은 자가 위에 있기는 하지만 다만 부계의 친족을 중하게 여겨서 오히려 나이를 따져 序列을 정한다."라는 말이다. 3命은 연치를 따지지 않으니, 이는 "3命은 벼슬이 매우 귀하므로 또한 더 이상 부계의 친족과 연치를 따지지 아니하여 燕會에서는 별도의 돗자리에 홀로 앉아 빈객의 동쪽에 있는 것이다."라는 말이다.

≪大全≫

山陰陸氏曰 司士爲之하고 庶子治之者는 爲之以禮하고 治之以義也라 蓋司士爲之以禮는 恩也라 故로 庶子治之以義하야 雖有三命이나 不踰父兄이라 據此하면 進齒一等이니 方其以爵以官에 嫌齒太陵故也라 先王所以均節仁義하야 使恩協理稱하야 世無得議焉이 凡以此니라

山陰陸氏 : 司士가 〈朝見하는 位次를〉 만들고 庶子가 다스리는 것은 禮에 입각하여 만들고 義理에 입각하여 다스리는 것이다. 사사가 禮를 따라 만듦은 은혜이므로 서자가 의리를 따라 다스려서 비록 3命의 존귀한 사람이 있더라도 父兄의 位次를 넘지 않게 한다. 이것에 근거하면 연치를 한 등급 올린 것이니, 막 爵位를 따르고 관직을 따를 적에 연치가 너무 輕視될 것을 혐의하였기 때문이다. 先王이 仁과 義를 고르게 조절하여 은혜가 적합하게 되고 의리가 걸맞게 되어 세상 사람들이 비판할 수 없었던 것이 모두 이 때문이다.

082101 其公大事엔 則以喪服之精麤로 爲序하나니 雖於公族之喪이라도

亦如之호되 **以次主人**이니라

公의 喪事에는 喪服의 고움과 거칢에 따라 차서를 정하니, 비록 公의 집안사람의 喪이더라도 또한 이와 같이 하되 〈주인보다 높은 父兄들의〉 位次를 주인의 아래에 있게 한다.

≪集說≫

此는 謂君喪에 而庶子治其禮事니 大事는 喪事也라 臣爲君하야 皆斬衰(최)나 然衰制雖同而升數之多寡는 則各依本親이니 庶子序列位次면 則辨其本服之精麤하야 使衰麤者在前하고 衰精者在後라 非但公喪如此라 公族之內에 有相爲服者亦然하니 蓋亦是庶子序其精麤先後之次也라 以次主人者는 謂雖有庶長父兄이 尊於主人이나 亦必次於主人之下하야 使主人在上하야 爲喪主也라

이는 임금의 喪에 庶子가 喪禮의 일을 다스림을 말한 것이니, 大事는 喪事이다. 신하가 임금을 위하여 모두 斬衰服을 입는다. 그러나 상복의 제도는 비록 똑같더라도 삼베의 올 수의 많고 적음은 각각 本親을 기준으로 삼으니, 서자가 位次를 서열하게 되면 本服의 〈삼베의〉 곱고 거친 것을 구별하여 상복이 거친 자로 하여금 앞에 있게 하고 상복이 고운 자로 하여금 뒤에 있게 하는 것이다. 公의 상에만 이렇게 할 뿐 아니라 公의 집안사람 중에 서로 위하여 服을 입는 자가 있으면 또한 이렇게 하니, 이 역시 서자가 상복의 곱고 거친 것에 따른 선후의 次序를 정하는 것이다. '以次主人'은 비록 주인보다 높은 여러 나이 많은 父兄이 있더라도 또한 반드시 주인의 아래로 위차를 정해서 주인으로 하여금 위에 자리하여 喪主가 되게 하는 것을 이른다.

≪大全≫

嚴陵方氏曰 送死는 足以當大事라 故로 謂之大事라 服輕則於喪者爲疏하고 服重則於喪者爲親하니 以精麤爲序也니라

嚴陵方氏 : 죽은 이를 葬送함은 충분히 大事에 해당하므로 '大事'라 이른 것이다. 服이 가벼우면 죽은 자에 대해 소원한 관계가 되고 服이 무거우면 죽은 자에 대해 친한 관계가 되니, 〈상복을 만드는 삼베의〉 곱고 거칢을 가지고 〈親疏의〉 순서를 정하는 것이다.

082102 **若公**이 **與族燕**인댄 **則異姓**으로 **爲賓**하고 **膳宰**로 **爲主人**하며 **公**이 **與父兄齒**하며 **族食**은 **世降一等**이니라

만약 〈제후국의 임금인〉 公이 집안사람들과 燕食을 하게 되면 異姓 가운데 한 사람으로 빈객을 삼고 膳宰(궁중 요리사)로 주인을 삼으며, 공이 父兄들과 〈연식을 할 적에는〉 연치를 따지며, 집안사람들과 연식을 하는 것은 代數에 따라 한 등급씩 낮춘다.

≪集說≫

公與族人燕食[83)]이면 亦庶子掌其禮라 族人雖衆이나 其初는 一人之身也니 豈可以賓客之道로 外之리오 故로 以異姓一人爲賓하고 而使膳宰爲主하야 與之抗禮酬酢하나니 君尊하야 而賓不敢敵也라 君雖尊이나 而與父兄列位하야 序尊卑之齒者는 篤親親之道也라 族食은 與族人燕食也라 世降一等은 謂族人旣有親疏면 則燕食亦隨世降殺(쇄)也라

公이 집안사람들과 燕食을 하게 되면 또한 庶子가 그 禮를 관장한다. 집안사람들이 비록 많더라도 그들의 시초는 〈시조 할아버지〉 한 사람의 몸이니, 어찌 빈객의 도리를 써서 그들을 멀리할 수 있겠는가. 그러므로 異姓 한 사람으로 빈객을 삼고 〈임금 자신을 대신하여〉 膳宰로 하여금 主人을 삼아서 이들과 더불어 대등한 禮를 행하여 酬酌하게 하니, 임금은 신분이 높아서 빈객이 감히 상대하지 못하기 때문이다. 임금이 비록 높으나 父兄들과 자리를 서열해서 尊卑의 연치를 따라 순서를 정하는 것은 親屬을 친애하는 도리를 돈독히 하는 것이다. '族食'은 집안사람들과 연식을 하는 것이다. '世降一等'은 집안사람들이 이미 親疏의 구분이 있으면 연식 또한 〈그

83) 燕食 : 天子나 諸侯・大夫・士・庶人이 일상적으로 먹는 午餐과 晩餐을 가리킨다. ≪周禮≫ 〈天官 膳夫〉에 "왕의 연식에는 朝餐에서 남긴 희생의 고기를 올리고 食前의 고수레를 돕는다.〔王燕食 則奉膳 贊祭〕" 하였는데, 鄭玄 注에 "연식은 정오와 저녁의 식사를 이른다.〔燕食謂日中與夕食〕" 하였다.(≪周禮注疏≫) 孫詒讓의 ≪周禮正義≫에 "왕은 하루에 세 번 식사하는데, 정오와 저녁의 식사는 반찬의 가짓수가 줄어서 예식 및 조식의 성찬과 구별되기 때문에 이를 연식이라 하는 것이다.〔王日三食 日中與夕食 饌具減殺 別於禮食及朝食盛饌 故謂之燕食〕" 하였다.

횟수가〉 代數에 따라 줄어듦을 이른다.

○ 疏曰 假令本是齊衰(자최)면 一年四會食이요 若大功則一年三會食이요 小功則一年再會食이요 緦麻則一年一會食이니 是世降一等也라

疏 : 가령 본래 齊衰 期年服을 입는 형제이면 1년에 네 번 회식을 하고, 大功服을 입는 從兄弟이면 1년에 세 번 회식을 하고, 小功服을 입는 再從兄弟이면 1년에 두 번 회식을 하고, 緦麻服을 입는 三從兄弟이면 1년에 한 번 회식을 하니, 이것이 代數에 따라 한 등급씩 낮추는 것이다.

≪大全≫

嚴陵方氏曰 凡燕之禮는 必立賓以備酬酢之儀하나니 若鄕飮酒에 言立賓以象天[84)]이 是也라 然主人者는 尊賓하니 旣謂之賓이면 則尊之而已요 非親之也라 親莫親於同姓하니 則凡於同姓엔 固無賓之之禮也라 故로 燕族之賓을 不以同姓하고 而以異姓爲之也니라

嚴陵方氏 : 무릇 燕會의 禮는 반드시 빈객을 세워서 酬酌하는 儀禮를 갖추니, 예컨대 〈鄕飮酒義〉에 "빈객을 세워 하늘을 형상한다." 한 것이 여기에 해당한다. 그러나 주인은 빈객을 높이니, 이미 빈객이라고 말했으면 그를 높일 뿐이고 친하게 하는 것이 아니다. 친한 사람은 同姓보다 더 친한 사람이 없으니, 무릇 동성에게는 진실로 빈객으로 대우하는 禮가 없으므로 집안사람들에게 잔치할 때의 빈객을 동성인 사람으로 세우지 않고 異姓으로 세우는 것이다.

---

84) 立賓以象天 : 이 내용은 〈鄕飮酒義〉에 "빈객과 주인은 하늘과 땅을 형상한다.〔賓主象天地也〕"라고 보이고, 또 "鄕飮酒義에 빈객을 세워 하늘을 형상하고 주인을 세워 땅을 형상한다.〔鄕飮酒之義 立賓以象天 立主以象地〕"라고 보이는데, 陳澔의 集說에 "贊皇의 浩齋가 말하였다. '빈객을 세워 하늘을 형상함은 빈객을 높이는 것이고, 주인을 세워 땅을 형상함은 주인을 供養하는 것이다.'〔贊皇浩齋曰 立賓以象天 所以尊之也 立主以象地 所以養之也〕" 하였고, 또 "호재가 말하였다. '鄕飮酒의 禮는 빈객과 주인보다 우선하는 것이 없으니, 빈객을 세워 하늘을 형상하고 주인을 세워 땅을 형상함은 禮의 법이다.'〔浩齋曰 飮酒之禮 莫先於賓主 立賓象天 立主象地 禮之經也〕" 하였다. '호재'는 北宋의 학자인 過源의 호로, 자는 道源이고 高祖 때부터 江西省 臨川縣에 살았고 그도 여기에서 태어났다. 찬황은 河北省 贊皇縣인 것으로 추정되는데, 과원과 찬황현의 연관성은 자료가 부족하여 알 수가 없다.

082201 **其在軍**하야는 **則守於公禰**(조)니라

軍中에 있을 때는 〈庶子官이〉 公祧를 지킨다.

≪集說≫

禰(녜)는 **當讀作祧**(조)라

禰(아버지 사당)는 마땅히 '祧(체천함)'로 읽어야 한다.

○ 公禰(조)는 謂遷主로 載在齊(재)車하야 隨公出行者也니 庶子官이 既從在軍故로 守衛此齊車之行主也라

公禰는 체천한 신주로 齊車에 실려서 公을 따라 출행한 분을 이르니, 庶子官이 이미 임금을 따라 軍中에 있기 때문에 이 재거에 실려 출행한 신주를 지키고 호위하는 것이다.

082202 **公**이 **若有出疆之政**이어든 **庶子以公族之無事者**로 **守於公宮**호되 **正室**은 **守太廟**하고 **諸父**는 **守貴宮貴室**하고 **諸子諸孫**은 **守下宮下室**이니라

公이 만약 국경을 나가는 政事가 있게 되면 庶子가 공의 집안사람 중에 일이 없는 자로 하여금 公宮을 지키게 하되 正室은 太廟를 지키게 하고, 諸父는 貴宮과 貴室을 지키게 하고, 諸子와 諸孫은 下宮과 下室을 지키게 한다.

≪集說≫

上章에 專言出軍하니 則此出疆之政은 蓋朝覲會同[85]之事也라 無事者는 謂不從行及無職守之人也라 公宮은 總言公之宗廟宮室也라 正室은 公族之爲卿大夫士者之

85) 朝覲會同 : ≪周禮≫ 〈春官 典瑞〉에 "이러한 모습으로 왕에게 朝·覲·宗·遇·會·同의 예를 행한다.〔以朝覲宗遇會同于王〕"라고 하였는데, 鄭玄 注에 "侯氏가 천자를 조현하는 것을 봄에는 朝라 하고 여름에는 宗이라 하고 가을에는 覲이라 하고 겨울에는 遇라 하며, 비정기적으로 뵙는 것을 會라 하고 사계절에 무리 지어 뵙는 것을 同이라 한다.〔侯氏見于天子 春曰朝 夏曰宗 秋曰覲 冬曰遇 時見曰會 殷見曰同〕" 하였다.(≪周禮注疏≫)

適子也라 太廟는 太祖之廟也라 諸父는 公之伯父叔父也라 宮은 以廟言이요 室은 以居言이니 貴宮은 尊廟也요 貴室은 路寢也라 下宮下室은 則是親廟與燕寢也라

윗장에서는 오로지 出軍함을 말했으니, 여기의 국경을 나가는 政事라는 것은 朝覲하고 會同하는 일일 것이다. 일이 없는 자란 임금을 수행하지 않았거나 맡은 직책이 없는 사람을 이른다. 公宮은 公의 종묘와 궁실을 총괄하여 말한 것이다. 正室은 공의 집안사람 중에 경·대부·士가 된 자의 嫡子이다. 太廟는 太祖의 사당이다. 諸父는 공의 伯父와 叔父이다. 宮은 사당을 가지고 말한 것이고 室은 거처를 가지고 말한 것이니, 貴宮은 〈높은 분을 모시는 사당인〉 尊廟이고 貴室은 路寢이다. 下宮과 下室은 바로 〈고조까지 모신 사당인〉 親廟와 燕寢이다.

082301 **五廟之孫**이 **祖廟未毁**어든 **雖爲庶人**이나 **冠**이어나 **取妻**에 **必告**하며 **死必赴**하며 **練祥則告**니라

五廟를 받드는 후손은 祖廟가 아직 체천되지 않았거든 비록 자신이 庶人이더라도 冠禮를 하거나 아내를 취할 때에 반드시 임금에게 고하며 죽으면 반드시 부고하며 練祭(小祥祭)와 大祥祭에 임금에게 고한다.

≪集說≫

諸侯는 五廟니 始封之君이 爲太祖하야 百世不遷이요 此下는 親盡則遞遷하나니 此言五廟之孫은 是始封之君이 卽五世祖故로 云이라 祖廟未毁의 未毁는 未遞遷也라 此孫이 雖無祿仕나 然冠昏에 必告于君하며 死必赴하며 練祥之祭에 必告者는 以其親未盡也니라

제후는 사당이 다섯인데, 처음 봉해진 임금이 太祖가 되어 백대토록 옮기지 않고 그 아래는 親이 다하면 체천하니, 여기에서 '五廟之孫'이라고 말한 것은 처음 봉해진 임금이 바로 5대조이기 때문에 말한 것이다. '祖廟未毁'의 '未毁'는 아직 체천되지 않은 것이다. 이 후손이 〈庶人이어서〉 비록 벼슬하여 祿을 먹지 않더라도 冠禮와 婚禮에 반드시 임금에게 고하며 죽으면 반드시 부고하며 練祭(小祥祭)와 大祥祭에 반드시 〈임금에게〉 고하는 것은 그 親이 아직 다하지 않았기 때문이다.

≪大全≫

嚴陵方氏曰 親屬未絶이면 不以貴賤之間而忘吉凶之問也니라

嚴陵方氏：親屬 관계가 아직 끊어지지 않았으면 신분에 貴賤의 차이가 있다는 것을 이유로 吉事와 凶事를 알리는 일을 잊어서는 안 된다는 것이다.

082302 族之相爲也에 宜弔不弔하고 宜免(문)不免이어든 有司罰之니 至于賵(봉)賻承(증)含[86]하야도 皆有正焉이니라

집안사람들끼리 서로 위할 때에 마땅히 조문해야 하는데 조문하지 않거나 마땅히 袒免해야 하는데 단문하지 않으면 〈庶子인〉 有司가 벌을 주니, 賵과 賻와 承(贈)과 飯含에 이르러서도 〈庶子官이〉 모두 바른 禮가 있게 한다.

≪集說≫

四世而緦하니 服之窮也요 五世親盡하니 袒免而已라 袒免은 說見前篇[87]하니라 六世以往은 弔而已矣라 當弔而不弔어나 當免而不免이 皆爲廢禮故로 有司者罰之하니 所以肅禮敎也라 賵以車馬하고 賻以貨財하고 含以珠玉하고 襚以衣服하나니 四者를 總謂之贈이라 隨其親疏하야 各有正禮로되 庶子官이 治之하니 有司는 卽庶子也라

---

86) 賵(봉)賻承(증)含：陳澔의 集說을 살펴보면 여기의 '承'자에 대한 설명은 없고 '賻'자에 대한 설명에 이어 '含'자를 설명해놓고 마지막에 "'襚'는 의복을 보내는 것이다.〔襚以衣服〕"라는 설명을 해놓았다. 진호의 이 설명은 鄭玄 注에 "賵과 賻와 含과 襚는 모두 喪事에 보내는 물건이다. 거마를 봉, 포백을 부, 주옥을 함, 의복을 수라 하니, 총괄하여 '贈'이라 한다. 증은 〈보내다는 뜻의〉 送과 같다.〔賵賻唅襚 皆贈喪之物也 車馬曰賵 布帛曰賻 珠玉曰唅 衣服曰襚 總謂之贈 贈 猶送也〕"라고 한 것에 근거한 것인데, 金在魯의 ≪禮記補註≫에 "일설에 '經文의 「承」자는 마땅히 「襚」자가 되어야 하니, 정현의 주에서 별도로 「襚」자를 첨가한 것은 불필요한 것이다.'라고 하니, 이 설명이 원문과 통한다."라는 淸나라 楊梧의 설을 소개하였다. 陸德明의 ≪音義≫를 따르면 '承'은 음이 '贈'이다.

87) 袒免說見前篇：〈檀弓 上〉에 "公儀仲子의 상에 단궁이 袒免을 하였다.〔公儀仲子之喪 檀弓免焉〕"라고 하였는데, 陳澔의 集說에 "袒免은 본래 5代의 친족에 대한 服制인데, 朋友로서 他國에서 죽어 喪主가 없는 자를 위해서도 袒免을 하였다. 그 제도는 너비 1寸 되는 삼베를 뒷덜미 가운데에서부터 좌우 두 가닥을 앞으로 당겨 이마에서 교차시키고 다시 두 가닥을 뒤로 돌려 상투에 둘러서 묶는 것이다.〔袒免 本五世之服 而朋友之死於他邦而無主者 亦爲之免 其制 以布廣一寸 從項中而前交於額 又却向後而繞於髻也〕" 한 것을 가리킨다.

〈친속 관계가〉 4代에게는 緦麻服을 입으니 服이 다한 것이고, 5代에게는 親이 다하니 袒免할 뿐이다. 단문은 설명이 前篇에 보인다. 6代 이후에게는 조문할 뿐이다. 마땅히 조문해야 하는데 조문하지 않거나 마땅히 단문해야 하는데 단문하지 않는 것이 모두 禮를 폐하는 것이 되므로 有司가 이것을 벌주는 것이니, 禮教를 엄숙히 하기 위한 것이다. 賵은 車馬를 보내는 것이고 賻는 貨財를 보내는 것이고 含은 珠玉을 보내는 것이고 襚는 의복을 보내는 것이니, 네 가지를 모두 '贈'이라 이른다. 〈친속 관계의〉 親疏에 따라 각각 바른 禮가 있는데 庶子官이 이를 다스리니, 유사는 바로 庶子이다.

≪大全≫

長樂陳氏曰 祖遷於上하고 宗易於下[88]하면 雖不爲庶人이나 吉凶不必赴告[89]는 義也요 祖廟未毁하면 雖爲庶人이나 吉凶必赴告는 恩也라 五世而親屬盡故로 爲之免하고 六世而親屬竭故로 弔之而已라 宜弔不弔하고 宜免(문)不免이면 有司罰之하니 則緦麻而上宜服不服者도 可知也니라

長樂陳氏 : 祖가 위에서 체천되고 宗이 아래에서 바뀌면 비록 서인이 아니어도 吉事나 凶事가 있을 때에 굳이 訃告하거나 通告하지 않는 것은 義이고, 祖廟가 아직 체천되지 않았으면 비록 서인이어도 길사나 흉사가 있을 때에 반드시 부고하거나 통고하는 것은 은혜이다. 5代이면 친속이 다하였으므로 그를 위하여 袒免을 하고, 6代이면 친속이 끝났으므로 조문할 뿐이다. 조문해야 하는데 조문하지 않고 단문해

---

88) 祖遷於上 宗易於下 : 이 내용은 〈喪服小記〉에 "별자는 〈後代와 구별하여 시조가 되는〉 祖가 되고 별자를 〈대대로〉 계승한 嫡長子는 〈백세토록 옮기지 않는〉 大宗이 되고, 〈祖의 서자인〉 아버지를 계승한 자는 小宗이 된다. 〈별자의 서자가〉 5代가 되면 체천하는 宗이 있으니 고조를 계승한 소종이다. 이 때문에 祖는 위에서 체천되고, 〈손자 된 자의 입장에서 이 祖가 이미 체천된 것으로 보면 이 소종을 다시 宗으로 삼지 않으니〉 宗은 아래에서 바뀌어간다. 祖를 높이기 때문에 宗을 공경하니, 종을 공경하는 것이 祖와 아버지를 존경하는 것이다.〔別子爲祖 繼別爲宗 繼禰者爲小宗 有五世而遷之宗 其繼高祖者也 是故祖遷於上 宗易於下 尊祖故敬宗 敬宗所以尊祖禰也〕"라고 보인다.

89) 赴告 : ≪春秋左氏傳≫ 文公 14년 조에 "천자의 崩이나 제후의 薨을 〈魯나라에〉 訃告하지 않으면 〈≪春秋≫에〉 기록하지 않고, 禍福을 通告하지 않으면 또한 기록하지 않으니, 이는 不敬을 懲戒하는 뜻이다.〔凡崩薨 不赴 則不書 禍福 不告 亦不書 懲不敬也〕"라고 하여 천자나 제후의 죽음을 알리는 것을 '赴'라 하고 禍福을 알릴 경우에 '告'라 하였는바, 赴와 告를 각각 凶事와 吉事에 구분하여 쓴 것으로 보인다.

야 하는데 단문하지 않으면 有司가 벌을 주었으니, 그렇다면 緦麻服 이상의 친속으로서 마땅히 服을 입어야 하는데 服을 입지 않은 경우도 알 수 있다.

082401 **公族**에 **其有死罪**어든 **則磬于甸**(전)**人**하고 **其刑罪**어든 **則纖**(침)[90] **剸**(전)호되 **亦告**(국)[91]**于甸人**하나니 **公族**은 **無宮刑**이니라

公의 집안사람 중에 죽을죄를 지은 자가 있으면 甸人에게 교수형을 받게 하고, 형벌 받을 죄를 지은 자가 있으면 〈칼과 톱으로〉 찌르고 베되 또한 전인에게 미진함이 없도록 죄상을 끝까지 다 심문하게 하니, 공의 집안사람은 宮刑이 없다.

≪集說≫

磬은 懸이니 縊(액)殺之也라 左傳에 室如縣磬이라한대 皇氏云 如縣樂器之磬也[92]라하니라 甸人은 掌郊野之官이니 爲之隱故로 不於市朝라 其刑罪之當纖(침)刺剸割之時에 亦鞠讀刑法之書於甸人之官也라 漢書에 每云鞠獄[93]이라하니 鞠은 盡也니 推審罪狀하야 令無餘蘊然後에 讀其所犯罪狀之書而刑之라 無宮刑者는 (其)〔不〕[94]絶其類也라

'磬'은 매달다는 뜻이니, 목매달아 죽이는 것이다. ≪春秋左氏傳≫에 "室如縣磬(집에는 경쇠를 매달아놓은 것과 같다.)"이라 하였는데, 皇氏(皇侃)가 말하기를 "악기 가운데 石磬을 매단 것과 같다." 하였다. 甸人은 郊野를 관장하는 관원이니, 〈죄지은 집안사람을〉 위하여 〈죽이는 것을〉 숨기기 때문에 시장이나 조정에서 하지 않는 것이다. 형벌 받을 자가 찌르고 베는 형벌을 받을 때에 또한 刑法의 책을 甸人의 관원을 통해 끝까지 다 읽게 하는 것이다. ≪漢書≫에 〈국가의 옥사를〉 매번 '鞠獄'이라 하

90) 纖(침) : '籤(찌르다)'과 같다.

91) 告(국) : '鞠(죄를 심문하다)'과 같다.

92) 左傳……縣樂器之磬也 : 이 내용은 모두 孔穎達 疏에 실려 있는 것으로, '室如縣磬'은 ≪春秋左氏傳≫ 僖公 26년 조에 보인다.

93) 鞠獄 : 獄事를 끝까지 鞫問함을 이르는바, ≪漢書≫ 〈刑法志〉, 〈趙廣漢傳〉 등에 보인다.

94) (其)〔不〕 : 저본에는 '其'로 되어 있으나, 四庫全書本 ≪禮記大全≫에 의거하여 '不'로 바로잡았다.

였으니, '鞠'은 다한다는 뜻이다. 罪狀을 審問해서 미진함이 없게 한 뒤에 그가 범한 죄상이 적힌 문서를 읽고서 형벌하는 것이다. 宮刑이 없는 것은 그의 族屬을 끊지 않는 것이다.

≪大全≫

長樂陳氏曰 公之於族에 示之以孝弟睦友子愛之道는 所以教其善이요 示之以廟朝之禮는 所以教其敬이요 示之以喪服之禮는 所以教其哀요 示之以燕食之禮는 所以教其親이요 示之以宮室之守는 所以教其忠이요 示之以赴告弔免(문)은 所以教其義라 (俟)〔教〕[95]之已盡而猶犯焉然後에 隨之以刑이 可也라 其死罪는 則縊之於甸人하고 其刑罪는 則纖剸에 亦告(국)于甸人하야 不忍與衆棄之也라 不忍與衆棄之하야 而必於甸人은 亦以甸人이 共祭薦之物故也라 蓋不以親廢法하고 不以私滅公이니 然後에 宗廟를 可得而事니 然則以親而體百姓이 乃所以事宗廟也니라

長樂陳氏 : 公이 집안사람들에게 효도와 공경·화목과 우애·자애의 道理를 보여줌은 善을 가르친 것이고, 宗廟와 朝廷의 禮를 보여줌은 공경을 가르친 것이고, 喪服의 禮를 보여줌은 슬픔을 가르친 것이고, 燕食의 禮를 보여줌은 〈집안사람들을〉 친애함을 가르친 것이고, 宮室의 지킴을 보여줌은 〈임금에 대한〉 忠誠을 가르친 것이고, 赴告·弔問·袒免을 보여줌은 義理를 가르친 것이다. 가르치기를 이미 지극히 하였는데도 죄를 범한 뒤에야 형벌을 따라서 행하는 것이 옳다.

죽을죄는 甸人에게 교수형을 받고 형벌할 죄는 찌르고 벨 적에 또한 전인에게 미진함이 없도록 죄상을 끝까지 다 심문하여 차마 일반 사람과 함께 버리지 못하는 것이다. 차마 일반 사람과 함께 버리지 못해서 반드시 전인에게 하는 것은 또한 전인이 제사에 올리는 물건을 바치기 때문이다. 친함으로써 法을 폐하지 않고 사사로움으로써 公을 멸하지 않으니, 이렇게 한 뒤에야 宗廟를 섬길 수 있는 것이다. 그렇다면 친한 집안사람을 백성과 더불어 일률적으로 결단하는 것이 바로 종묘를 섬기는 것이다.

95) (俟)〔教〕: 저본에는 '俟'로 되어 있으나, 金在魯의 ≪禮記補註≫에 "'俟'는 마땅히 '教'가 되어야 한다.〔俟 當作教〕"라고 한 것에 의거하여 '教'로 바로잡았다.

082402 **獄成**이어든 **有司讞**(얼)**于公**호되 **其死罪**면 **則曰 某之罪在大辟**이라하고 **其刑罪**면 **則曰 某之罪在小辟**이라하나니 **公曰 宥之**라하야든 **有司又曰 在辟**이라하고 **公又曰 宥之**라하야든 **有司又曰 在辟**이라하나니 **及三宥**하야는 **不對**하고 **走出**하야 **致刑于甸人**이라 **公又使人追之曰 雖然**이나 **必赦之**라하야든 **有司對曰 無及也**라하고 **反命于公**하나니 **公**이 **素服不擧**하야 **爲之變**하며 **如其倫之喪**호되 **無服**하고 **親哭之**니라

獄事가 이루어지거든 有司가 公에게 형벌을 의논하는데, 죽을죄이면 아뢰기를 "아무개의 죄가 大辟(死刑)에 해당합니다." 하고, 〈肉刑의〉 형벌을 받을 죄이면 아뢰기를 "아무개의 죄가 小辟에 해당합니다." 한다. 공이 말하기를 "용서하라." 하면 유사가 또다시 아뢰기를 "죄에 해당합니다." 하고, 공이 또다시 말하기를 "용서하라." 하면 유사가 또다시 아뢰기를 "죄에 해당합니다." 하니, 임금이 세 번째 "용서하라." 함에 이르면 유사가 대답하지 않고 달려 나가서 甸人에게 보내어 형을 집행한다.

공이 또다시 사람을 뒤쫓아 보내어 말하게 하기를 "비록 그렇더라도 반드시 용서하라." 하면 유사가 대답하기를 "이미 늦었습니다." 하고는 공에게 〈형벌을 집행한 것을〉 復命한다. 그리하면 공은 素服을 입고 盛饌을 들지 않아서 형을 받은 자를 위해 常禮를 변경하며, 親屬의 喪과 똑같이 하되 弔喪하는 服을 입지 않고 〈異姓의 사당에서〉 친히 곡을 한다.

≪集說≫

獄成은 謂所犯之事를 訊問하야 已得情實也라 讞은 議刑也라 殺牲盛饌曰擧니 素服不擧는 爲之變其常禮하야 示憫惻也라 如其親疏之倫而不爲弔服者는 以不親往故也라 但居外不聽樂及賻贈之類는 仍依親疏之等耳라 親哭之者는 爲位于異姓之廟하고 而素服以哭之也라 天子諸侯는 絶旁親이라 故知此言無服은 是不爲弔服이니라

'獄成'은 〈죄를〉 범한 일을 訊問하여 이미 그 실정을 얻음을 이른다. 讞은 형벌을 의논하는 것이다. 犧牲을 잡아 盛饌을 드는 것을 '擧'라 하니, 素服을 입고 성찬을 들지 않는 것은 그를 위하여 常禮를 변경하여 가엾게 여기고 슬퍼함을 보이는 것이다. 〈喪을〉 親疏의 차등에 맞게 치르되 弔喪하는 服을 입지 않는 것은 친히 그 喪에 가지 않기 때문이다. 다만 밖에 거처하고 음악을 듣지 않으며 賻儀를 보내는 따위는 그대로 친소의 등급을 따를 뿐이다. 친히 곡을 한다는 것은 異姓의 사당에 조문하는 자리를 만들고 소복을 입고 곡을 하는 것이다. 천자와 제후는 旁親의 服을 입지 않으므로 여기에서 服이 없다고 말한 것은 바로 조상하는 복을 입지 않는 것임을 알 수 있다.

≪大全≫

長樂劉氏曰 聖人이 代天工하고 立人道하니 百王授受者는 禮樂政刑而已也라 故悖于中者는 禮樂之必棄하고 政刑之(不)〔必〕[96]加하니 又敢私於其宗族哉아 不幸而悖于中者 出(放)〔於〕[97]公族이라도 聖人이 猶有三宥之心이나 而有司之正을 不可奪也라 於是에 素服不擧樂하고 不御正寢하고 不羞常膳하며 哭之를 如其倫之喪也니라

長樂劉氏 : 聖人은 하늘의 일을 대신하고 사람의 道를 세우니, 百王이 주고받은 것은 禮樂과 政刑뿐이다. 그러므로 중심이 어긋난 자에게는 예악으로 다스리는 것을 반드시 버리고 정형을 반드시 가하니, 또 감히 宗族에게 사사로이 할 수 있겠는가. 불행히 중심이 어긋난 자가 公의 집안사람 중에서 나오더라도 성인은 오히려 세 번 용서하는 마음을 둔다. 그러나 有司의 正當한 집행을 빼앗을 수 없는 것이다. 이에 素服을 입고 음악을 연주하지 않으며 正寢에 들지 않고 평상시의 음식을 먹지 않으며 곡하기를 親疏의 등급에 따른 喪에 맞게 하는 것이다.

○ 長樂陳氏曰 不以公盡法故로 無宮刑하고 不以義掩恩故로 三宥而又追之하야 至於無及然後에 素服不擧하야 爲之變이니라

---

96) (不)〔必〕: 저본에는 '不'로 되어 있으나, 四庫全書本 ≪禮記大全≫에 의거하여 '必'로 바로잡았다.

97) (放)〔於〕: 저본에는 '放'으로 되어 있으나, 金在魯의 ≪禮記補註≫에 "'放'은 마땅히 '於'가 되어야 한다.〔放 當作於〕"라고 한 것에 의거하여 '於'로 바로잡았다.

長樂陳氏 : 〈公의 집안사람에게〉 公平함을 따라 法을 지극히 하지 않기 때문에 宮刑이 없고, 義理를 따라 은혜를 덮어 가리지 않기 때문에 세 번 용서하고 또다시 〈사람을 시켜 有司를〉 쫓아가게 한다. 그리하여 이미 늦은 뒤에야 素服을 입고 盛饌을 들지 아니하여 그를 위해 常禮를 변경하는 것이다.

○ 廬陵胡氏曰 有司又曰在辟은 以示後世臣執法宜堅이요 其君用刑宜寬이어늘 及三宥하얀 不對走出하야 致刑于甸人하니 春秋傳曰 臣義而行하고 不待命[98)]者 此也니라

廬陵胡氏 : 有司가 또다시 "죄에 해당한다." 말함은, 신하는 법을 집행하기를 마땅히 견고히 해야 하고 임금은 형벌을 사용하기를 마땅히 너그럽게 해야 함을 후세 사람들에게 보인 것이고, 〈임금이〉 세 번째 "용서하라." 함에 이르면 〈유사가〉 대답하지 않고 달려 나가서 甸人에게 보내어 刑을 집행하게 하니, ≪春秋左氏傳≫에 "신하는 義로운 일을 보면 즉시 행하고 임금의 명을 기다리지 않는다."는 것이 여기에 해당한다.

082501 公族이 朝于內朝는 內親也요 雖有貴者나 以齒는 明父子也요 外朝以官은 體異姓也요 宗廟之中에 以爵爲位는 崇德也요 宗人이 授事以官은 尊賢也요 登餕受爵을 以上嗣는 尊祖之道也요 喪紀를 以服之輕重爲序는 不奪人親也요 公與族燕則以齒는 而孝弟之道達矣요 其族食을 世降一等은 親親之殺(쇄)也요 戰則守於公禰(조)는 孝愛之深也요 正室守大(태)廟는 尊宗室에 而君臣之道著矣[99)]요 諸父諸兄守貴室하고 子弟

98) 臣義而行 不待命 : 이 내용은 ≪春秋左氏傳≫ 定公 4년 조에 보인다.

99) 正室守太廟……而君臣之道著矣 : 鄭玄 注에 "감히 庶子로서 임금이 소중히 여기는 바를 지키지 못하기 때문이다.〔以其不敢以庶守君所重〕" 하였고, 孔穎達 疏에 "신하는 감히 천한 사람으로서 임금이 소중히 여기는 바를 지키지 못하니, 이는 군신의 도가 밝게 드러난 것이다.〔臣下不敢以庶賤之人守君所重 是君臣之道著明也〕" 하였는데, 金在魯의 ≪禮記補註≫에 "임금의 嗣子는 종족이 높이는 바이므로 '君臣의 도가 드러나는 것이다.' 한 것이다.〔君嗣爲宗族所宗 故曰 君臣之道著〕"라는 楊梧의 설을 소개하였다.

한편 082202의 '正室守太廟'에 대해 陳澔의 集說에서 "정실은 공의 집안사람 중에 卿·大夫·士가 된 자의 嫡子이다.〔正室 公族之爲卿大夫士者之適子也〕" 한 것이, 정현의 주에 "정실은 적자이다.〔正室 適子也〕" 하고, 공영달의 소에 "경·대부의 적자이다.〔卿大夫之適

守下室에 而讓道達矣니라

公의 집안사람이 內朝에서 조회하는 것은 친족을 안으로 들어오게 하는 것이고, 비록 신분이 귀한 자가 있더라도 年齒를 따르는 것은 부자간의 윤리를 밝히는 것이다. 外朝에서 관직의 서열을 따름은 異姓의 신하를 예우하는 것이고, 宗廟의 안에서 爵位에 따라 位次를 정하는 것은 德이 있는 이를 높이는 것이다. 宗人이 관직에 따라 일을 맡겨주는 것은 능력 있는 이를 높이는 것이고, 堂 위에 올라가서 〈尸童의〉 대궁을 먹으며 〈시동에게〉 술잔을 받는 자를 〈할아버지의 뒤를 이은 자인〉 上嗣로 삼는 것은 선조를 높이는 도리이다. 喪事를 상복의 輕重에 따라 차례를 삼는 것은 집안사람의 親疏의 등급을 빼앗지 않는 것이고, 공이 집안사람들과 燕食을 할 때 연치를 따름은 孝悌의 도리가 이루어지는 것이다. 집안사람들과 연식할 때에 代數에 따라 〈연식하는 횟수가〉 한 등급씩 줄어드는 것은 親屬을 친애함이 대수에 따라 줄어드는 것이고, 〈나가서〉 戰場에 있을 경우 〈庶子官이〉 公禰를 지키는 것은 효도와 사랑이 깊은 것이다. 正室로 하여금 太廟를 지키게 함은 宗室을 높임에 君臣의 도가 드러나는 것이고, 諸父와 諸兄으로 하여금 貴室(路寢)을 지키게 하고 자제로 하여금 下室(燕寢)을 지키게 함에 사양하는 도가 이루어지는 것이다.

≪集說≫

此以下는 覆解前章庶子正公族以下諸事라 內親은 謂親之故로 進之於內也라 明父子는 昭穆을 不可紊也요 體異姓은 體貌異姓之臣也라 崇德은 德之尊者爵必尊也요 尊賢은 惟賢者能任事也라 上嗣는 繼祖者也라 故爲尊祖之道라 服之輕重은 本於屬

子〕" 한 것에 의거한 것인데, 양오는 '正室'은 임금의 嗣子로서 嫡室에 거처하는 자가 되어야 이 장에서 '君臣之道'라고 한 말과 부합한다고 하였다. 이에 대해 ≪예기보주≫에서 다시 "양오의 설이 나은 듯하나 다만 '임금의 사자'를 〈082202에서〉 '公의 집안 사람 중에 일이 없는 자〔公族之無事者〕'와 섞어 〈'정실'이라고〉 칭할 수 없는 것이니, 이것은 의심스러울 만하다.〔君嗣不可混稱公族之無事者 是爲可疑〕" 하였다.

之親疏하니 親疏之倫을 不可易奪也요 燕食는 主於親親하니 以齒相序는 所以達孝弟之道也라 親親은 施於生者하니 宜有降殺(쇄)之等이요 孝愛는 施於死者하니 宜有深遠之思라 君臣之道는 以輕重言이요 讓道는 則以貴賤言也라

이 이하는 앞장에 庶子가 公의 집안사람을 다스리는 이하의 여러 가지 일을 반복하여 풀이한 것이다.

'內親'은 그를 친하게 여기기 때문에 內朝로 오게 함을 이른다. '明父子'는 昭穆을 문란히 할 수 없는 것이고, '體異姓'은 異姓의 신하를 禮遇하는 것이다. '崇德'은 덕이 높은 자는 작위가 반드시 높은 것이고, '尊賢'은 오직 능력 있는 자만이 일을 맡을 수 있는 것이다. 上嗣는 先祖를 계승하는 자이므로 선조를 높이는 道가 되는 것이다. 服의 경중은 친속의 親疏에 근본하니, 친소의 등급을 바꾸거나 빼앗을 수가 없는 것이다. 燕食은 친속을 친애함을 위주로 삼으니, 연치에 따라 서열함은 孝悌의 도리를 이루는 것이다. 친속을 친애함은 산 자에게 베푸니 마땅히 〈연식의 횟수를〉 줄이는 등급이 있어야 하는 것이고, 효도와 사랑은 죽은 자에게 베푸니 마땅히 深遠한 생각이 있어야 하는 것이다. 君臣의 도는 輕(庶子나 異姓)·重(宗室)을 가지고 말한 것이고, 辭讓의 도는 貴(諸父·諸兄)·賤(子弟)으로 말한 것이다.

≪大全≫

嚴陵方氏曰 宗廟之中에 序爵以辨貴賤하니 爵不踰德故로 謂之崇德이요 序事以辨賢否故로 宗人授事以官을 謂之尊賢이라 又曰 君與族燕에 以齒면 則不敢以君之位而加於父兄이라 然親親에 不可以無殺(쇄)故로 世降一等焉이라 事生之道 不若事死之爲至요 居安之節이 不若居危之爲難이라 故로 戰守於公禰(조)는 所以爲孝愛之深이라 皆謂之宗室은 則親親之意也요 正室은 又其正者也니 正室守太廟는 所以尊宗室이니 而庶子之與異姓이 莫敢介焉이요 且不疑於無君이라 故로 曰 君臣之道著라하니라

嚴陵方氏 : 종묘의 안에서는 爵位의 순서를 나누어 貴賤을 분별하니 작위가 德을 넘지 않기 때문에 "덕을 높인다." 이른 것이며, 일의 순서를 정하여 능력이 있고 없음을 분별하기 때문에 宗人이 관직에 따라 일을 맡겨주는 것을 "능력 있는 이를 높인다." 이른 것이다.

또(嚴陵方氏) : 임금이 집안사람들과 燕食할 때에 연치를 따르면 감히 임금의 지위

를 가지고 父兄에게 가하지 못하는 것이다. 그러나 친속을 친애하는 것에 줄임이 없을 수 없기 때문에 代數에 따라 〈연식하는 횟수를〉 한 등급씩 줄이는 것이다. 산 사람을 섬기는 도가 죽은 이를 섬김의 지극함만 못하고 편안함에 처했을 때의 禮節이 위태로움에 처했을 때의 어려움만 못하므로 戰場에 있을 때 〈庶子官이〉 公祧를 지킴은 효도하고 사랑함이 깊은 것이다. 모두 '宗室'이라고 이른 것은 친속을 친애하는 뜻이고 正室은 또 그중에서 正統인 자인데, 〈공의 집안사람 중에 卿·大夫·士가 된 자의 嫡子인〉 정실로 하여금 태묘를 지키게 함은 종실을 높이는 것이니, 庶子와 異姓이 감히 거기에 낄 수가 없고 또 임금이 없음을 의심할 것이 없으므로 "君臣의 道가 드러난다." 한 것이다.

○ 長樂陳氏曰 正室守太廟는 此以承重[100]者로 守所重也라 故로 謂之尊宗室而君臣之道著요 諸父諸兄守貴室하고 子弟守下室은 此尊不偪下하고 下不陵上者也라 故로 謂之讓道達이라하니라

長樂陳氏 : 〈공의 집안사람 중에 경·대부·士가 된 자의 嫡子인〉 正室로 하여금 태묘를 지키게 함은 承重한 자로 하여금 중한 바를 지키게 하는 것이므로 "宗室을 높임에 君臣의 道가 드러난다." 말하고, 諸父와 諸兄이 貴室(路寢)을 지키고 子弟가 下室(燕寢)을 지킴은 높은 사람이 아랫사람을 핍박하지 않고 아랫사람이 윗사람을 능멸하지 않는 것이므로 "辭讓하는 도가 이루어진다." 말하였다.

082502 五廟之孫이 祖廟未毁어든 雖及庶人이나 冠이어나 取妻에 必告하며 死必赴는 不忘親也요 親未絶而列於庶人은 賤無能也요 敬弔臨賻賵은 睦友之道也라 古者에 庶子之官治에 而邦國有倫하고 邦國有倫에 而衆鄉方矣니라

五廟를 받드는 후손은 祖廟가 아직 遞遷되지 않았거든 비록 자신이 庶人

100) 承重 : 喪祭의 중함을 이어받는다는 뜻으로 상제나 宗廟의 중한 책임을 嫡長이 이어받음을 이른다. 옛날에는 宗法에 있어서 嫡庶의 구별이 매우 엄하여 적자가 죽었을 경우 다른 서자에게 종통을 전하지 않고 바로 손자에게 전하였는데, 이를 할아버지의 입장에서는 '傳重'이라 하고, 손자의 입장에서는 '승중'이라고 한다.

이더라도 冠禮를 하거나 아내를 취할 때에 반드시 임금에게 고하며 죽으면 반드시 부고하는 것은 친척을 잊지 않는 것이다. 친속 관계가 아직 끊어지지 않았는데도 庶人에 나열되어 있는 것은 무능한 사람을 천하게 여기는 것이고, 조문과 부의를 공경히 하는 것은 친족과 화목하고 우애롭게 지내는 도리이다. 옛날에 庶子의 관직이 다스려지자 나라에 질서가 있게 되고, 나라에 질서가 있게 되자 일반 사람들이 禮教를 따를 줄을 알게 되었다.

≪集說≫

人君이 任官에 本無親疏之間이요 顧賢否何如耳라 親盡而賢이면 亦必仕之어늘 今親未盡而已在庶人之列이면 是는 以其無能이라 故로 賤之也라 族人有喪에 君必敬謹其弔臨賻賵之禮者는 是皆和睦友愛族人之道也라 鄉方은 所向之方이니 謂皆知趨禮教也라

임금이 관직을 맡길 적에 본래 親疏의 차이가 없고 다만 어진가 어질지 않은가가 어떠한지를 따질 뿐이다. 친속 관계가 다했더라도 능력이 있으면 또한 반드시 벼슬을 시키는데, 지금 아직 친속 관계가 다하지 않았는데도 신분이 庶人의 서열에 있다면 이는 무능하기 때문이므로 천하게 여기는 것이다. 집안사람에게 喪이 있을 적에 임금이 반드시 弔問과 賻儀의 禮를 공경히 하고 삼가는 것은 이는 모두 집안사람들과 화목하고 우애하는 도이다. '鄉方'은 향하는 방소이니, 모두 禮教를 따를 줄 앎을 이른다.

≪大全≫

嚴陵方氏曰 庶子之官은 以治內爲事하니 凡治之序는 自內以及外而已라 故로 曰 古者에 庶子之官治에 而邦國有倫이라하니라 倫者는 先後不可亂之謂也요 邦國有倫에 而衆不惑於道之所在라 故로 曰 衆鄉方矣라하니 方者는 道之方也니라

嚴陵方氏 : 서자의 관직은 안을 다스림을 일로 삼으니, 무릇 다스리는 순서는 안에서부터 시작하여 밖으로 이를 뿐이므로 "옛날에 서자의 관직이 다스려지자 나라에 질서〔倫〕가 있게 되었다." 한 것이다. '倫'는 先後의 차례를 어지럽힐 수 없음을 이르고, 나라에 질서가 있게 되자 일반 사람들이 道가 있는 곳을 의혹하지 않으므로 "일반 사람들이 道가 있는 방소로 향하게 되었다." 하였으니, '方'은 道가 있는 방소이다.

082503 公族之罪를 雖親이나 不以犯有司正術也는 所以體百姓也요 刑于隱者는 不與國人慮兄弟也요 弗弔하고 弗爲服하며 哭于異姓之廟는 爲忝祖하야 遠之也요 素服居外하고 不聽樂하야 私喪之也는 骨肉之親을 無絶也요 公族無宮刑은 不翦其類也니라

公의 집안사람의 죄를 비록 公의 친속이 지은 것이라 하더라도 有司의 떳떳한 법을 범하지 않는 것은 백성과 더불어 일률적으로 결단하는 것이고, 남이 모르는 곳에서 형벌하는 것은 나라 사람들로 하여금 자기 형제의 잘못을 헤아려 의논함을 허락하지 않는 것이다. 弔問하지 않고 〈그의 喪을 위하여〉 服을 입지 않으며 〈그를 위하여〉 異姓의 사당에서 곡하는 것은 선조를 욕되게 했다 하여 그를 멀리하는 것이고, 素服을 입고서 밖에 거처하고 음악을 듣지 아니하여 사사로운 〈친속의〉 상으로 삼는 것은 骨肉의 친속을 끊는 이치가 없기 때문이고, 公의 집안사람에게 宮刑이 없는 것은 族類를 끊지 않는 것이다.

≪集說≫

正術은 猶言常法也라 公族之有罪者 雖是君之親이나 然亦必在五刑之例而不赦者는 是不以私親而干犯有司之正法也라 所以然者는 以立法無二制하야 當與百姓一體斷決也라 與는 猶許也니 刑于甸師隱僻之處者는 是不許國人見而謀度(탁)吾兄弟之過惡也라 刑已當罪로되 而猶私喪之者는 以骨肉之親이 雖陷刑戮이나 無斷絶之理也라 受宮刑者는 絶生理故로 謂之腐刑이니 如木之朽腐無發生也라 此刑不及公族은 不忍翦絶其生生之類耳라

'正術'은 떳떳한 법이라는 말과 같다. 公의 집안사람으로서 죄가 있는 자가 비록 임금의 친속이라 하더라도 또한 반드시 다섯 가지 형벌의 준례를 따라 용서하지 않는 것은 자신의 친속이라 해서 有司의 떳떳한 법을 범하지 않는 것이다. 이렇게 하는 까닭은 법을 세움에 두 가지 규정이 없어서 마땅히 백성들과 더불어 일률적으로

결단해야 하기 때문이다.

'與'는 허락함과 같으니, 甸師(甸人)에게 외따로 떨어져 있는 곳에서 〈친속에게〉 형벌을 받게 하는 것은 나라 사람들이 보고서 자기 형제의 과실이나 죄악을 헤아려 의논함을 허락하지 않는 것이다.

형벌이 이미 죄에 합당하더라도 오히려 사사로운 〈친속의〉 喪으로 삼는 것은 骨肉의 친속이 비록 사형의 형벌에 빠졌더라도 〈친속 관계를〉 단절하는 이치가 없기 때문이다.

宮刑을 받는 것은 生殖의 이치를 끊는 것이기 때문에 '腐刑'이라 이르니, 나무가 썩어서 번식하지 못하는 것과 같은 것이다. 이 형벌이 公의 집안사람에게 미치지 않게 하는 것은 차마 대대로 번식하는 族類를 끊지 못하기 때문이다.

≪大全≫

嚴陵方氏曰 有司以正行法故로 無貴賤親疏之間하니 苟以公族之故로 乃欲奸有司하야 使獲免焉이면 則法失其正矣라 故曰 公族之罪를 雖親이나 不以犯有司正術也라 刑于隱이면 則非與衆棄之矣라 故曰 不與國人慮兄弟也라하니라 公族은 不止於兄弟니 特擧中以該上下爾라 素服居外하고 不聽樂은 則以哀未忘也요 遠之者는 公義也니 哀未忘이면 則有私愛存焉이라 故曰 私喪之也라 夫有生은 所以傳類어늘 而宮刑은 則無生之道焉이라 故로 公族無宮刑이니라

嚴陵方氏 : 有司가 떳떳한 법에 따라 법을 시행하기 때문에 貴賤과 親疏의 차이가 없으니, 만일 公의 집안사람이라는 이유로 마침내 有司의 〈떳떳한 법을〉 범하여 죄를 면할 수 있게 하고자 한다면 법이 떳떳함을 잃으므로 "公의 집안사람의 죄를 비록 친속이 지은 죄라 하더라도 有司의 떳떳한 법을 범하지 않는다." 한 것이다.

남이 모르는 곳에서 형벌하면 일반 사람과 더불어 버리지 않는 것이므로 "나라 사람들로 하여금 자기 형제의 잘못을 헤아려 의논함을 허락하지 않는다." 하였다.

公의 집안사람은 형제에 그치지 않으니, 다만 〈집안사람들의〉 중간(형제)을 들어서 〈형제의〉 위와 아래를 해당시킨 것일 뿐이다.

素服을 입고서 밖에 거처하고 음악을 듣지 않음은 슬픔을 잊지 못하기 때문이고 멀리하는 것은 공적인 의리이니, 슬픔을 잊지 못하면 사사로운 사랑이 남아 있는 것이므로 "사사로운 〈친속의〉 喪으로 삼는다." 말한 것이다.

생명이 있는 것은 族類를 전하기 마련인데, 宮刑은 생식하는 방도가 없어지므로 公의 집안사람에게 궁형이 없는 것이다.

082601 **天子視學**할새 **大昕鼓徵**은 **所以警衆也**니라 **衆至然後**에 **天子至**하야 **乃命有司**하야 **行事**호되 **興秩節**하며 **祭先師先聖焉**하나니 **有司卒事**하고 **反命**하나니라

천자가 學을 시찰할 적에 날이 밝기 시작할 때에 북을 쳐서 〈學士들을〉 부르는 것은 여러 학사를 경계하기 위한 것이다. 여러 학사가 이른 뒤에 천자가 이르러서 마침내 有司에게 명하여 釋奠의 일을 행하되 떳떳한 禮를 일으키며 先師와 先聖에게 제사하게 하니, 유사가 석전의 일을 끝마치고 復命을 한다.

≪集說≫

天子視學之日에 初明之時에 學中擊鼓하야 以徵召學士하니 蓋警動衆聽하야 使早至也라 凡物이 以初爲大하고 末爲小라 故로 以大昕爲初明也라 有司는 教詩書禮樂之官也라 興은 擧요 秩은 常이요 節은 禮也라 卒事反命은 謂釋奠事畢하면 復命于天子也라

천자가 學을 시찰하는 날에 날이 밝기 시작할 때에 學 안에서 북을 쳐서 學士들을 부르니, 이것은 북소리를 듣는 학사들을 경계하여 일찍 이르게 하려는 것이다. 무릇 물건이 처음은 크고 끝은 작으므로 大昕을 밝기 시작할 때로 삼은 것이다. 有司는 ≪詩≫·≪書≫·≪禮≫·≪樂≫을 가르치는 관원이다. 興은 듦이고, 秩은 떳떳함이고, 節은 禮이다. '卒事反命'은 釋奠의 일이 끝나면 천자에게 復命함을 이른다.

≪大全≫

嚴陵方氏曰 學記曰 未卜禘면 不視學[101]이라하니 蓋教養之久然後에 可以視之故也라 天子視學에 必警衆은 所以奉至尊에 不可以不各致其敬故也니라

---

101) 未卜禘 不視學 : 이 내용은 〈學記〉에 "〈5년이 되어 큰 제사인〉 禘제사를 점치지 않으면 學을 시찰하지 않음은 〈學士들의 배우는〉 뜻을 여유롭게 하는 것이다.〔未卜禘 不視學 游其志也〕"라고 보인다.

嚴陵方氏 : 〈學記〉에 이르기를 "禘제사를 점치지 않으면 學을 시찰하지 않는다." 하였으니, 오랫동안 가르치고 기른 뒤에야 시찰할 수 있기 때문이다. 천자가 學을 시찰할 때에 반드시 學士들을 경계함은 至尊(임금)을 받들 때 각자 공경을 다하지 않을 수 없기 때문이다.

082602 始之養也엔 適東序하야 釋奠於先老하고 遂設三老五更群老之席位焉이니라

처음 學을 세우고 노인을 봉양할 적에는 〈천자가〉 東序(太學)에 가서 先老에게 〈친히〉 釋奠을 올리고, 마침내 三老와 五更, 여러 노인의 자리를 진설한다.

≪集說≫

天子視學이 在虞庠之中하니 事畢反國하고 明日에 乃之東序而養老라 始는 謂始初立學之時也니 若非始立學이면 則無釋奠先老之禮라 先老는 先世之爲三老五更者也라 三老五更은 各一人이요 群老는 無定數라 蔡邕云 更當爲叟니 三老는 三人이요 五更은 五人이라하니 未知是否라 然皆年老更事致仕者라 舊說에 取象三辰五星[102]이라하니라

천자가 學을 시찰함이 虞庠의 가운데에서 있으니, 釋奠의 일이 끝나면 國都로 돌아오고 다음날 마침내 東序에 가서 老人을 봉양한다. '始'는 처음 學을 세우는 때를 이르니, 만일 처음 學을 세우는 경우가 아니면 先老에게 석전을 올리는 禮가 없다. '先老'는 先代에 三老와 五更이 되었던 사람이다. 삼로와 오경은 각각 한 사람이고 群老는 일정한 수가 없다. 蔡邕은 말하기를 "'更'은 마땅히 '叟'가 되어야 하니, 삼로는 세 사람이고 오경은 다섯 사람이다." 하니, 이 말이 맞는지는 알지 못하겠다. 그러나 모두 연로할 때까지 일을 많이 경험하고서 致仕한 자이다. 舊說에 "〈삼로와 오경은〉 三辰과 五星을 취하여 본뜬 것이다." 하였다.

---

102) 舊說 取象三辰五星 : 舊說은 鄭玄 注를 이르는바, 三辰은 日・月・星을 이르고, 五星은 태양계에서 지구에 가까운 다섯 개의 별로 水星・金星・火星・木星・土星을 이른다.(≪禮記正義≫)

082603 **適饌**하야 **省醴**와 **養老之珍具**하고 **遂發咏焉**하고 **退修之以孝養也**니라

〈천자가〉 음식을 마련한 곳에 가서 단술과 노인을 봉양하는 珍羞를 장만하는 것을 살펴보고, 마침내 〈三老와 五更을 맞이하여 음악을 연주하여〉 詩를 노래하고 〈삼로와 오경이 자기 자리에 나아가면〉 물러가서 孝誠으로 봉양하는 禮를 닦는다.

≪集說≫

設席位畢이어든 天子親至陳饌之處하야 省視醴酒及養老珍羞之具하고 省具畢에 出迎三老五更하야 將入門할새 遂作樂聲하야 發其歌詠하야 以延進之하며 老更旣入하야 卽西階下之位어든 天子乃退而酌醴以獻之하니 是修行孝養之道也라

자리를 진설하기를 마치면 천자가 직접 음식을 진설한 장소에 가서 단술과 노인을 봉양하는 珍羞를 장만하는 것을 살펴보고, 장만하는 것을 살펴보기를 마치면 나가서 三老와 五更을 맞이하는데 장차 문으로 들어올 적에 마침내 風樂을 연주해서 시를 노래하여 삼로와 오경을 인도하여 맞이해온다. 삼로와 오경이 이미 들어와서 서쪽 계단 아래의 자리에 나아가면 천자가 이에 물러가 단술을 떠서 올리니, 이것은 孝誠으로 봉양하는 도를 닦아 행하는 것이다.

≪大全≫

嚴陵方氏曰 於學에 言祭先師先聖하고 於東序에 言釋奠于先老는 隆殺(쇄)之別也라 以其隆故로 曰視요 以其殺故로 曰適이니 適은 則自此適彼而已라 設其席位는 則老者欲安之故也라 饌者는 食也요 醴者는 酒也니 適饌省醴는 蓋互言之니 皆適其所而省之也라 珍은 若八珍[103]之屬이니 凡可以養者 莫不具焉이라 故謂之珍具니 若王制以珍從[104]이 是矣니라

---

103) 八珍 : 고대의 여덟 가지 맛있는 요리로, 〈內則〉에 실려 있는 것은 淳熬(순오), 淳毋(순모), 炮(포), 擣珍(도진), 漬(지), 熬(오), 糝(삼), 肝膋(간료)이다. 그러나 鄭玄 注에서는 炮를 작은 돼지(炮豚)와 숫양(炮牂)으로 구분한 다음에 糝을 빼고 팔진으로 삼았는바, 이에 대해서는 몇 가지 이설이 존재한다.(≪禮記正義≫)

嚴陵方氏 : 學에서는 "先師와 先聖에게 제사한다." 말하고, 東序(太學)에서는 "先老에게 釋奠을 올린다." 말한 것은 〈學을〉 높이고 〈동서를〉 낮춤을 구별한 것이다. 〈學을〉 높이기 때문에 '視(시찰하다)'라고 말하였고 〈동서를〉 낮추기 때문에 '適(가다)'이라고 말했으니, 適은 이곳에서 저곳으로 가는 것일 뿐이다. 자리를 진설함은 노인을 편안히 모시고자 해서이다. 饌은 음식이고 醴는 술이니, 음식을 진설한 곳에 가서 단술을 살펴봄은 互文이니, 모두 그 〈음식을 진설하고 단술을 진설한〉 곳에 가서 살펴보는 것이다. 珍은 八珍과 같은 등속인데, 무릇 봉양할 수 있는 것이 갖추어지지 않음이 없으므로 '珍具'라 하였으니, 〈王制〉의 "珍貴한 음식을 가지고 따른다."는 것이 여기에 해당한다.

082604 **反**이어든 **登歌淸廟**[105]하고 **旣歌而語**하야 **以成之也**니 **言父子君臣長幼之道**하며 **合德音之致**니 **禮之大者也**니라

〈三老와 五更이 堂 위의〉 자리로 돌아가거든 〈樂工이 당 위로〉 올라가서 〈淸廟〉를 노래하고 노래한 다음 좋은 말을 해서 〈養老의 禮를〉 이루는데, 父子·君臣·長幼의 도리를 말하며 德音의 극치를 합하니, 禮의 큰 것이다.

≪集說≫

反은 反席也라 老更이 受獻畢하면 皆立於西階下東面이라가 今皆反升就席이어든 乃使樂工登堂하야 歌淸廟之詩하야 以樂之하며 歌畢하고 至旅酬時에 談說善道하야 以成就天子養老之禮也라 其所言說者 皆是講明父子君臣長幼之道理요 集合淸廟詩中所咏文王道德之音聲이니 皆德之極致요 禮之大者也니라

---

104) 以珍從 : 이 내용은 〈王制〉에 "90세에는 천자가 묻고자 하는 일이 있으면 그 〈노인의〉 집에 찾아가되 진귀한 음식을 가지고 뒤따르게 한다.〔九十者 天子欲有問焉 則就其室 以珍從〕"라고 보인다.

105) 淸廟 : ≪詩經≫ 〈周頌〉의 篇名으로 文王의 덕을 칭송한 樂章이다. 周公이 成王을 도와 落邑을 새 도읍으로 정한 뒤, 제후를 낙읍에 조회하게 하고 문왕의 사당에 가서 제사를 올리는 내용으로 되어 있다.

反은 자리로 돌아감이다. 三老와 五更이 술잔 받는 것을 끝마치면 모두 서쪽 계단 아래에서 東向을 하고 있다가 이제 모두 되돌아 올라가서 자리로 나아간다. 그리하면 마침내 樂工으로 하여금 堂 위로 올라가서 〈淸廟〉 詩를 노래하여 즐겁게 만들며, 노래가 끝나고 旅酬할 때가 되면 善한 道를 말해서 천자가 養老하는 禮를 완성한다. 말한 내용이 모두 父子·君臣·長幼의 도리를 講明하는 것이고 〈청묘〉 시 안에서 읊은 文王의 도덕의 음성을 모아 합한 것이니, 이는 모두 지극한 덕이고 큰 禮이다.

082605 **下管象**하고 **舞大武**하며 **大合衆以事**하야 **達有神**하고 **興有德也**니 **正君臣之位**와 **貴賤之等焉**하야 **而上下之義行矣**니라

堂의 아래에서 관악기로 〈象〉의 舞曲을 연주하고 〈大武〉에 맞추어 춤을 추며 여러 學士를 크게 모아 養老의 일을 행하여 神明에 통달하고 德性을 일으키니, 君臣의 지위와 貴賤의 등급을 바로잡아서 상하의 義가 행해지는 것이다.

≪集說≫

下管象者는 堂下에 以管奏象舞之曲也요 舞大武者는 庭中에 舞大武之舞也라 象은 是文王之舞니 周頌維淸이 乃象舞之樂歌요 武는 則大武之樂歌也라 武頌엔 言勝殷遏劉하고 維淸엔 不言征伐하니 則象武 決非武舞矣라 註疏에 以文王武王之舞로 皆名爲象하고 維淸象舞는 爲文王이요 下管象은 爲武王[106]이라하니 其意蓋謂淸廟與管象이

106) 註疏……爲武王：註疏는 鄭玄 注와 孔穎達 疏로, 이 내용은 원문의 '下管象舞大武'에 대한 정현 주에 "〈象〉은 周 武王이 殷나라의 紂를 정벌한 것에 대한 음악이다. 관악기로 연주하여 그 성음을 전파하고, 또 위하여 춤을 추는 것이다.〔象 周武王伐紂之樂也 以管播其聲 又爲之舞〕"라고 하고, 공영달의 소에 "堂 아래에 있는 관악기 중에서 이 〈상〉과 〈武〉의 곡을 연주하고, 뜰 안에서 이 〈大武〉의 춤을 춘다. 〈대무〉는 바로 〈상〉인데, 이는 글자를 바꾼 것일 뿐이다.〔堂下管中 奏此象武之曲 庭中舞此大武之舞 大武卽象也 變文耳〕"라고 한 것을 두고 한 말이다.(≪禮記正義≫)

集說의 '維淸象舞爲文王'은 ≪詩經≫ 〈周頌 維淸〉에 대한 〈毛詩序〉의 "〈유청〉은 〈상〉의 舞曲을 연주하는 것이다.〔維淸 奏象舞也〕"라는 것에 대해 공영달의 소에 "〈유청〉의 시는 〈상〉의 무곡을 연주할 때 부르는 노래이다. 이는 문왕의 때에 치고 찌르는 법이 있었는데, 무왕이 음악을 짓고 형상하여 춤을 만들어서 그 음악을 〈상〉의 춤이라 불렀음을

若皆爲文王이면 不應有上下之別이로되 殊不知古樂이 歌者在上하고 匏竹[107]在下라 凡以人歌者는 皆曰升歌요 亦曰登歌며 以管奏者는 皆曰下管이니 周禮에 大(태)師帥(솔)瞽하야 登歌하고 下管하고 奏樂器[108]라하고 書言下管鼗鼓[109] 是也라 淸廟는 以人歌之하니 自宜升이요 象은 以管奏之하니 自宜下라 凡樂이 皆有堂上堂下之奏也라 此는 嚴氏之說[110]이니 足以正舊說之非라 故로 今從之하노라 大合衆以事는 謂大會衆學士하야 以行此養老之事할새 而樂之所感이 足以通達神明하고 興起德性也라 一說에 周道之四達은 以有神明相之요 周家之興起는 以世世修德이니 皆可於樂中見之라하니라 上言父子君臣長幼之道하고 此言正君臣之位와 貴賤之等하야 而上下之義行하니 則先王養老之禮 豈苟爲虛文而已哉아

'下管象'은 堂 아래에서 관악기로 〈象〉의 舞曲을 연주하는 것이고, '舞大武'는 뜰에서 〈大武〉에 맞추어 춤을 추는 것이다. 〈象〉은 文王의 춤이니, ≪詩經≫ 〈周頌 維淸〉이 바로 〈象〉의 무곡이고, 武는 〈大武〉의 악곡이다. ≪시경≫ 〈周頌 武〉에 "殷나라를 이겨서 사람을 죽이는 것을 막았다." 하였고, 〈周頌 維淸〉에 '征伐'을 말하지 않았으니, 그렇다면 〈象〉과 〈大武〉는 결코 武舞가 아니다. 〈鄭玄의〉 注와 〈孔穎達의〉 疏에서는 문왕과 武王의 춤을 모두 '象'이라고 명명하고, 〈維淸〉과 〈象〉의 舞는 문왕을 위한 것이며 당 아래에서 관악기로 연주하는 〈象〉은 무왕을 위한 것이라고 하였다. 〈그렇게 말한〉 의도는 아마도 〈淸廟〉와 당 아래에서 관악기로 연주하는 〈象〉이

이른다.〔維淸詩者 奏象舞之樂歌也 謂文王時有擊刺之法 武王作樂 象而爲舞 號其樂曰象舞〕" 한 것을 두고 한 말이다.(≪毛詩正義≫)

107) 匏竹 : 笙·竽·簫·笛과 같은 종류의 악기이다.

108) 大(태)師帥(솔)瞽……奏樂器 : 이 내용은 ≪周禮≫ 〈春官 太師〉에 "대제사를 봉행할 적에 악사인 瞽를 인솔하여 당 위에 올라가서 노래하게 할 때 그로 하여금 노래하면서 타악기를 치게 한다. 그리고 당 아래에서 관악기를 연주하고 기타 악기를 연주할 때 小鼓를 치도록 명령한다.〔大祭祀 帥瞽登歌 令奏擊拊 下管 播樂器 令奏鼓𣔻〕"라고 한 구절을 원용한 것이다.

109) 下管鼗鼓 : 鼗鼓는 작은북으로, 이 내용은 ≪書經≫ 〈虞書 益稷〉에 보인다.

110) 此嚴氏之說 : 嚴氏는 南宋 때 사람인 嚴粲인바, 集說의 '周頌維淸乃象舞之樂歌'부터 '凡樂皆有堂上堂下之奏也'까지가 모두 엄찬의 설로, 그가 편찬한 ≪詩緝≫ 권32 〈周頌 維淸〉에 보인다. 엄찬은 자가 坦叔, 또 다른 자는 明卿, 호는 華谷이다. ≪시집≫은 총 36권으로, 呂祖謙이 역대 학자들의 ≪詩經≫에 대한 설을 모아 편찬한 ≪呂氏家塾讀詩記≫를 주된 내용으로 삼아 그밖의 설들도 아울러 채록하고 자신의 견해도 첨가한 책이다.

만약 모두 문왕을 위한 것이라면 응당 당 위와 당 아래의 구별이 있지 않을 것이라고 생각해서일 것이나, 이는 옛 음악에서 노래를 부르는 자는 당 위에 있고 匏竹의 악기는 당 아래에 있음을 전혀 알지 못한 것이다. 무릇 사람으로서 노래하는 자는 모두 "올라서 노래한다.〔升歌〕" 하고 또 "올라서 노래한다.〔登歌〕" 하며, 관악기로 연주하는 것은 모두 "당 아래에서 관악기로 연주한다.〔下管〕" 하니, ≪周禮≫에 "太師가 악사인 瞽를 인솔하여 당 위에 올라가서 노래하게 하고, 당 아래에서 관악기를 연주하고 기타 악기를 연주하게 한다." 하고, ≪書經≫에서는 "당 아래에서 관악기를 연주하고 鼗鼓를 친다." 한 것이 여기에 해당한다. 〈청묘〉는 사람이 노래를 부르는 것이니 본래 당 위로 올라가야 하고, 〈象〉은 관악기로 연주하니 본래 당 아래에 있어야 한다. 무릇 음악은 모두 당 위와 당 아래의 연주가 있는 것이다. 이는 嚴氏의 말인데 충분히 舊說의 잘못을 바로잡을 수 있으므로 이제 그의 말을 따른다.

'大合衆以事'는 여러 學士를 크게 모아서 이 養老의 일을 행할 적에 음악의 감동이 충분히 神明에 통달하게 하고 德性을 일으킬 수 있음을 이른다. 일설에 "周나라의 道가 사방으로 도달함은 신명이 도와줌이 있기 때문이고, 周나라가 興起함은 대대로 德을 닦았기 때문이니, 이것을 다 음악 안에서 볼 수 있다." 하였다.

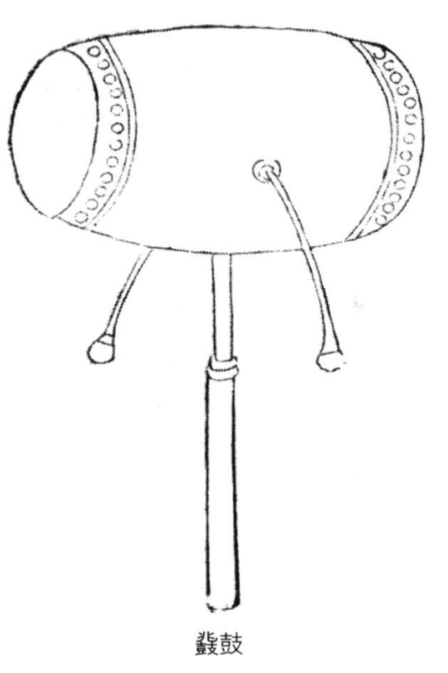
鼗鼓

위에서는 父子・君臣・長幼의 도를 말하였고, 여기서는 "君臣의 지위와 貴賤의 등급을 바로잡아서 상하의 義가 행해진다." 말했으니, 先王의 양로하는 禮가 어찌 구차히 겉만 꾸미는 예절이었겠는가.

≪大全≫

長樂陳氏曰 歌者는 樂之聲이요 管者는 樂之器요 舞者는 樂之容이니 登歌淸廟는 所以著其德이요 下管象은 所以著其事요 舞大武는 所以著其功이요 而又大合學士하야 以預其事면 則幽足以達有神하고 明足以興有德也니라

長樂陳氏 : 歌는 음악 소리이고 管은 악기이고 舞는 음악의 용모이니, 堂 위에 올

라가서 〈淸廟〉를 노래함은 德을 드러낸 것이고, 당 아래에서 관악기로 〈象〉을 연주함은 일을 드러낸 것이고, 〈大武〉의 춤을 춤은 功을 드러낸 것이다. 또 學士들을 크게 모아서 이 일에 참여하게 하면 초현실적으로는 神明에 통달하게 할 수 있고 현실적으로는 德性을 일으킬 수 있는 것이다.

○ 馬氏曰 神者는 藏於禮樂之中而不可知니 則管象舞武以達之요 德者는 藏於人情之間而不可見이니 則管象舞武以興之니라

○ 馬氏 : 神은 禮樂의 속에 감춰져 있어서 알 수 없으니 堂 아래에서 관악기로 〈象〉의 舞曲을 연주하고 〈大武〉에 맞추어 춤을 추어 〈神明에〉 통달하게 하고, 德은 人情의 사이에 감춰져 있어서 볼 수 없으니 당 아래에서 관악기로 〈象〉의 舞曲을 연주하고 〈대무〉에 맞추어 춤을 추어 〈德性을〉 일으키는 것이다.

082606 有司告以樂闋(결)이어든 王이 乃命公侯伯子男及群吏하야 曰 反하야 養老(幼)[111]于東序라하나니 終之以仁也니라

有司가 음악이 끝났다고 아뢰면 왕이 이에 公·侯·伯·子·男의 제후와 〈鄕·遂의〉 여러 관리에게 명하여 이르기를 "〈너희들 나라로〉 돌아가서 東序에서 노인을 봉양하라." 하니, 이는 仁으로써 끝마치는 것이다.

≪集說≫

闋은 終也라 此時에 畿內之諸侯와 及鄕遂[112]之吏 皆與禮席일새 天子使其反國하야 各行養老之禮하니 是天子之仁恩이 始于一處하야 而終皆徧及也니라

闋은 마침이다. 이때에 畿內의 제후와 鄕·遂의 관리가 다 禮를 행하는 자리에 참여하였으므로 천자가 그들에게 자기 나라로 돌아가서 각각 노인을 봉양하는 禮를 행하게 한 것이니, 이는 천자의 仁愛와 恩德이 한 곳에서 시작하여 끝내는 모두 두

---

111) (幼) : 저본에는 '幼'가 있으나, 集說의 馮氏 설에 의거하여 衍文으로 처리하였다.

112) 鄕遂 : 鄕은 王城 밖 100리 이내에 12,500家로 이루어진 행정 조직으로, 각 鄕의 수장은 鄕大夫이다. 遂는 왕성 밖 100리 밖에서 200리 이내에 있는 행정 조직으로, 각 遂의 수장은 遂人이다. 일반적으로 6鄕과 6遂가 있는데, 나라의 크기에 따라 그 수에 차이가 있었다.

루 미친 것이다.

○ 馮氏曰 石粱先生이 於此經에 塗去幼字라 今按疏有其義나 而鄭註에 無養幼之文하니 疑是訛本에 攙入一字로라

馮氏：石粱先生은 이 經文에서 '幼'자를 지워버렸다. 지금 살펴보건대 〈孔穎達의〉 疏에는 이 뜻이 있으나 鄭玄 注에는 "어린이를 기른다.〔養幼〕"는 글이 없으니, 아마도 잘못된 板本에서 이 글자 하나를 섞어 넣은 듯하다.

≪大全≫

嚴陵方氏曰 養老之禮는 所以廣孝也어늘 而人行이 莫大於孝하니 此는 慮之以大也요 設三老五更群老之席位하니 此는 愛之以敬也요 發咏登歌하고 合語下管하니 此는 行之以禮也요 適饌省醴珍具하니 此는 修之以孝養也요 正君臣之位와 貴賤之等하니 此는 紀之以義也요 命公侯而下하야 各歸而有所養焉하니 此는 終之以仁也니라

嚴陵方氏：養老의 禮는 孝를 넓히는 것인데 사람의 행실이 孝보다 더 큰 것이 없으니, 이는 〈아랫글(082701)의 孝悌의〉 大道를 가지고 생각한다는 것이다. 그리고 三老・五更과 여러 노인의 자리를 진설하니 이것은 〈아랫글의〉 恭敬으로 사랑한다는 것이고, 음악을 연주하고 詩를 읊조리고 올라가 노래하고 合語하고 堂 아래에서 관악기로 연주하니 이는 〈아랫글의〉 禮에 따라 행한다는 것이고, 음식을 마련한 곳에 가서 단술과 珍味를 장만함을 살펴보니 이는 〈아랫글의〉 효성으로 봉양하는 道에 따라 닦는다는 것이고, 君臣의 자리와 貴賤의 등급을 바로잡으니 이는 〈아랫글의〉 義理에 따라 紀綱을 세운다는 것이고, 公・侯 이하에게 명령하여 각각 돌아가 양로하는 바가 있게 하니 이는 〈아랫글의〉 仁으로써 끝마친다는 것이다.

082701 是故로 聖人之記事也에 慮之以大하며 愛之以敬하며 行之以禮하며 修之以孝養하며 紀之以義하며 終之以仁이라 是故로 古之人이 一擧事에 而衆皆知其德之備也하나니 古之君子 擧大事호되 必愼其終始어니 而衆安得不喩焉이리오 兌(열)命曰 念終始典于學[113]이라하니라

이 때문에 聖人이 〈前代의 養老의〉 일을 기술할 적에 〈孝悌의〉 大道

를 가지고 생각하며, 恭敬으로 사랑하며, 禮에 따라 행하며, 孝誠으로 봉양하는 道에 따라 닦으며, 義理에 따라 紀綱을 세우며, 仁으로써 끝마친다. 이 때문에 옛사람이 한 번 양로하는 일을 거행함에 사람들이 모두 그 덕의 구비됨을 알았던 것이다. 옛날의 군자는 큰일을 거행함에 반드시 그 끝마침과 시작함을 삼갔으니, 사람들이 어찌 깨닫지 않을 수 있겠는가. ≪書經≫ 〈說命〉에 "처음부터 끝까지 학문에 뜻을 둔다." 하였다.

≪集說≫

虞夏商周 皆有養老之禮하니 後王養老도 亦皆記序前代之事也라 人道莫大於孝弟하니 慮之以大者는 謂謀慮此孝弟之大道而推行之也라 愛敬은 省具之事요 行禮는 親迎肅之也요 孝養은 獻醴也요 紀義는 旣歌而語也요 終仁은 令侯國行之也라 一事之中에 人皆知其衆德之全備者는 以其愼終如始也일새라 如此면 則衆安得不喩曉乎아 養老之禮를 行於學은 又因終始之義라 故로 引說(열)命以結之也니라

虞·夏·商·周가 모두 양로하는 禮가 있었으니, 후대 왕의 양로도 모두 前代의 일을 기술한 것이다. 人道가 孝悌보다 큰 것이 없으니, '慮之以大'는 이 효제의 大道를 꾀하고 생각해서 미루어 행함을 이른다. '愛之以敬'은 珍羞를 장만하는 것을 살펴보는 일이고, '行之以禮'는 〈三老와 五更을〉 친히 맞이하여 엄숙히 대하는 것이고, '修之以孝養'은 단술을 올리는 것이고, '紀之以義'는 노래한 다음 좋은 말을 하는 것이고, '終之以仁'은 제후국으로 하여금 양로의 禮를 행하게 하는 것이다. 한 가지 일 속에 사람들이 모두 여러 德이 완전히 구비됨을 아는 것은 끝마침을 처음과 같이 삼가기 때문이다. 이와 같이 하면 사람들이 어찌 깨닫지 않을 수 있겠는가. 양로의 禮를 學에서 행함은 또 끝마침을 시작하는 것과 같이 삼가는 義를 따른 것이므로 ≪書經≫ 〈說命〉 편을 인용하여 끝맺은 것이다.

---

113) 念終始典于學 : 傅說이 殷나라 高宗에게 "처음부터 끝까지 학문에 뜻을 두면 자신도 모르는 사이에 덕이 닦일 것입니다.〔念終始典于學 厥德修罔覺〕"라고 권면한 말에 보인다. (≪書經≫ 〈商書 說命 下〉)

≪大全≫

馬氏曰 慮之以大者는 孝弟는 仁之本也니 孝弟 所以示其愛나 愛而弗敬이면 獸畜(휵)之也라 故愛之以敬이 所以行敬之情이요 而曲致者存乎禮하니 行之不以禮면 則直情徑行하야 戎狄之道也니 行之以禮면 則無所不盡이요 而養之에 不可以無其具라 故修之以孝養이라 自慮之以大로 推而至於修之以孝養이면 則君臣又嫌於不分이라 故紀之以義하야 以定上下之分이요 紀之以義는 所以致其尊이로되 而亦不可以不致其親故로 又終之以仁이라 慮之以大者는 仁之本이요 終之以仁者는 仁之成이니 君子始終之所依者 仁而已矣니라

馬氏 : '慮之以大'는, 孝悌는 仁의 근본이니, 孝悌는 사랑을 드러내 보이는 것이지만 사랑하기만 하고 공경하지 않으면 짐승으로 기르는 것이므로 공경으로 사랑하는 것이 공경의 마음을 행하는 것이다. 曲盡히 하는 것은 禮에 달려 있는데, 禮에 따라 행하지 않으면 감정대로 곧바로 행하는 것이어서 오랑캐의 道가 되니 예에 따라 행하면 곡진하지 않는 바가 없을 것이다. 봉양함에 갖추는 것이 없을 수 없으므로 孝誠으로 봉양하는 道에 따라 닦는 것이다. 〈효제의〉 大道를 가지고 생각함으로부터 미루어 가서 효성으로 봉양하는 도에 따라 닦음에 이르면 임금과 신하가 또 구분이 없을까 혐의스러우므로 義理에 따라 기강을 세워 上下의 구분을 정하는 것이다. 의리에 따라 기강을 세움은 높이기를 지극히 하는 것이지만 이 또한 친함을 지극히 하지 않을 수 없으므로 또 仁으로써 끝마치는 것이다. 〈효제의〉 대도를 가지고 생각하는 것은 仁의 근본이고 仁으로써 끝마치는 것은 仁의 완성이니, 君子가 처음부터 끝까지 의지하는 것은 仁일 뿐이다.

○ 長樂陳氏曰 樂書曰 天子莫重於視學하고 亦莫重於養老114)라하니 故로 老更者를 爲其血氣旣衰而養以佚之는 仁也요 飮食之珍具를 親執而奉之는 禮也요 憲行以善吾之行하고 乞言以廣吾之聞은 智也요 父事之하야 不疑其所謂父하고 兄事之하야 不疑其所謂兄은 義也요 有親者視之而興孝하고 有兄者視之而興悌는 信也라 夫一擧養

114) 樂書曰……亦莫重於養老 : ≪樂書≫는 北宋 때 사람인 陳暘(1064~1128)이 편찬한 것으로, 인용한 내용은 ≪樂書≫ 권4 〈禮記訓義 文王世子〉에 보인다.

老之事에 衆皆知其德之備者 以此而已라 蓋釋奠於先老는 所以明其不忘本也요 適饌省醴는 所以明其不敢慢也요 樂則淸廟象武之頌은 所以示德與事也요 語則父子君臣長幼之道는 所以明君與親也라 然咏歌者는 樂之聲이요 管者는 樂之器니 養老之樂이 始而發咏하고 中而管舞하고 卒而樂闋이면 則堂上堂下之樂이 和樂而不流也라 其所以命群后群吏하야 反養老幼[115]于東序者는 不過示父子君臣長幼之道하고 合德音之致하야 始之以養하고 終之以仁而已라 古之君子必謹其終始가 如此하니 而衆安得不喩哉리오

○ 長樂陳氏 : ≪樂書≫에 이르기를 "천자는 學을 시찰하는 것보다 더 중한 것이 없고, 또한 노인을 봉양하는 것보다 더 중한 것이 없다." 하였다. 그러므로 三老와 五更인 자를 血氣가 이미 쇠하였다 해서 봉양하여 편안히 모시는 것은 仁이고, 珍味의 음식을 갖추기를 직접 맡아서 받들어 올림은 禮이고, 훌륭한 행실을 본받아서 나의 행실을 善하게 하고 훌륭한 말을 청하여 나의 聞見을 넓힘은 智이고, 아버지로 섬겨서 이른바 '아버지'임을 의심하지 않고 형으로 섬겨서 이른바 '형'임을 의심하지 않음은 義이고, 어버이가 있는 자가 보고서 孝誠을 일으키고 형이 있는 자가 보고서 공경을 일으킴은 信이다. 노인을 봉양하는 일을 한 번 거행함에 사람들이 모두 德이 구비되었음을 아는 것은 이 때문일 뿐이다.

〈先代에 삼로와 오경이 되었던 사람인〉 先老에게 釋奠을 올림은 근본을 잊지 않음을 밝힌 것이고, 음식을 장만하는 곳에 가서 단술을 살펴봄은 감히 소홀히 하지 못함을 밝힌 것이고, 음악은 〈周頌〉의 〈淸廟〉와 〈象〉과 〈武〉를 연주함은 德과 일을 보인 것이고, 말은 父子·君臣·長幼의 도리를 말함은 임금과 어버이를 밝힌 것이다. 그러나 詩를 읊고 노래함은 음악 소리이고 管은 악기이니, 노인을 봉양하는 음악이 처음에는 음악을 연주하고 시를 읊으며, 중간에는 관악기를 연주하고 춤을 추며, 맨 마지막에 음악이 끝나면 堂 위와 堂 아래의 음악이 和樂하면서도 〈방탕한 데로〉 흐르지 않는다.

여러 제후와 여러 관리에게 명령하여 돌아가 東序에서 노인을 봉양하고 어린이를 기르게 함은 부자·군신·장유의 도리를 보여주고 德音의 극치를 합하여 기름으로

115) 幼 : 082606의 集說에 실린 馮氏 설에는 이 글자를 잘못 삽입된 것이라고 하였으나 여기서는 번역에서 빼지 않았다.

써 시작하고 仁으로써 끝마침에 지나지 않을 뿐이다. 옛날의 군자가 반드시 끝마침과 시작함을 삼감이 이와 같았으니, 사람들이 어찌 깨닫지 않을 수 있겠는가.

082801 **世子之記**에 **曰 朝夕**에 **至于大寢之門外**하야 **問於內豎曰 今日安否何如**오하야든 **內豎曰 今日安**이라하면 **世子乃有喜色**하고 **其有不安節**이어든 **則內豎以告世子**하야든 **世子色憂不滿容**이라가 **內豎言復初然後**에 **亦復初**하니라

≪世子之記≫에 다음과 같이 말하였다.

"세자가 아침과 저녁에 大寢 문밖에 이르러서 〈內庭에서 일하는 지위 낮은 신하인〉 內豎에게 묻기를 '오늘 〈父王의〉 안부가 어떠하신가?' 하면 내수가 '오늘 편안하십니다.'라고 대답한다. 그리하면 세자가 이에 기뻐하는 기색을 띠었다. 평상시의 일을 편안히 행하지 못하는 때가 있으면 내수가 이것을 세자에게 고한다. 그러하면 세자가 얼굴에 근심하는 기색을 띠고서 용모의 아름다움을 성대히 하지 않았다. 그러다가 내수가 '〈임금께서〉 처음을 회복하셨습니다.'라고 고한 뒤에야 〈세자〉 또한 처음을 회복하였다.

≪集說≫

世子之記는 古者敎世子之禮篇也라 不滿容은 不能充其儀觀之美也라 此節은 約言之하야 以見(현)文王武王爲世子之異於常人也라 文王은 朝王季日三이어시늘 此는 朝夕而已요 文王은 行不能正履어시늘 此는 色憂而已니라

'世子之記'는 옛날에 세자에게 父王을 섬기는 禮를 가르친 篇이다. '不滿容'은 〈세자의〉 의표의 아름다움을 성대히 하지 못하는 것이다.

이 節은 요약하여 말해서 文王·武王이 세자가 되었을 적에 일반 사람과 달랐음을 나타낸 것이다. 문왕은 〈그의 父王인〉 王季를 뵙기를 하루에 세 번 하였는데 여기서는 아침과 저녁에 〈뵌 것을 기록하였을〉 뿐이고, 문왕은 〈얼굴에 근심하는 기색

을 띠고서〉 길을 다닐 적에 걸음을 바르게 하지 못하셨는데 여기서는 얼굴에 근심하는 기색을 띤 것만 기록하였을 뿐이다.

○ 石梁王氏曰 古世子之禮亡하니 此는 餘其記之一節이어늘 小戴 以附篇末하니라

○ 石梁王氏 : 옛날 세자의 禮가 없어졌으니, 이는 그 기록의 한 節이 남은 것인데, 小戴(戴聖)가 〈文王世子〉 편의 끝에 붙인 것이다.

082802 **朝夕之食**이 **上**이어든 **世子必在視寒煖之節**하며 **食下**어든 **問所膳羞**하야 **必知所進**하야 **以命膳宰然後**에 **退**하나니 **若內豎言疾**이어든 **則世子親齊**(재)**玄而養**이니라

〈父王의〉 아침과 저녁 음식이 올라가거든 世子가 반드시 음식의 따뜻하고 차가운 정도를 살펴보았고, 밥상을 물리면 〈부왕이〉 드신 음식을 물어서 반드시 드신 바를 알고 〈궁중 요리사인〉 膳宰에게 〈'잡수시고 남은 것을 두 번 다시 올리지 말라.'고〉 명한 뒤에 물러갔다. 만약 內豎가 '임금께서 병환이 있으십니다.'라고 말하면 세자가 친히 齋戒할 때 입는 玄端服을 입고 봉양하였다.

≪集說≫

羞는 品味也라 必知所進은 必知親所食也라 命膳宰는 卽篇首所命之言也라 養疾者는 衣齊玄之服하니 卽齊時所著(착)玄冠緇布라 衣裳則貴賤異制하니 謂之玄端服也라

羞는 여러 가지 珍味이다. '必知所進'은 반드시 어버이(父王)가 드신 바를 아는 것이다. 膳宰에게 명하는 것은 바로 이 편 첫머리에 〈선재에게〉 명한 말이다. 병환이 있는 어버이를 봉양하는 자는 齋戒할 때 입는 검은 옷을 입으니, 바로 재계할 때 착용하는 검은색의 緇布冠이다. 옷과 치마는 貴賤에 따라 제도가 다르니, 이것을 '玄端服'이라 이른다.

≪大全≫

嚴陵方氏曰 文武之所爲는 聖人之行也요 世子之記는 則中人之行而已라 聖人之制

行에 不以已하니 豈一以文武之道로 責於人哉아 故로 錄世子之記於篇末하야 從使後人可跂而及也라 所謂色憂不滿容者는 蓋喜之類는 爲陽이요 憂之類는 爲陰이니 陽饒而陰乏故로 憂則容不滿也라 齊玄而養은 謂心致齊而身服玄也[116]라

嚴陵方氏 : 文王과 武王이 행하신 바는 聖人의 행실이고, ≪世子之記≫는 일반 사람의 행실일 뿐이다. 성인이 행실을 제정하실 적에 자신의 행실을 〈기준으로 삼지〉 않으시니, 어찌 한결같이 문왕과 무왕의 도리를 가지고 일반 사람에게 바랄 수 있겠는가. 그러므로 ≪世子之記≫를 〈文王世子〉 편 끝에 기록해서 後人들로 하여금 부지런히 힘써서 미치게 한 것이다. 이른바 '얼굴에 근심하는 기색을 띠고서 용모의 아름다움을 성대히 하지 않는다.'는 것은, 기쁨의 종류는 陽이 되고 근심의 종류는 陰이 되니, 陽은 넉넉한 것이고 陰은 부족한 것이기 때문에 근심하면 용모가 성대하지 않은 것이다. '齊玄而養'은 마음으로는 致齋를 하고 몸으로는 검은 옷을 입음을 이른다.

082803 膳宰之饌을 必敬視之하며 疾之藥을 必親嘗之니 嘗饌이 善하면 則世子亦能食하고 嘗饌이 寡하면 世子亦不能飽하야 以至于復初然後에 亦復初니라

膳宰가 음식 만드는 것을 〈世子가〉 반드시 공경히 살펴보며 〈父王의〉 병환을 치료하는 약을 반드시 직접 맛을 보니, 음식을 많이 드셨으면 세자 또한 음식을 잘 먹고, 음식을 적게 드셨으면 세자 또한 배불리 먹지 못한다. 그리하여 〈어버이가〉 처음을 회복하게 된 뒤에야 〈세자〉 또한 처음을 회복하였다."

≪集說≫

善은 猶多也니 不能飽는 以視武王之亦一亦再하면 又異矣라 此篇首에 言文王武王爲世子之事라 故로 篇終에 擧記之言하야 以終之云이라

---

116) 心致齊而身服玄也 : 이는 원문의 '齊玄'에 대한 주석으로, 陳澔의 集說에 "齋戒할 때 입는 검은 옷을 입는다.〔衣齊玄之服〕"라고 해석한 것과 차이가 있다.

善은 많음과 같으니, 배불리 먹지 못하는 것은 〈文王이 한 번 드시면〉 武王 또한 한 번 드시고 〈문왕이 두 번 드시면 무왕〉 또한 두 번 드신 것에 비하면 또 다른 것이다. 이 〈文王世子〉 편의 첫머리에 문왕과 무왕이 세자가 된 일을 말하였으므로 편 끝에 옛 기록의 말을 가지고 끝마친 것이다.

禮記集說大全 卷之九

禮運 第9

≪集說≫

090000 此篇은 記帝王禮樂之因革及陰陽造化流通之理하니 疑出於子游門人之所記라 間有格言이나 而篇首大同小康之說은 則非夫子之言也라

이 편은 五帝와 三王의 禮樂의 연혁과 陰陽의 조화가 유통하는 이치를 기록하였으니, 아마도 子游의 문인이 기록한 것에서 나온 듯하다. 중간에 格言이 있으나 편 첫머리의 大同과 小康에 대한 설은 孔子의 말씀이 아니다.

≪大全≫

張子曰 禮運云者는 語其達也요 禮器云者는 語其成也니 達與成은 體與用之道也니라

張子 : 〈禮運〉은 〈禮의〉 두루 통함을 말하고 〈禮器〉는 〈禮의〉 이미 이루어짐을 말한 것이니, 두루 통함과 이미 이루어짐은 바로 體(成)와 用(達)의 道이다.

○ 長樂陳氏曰 道則運而無所積하고 器則滯而有所拘하니 禮器는 言禮之器니 則禮運은 言禮之道也니라

長樂陳氏 : 道는 운용해서 積滯되는 것이 없고 器는 적체하여 얽매이게 되는 것이 있는데, 〈禮器〉는 禮의 〈완성된〉 기물을 말한 것이니 〈禮運〉은 禮의 〈운용하는〉 道를 말한 것이다.

090101 昔者에 仲尼與於蜡(사)[1]賓이러시니 事畢하시고 出遊於觀之上하실새

---

1) 蜡(사) : 음력 12월에 농사에 관련된 여덟 神에게 지내는 臘享 제사를 달리 이르는 말로, 〈郊特牲〉에 "천자가 지내는 성대한 납향 제사는 〈그 대상이 되는 神이〉 여덟이다.〔天子大

喟然而嘆하시니 **仲尼之嘆**은 **蓋嘆魯也**라 **言偃**이 **在側**이라가 **曰 君子何嘆**이시니잇고 **孔子曰 大道之行也**와 **與三代之英**을 **丘未之逮也**나 **而有志焉**이로라

옛날에 仲尼(孔子)께서 臘享 제사의 빈객으로 참여하셨는데 제사가 끝나고 〈廟門을〉 나와서 〈雉門의〉 觀의 위에서 노니실 적에 크게 한탄하셨으니, 중니의 한탄은 아마도 魯나라를 한탄하신 것일 것이다. 言偃(子游)이 곁에 있다가 말하기를 "君子께서는 무엇을 한탄하십니까?" 하니, 孔子께서 말씀하셨다.

"〈五帝 시대의〉 大道가 행해짐과 〈夏・殷・周〉 三代 시대의 재덕이 걸출한 신하가 행했던 일을 내〔丘〕 미처 보지 못했으나, 거기에 뜻이 있노라."

≪集說≫

蜡禮는 詳見郊特牲篇하니라 孔子在魯하사 與爲魯國蜡祭之賓하시고 畢事而遊息於觀上하시니 觀은 門闕也라 兩觀이 在門之兩旁하니 懸國家典章之言於上하야 以示人也라 喟然은 嘆聲也라 所以嘆魯者는 或祭事之失禮어나 或因睹舊章而思古也라 言偃은 孔子弟子子游也라 問所以嘆之故하니 夫子言 我思古昔大道之行於天下와 與夫三代英賢之臣이 所以得時行道之盛하니 我今雖未得及見此世之盛이나 而有志於三代英賢之所爲也라하시니 此亦夢見周公[2)]之意니라

臘享 제사의 禮는 〈郊特牲〉 편에 자세히 보인다. 孔子께서 魯나라에 계시면서 노

蜡八〕" 하였는데, 陳澔의 集說에 "蜡는 여덟 신에게 지내는 제사이니, 〈농업을 창시한 신인〉 先嗇이 첫 번째이고, 〈백곡의 종자를 맡은 신인〉 司嗇이 두 번째이고, 〈고대에 田官을 지낸 신인〉 農이 세 번째이고, 〈農路를 맡은 신인〉 郵表畷이 네 번째이고, 〈들쥐와 멧돼지를 잡아먹는 고양이와 범의 신인〉 貓虎가 다섯 번째이고, 〈堤防의 신인〉 防이 여섯 번째이고, 〈水路의 신인〉 水庸이 일곱 번째이고, 〈곡식에 해를 끼치지 않는 곤충의 신인〉 昆蟲이 여덟 번째이다." 하였다.

2) 夢見周公 : 孔子가 젊은 시절에는 周公의 道를 행하려는 굳은 의지 때문에 꿈속에 가끔 주공을 보았는데, 늙어서는 의지 또한 쇠약해져서 다시는 꿈속에도 주공을 만나지 못하자, 이를 탄식하여 "심하다, 나의 쇠함이여. 내가 다시 꿈속에 주공을 만나지 못한 지가 오래되었다.〔甚矣吾衰也 久矣吾不復夢見周公〕" 한 것을 이른다.(≪論語≫ 〈述而〉)

나라 납향 제사의 빈객으로 참여하시고 제사를 마친 다음 觀 위에서 노닐며 쉬셨으니, 觀은 門의 〈양쪽에 세운 臺인〉 闕이다. 두 觀이 문의 양 옆에 있으니, 國家 典章의 내용을 그 위에 매달아서 사람들에게 보이는 것이다. '喟然'은 한탄하는 소리이다. 노나라를 한탄한 이유는 혹은 제사에서 禮를 잃어서이거나 혹은 옛 典章을 봄으로 인하여 옛날을 생각해서일 것이다. '言偃'은 공자의 제자인 子游이다.

한탄하신 이유를 묻자, 夫子께서 말씀하기를 "내가 옛날에 大道가 천하에 행해질 때와 三代 시대의 才德이 걸출한 신하가 때를 얻어 道를 행했던 盛大한 일을 생각해보니, 내가 지금 비록 이 세상이 성대해짐을 미처 보지 못했으나 삼대 시대의 재덕이 걸출한 인물이 행했던 것에 뜻이 있다." 하였으니, 이 또한 꿈에서 周公을 보신 뜻이다.

○ 石梁王氏曰 以五帝之世로 爲大同하고 以禹湯文武成王周公으로 爲小康은 有老氏意어늘 而註에 又引以實之하고 且謂禮爲忠信之薄[3]이라하니 皆非儒者語라 所謂孔子曰은 記者爲之辭也라

石梁王氏 : 〈〈禮運〉에서〉 五帝의 시대를 大同으로 삼고, 禹王・湯王・文王・武王・成王・周公의 시대를 小康으로 삼은 것은 老氏(老子)가 말한 뜻이 있는데 〈鄭玄의〉 注에 또 이것을 인용하여 실증한 데다가 禮를 忠信이 薄한 것으로 보았으니, 모두 儒者의 말이 아니다. 이른바 '孔子曰' 부분은 기록한 자가 말한 것이다.

≪大全≫

蔣氏曰 古者歲時에 蜡禮之講終하면 以序飮하니 其重農力本存愛示情之意가 見於祈祝禱禳之間과 勞來勸相之際하니 仁之至요 義之盡이라 今也에 聖人이 傷世僞之寖起하고 知古典之無傳하니 而於蜡賓畢事之後에 出爲觀上之遊할새 喟然爲之太息이라 記者紀其所嘆在魯하니 魯之郊禘 非禮也[4]니 其蜡도 可知矣라 然則發蜡之

---

3) 註又引以實之 且謂禮爲忠信之薄 : 老子의 ≪道德經≫ 제38장에 "무릇 禮는 忠信이 박하니, 禍亂의 발단이다.〔夫禮者 忠信之薄 而亂之首〕"라고 하였는데, 이 내용은 〈禮運〉 제3장의 '小康'에 대한 鄭玄 注에 "康은 편안함이다. 大道를 터득한 사람(老子)이 '예가 충신에 있어서 박하다.' 하였으니, 이는 조금 편안한 것(小康)이 잘못되면 화란이 일어나게 될 것이라는 말이다.〔康 安也 大道之人以禮於忠信爲薄 言小安者失之 則賊亂將作矣〕" 한 것을 이른다.(≪禮記正義≫)

4) 魯之郊禘非禮也 : 이 내용은 '090401'에 "공자께서 말씀하셨다. '아, 슬프다. 내가 周나라

旨 微矣라 聖人이 傷治古之不復을 因蜡禮而有見하신대 不有偃也爲之發問이면 則何以窮夫子感嘆之機리오 夫旣以帝者之事爲大同하고 而指三代爲小康矣로되 而均曰未之逮也나 而有志焉은 何哉오 此有以見聖人思欲還上古之風而不可得하사 而猶思其次也라 故로 其下에 歷歷言之하시니라

蔣氏 : 옛날 歲時에 臘享 제사의 禮를 講習하는 것이 끝나면 〈제사에 참석한 사람들이〉 차례로 술을 마셨는데, 농사를 소중히 여기고 본업을 힘쓰며 사랑하는 마음을 보존하고 情을 드러내 보이는 뜻이 〈제사를 통해 바라는 것은 이루어주고 災厄은 없애주기를〉 기도하고 축원하는 때와 〈술을 마시면서 서로〉 위로하고 勸勉하는 즈음에 나타나니, 이는 仁이 지극하고 義가 극진한 것이다.

지금 聖人(孔子)이 세상의 거짓이 점점 일어남을 상심하고 옛 法이 전하지 않음을 아셨으니, 납향 제사에 빈객이 되어 제사를 마친 뒤에 나와서 觀 위에서 노니실 적에 喟然히 크게 탄식하신 것이다.

기록하는 자가 〈공자의〉 탄식하는 이유가 魯나라에 있음을 기록하였는데, 노나라의 郊祭祀와 禘祭祀는 禮가 아니니, 납향 제사도 〈禮가 아님을〉 알 수 있다. 그렇다면 납향 제사에서 발한 뜻은 隱微하다. 성인이 잘 다스려진 옛날이 회복되지 못한 것에 상심하셨음을 납향 제사의 禮를 통하여 드러내셨는데, 言偃의 물음이 없었다면 어떻게 夫子가 탄식하신 이유를 다 알 수 있겠는가.

이미 〈아랫장에서〉 五帝의 일을 大同이라 하고 三代를 가리켜 小康이라 하셨는데 〈여기에서〉 똑같이 "미처 보지 못했으나 거기에 뜻이 있다."라고 말씀하신 것은 어째서인가? 여기에서 성인이 상고 시대의 풍속을 되돌리고자 하지만 되돌릴 수 없으셔서 오히려 그다음을 생각하셨음을 볼 수 있다. 그러므로 아랫장에서 〈이것에 대해〉 차례차례 말씀하신 것이다.

○ 嚴陵方氏曰 時는 繫乎聖人之在上者也니 孔子以窮而在下하야 不得其時故로 其言如此라 然이나 時無常也하야 或可待焉이라 故로 止言未而已하시니라

의 道를 살펴보았는데, 〈주나라 도를〉 幽王과 厲王이 손상시켰으니, 내가 〈周公의 魯나라는 한 번 변하면 도에 이를 수 있으므로〉 내가 노나라를 버리고 어디로 가겠는가. 그러나 노나라의 郊祭祀와 禘祭祀는 〈천자의 제사를 제후국에서 지낸 것이므로〉 예가 아니니, 주공의 가르침이 쇠했기 때문이다.'〔孔子曰 嗚呼哀哉 我觀周道 幽厲傷之 吾舍魯 何適矣 魯之郊禘 非禮也 周公其衰矣〕"라고 보인다.

嚴陵方氏 : 〈太平聖代를 이룰 수 있는〉 때는 聖人이 윗자리에 있는 것과 관계된 것이니, 孔子는 곤궁하면서 아랫자리에 있어서 그 때를 얻지 못하셨으므로 말씀이 이와 같았던 것이다. 그러나 때는 일정하지 않고 늘 변하는 것이어서 혹 기대할 수 있으므로 〈미처 보지〉 못하였다고만 말씀하신 것이다.

090102 **大道之行也**엔 **天下爲公**하야 **選賢與能**하며 **講信修睦**이라 **故**로 **人不獨親其親**하고 **不獨子其子**하야 **使老有所終**하고 **壯有所用**하고 **幼有所長**하고 **矜**[5)]**寡孤獨廢疾者 皆有所養**하며 **男有分**하고 **女有歸**하며 **貨惡其棄於地也**언정 **不必藏於己**하고 **力惡其不出於身也**언정 **不必爲己**라 **是故**로 **謀閉而不興**하고 **盜竊亂賊而不作**이라 **故**로 **外戶而不閉**[6)]하니 **是謂大同**이니라

大道가 행해질 때에는 천하를 共有物로 여겨 어진 이와 능한 이를 가려 뽑으며 信義를 講習하고 화목을 닦았다. 그러므로 사람들이 자기의 親屬을 친애할 뿐만이 아니고 자기 자식을 사랑할 뿐만이 아니어서 노인은 생애를 잘 끝마침이 있게 하고 장성한 이는 쓰일 곳이 있게 하며 어린이는 자라는 바가 있게 하였다. 그리고 홀아비와 과부, 고아와 독신자와 廢疾을 앓는 자는 모두 부양받을 수 있게 하며 남자는 職分이 있게 하고 여자는 시집갈 곳이 있게 하였다.

재화가 땅에 버려지는 것을 싫어하면 싫어하지만 굳이 자기만 〈재화를〉 보관하여 가지려 하지 않았고, 힘이 자기 몸에서 나오지 않음을 싫어하지

---

5) 矜(환) : '鰥(홀아비)'과 같다.

6) 外戶而不閉 : 번역은 陳澔의 集說을 따랐는데, 孔穎達 疏에는 "外戶而不閉는 문짝을 밖에서 닫는 것이다. 不閉는 빗장을 사용하여 잠그지 않는 것이다. 문을 중복으로 설치하고 〈문지기가〉 딱따기를 치는 것은 본래 도적을 막기 위한 것이다. 그런데 이미 도적과 亂賊이 없으니 문을 닫을 필요가 없다. 다만 바람에 날아드는 먼지를 막아야 하기 때문에 문짝을 설치하는 것일 뿐이고, 막아 방어할 것이 없기 때문에 밖에서 닫는 것이다.〔外戶而不閉者 扉從外闔也 不閉者 不用關閉之也 重門擊柝 本禦暴客 旣無盜竊亂賊 則戶無俟於閉也 但爲風塵入寢 故設扉耳 無所捍拒 故從外而掩也〕" 하였다.(≪禮記正義≫)

만 군이 자기만을 위해서 〈힘을〉 사용하려고 하지 않았다. 이 때문에 〈간사한〉 꾀가 막혀 일어나지 않았고 도적과 난적이 일어나지 않았으므로 바깥문을 닫지 않았으니, 이것을 大同이라 이른다.

≪集說≫

天下爲公은 言不以天下之大로 私其子孫하고 而與天下之賢聖으로 公共之하니 如堯授舜하고 舜授禹하사 但有賢能可選이면 卽授之矣라 當時之人이 所講習者誠信이요 所修爲者和睦이라 是以로 親其親하야 以及人之親하고 子其子하야 以及人之子하야 使老者壯者幼者로 各得其所하고 困窮之民으로 無不有以養之하며 男則各有士農工商之職分하고 女則得歸于良奧之家라 貨財는 民生所資以爲用者니 若棄捐於地而不以時收貯면 則廢壞而無用이니 所以惡其棄於地也라 今但得有能收貯以資世用者면 足矣니 不必其擅利而私藏於己也라 世間之事 未有不勞力而能成者로되 但人情多詐하야 共事則欲逸己而勞人하야 不肯盡力하니 此所以惡其不出於身也라 今但得各竭其力하야 以共成天下之事면 足矣니 不必其用力而獨營己事也라 風俗이 如此라 是以로 姦邪之謀 閉塞而不興하고 盜竊亂賊之事 絶滅而不起하야 暮夜無虞하야 外戶를 可以不閉니 豈非公道大同之世乎아 一說에 外戶者는 戶設於外而閉之면 向內也라

'天下爲公'은 광대한 천하를 자손에게 사사로이 물려주지 않고 천하의 賢人·聖人과 더불어 公有함을 말하니, 예컨대 堯임금이 〈帝位를 자식이 아닌〉 舜에게 물려주고 舜임금이 〈제위를 자식이 아닌〉 禹에게 물려주었던 것과 같이 하여 다만 어질고 능하여 뽑을 만한 사람이 있으면 즉시 그에게 주는 것이다.

당시의 사람들이 講習한 것이 誠信이고, 닦고 행한 것이 화목이었으므로 자기 親屬을 친애하여 남의 친속에게까지 미치고 자기 자식을 사랑하여 남의 자식에게까지 미쳐서 늙은 자와 장성한 자와 어린 자로 하여금 각각 제자리를 얻게 하고 곤궁한 백성으로 하여금 부양받지 못함이 없게 하였으며, 남자는 각각 士·農·工·商의 직분이 있고 여자는 훌륭한 집으로 시집갈 수 있게 하였다.

財貨는 民生이 밑천으로 삼아 사용하는 것이다. 만약 땅에 버려두고 제때에 거두어 저장하지 않으면 부서져서 쓸 수가 없으니, 이 때문에 땅에 버려지는 것을 싫어하는 것이다. 지금 다만 이것을 거두어 저장해서 세상의 쓰임에 밑천으로 삼을 수

있으면 충분하니, 굳이 그 이익을 독점해서 자기의 사유물로 보관하려 하지 않는 것이다.

世間의 일은 勞力하지 않고서 이루어질 수 있는 것이 없으나, 다만 세상 사람의 마음은 속임수가 많아서 일을 함께 할 경우 자기는 편안하고 남은 수고롭기를 바라서 힘을 다하려고 하지 않으니, 이 때문에 힘이 자기 몸에서 나오지 않는 것을 싫어하는 것이다. 이제 다만 각각 자기 힘을 다해서 천하의 일을 함께 이룰 수 있으면 충분하니, 굳이 그 힘을 써서 자기의 일만 經營하려 하지 않는 것이다.

풍속이 이와 같기 때문에 간사한 꾀가 닫히고 막혀 일어나지 않으며 도적과 난적의 일이 끊어지고 없어져 일어나지 않는다. 그래서 어두운 밤에도 우려할 일이 없어 바깥문을 닫지 않을 수 있으니, 이것이 어찌 公正한 大同의 시대가 아니겠는가. 일설에 "外戶는 문이 밖에 설치되어 있어서 〈문을〉 닫으면 안쪽으로 향한다." 하였다.

≪大全≫

蔣氏曰 大道之行엔 天下爲公하야 居上者恬於勢位而不以爲樂하고 在下者安於困貧而不以爲尤라 是以로 德化自行而防範不立하고 情意易(이)通而機巧不生이라 故로 位以賢能而任이요 非有所私而立之也며 人以信睦爲交요 非制之使然也라 推而至於耆老幼壯鰥寡孤獨之人하야도 交相養於天地之間하야 而不見其病이라 男自然而有分하고 女自然而有歸하며 貨惡其棄於地而已요 力惡其不出於身而已니 是豈有一毫相攘相軋之習哉아 凡若此者는 非聖人用力而致之也라 故로 揚而擧之於大同之時하니 惟帝者之事 足以當之니라

蔣氏 : 大道가 행해질 때에는 천하를 共有物로 여겨 위에 있는 자는 세력과 지위를 편안히 여기되 즐거워하지 않았고, 아래에 있는 자는 곤궁과 빈천을 편안히 여겨서 원망하지 않았다. 이 때문에 德化가 저절로 행해져서 단속하는 법이 세워지지 않았고 情意가 쉽게 통하여 교묘한 술수가 생기지 않았다. 그러므로 〈높은〉 지위는 어질고 능력 있는 사람에게 맡기는 것이고 사사로운 관계가 있어서 〈지위에〉 세워주는 것이 아니었으며, 사람은 믿음과 화목으로 사귀는 것이고 통제하여 그렇게 만든 것이 아니었다.

이를 미루어 넓혀서 늙은이와 어린이와 장성한 이와 홀아비와 과부, 고아와 독신

자까지도 天地의 사이에서 모두 길러주어서 괴롭게 사는 일이 없게 하였다. 남자는 자연히 직분이 있고 여자는 자연히 시집갈 곳이 있었으며, 財貨가 땅에 버려짐을 싫어할 뿐이고 힘이 자신에게서 나오지 않음을 싫어할 뿐이었으니, 여기에 어찌 털끝만큼이라도 서로 빼앗고 다투는 풍습이 있었겠는가. 무릇 이와 같은 것은 聖人이 억지로 힘을 써서 이루는 것이 아니므로 이것을 드러내어 大同의 때에 열거하였으니, 오직 五帝의 일이 여기에 해당할 수 있다.

○ 嚴陵方氏曰 天生其利어늘 人乃不取면 是는 以人逆天也라 故로 貨棄於地 爲可惡요 人犯其勞하고 我享其效면 是因人成事也라 故로 力不出於身이 爲可惡라 取非其有를 謂之盜요 伺間而發을 謂之竊이요 絶理를 謂之亂이요 毁則(칙)을 謂之賊이니라

嚴陵方氏 : 하늘이 이로움을 만들어내는데 사람이 그것을 버리고 취하지 않으면 이는 사람으로서 하늘을 거스르는 것이므로 財貨가 땅에 버려지는 것이 미워할 만함이 되는 것이다. 남은 勞苦를 들이고 나는 功效를 누리면 이는 남을 통해 일을 이루는 것이므로 힘이 자신에게서 나오지 않는 것이 미워할 만함이 되는 것이다. 자기 소유가 아닌 것을 취함을 '盜'라 이르고, 틈을 엿보아 〈훔치는 짓을〉 행함을 '竊'이라 이르고, 이치를 끊는 것을 '亂'이라 이르고, 법칙을 훼손하는 것을 '賊'이라 이른다.

090103 今엔 大道旣隱하야 天下爲家하야 各親其親하고 各子其子하며 貨力을 爲己하고 大人이 世及以爲禮하며 城郭溝池以爲固하고 禮義以爲紀하야 以正君臣하고 以篤父子하고 以睦兄弟하고 以和夫婦하며 以設制度하고 以立田里하며 以賢勇知하고 以功爲己라 故로 謀用是作하야 而兵由此起하나니 禹湯文武成王周公이 由此其選也시니 此六君子者 未有不謹於禮者也라 以著其義하고 以考其信하며 著有過하고 刑仁講讓하야 示民有常하시니 如有不由此者면 在埶(세)者去하야 衆以爲殃이라하니 是謂小康이니라

지금은 大道가 이미 숨겨져서 천하를 자기 집으로 여겨 각각 자기 親屬을 친애하고 각각 자기 자식을 사랑하며, 財貨와 힘을 자기를 위해 〈비축하거나 내고 천자나 제후인〉 大人들이 부자가 세습하거나 형제에게 물려

주는 것을 禮로 삼으며, 內城과 外城과 해자로 견고함을 삼고 禮義로써 紀綱을 삼는다. 이로써 군신간을 바로잡고 이로써 부자간을 돈독하게 하고 이로써 형제간을 화목하게 하고 이로써 부부간을 화목하게 하며, 제도를 만들고 田地와 宅里를 세우며 용맹과 지혜를 어질게 여기고 功을 자기를 위해 세운다. 그러므로 간사한 꾀가 이 때문에 일어나서 병란이 이로 말미암아 일어나니, 禹王·湯王·文王·武王·成王·周公이 이 예의를 써서 〈왕으로〉 뽑히셨는데, 이 여섯 군자는 禮를 삼가지 않음이 있지 않았다. 이로써 義를 밝히고 信을 이루고, 허물이 있는 자를 드러내고, 仁愛의 도를 법칙으로 삼고 遜讓의 도를 講說해서 백성들에게 떳떳한 법이 있음을 보여주셨으니, 만일 이것을 따르지 않는 자가 있으면 우두머리의 權座에 있는 자가 제거되어 〈그의〉 무리가 〈그를〉 백성에게 재앙을 끼치는 우두머리라고 말한다. 이것을 '小康'이라 이른다.

≪集說≫

天下爲家는 以天下로 爲私家之物하야 而傳子孫也라 大人은 天子諸侯也라 父子相傳이 爲世요 兄弟相傳이 爲及이라 紀는 綱紀也라 賢勇知는 以勇知로 爲賢也라 涿鹿之戰과 有苗之征[7]은 兵非由後王起也어늘 謂兵由此起라하니 擧湯武之事[8]言之耳라 著는 明

7) 涿鹿之戰 有苗之征 : 涿鹿은 河北省 탁록현의 동남쪽에 있는 곳으로 탁록의 전쟁은 포악한 蚩尤와 黃帝 軒轅의 전쟁을 이르고, 有苗는 중국 남방의 강대한 부족인 三苗로 舜임금 때 정벌한 것을 이른다.

치우가 포악하여 炎帝의 명을 따르지 않으니 황제가 제후를 거느리고 탁록의 들판에서 치우와 전투를 벌였는데, 치우가 風伯과 雨師를 동원해서 크게 風雨를 일으켜 황제의 군사들이 길을 잃고 헤매자, 황제가 指南車를 만들어 마침내 정벌하여 치우를 죽였다.(≪史記≫ 권1 〈五帝本紀〉)

禹임금이 舜임금의 명을 받아 완악한 有苗의 백성들을 정벌하였는데, 30일 동안 항복하지 않았다. 이에 益이 우임금에게 德으로 하늘을 감동시킬 것을 청하자, 우임금이 익의 말이 옳다고 여겨 군대를 철수하였다. 순임금이 마침내 文德을 크게 펴서 방패와 깃을 가지고 東階와 西階에서 춤을 추었는데, 70일 만에 유묘가 와서 항복하였다.(≪書經≫ 〈虞書 大禹謨〉)

8) 湯武之事 : 湯王이 夏나라의 桀王을 축출하여 殷나라를 세우고, 武王이 은나라의 紂王을 축

也요 考는 成也라 刑仁은 謂法則(칙)仁愛之道요 講讓은 講說遜讓之道라 示民有常은 言六君子謹禮而行著義以下五事하야 示民爲常法也라 在埶(세)는 居主者之勢位也니 言爲天下之君하야 而不以禮로 行此五事면 則天下之人이 以爲殃民之主라하야 而共廢黜之也라 此는 謂小小安康之世니 不如大道大同之世也라

'天下爲家'는 천하를 私家의 물건으로 여겨서 자손에게 물려주는 것이다. '大人'은 천자와 제후이다. 父子가 서로 물려주는 것을 '世'라 하고, 형제가 서로 물려주는 것을 '及'이라 한다. 紀는 紀綱이다. '賢勇知'는 용맹과 지혜를 어짊으로 삼는 것이다. 〈黃帝 때의〉 涿鹿의 전쟁과 〈舜임금 때의〉 有苗의 정벌은, 그 병란이 〈황제나 순의〉 後代 王으로 말미암아 일어난 것이 아닌데 '병란이 이로 말미암아 일어난다.'고 일렀으니, 여기서의 병란은 〈夏나라의 폭군인 桀을 축출한〉 湯王과 〈殷나라의 폭군인 紂를 몰아낸〉 武王의 일을 들어 말한 것뿐이다. 著는 밝힘이고, 考는 이룸이다. '刑仁'은 仁愛의 道를 법칙으로 삼음을 이르고, '講讓'은 遜讓의 도를 講說하는 것이다. '示民有常'은 여섯 군자가 禮를 삼가서 '義를 드러내는' 이하 다섯 가지 일을 행하여 백성들에게 떳떳한 법이 됨을 보여준 것이다. '在埶'는 우두머리의 권세와 지위에 처한 자이니, 천하의 임금이 되어서 禮를 기반으로 이 다섯 가지 일을 행하지 않으면 천하 사람들이 백성에게 재앙을 끼치는 우두머리라고 여겨서 공동으로 그를 폐출함을 이른다. 이는 소소하게 편안한 세상을 이르니, 大道가 행해지는 大同의 세상만 못하다.

○ 陳氏曰 禮家謂太上之世는 貴德이요 其次는 務施報往來[9]라 故로 言大道爲公之

출하여 周나라를 세운 일을 이른다.

하나라의 걸왕이 폭정을 행하자, 당시 제후였던 湯이 군대를 이끌고 하나라의 도읍을 공격하여 鳴條에서 결전을 벌였는데, 이 전투에서 패한 걸왕이 南巢로 달아나자 탕이 걸왕을 이곳에 유폐시켰다. 걸왕은 얼마 후에 이곳에서 죽고, 탕이 은나라를 開創하였다. (≪書經≫ 〈商書 仲虺之誥〉, 〈商書 伊訓〉)

은나라 말기에 紂王은 연못을 술로 채우고 고기를 숲처럼 매달아놓고 즐길 정도로 사치스럽고 방탕하게 생활하였고, 鹿臺라는 궁궐을 짓느라 무거운 세금을 부과하여 백성들을 도탄에 빠트리자, 周 武王이 太公望 姜尙과 周公·召公 등을 중용하여 세력을 키우고 盟津에서 제후들을 규합하여 은나라를 공격해서 큰 승리를 거두었다. 패배한 주왕은 녹대에서 자살하였고 은나라가 망하고 주나라가 세워졌다.(≪史記≫ 〈殷本紀〉, 〈周本紀〉)

9) 太上之世……務施報往來 : 이 내용은 〈曲禮 上〉에 "태상의 시대에는 덕을 베푸는 것을 귀하게 여기고 〈그 보답을 바라지 않았으며,〉 그다음 시대에는 〈예가 비로소 구비되어〉 덕을 베푸는 것과 그 덕에 보답하는 것을 힘썼다. 예는 〈주고받거나〉 오고 감을 숭상하니, 가

世는 不規規於禮하니 禮乃道德之衰요 忠信之薄이라하니 大約出於老莊之見이요 非先聖格言也니라

陳氏 : 禮家가 다음과 같이 말하였다. "上古時代에는 德을 귀하게 여겼고, 그다음은 〈여기에서〉 베풀면 〈저기에서〉 보답하고 〈여기에서〉 가면 〈저기에서〉 오는 禮를 힘썼다. 그러므로 '大道가 행해져 천하를 공유물로 여기는 大同의 세상은 禮에 급급하지 않았으니, 禮는 바로 道德이 쇠한 것이고 忠信이 薄한 것이다.' 하였으니, 이 말은 대략적으로 老子·莊子의 소견에서 나온 것이고 先聖의 格言이 아니다."

≪大全≫

嚴陵方氏曰 前言大道之行이면 則知大道隱之爲廢요 此言大道旣隱이면 則知大道行之爲明矣라 前言天下爲公은 則以與賢故也라 故繼言選賢與能하고 此言天下爲家는 則以與子故也라 故繼言各親其親하고 各子其子焉이라 大人이 世以爲禮는 則各子其子故也요 及以爲禮는 則各親其親故也라 道大而有變하니 則爲之綱者道也요 禮義小而有常故로 以爲紀焉이니 道之綱이면 則君臣固有義矣요 父子固有親矣요 兄弟固有序矣요 夫婦固有別矣며 及以禮義爲紀면 則因其義而正之하고 因其親而篤之하고 因其序而睦之하고 因其別而和之라 故로 曰 以正君臣하며 以篤父子하며 以睦兄弟하며 以和夫婦라하니라

嚴陵方氏 : 앞에서 "大道가 행해짐"을 말했으면 대도가 숨겨짐이 폐해짐이 됨을 알 수 있으며, 여기에 "대도가 이미 숨겨졌음"을 말했으면 대도가 행해짐이 밝음이 됨을 알 수 있다. 앞에서 "천하를 공유물로 여긴다."고 말한 것은 천하를 어진 이에게 주었기 때문이므로 뒤이어 "어진 이와 능한 이를 가려 뽑는다."고 말한 것이고, 여기에서 "천하를 자기 집으로 여긴다."고 말한 것은 천하를 자기 자식에게 주기 때문이므로 뒤이어 "각각 자기 친속을 친애하고 각각 자기 자식을 사랑한다."고 말한 것이다.

大人이 世襲하는 것을 禮로 삼음은 각각 자기 자식을 사랑하기 때문이고, 형제에게 물려주는 것을 禮로 삼음은 각각 자기 친속을 친애하기 때문이다. 道는 크면서도 변함이 있으니 綱이 되는 것은 道이고, 禮義는 작으면서도 일정함이 있으므로 紀로

기만 하고 오지 않는 것이 예가 아니며, 오기만 하고 가지 않는 것 또한 예가 아니다.〔太上 貴德 其次 務施報 禮尙往來 往而不來 非禮也 來而不往 亦非禮也〕"라고 보인다.

삼는 것이니, 道가 綱이 되면 군신간에 진실로 義理가 있고 부자간에 진실로 친함이 있고 형제간에 진실로 차례가 있고 부부간에 진실로 분별이 있으며, 예의를 紀로 삼으면 〈군신간의〉 의리를 인하여 바르게 하고 〈부자간의〉 친함을 인하여 돈독하게 하고 〈형제간의〉 차례를 인하여 화목하게 하고 〈부부간의〉 분별을 인하여 화목하게 한다. 그러므로 "이로써 군신간을 바로잡고, 이로써 부자간을 돈독하게 하고, 이로써 형제간을 화목하게 하고, 이로써 부부간을 화목하게 한다."고 말한 것이다.

○ 長樂陳氏曰 大道之行에 天下爲公而與人이러니 大道旣隱에 天下爲家而與子러라 與人與子가 固出於天하니 聖人所以順天而趨時也라 然이나 其爲公者는 非不家之나 以爲公者爲主요 爲家者는 非不公之나 以爲家者爲主라 至於不獨親其親하고 不獨子其子하며 貨力을 不必藏於己하야는 非無所別也요 各親其親하고 各子其子하며 貨力爲己하야는 非無以待人也나 亦其所爲主者異矣라 選賢與能하고 講信修睦을 六君子非不由之요 禮義以爲紀를 堯舜非不用之나 特其有所輕重淺深煩簡之不一耳니라

長樂陳氏 : 大道가 행해질 때에는 천하를 공유물로 여겨 다른 사람에게 주었는데 대도가 이미 숨겨진 때에는 천하를 자기 집으로 여겨 자식에게 주었다. 남에게 주는 것과 자식에게 주는 것이 진실로 하늘에서 나온 것이니, 聖人은 이 때문에 하늘을 順히 따르고 때를 따르는 것이다.

그러나 공유물로 여기는 것은 천하를 자기 집으로 여기지 않는 것이 아니나 공유물로 여기는 것을 위주로 삼는 것이고, 자기 집으로 여기는 것은 천하를 공유물로 여기지 않는 것이 아니나 자기 집으로 여김을 위주로 삼는 것이다. 다만 자기 친속을 친애할 뿐만 아니고 다만 자기 자식을 사랑할 뿐만 아니며 財貨와 힘을 반드시 자기에게만 보관하지 않음에 이른 것으로 말하면 분별하는 바가 없는 것이 아니고, 각각 자기 친속을 친애하고 각각 자기 자식을 사랑하며 재화와 힘을 자기를 위해 비축하거나 냄에 이른 것으로 말하면 남을 기다림이 없는 것이 아니나, 또한 위주로 삼은 것이 다를 뿐이다.

어진 이와 능한 이를 가려 뽑고 信義를 講習하고 和睦을 닦는 것을 여섯 군자가 말미암지 않은 것이 아니고, 禮義로 紀를 삼는 것을 堯임금과 舜임금이 쓰지 않은 것이 아니나, 다만 가볍게 하고 중하게 하는 바와 얕게 하고 깊게 하는 바와 번다하게 하고 간략하게 하는 바가 똑같지 않음이 있을 뿐이다.

○ 蔣氏曰 聖人이 處大同之世면 固能運無爲之化요 聖人이 處小康之時면 要亦無不盡之心이라 夫惟無不盡之心而後에 能居小康之時하야 成極治之化하고 當大道之隱하야 使大道之行이니 以此言之하면 帝王有異나 時無異道라 聖人이 因蜡以思禮하시니 其不能無望於魯요 而有志於帝王之世者가 如此니라

蔣氏 : 聖人이 大同의 세상에 처하면 진실로 無爲의 교화를 운용할 수 있고, 성인이 小康의 시대에 처하면 요컨대 또한 극진히 하지 않는 마음이 없다. 오직 극진히 하지 않는 마음이 없은 뒤에 소강의 때에 처해서는 지극히 잘 다스리는 교화를 이룰 수 있고 大道가 숨겨진 때가 되어서는 대도를 행하게 할 수 있으니, 이것을 가지고 말하면 五帝와 三王은 〈처한 세상의〉 차이가 있으나 〈대동과 소강의〉 때에 다른 道가 없는 것이다. 성인이 臘享 제사에 참여함으로 인하여 禮를 생각하셨으니, 〈孔子께서〉 魯나라에 〈대동의 세상을 회복하는 것에 대해〉 기대함이 없을 수 없으시고 〈대동의 세상인〉 오제와 삼왕의 세상에 뜻을 두심이 이와 같은 것이다.

090201 言偃이 復(부)問曰 如此乎禮之急也잇가 孔子曰 夫禮는 先王이 以承天之道하고 以治人之情이라 故로 失之者死하고 得之者生하나니 詩曰 相鼠有體어늘 人而無禮아 人而無禮면 胡不遄死[10]오하니 是故로 夫禮는 必本於天하고 殽於地하며 列於鬼神하고 達於喪祭射御冠昏朝聘이라 故로 聖人이 以禮示之하시니라 故로 天下國家를 可得而正也니라

言偃이 다시 묻기를 "이와 같이 禮가 급한 것입니까?" 하니, 孔子께서 대답하셨다.

"예는 先王이 하늘의 도를 받들고 사람의 情을 다스린 방법이었다. 그러므로 예를 잃는 자는 죽고 예를 얻는 자는 사니, ≪詩經≫에 '쥐를 보건대 四體가 있으니, 사람으로서 예가 없단 말인가. 사람으로서 예가 없으면 어찌 빨리 죽지 않겠는가.' 하였다. 이 때문에 예는 반드시 하늘에 근본을

10) 相鼠有體……胡不遄死 : ≪詩經≫ 〈鄘風 相鼠〉에 보인다.

두고 땅을 본받으며 귀신에 나열되고, 초상과 제사, 활쏘기와 말몰이, 관례와 혼례, 朝會와 聘問에까지 미친다. 그래서 聖人이 예의 功用을 천하의 사람들에게 보이신 것이다. 그러므로 〈예는〉 천하와 국가를 바르게 할 수 있는 것이다."

≪集說≫

禮本於天은 天理之節文[11]也라 殽는 效也니 效於地者는 效山澤高卑之勢하야 爲上下之等也라 後章殽以降命以下[12]에 乃詳言之하니라 列於鬼神은 禮有五經이로되 莫重於祭也[13]라 喪祭以下八事는 人事之儀則(칙)也라

'禮本於天'은 〈禮는〉 天理의 節文이라는 것이다. 殽는 본받음이니, '效於地'는 산과 못의 높고 낮은 형세를 본받아서 上下의 등급을 만드는 것이다. 뒷장의 '殽以降命' 이하에 이것을 자세히 말하였다. '列於鬼神'은 禮에 다섯 가지 經이 있는데 제사보다 더 중한 것이 없는 것이다. 喪과 祭 이하 여덟 가지 일은 人事의 儀則이다.

≪大全≫

金華應氏曰 上數語[14]는 明禮之功用하야 以明夫人生死之所由係하고 下四語[15]는

11) 天理之節文 : ≪論語≫ 〈學而〉의 "禮의 用은 和가 귀함이 된다.〔禮之用 和爲貴〕"라는 經文에 대해서 朱子가 "禮라는 것은 천리의 절문이고 인사의 의칙이다.〔禮者 天理之節文 人事之儀則〕"라고 한 설명에 보이는데, 小註에 "주자가 말씀하였다. '節은 등급이고, 文은 곧바로 하지 않고 돌려서 완곡하게 하는 모양이다.' 면재황씨가 말하였다. '예컨대 冠禮에 三加를 할 적에 揖讓하고 升降하는 것은 바로 儀이고, 천자의 관례는 어떻게 해야 하고 제후의 관례는 어떻게 해야 한다는 것은 바로 則이다.'〔朱子曰 節者 等級也 文者 不直截而回互之貌 勉齋黃氏曰 如三加揖讓升降 此是儀 若天子冠禮則當如何 諸侯則當如何 此是則〕"라고 하였다.(≪論語集註大全≫)

12) 殽以降命以下 : 아래 '090601'의 "그러므로 政事라는 것은 임금이 자기 몸을 편안히 하는 것이다. 이 때문에 정사는 반드시 하늘에 근본을 두어 그것을 본받아서 명령을 내리는 것이다.〔故 政者 君之所以藏身也 是故夫政 必本於天 殽以降命〕"라는 것 이하의 내용을 가리킨다.

13) 禮有五經 莫重於祭也 : 禮의 五經은 吉禮, 凶禮, 軍禮, 賓禮, 嘉禮로, 이 내용은 〈祭統〉에 보이는데, 鄭玄 注에 "〈'莫重於祭'는〉 吉禮를 으뜸으로 삼음을 이른다." 하였다. 吉禮는 祭禮를 가리킨다.(≪禮記正義≫)

14) 上數語 : '夫禮先王'부터 '胡不遄死'까지의 내용을 가리킨다.

總禮之體用하야 以明天下國家治亂之所由別也라 法於天地鬼神者는 理也니 所以承天之道也요 達於天下國家者는 事也니 所以治人之情也니 理與事는 一而二요 二而一者也니라

金華應氏 : 위의 몇 마디 말은 禮의 功效와 效用을 밝게 드러내어 사람의 삶과 죽음이 관계되는 이유를 밝혔고, 아래의 네 마디 말은 禮의 本體와 作用을 총괄하여 천하와 국가의 다스려짐과 혼란함이 나누어지는 이유를 밝힌 것이다. 천지와 귀신에게 본받는 것은 〈禮의〉 이치이니 〈禮로써〉 하늘의 道를 받드는 것이고, 천하와 국가에 두루 통함은 〈禮의〉 일이니 〈禮로써〉 사람의 情을 다스리는 것이다. 그러니 〈禮의〉 이치와 일은 하나이면서 둘이고 둘이면서 하나이다.

○ 嚴陵方氏曰 禮本乎天之道라 故로 先王制禮는 所以承天之道요 禮出乎人之情이라 故로 先王制禮는 還以治人之情이라 人之所欲이 莫甚於生하고 所惡(오) 莫甚於死어늘 禮之得失에 遂有死生之道하니 此其所以爲急歟인저 於天曰本하고 於地曰殽하고 於鬼神曰列은 皆言禮之所以立也요 至於禮之所以行하야는 則有見(현)於喪祭射御冠昏朝聘焉하니 見(현)於喪祭射御冠昏朝聘이면 則禮達於下矣라 故로 以達言之하니라

嚴陵方氏 : 禮는 하늘의 道에 근본을 둔 것이므로 先王이 禮를 만듦은 하늘의 道를 받드는 방법이다. 禮는 사람의 情에서 나온 것이므로 선왕이 禮를 만듦은 다시 이로써 사람의 情을 다스리는 것이다. 사람이 원하는 것이 사는 것보다 더 심함이 없고 싫어하는 것이 죽는 것보다 심함이 없는데, 禮를 잘하고 잘못함에 마침내 살고 죽는 도가 있으니, 이것이 禮를 급하게 여기는 이유이다.

하늘에서는 '本'을 말하고 땅에서는 '殽'를 말하고 귀신에게서는 '列'을 말한 것은 모두 禮가 확립되는 까닭(天道)을 말한 것이다. 禮가 행해지는 것에 이르러서는 초상과 제사, 활쏘기와 말몰이, 관례와 혼례, 朝會와 聘問에 나타남이 있으니, 초상과 제사, 활쏘기와 말몰이, 관례와 혼례, 조회와 빙문에 나타나면 이는 禮가 아래(人情)에 통하는 것이므로 '達'이라고 말한 것이다.

○ 馬氏曰 天降衷於民[16]하시니 而先王之爲禮는 所以繼天之衷也라 故로 曰 以承天

15) 下四語 : '夫禮必本於天'부터 '達於喪祭射御冠昏朝聘'까지의 내용을 가리킨다.

16) 天降衷於民 : ≪書經≫ 〈商書 湯誥〉에 "왕이 다음과 같이 말씀하였다. '아! 너희 만방의 무

之道라하니라 夫口之於味와 目之於色과 耳之於聲과 鼻之於臭와 四肢之於安逸에 人情之所同也니 人情之所同而縱之면 則滅天理而窮人欲이라 故로 先王이 制爲禮以節之也라 故로 曰 以治人之情이라하니라 胡不遄死者는 未至乎死而人欲其死也니라

馬氏 : 하늘이 백성에게 衷을 내리시니, 先王이 禮를 만듦은 하늘의 衷을 이은 것이므로 "하늘의 道를 받든다."고 말한 것이다. 입이 맛있는 음식에 있어서와 눈이 아름다운 빛깔에 있어서와 귀가 아름다운 소리에 있어서와 코가 향기로운 냄새에 있어서와 四肢가 편안함에 있어서 사람의 情이 똑같은 것이니, 사람의 情이 똑같은 것을 방임하면 天理를 없애고 人欲을 다 채우게 되므로 선왕이 禮를 만들어서 節制시킨 것이다. 그러므로 "이로써 사람의 情을 다스렸다." 한 것이다. '胡不遄死'는 아직 죽음에 이르지 아니하여 사람들이 그가 죽기를 바라는 것이다.

090301 言偃이 復問曰 夫子之極言禮也를 可得而聞歟잇가 孔子曰 我欲觀夏道라 是故로 之杞而不足徵也요 吾得夏時焉하며 我欲觀殷道라 是故로 之宋而不足徵也요 吾得坤乾焉호니 坤乾之義와 夏時之等을 吾以是觀之로라

言偃이 다시 묻기를 "夫子께서 힘을 다해 禮를 말씀하시는데, 〈자세한 전말을〉 들을 수 있겠습니까?" 하니, 孔子께서 말씀하셨다.

"내가 夏나라의 道를 보고자 하였기 때문에 〈하나라의 후예인〉 杞나라에 갔는데 충분히 증명할 수 없었고 내가 ≪夏時≫라는 책을 얻었으며, 내가 殷나라의 도를 보고자 하였기 때문에 〈은나라의 후예인〉 宋나라에 갔는데 충분히 증명할 수 없었고 내가 ≪坤乾≫이라는 ≪易≫을 얻었으니, ≪곤건≫의 의리와 ≪하시≫의 등급을 내가 이 때문에 보았던 것이다.

리들아. 나 한 사람의 가르침을 분명히 들어라. 훌륭하신 上帝(天)가 백성들에게 衷을 내려주어 순히 하여 떳떳한 性을 소유하였으니, 능히 그 道에 편안하게 하는 이는 군주인 것이다.'〔王曰 嗟爾萬方有衆 明聽予一人誥 惟皇上帝降衷于下民 若有恒性 克綏厥猷 惟后〕"라고 한 데서 온 말이다. 이에 대해 蔡沈의 註에 "衷은 中이다.……하늘이 命을 내릴 적에 仁·義·禮·智·信의 이치를 갖추어 편벽되거나 치우친 바가 없으니 이른바 衷이며, 사람이 命을 받을 적에 인·의·예·지·신의 이치를 얻어 마음과 함께 나오니 이른바 性이다.〔衷 中……天之降命而具仁義禮智信之理 無所偏倚 所謂衷也 人之稟命而得仁義禮智信之理 與心俱生 所謂性也〕"라고 설명하였다.(≪書經集傳≫)

≪集說≫

杞는 夏之後요 宋은 殷之後라 徵은 證也라 孔子言 我欲觀考夏殷之道라 故로 適二國而求之하니 意其先代舊典과 故家遺俗이 猶有存者로되 乃皆無可徵驗者요 僅於杞에 得夏時之書하고 於宋에 得坤乾之易耳라 夏時는 或謂卽今夏小正이라 坤乾은 謂歸藏商易이니 首坤次乾也라 所謂坤乾之義理와 夏時之等列을 吾但以此二書로 觀之而已니 二代治天下之道를 豈可悉得而聞乎는 論語曰 文獻不足故也[17)]니라

杞는 夏나라 후손의 나라이고, 宋은 殷나라 후손의 나라이다. 徵은 증명함이다. 孔子께서 말씀하시기를 "내가 하나라와 은나라의 도를 보고 상고하고자 하였다. 그러므로 두 나라에 가서 구하였으니, 그 先代의 옛 典章과 故家의 遺俗이 그래도 남아 있을 것이라고 생각하였는데 마침내 모두 증명할 수 있는 것이 없었다. 겨우 杞나라에서 ≪夏時≫라는 책을 얻고 宋나라에서 ≪坤乾≫이라는 ≪易≫을 얻었을 뿐이다." 하셨다.

≪하시≫는 혹자가 지금의 ≪夏小正≫이라 하였다. ≪곤건≫은 商나라 ≪易≫인 ≪歸藏≫을 이르니, 坤이 머리에 있고 乾이 다음에 있다. 〈공자께서〉 말씀하신바 "≪곤건≫의 의리와 ≪하시≫의 등급을 내가 다만 이 두 책을 가지고 보았을 뿐이니, 〈夏・商〉 두 왕조가 천하를 다스린 道를 어찌 모두 들을 수 있었겠는가."라는 것은 ≪論語≫의 "文獻이 부족하기 때문이다."라는 것이다.

○ 石梁王氏曰 以坤乾으로 合周禮之歸藏은 且有魯論所不言者하니 恐漢儒依倣爲之[18)]라 誠如其說이면 則夏小正之書與坤乾이 何足以證禮리오 註에 訓徵爲成[19)]하니

17) 文獻不足故也 : ≪論語≫ 〈八佾〉에 "하나라의 예를 내가 말할 수 있지만 〈하나라의 후예인〉 기나라에 증거로 삼을 수 있는 것이 없었고, 은나라의 예를 내가 말할 수 있지만 〈은나라의 후예인〉 송나라에 증거로 삼을 수 있는 것이 없었다. 그것은 문헌이 부족하기 때문이니, 문헌이 넉넉하다면 내가 그것을 증명할 수 있을 것이다.〔夏禮吾能言之 杞不足徵也 殷禮吾能言之 宋不足徵也 文獻不足故也 足則吾能徵之矣〕"라고 보인다.

18) 以坤乾……恐漢儒依倣爲之 : ≪魯論≫은 현재 전하는 ≪論語≫인바, ≪坤乾≫에 대한 내용이 ≪논어≫의 원문에는 보이지 않는데 "내가 ≪곤건≫의 ≪易≫을 얻었다.〔吾得坤乾焉〕"에 대한 鄭玄 注에 "은나라의 음양의 책을 얻은 것이다. 그 책 가운데 남아 있는 것으로 ≪귀장≫이 있다.〔得殷陰陽之書也 其書存者有歸藏〕"라고 하였기 때문에 이렇게 말한 것이다.(≪禮記正義≫)

尤非어늘 近儒有反引此하야 以解魯論者하니 謬甚이라 中庸에 亦無是說[20)]하니 大概此段은 倣魯論爲之者니라

石梁王氏 : ≪坤乾≫을 가지고 ≪周禮≫의 ≪歸藏≫에 부합시킨 것은 또 ≪魯論≫에는 말하지 않은 것이니, 漢나라 儒者들이 모방하여 만든 것인 듯하다. 진실로 〈漢나라 유자가 ≪곤건≫을 ≪주례≫의 ≪귀장≫이라고 한〉 말과 같다면 ≪夏小正≫이라는 책과 ≪곤건≫이라는 ≪易≫이 어찌 禮를 증명할 수 있겠는가. 〈鄭玄의〉 註에 '徵'자를 해설하여 '成'이라 하였으니 더욱 잘못된 것인데, 근래 유자 중에 도리어 이 주를 인용해서 ≪노론≫의 '徵'자를 해석한 자가 있으니 심하게 잘못되었다. ≪中庸≫에도 이런 말이 없으니, 아마도 이 단락은 〈원문과 註를 후대의 누군가가〉 ≪노론≫ 〈八佾〉의 내용을 모방하여 만든 것인 듯하다.

≪大全≫

嚴陵方氏曰 坤乾을 不謂之書而謂之義하고 夏時를 不謂之書而謂之等者는 禮以達義於內하고 辨等於外也일새라 天地之理爲妙故로 以義言內하고 四時之迹爲顯故로 以等言外하니라

嚴陵方氏 : ≪坤乾≫을 '書'라고 말하지 않고 '義'라고 말하였으며, ≪夏時≫를 '書'라고 말하지 않고 '等'이라고 말한 것은 禮는 안에서 의리를 통달하고 밖에서 등급을 분변하기 때문이다. 天地의 이치는 妙하기 때문에 의리로써 안을 말하고, 四時의 자취는 드러나기 때문에 등급으로써 밖을 말한 것이다.

○ 臨川吳氏曰 杞宋이 爲二王之後하니 其國이 得用夏殷之禮하야 以祀其先이라 夫子

≪周禮≫ 〈春官 大卜(태복)〉에 "〈태복은〉 세 가지 역의 법을 관장하니, 첫 번째는 ≪연산≫이고, 두 번째는 ≪귀장≫이고, 세 번째는 ≪주역≫이다.〔掌三易之法 一曰連山 二曰歸藏 三曰周易〕" 하였는데, 정현의 주에 "귀장이라는 것은 만물 중에 어느 것 하나 할 것 없이 돌아가서 그 가운데에 갈무리된다는 뜻이다.〔歸藏者 萬物莫不歸而藏於其中〕" 하였다. (≪周禮注疏≫)

19) 註訓徵爲成 : 원문의 '不足徵也'에 대한 정현의 주에 "徵은 이룸이다. 어진 임금이 없으니 더불어 이룰 수가 없다.〔徵 成也 無賢君 不足與成也〕"라고 한 것을 가리킨다. (≪禮記正義≫)

20) 中庸亦無是說 : ≪中庸≫의 원문에도 '杞不足徵也'라는 구절이 있는데, 그 부분에 대한 정현의 주에는 "徵은 밝힘과 같다.〔徵 猶明也〕"라고 되어 있고 '徵'을 '成'이라고 해설한 말이 없다. (≪禮記正義≫)

欲觀夏殷之禮는 意謂杞宋二國에 必猶有其先世之禮存焉이라 故로 往二國求之러시니 及至其國하야 乃知二國에 無復能存其禮라 故로 皆不足證이라 但於杞에 得夏時一書하고 於宋에 得坤乾一書하니 坤乾之書에 其義를 略可推요 夏時之書에 其等을 略可見이라 夏禮殷禮가 其他既無可證驗하니 吾姑以是二書로 觀之而已라 吾以是觀之는 蓋不滿意之辭라 按論語所記는 與此章으로 大同小異라 彼謂文獻不足徵者한대 文是記禮之書요 獻是習禮之人이며 此言之杞之宋而不足徵한대 蓋亦謂無其人이나 而文則猶有夏時坤乾二書라 然이나 亦非足徵者也니 此其所以不滿夫子之意乎인저

臨川吳氏 : 杞나라와 宋나라는 〈夏나라와 殷나라〉 두 왕조의 후손이 되니, 이들 나라는 하나라와 은나라의 禮를 써서 先祖에게 제사 지낼 수 있었다. 夫子께서 하나라와 은나라의 禮를 보고자 하심은, 杞나라와 宋나라 두 나라에는 틀림없이 아직도 先代의 禮가 보존되었을 것이라 생각하셨기 때문이다. 그러므로 두 나라에 가서 찾으셨는데 그 나라들에 이르러서야 두 나라가 더 이상 禮를 제대로 보존하고 있지 못하였으므로 모두 충분히 증명할 수 없음을 아신 것이다.

다만 杞나라에서 ≪夏時≫ 한 책을 얻었고 宋나라에서 ≪坤乾≫ 한 책을 얻었으니, ≪곤건≫이라는 책에서 그 의리를 대략 미루어 알 수 있고 ≪하시≫라는 책에서 그 등급을 대략 볼 수 있었을 뿐이다. 하나라의 禮와 은나라의 禮는 그것 외에 이미 증명할 수 있는 것이 없으니, 당신께서 우선 이 두 책을 가지고 살펴보셨을 뿐이다. '吾以是觀之'는 만족스럽지 못하다는 뜻으로 하신 말씀이다.

살펴보건대 ≪論語≫에 기록된 것이 이 장의 내용과 대동소이하다. 저기(≪논어≫)에서 "文獻이 증명할 수 있는 것이 없다." 하였는데, '文'은 바로 禮를 기록한 책이고 '獻'은 바로 禮를 익힌 사람이다. 여기에서 "杞나라에 가고 宋나라에 갔는데 증명할 수 있는 것이 없다." 하였는데, 또한 〈증명할 수 있는〉 사람은 없으나 文은 아직도 ≪하시≫와 ≪곤건≫ 두 책이 있음을 말한 것이다. 그러나 또한 증명할 수 있는 것이 아니니, 이것이 孔子의 마음을 충족시키지 못한 이유일 것이다.

090302 夫禮之初는 始諸(저)飮食하니 其燔黍捭(벽)豚하며 汚尊(와준)而抔(부)飮하며 蕢桴(괴부)而土鼓호되 猶若可以致其敬於鬼神이니라

禮의 발생은 음식에서 시작되었다. 기장 쌀을 굽고 돼지고기를 쪼개며,

웅덩이를 술동이로 삼아 손으로 움켜 마시며, 흙덩이를 뭉쳐 북채를 만들고 흙을 다져 북을 만들어 두드렸는데도 오히려 귀신에게 공경을 지극히 할 수 있었다.

≪集說≫

燔黍는 以黍米로 加於燒石之上하야 燔之使熟也요 捭豚은 擘析豚肉하야 加於燒石之上而熟之也라 汚尊(준)은 掘地爲汚坎하야 以盛水也요 抔飮은 以手掬而飮之也라 蕢桴는 摶土塊하야 爲擊鼓之椎也요 土鼓는 築土爲鼓也라 上古에 人心이 無僞하야 雖簡陋如此나 亦自可以致敬於鬼神也라

'燔黍'는 기장쌀을 뜨겁게 달구어진 돌 위에 올려 구워서 익게 하는 것이고, '捭豚'은 돼지고기를 쪼개어 뜨겁게 달구어진 돌 위에 올려서 익히는 것이다. '汚樽'은 땅을 파 구덩이를 만들어서 물을 담는 것이고, '抔飮'은 손으로 움켜 마시는 것이다. '蕢桴'는 흙덩이를 뭉쳐 북을 치는 북채를 만드는 것이고, '土鼓'는 흙을 다져 북을 만드는 것이다. 상고시대에는 사람들의 마음이 거짓이 없어서 비록 간략하고 누추함이 이와 같았으나 또한 본래 귀신에게 공경을 다할 수 있었다.

≪大全≫

延平周氏曰 上古之世에 未始知有禮어늘 而有禮는 乃所以强世[21]라 故로 聖人이 因其有飮食之大欲하야 而少寓之以節文하시니 此天下唯知飮食之充欲하고 而不知漸入於節文之中也라 所謂飮食者는 止於燔黍捭豚汚尊而抔飮과 與夫蕢桴土鼓하니 凡此는 不唯可施於人之所交際라 而猶若可以致敬於鬼神이니 蓋亦趨時而已矣니라

延平周氏 : 상고시대에 일찍이 禮가 있음을 알지 못하였는데도 禮가 있었던 것은 바로 세상 사람들을 힘쓰게 하였기 때문이다. 그러므로 聖人이 사람에게 飮食의 큰 욕망이 있음을 인하여 節文을 조금 붙여주셨으니, 이는 천하 사람들이 오직 음식으로

21) 有禮 乃所以强世 : '强世'는 세상 사람들을 힘쓰게 한다는 뜻으로, 揚雄의 ≪法言≫ 〈五百〉에 "혹자가 묻기를 '禮는 사람들을 힘쓰게 하기가 어렵습니다.' 하자, 〈양웅이〉 말하였다. '행하기가 어렵기 때문에 사람들을 힘쓰게 하는 것이다.'〔或問 禮難以强世 曰 難故强世〕"라고 보인다.

욕망을 채울 줄만 알고 갈수록 절문의 가운데로 들어갈 줄을 알지 못하였기 때문이다. 이른바 '음식'이라는 것은 기장쌀을 굽고 돼지고기를 쪼개며 웅덩이를 술동이로 삼고 손으로 움켜 마시는 것과 흙을 뭉쳐 북채를 만들고 흙을 다져 북을 만드는 것에 그쳤는데, 무릇 이것은 사람들이 남과 사귐에 베풀 수 있는 것일 뿐만 아니라 오히려 귀신에게 공경을 다할 수 있는 것이니, 이 또한 당시의 형세를 따랐을 뿐이다.

○ 蔣氏曰 上古엔 鼎飪(임)未具하야 而燔捭以爲食하고 罍(뢰)酌未設하야 而汚抔以爲飮하고 聲樂未備하야 而蕢土以爲歡이러라 彼其所交際應酬者 簡素質實하야 而巧僞不形하니 則以此而接乎鬼神은 自其一念之誠하면 而施之有餘也니라

蔣氏 : 상고시대에는 솥으로 요리하는 것이 갖추어지지 않아서 굽거나 쪼개어 먹었고, 술동이나 술잔이 마련되지 않아서 웅덩이를 〈술동이로 삼고〉 손으로 움키는 것을 〈술잔으로 삼아〉 마셨고, 음악이 구비되지 않아서 흙을 뭉쳐 〈북채를 만들고〉 흙을 다져 〈북을 만들어〉 즐겼다. 저 상고시대에 남과 사귀고 應酬하는 것이 간략하고 소박하며 질박하고 진실하여 공교로움과 거짓이 나타나지 않았으니, 이로써 귀신을 접할 수 있었던 것은 본래 한 생각이 성실하면 시행함에 부족함이 없기 때문이다.

罍

○ 嚴陵方氏曰 此言禮之初라 方是時하야 地産之穀에 有黍나 然未有釜甑也라 故燔之하고 天産之物에 有豚이나 然未有刀匕也라 故捭之하며 尊未能鑿木也라 故로 汚尊하고 飮未知用爵也라 故抔飮하니 皆始諸飮食之事라 鬼神之道는 幽而難格하고 菲薄之禮는 疑若不及이로되 以致其敬也라 故로 以猶若言之하니 可疑之詞也[22]라

嚴陵方氏 : 이는 禮의 始初를 말한 것이다. 이때에는 땅에서 생산되는 곡식 중에

---

22) 以猶若言之 可疑之詞也 : '猶若可以致其敬於鬼神'을 엄릉방씨의 이 설에 따라 번역한다면, '아마 귀신에게 공경을 지극히 할 수 있었을 것이다.'라고 해야 한다.

기장 쌀이 있었으나 아직 가마솥과 시루가 있지 않았으므로 구워서 익혔고, 하늘이 만들어낸 동물 중에 돼지가 있었으나 〈자를 수 있는〉 큰 칼이나 작은 칼이 아직 있지 않았기 때문에 쪼갰으며, 술동이는 아직 나무를 깎아 만들지 못하였기 때문에 웅덩이를 술동이로 삼았고 마실 적에 아직 잔을 사용할 줄 몰랐기 때문에 손으로 움켜 마셨으니, 모두 먹고 마시는 일에서 비롯된 것이다. 귀신의 도는 그윽하여 헤아리기 어렵고 보잘것없는 禮는 〈부족하여〉 미치지 못하는 듯하였으나, 이로써 공경을 다하였으므로 '猶若'이라고 말했으니, 의심할 만한 점이 있다는 말이다.

釜　　甑

090303 **及其死也**하야 **升屋而號**하야 **告曰 皐某復**이라하고 **然後**에 **飯腥而苴**(저)**孰**이라 **故**로 **天望而地藏也**니 **體魄則降**하고 **知**[23]**氣在上**이라 **故**로 **死者**는 **北首**하고 **生者**는 **南鄕**하나니 **皆從其初**니라

사람이 죽으면 지붕에 올라가 〈죽은 사람의 魂을〉 불러 고하기를 '아무개는 〈體魄으로〉 돌아오라.' 하고, 그런 뒤에 생쌀로 飯含을 하고 익힌 고기를 싸서 遣奠에 올린다. 그러므로 하늘을 바라보고 〈招魂을 하고〉 땅에

23) 知 : 저본의 '去聲'이라는 音註는 陸德明의 ≪音義≫에 "知는 음이 〈去聲인〉 智이다.〔知音智〕"라고 한 주를 따른 것으로 뜻이 '聰明' 또는 '智慧'인데, 陳澔의 集說에는 별다른 설명이 되어 있지 않다. 번역은 육덕명의 주를 따랐는데, 참고로 조선시대 학자인 尹鑴의 ≪白湖全書≫ 권42 〈讀書記 讀禮記〉에는 "'知氣在上'의 知는 마땅히 평성으로 보아야 한다. 知는 지각이고, 氣는 혼기이다.〔知氣在上知 當爲平聲 知 知覺 氣 魂氣〕"라고 하였다.

〈체백을〉 묻으니, 체백은 내려가고 智氣는 위에 있기 때문이다. 이러한 까닭에 죽은 자는 머리를 북쪽으로 하고 산 자는 〈그 거처가〉 남쪽을 향하니, 모두 상고시대의 始初의 예법을 따른 것이다.

≪集說≫

所以升屋者는 以魂氣之在上也라 皐者는 引聲之言이요 某는 死者之名也니 欲招此魂하야 令其復(부)合體魄하고 如是而不生이어든 乃行死事라 飯腥者는 用上古未有火化之法하야 以生稻米로 爲含也요 苴孰者는 用中古火化之利하야 包裹熟肉하야 爲遣送之奠也라 天望地藏은 謂始死에 望天而招魂하고 體魄則葬藏于地也니 所以然者는 以體魄則降而下하고 知氣則升而上也일새라 死者之頭는 向北하고 生者之居는 向南하며 及以上送死諸事는 非後世創爲之라 皆是從古初所有之禮也니라

지붕에 올라가는 까닭은 魂氣가 위에 있어서이다. '皐'는 목소리를 길게 늘여 〈누군가를〉 부르는 말이고, '某'는 죽은 자의 이름이니 이 魂을 불러서 다시 體魄에 합하게 하려는 것이고, 이와 같이 해도 살아나지 않으면 이에 죽은 자를 〈葬送하는〉 일을 행하는 것이다.

'飯腥'은 상고시대에 불로 음식 재료를 익히는 일이 없었던 법을 사용하여 생쌀로 飯含을 하는 것이고, '苴孰'은 中古時代의 불로 익히는 이로움을 써서 익힌 고기를 싸서 〈죽은 사람을〉 葬送하는 奠을 삼는 것이다. '天望地藏'은 처음 죽었을 때에 하늘을 바라보고 혼을 부르고 체백은 땅에 장례하여 묻음을 이르니, 이렇게 하는 까닭은 체백은 내려가서 아래에 있고 智氣는 올라가서 위에 있기 때문이다.

죽은 자의 머리는 북쪽을 향하고 산 자의 거처는 남쪽을 향하는 것 및 이상의 죽은 사람을 보내는 여러 일은 후세에 창시한 것이 아니라 모두 상고시대의 始初에 있었던 禮를 따른 것이다.

≪大全≫

嚴陵方氏曰 飯必以腥은 慮致生之不知[24]故也요 苴必以孰은 又慮致死之不仁故也라

---

24) 致生之不知 : 〈檀弓 上〉에 "죽은 자가 있는 곳에 물건을 보내어 장송하면서 죽은 자의 예로써 지극히 하는 것은 〈어버이를 사랑하는 마음이 없는 것이어서〉 仁하지 못하므로 할

後世於喪有奠은 始於飯腥而已요 於葬有遣은 始於苴孰而已라 體有所附하고 魄有所營[25]하야 皆重濁焉하니 則陰之類也라 故降而在下요 知無不周[26]하고 氣無不之하야 皆輕淸焉하니 則陽之類也라 故升而在上이라 郊特牲에 不言體魄而言形魄하고 不言知氣而言魂氣[27]者는 亦互相備也라 死者는 仆故로 言首하고 生者는 興故로 言鄕이라 凡是禮也는 後世雖或增其文이나 而不能損禮之實이요 雖或異其迹이나 而不能易禮之意라 故로 曰 皆從其初라하니라

嚴陵方氏 : 飯含에 반드시 〈죽은 사람에게 쓰는〉 날것을 씀은 〈죽은 사람을 장송하면서〉 산 사람의 예로써 지극히 하는 것이 〈이치를 밝히는 명철함이 없는 것이어서〉 지혜롭지 못함을 염려하기 때문이고, 싸는 것을 반드시 〈산 사람에게 쓰는〉 익힌 고기로 하는 것은 또 〈죽은 사람을 장송하면서〉 죽은 자의 예로써 지극히 하는 것이 〈어버이를 사랑하는 마음이 없는 것이어서〉 仁하지 못함을 염려하기 때문이다. 후세에 喪에 奠이 있음은 생쌀로 飯含하는 것에서 시작되었을 뿐이고, 葬禮에 보내줌이 있는 것은 익힌 고기를 싸는 것에서 시작하였을 뿐이다.

體에는 붙는 것(魄)이 있고 魄에는 경영하는 것(體)이 있어서 모두 무겁고 탁하

수가 없고, 죽은 자가 있는 곳에 물건을 보내어 장송하면서 산 자의 예로써 지극히 하는 것은 〈이치를 밝히는 명철함이 없는 것이어서〉 지혜롭지 못하므로 할 수가 없다.〔之死而致死之 不仁而不可爲也 之死而致生之 不知而不可爲也〕"라고 보인다.

25) 魄有所營 : ≪老子≫ 제10장에 "營魄을 싣고 하나를 끌어안아서 떠남이 없을 수 있는가.〔載營魄抱一 能無離乎〕"라고 한 것을 원용한 것이다. 王弼의 註에는 "營魄은 사람이 늘 머무는 거처이다.〔營魄 人之常居處也〕" 하고 河上公의 주에는 "영백은 혼백이다.〔營魄 魂魄也〕" 하였는바, 모두 '營'자에 대한 해설을 분명하게 해놓지 않았는데, 여기서는 '경영하다'는 뜻으로 번역하였다.(≪老子道德經≫ 上篇)

26) 知無不周 : ≪周易≫ 〈繫辭傳 上〉에 "천지와 서로 같으므로 어기지 않으니, 지혜가 만물에 두루 미치고 도가 천하를 구제하기 때문에 지나치지 않다.〔與天地相似 故不違 知周乎萬物而道濟天下 故不過〕"라고 한 구절을 원용한 것인데, 이에 대해 朱子의 ≪周易本義≫에 "이는 聖人이 性을 지극히 하는 일이다. 하늘과 땅 道는 智와 仁일 뿐이니, 智가 만물에 두루함은 하늘이고 道가 천하를 구제함은 땅이니, 지혜로우면서도 仁하면 지혜롭되 지나치지 않은 것이다.〔此 聖人盡性之事也 天地之道 知仁而已 知周萬物者 天也 道濟天下者 地也 知且仁 則知而不過矣〕"라고 설명하였다.

27) 郊特牲……不言知氣而言魂氣 : 〈郊特牲〉의 "〈사람이 죽으면〉 魂氣는 하늘로 돌아가고 形魄은 땅으로 돌아가므로 제사는 〈魂魄의〉 陰과 陽을 찾는다는 뜻이다.〔魂氣 歸于天 形魄 歸于地 故祭求諸陰陽之義也〕"라는 구절을 두고 한 말이다.

니, 이는 陰의 종류이므로 내려가서 아래에 있는 것이다. 지혜는 두루 미치지 않음이 없고 기운은 가지 않는 곳이 없어서 모두 가볍고 맑으니, 이는 모두 陽의 종류이므로 올라가서 위에 있는 것이다. 〈郊特牲〉에서 '體魄'을 말하지 않고 '形魄'을 말하며 '智氣'를 말하지 않고 '魂氣'를 말한 것은, 또한 서로 〈말하지 못한 뜻을〉 갖추어 준 것이다.

죽은 사람은 쓰러져 있기 때문에 머리를 말한 것이고 산 자는 일어나 있기 때문에 방향을 말한 것이다. 무릇 이 禮는 후세에 혹 文飾을 더 보탰더라도 禮의 실제를 손상시키지 못하였고 혹 행한 자취가 같지 않았더라도 禮의 本意를 바꾸지 못하였으므로 "모두 〈상고시대의〉 始初의 예법을 따랐다."라고 말한 것이다.

○ 臨川吳氏曰 體魄은 謂形體精魄이요 降은 謂降下在地며 知氣는 謂神識魂氣요 在上은 謂升上在天이라 其號其告에 望而求諸天之陽明者는 蓋爲知氣之在上而然이니 此時에 猶以生道處之하야 冀其知氣來復而可以生也요 始則飯腥하고 終則苴孰하야 藏而歸諸地之陰幽者는 蓋爲體魄之降而然이니 此時에 始以死道處之하야 俾其體魄得所而安於死也니라

臨川吳氏 : '體魄'은 形體와 精魄(氣魄)을 이르고 降은 내려가서 땅에 있음을 이르며, '知氣'는 神識(智慧)과 魂氣를 이르고 '在上'은 올라가서 하늘에 있음을 이른다. 부르고 고할 적에 〈위를〉 바라보고 밝은 陽의 하늘에서 구하는 것은 智氣가 위에 있기 때문에 그러한 것이니, 이때에는 여전히 산 사람을 대하는 방도로 처리하여 지기가 돌아와서 살아나기를 바라는 것이다. 처음에는 생쌀로 飯含을 하고 마지막에는 익힌 고기로 싸서 감추어 어두운 陰의 땅으로 돌아가게 하는 것은 體魄이 내려가는 것 때문에 그러한 것이니, 이때에 비로소 죽은 사람을 대하는 방도로 처리하여 체백으로 하여금 제자리를 얻어서 죽음에 편안하도록 한 것이다.

090304 昔者에 先王이 未有宮室하야 冬則居營窟하고 夏則居橧(증)巢하며 未有火化하야 食草木之實과 鳥獸之肉하며 飮其血하고 茹(여)其毛하며 未有麻絲하야 衣其羽皮하더니

옛날에 先王이 아직 궁실이 없었기 때문에 겨울에는 흙을 파내거나 흙

을 쌓아 만든 토굴에서 살고 여름에는 섶을 모아서 만든 둥지에서 살았다. 아직 불로 익히는 법이 없었기 때문에 초목의 열매와 날짐승과 들짐승의 고기를 먹었으며 짐승의 피를 마시고 그 털까지 먹었으며, 삼〔麻〕과 生絲가 없어서 짐승의 깃털과 가죽을 입었다.

≪集說≫

營窟者는 營累其土하야 以爲窟穴也니 地高則穴於地中하고 地卑則於地上에 累土爲窟也라 橧巢者는 橧聚薪柴하야 以爲巢居也라 茹其毛者는 以未有火化라 故로 去毛不能盡而幷食之也라

'營窟'은 흙을 파거나 높이 쌓아서 굴을 만드는 것이니, 地帶가 높으면 〈땅을 파서〉 땅속에 굴을 만들고, 지대가 낮으면 땅 위에 흙을 쌓아 굴을 만든 것이다. '橧巢'는 큰 나무와 작은 나무를 모아서 둥지 같은 거처를 만든 것이다. '茹其毛'는 아직 불로 익히는 법이 없었기 때문에 털 제거를 다 하지 못하여 털까지 함께 먹은 것이다.

≪大全≫

嚴陵方氏曰 孟子所謂下者爲巢와 上者爲營窟[28]이 是矣라 前旣言燔黍矣요 此乃未有火化者는 先儒謂加黍於燒石之上이요 非火化故也니라

嚴陵方氏 : 〈이 단락의 '橧巢'와 '營窟'은〉 ≪孟子≫에 이른바 "낮은 지역에 사는 자들은 〈나무 위에〉 둥지를 만들고 높은 지역에 사는 자들은 〈땅을 파서〉 굴을 만들었다."는 것이 여기에 해당한다. 앞에서 이미 "기장 쌀을 굽다." 하였는데 여기서 마침내 "불로 익히는 법이 있지 않았다." 한 것은, 先儒가 기장 쌀을 뜨겁게 달구어진 돌 위에 올린 것이고 불로 익힌 것이 아니기 때문이라고 하였다.

○ 臨川吳氏曰 營窟土處以避寒也하고 橧巢木處以避暑也하며 飢則食鳥獸之肉하고 寒則取鳥之羽獸之皮하야 以衣而蔽其體也라 此以上所言은 皆是上古時事니 爲太朴

28) 下者爲巢 上者爲營窟 : ≪孟子≫ 〈滕文公 下〉에서 "堯임금 때에 물이 역류하여 중국에 범람해서 뱀과 용이 웅거하니 사람들이 안정할 곳이 없었다. 그래서 낮은 지역에 사는 자들은 둥지를 만들었고 높은 지역에 사는 자들은 〈땅을 파서〉 굴을 만들었다.〔當堯之時 水逆行 氾濫於中國 蛇龍居之 民無所定 下者爲巢 上者爲營窟〕"라고 보인다.

陋하야 不可從也요 下文에 乃言上古以後可從之禮하니라

臨川吳氏 : 굴을 파서 땅속에 거처하여 추위를 피하였고 나무를 모아 둥지를 만들어 나무에 거처해서 더위를 피하였으며, 굶주리면 새와 짐승의 고기를 먹었고 추우면 새의 깃털과 짐승의 가죽을 취하여 옷으로 삼아 몸을 가렸다. 이상에서 말한 것은 모두 상고시대의 일이니 너무 질박하고 누추해서 따를 수가 없고, 아랫글에서 비로소 상고시대 이후의 따를 만한 禮를 말하였다.

090305 **後聖**이 **有作然後**에 **修火之利**하야 **范金合土**하며 **以爲臺榭宮室牖戶**하며 **以炮**(포)**以燔**하며 **以亨**(팽)**以炙**(적)하며 **以爲醴酪**(락)하며 **治其麻絲**하야 **以爲布帛**하야 **以養生送死**하며 **以事鬼神上帝**하니 **皆從其朔**이니라

그런데 후세에 聖人이 나오신 뒤에 불의 이로움을 다스려 〈기물의 경우〉 모형을 만들어 금속의 기물을 주조하고 진흙을 빚어 陶器를 만들며, 〈거주 공간의 경우〉 높은 臺와 궁실과 창문을 만들며, 〈음식의 경우〉 겉을 싸서 굽거나 불에 직접 구우며 솥에 삶고 꼬치를 구우며 단술과 식초를 만들며, 〈의복의 경우〉 삼과 生絲를 다듬어 삼베와 명주를 만들었다. 그리하여 이것으로 산 사람을 봉양하고 죽은 이를 葬送하며 귀신과 上帝를 섬겼으니, 이는 모두 〈상고시대의〉 始初의 예법을 따른 것이다.

≪集說≫

范字는 當從竹이라 韻註云 以土曰型이요 以金曰鎔이요 以木曰模요 以竹曰笵[29]이니

---

29) 范字……以竹曰笵 : 韻書 注에 실린 내용은 각종 운서의 '笵'자에 대한 주에 보이는 내용인데, 陳澔가 인용한 주의 내용대로라면 '笵竹' 또는 '鎔金'에 대한 설명이 되어야 하기 때문에 본문 해석에 착오를 초래할 수 있다. 운서의 주에는 대체로 '型'·'鎔'·'模'·'笵'의 의미를 포괄하는 글자를 '範'자라고 하였고, ≪孔子家語≫ 권1 〈問禮〉에도 "후세에 성인이 나오신 뒤에 불의 이로움을 다스려서 모형을 만들어 금속의 기물을 주조하고 진흙을 빚어 陶器를 만들었다.〔後聖有作 然後修火之利 範金合土〕"라고 기록되어 있으며, ≪공자가어≫의 '範金'에 대한 王肅 注에 "금속을 정련하여 기물을 만들 적에 모형을 사용하는 것이다.〔冶金爲器 用刑範也〕"라고 하였다. 이러한 내용을 참고해서 보아야 진호 集說의 이후 내용과 좀 더 자연스럽게 이어진다.

皆鑄器之式也라하니라 笵金은 爲形範以鑄金器也요 合土는 和合泥土하야 爲陶器也라 裹而燒之曰炮요 加於火上曰燔이요 煮於鑊(확)曰亨(팽)이요 貫串而置之火上曰炙(적)이라 酪은 醋(초)也라 治는 湅染之類也라 此以上諸事는 皆火之利니 今世承用而爲之가 皆是取法往聖이라 故로 云皆從其朔이라하니 朔亦初也라

'范'자는 마땅히 '竹'변을 따라 〈'笵'자로〉 써야 한다. 韻書의 注에 "흙으로 만든 것을 型이라 하고, 쇠로 만든 것을 鎔이라 하고, 나무로 만든 것을 模라 하고, 대나무로 만든 것을 笵이라 한다." 하니, 〈型・鎔・模・笵은〉 모두 기물을 주조하는 틀이다. '笵金'은 모형을 만들어서 금속의 기물을 주조하는 것이고, '合土'는 진흙을 이겨 빚어서 도기를 만드는 것이다.

싸서 굽는 것을 炮라 하고, 불에 직접 굽는 것을 燔이라 하고, 솥에 삶는 것을 烹이라 하고, 꼬치로 꿰어서 불 위에 올려놓는 것을 炙이라 한다. 酪은 醋이다. 治는 누이고 물들이는 따위이다.

이상의 여러 일은 모두 불의 이로움인데, 오늘날 그대로 따라 만든 것이 모두 옛 聖人에게서 법을 취한 것이므로 모두 "〈상고시대의〉 始初의 예법을 따랐다." 하였으니, 朔 또한 처음이라는 뜻이다.

≪大全≫

嚴陵方氏曰 上世未有火化는 非無火之性也요 特未能修之以利人爾라 夫爲宮室之類然後에 足以代巢窟하고 爲醴酪之類然後에 足以代血毛하고 爲布帛之類然後에 足以代羽皮하니 是道也는 不特可以養生於其始라 又可以送死於其終이요 不特可以養生送死於其明이라 又可以事鬼神上帝於其幽니라

嚴陵方氏 : 상고시대에 불로 익히는 법이 있지 않았다는 것은 불의 性能이 없었던 것이 아니고 다만 불을 다스려 사람에게 이롭게 하지 못했을 뿐이다. 〈거주 공간의 경우〉 궁실 따위를 만든 뒤에야 둥지에서 살고 굴에서 사는 것을 대신할 수 있었고, 〈음식의 경우〉 단술과 식초 따위를 만든 뒤에야 짐승의 피를 마시고 그 털까지 먹는 것을 대신할 수 있었고, 〈의복의 경우〉 삼베와 명주 따위를 만든 뒤에야 새의 깃털과 짐승의 가죽을 옷으로 삼는 것을 대신할 수 있었다. 이 道는 다만 우선적으로는 산 사람을 봉양할 뿐만 아니라 또 마지막으로는 죽은 사람을 葬送할 수 있으며, 다

만 눈에 보이는 것에 있어서 산 사람을 봉양하고 죽은 사람을 장송할 뿐만 아니라 또 눈에 보이지 않는 것에 있어서 귀신과 上帝를 섬길 수 있는 것이다.

○ 蔣氏曰 自范金合土以下는 皆聖人開物成務[30]以敎天下하야 而使之相安相養於利用出入之間者也니라

蔣氏 : '范金合土' 이하는 모두 聖人이 만물의 도리를 훤히 알고 功業을 성취하여 천하 사람들을 가르쳐서 〈사람들로 하여금〉 이롭게 사용하며 일상생활하는 사이에 서로 편안하게 해주고 서로 길러줄 수 있게 한 것이다.

○ 長樂陳氏曰 夫開端之始를 謂之初요 繼終而有始를 謂之朔이라 故로 天地之始를 亦可以言初요 一月之始는 則特謂之朔이라 是以로 言禮之初면 則繼之以皆從其初하고 言後世有作이면 則繼之以皆從其朔也하니라

長樂陳氏 : 端緖를 열어놓는 처음을 '初'라 이르고, 끝마침을 뒤이어 시작이 있음을 '朔'이라 이른다. 그러므로 天地의 시작은 또한 '初'라 이를 수 있으나 한 달의 시작은 〈지난달의 끝마침을 뒤이어 시작하는 것이어서〉 다만 '朔'이라 이른다. 이 때문에 禮의 시초를 말하면 뒤이어 "모두 初를 따랐다."라고 말하고, 〈뒤이어서〉 後世에 만듦이 있음을 말하면 뒤이어 "모두 朔을 따랐다."라고 말한 것이다.

090306 故로 玄酒在室하고 醴醆(잔)在戶하고 粢醍(제제)在堂하고 澄酒在下하며 陳其犧牲하고 備其鼎俎하며 列其琴瑟管磬鍾鼓하고 修其祝嘏(하)하야 以降上神과 與其先祖하야 以正君臣하며 以篤父子하며 以睦兄弟하며 以齊上下하며 夫婦有所하니 是謂承天之祜니라

그러므로 玄酒가 室 안에 있고 醴齊와 盎齊가 방문 가까이에 있고 粢醍가 堂 위에 있고 맑은 술이 당 아래에 있다. 犧牲을 진열하고 솥과 俎를 구

30) 開物成務 : ≪周易≫ 〈繫辭傳 上〉 제11장에 나오는 말로, 朱子는 ≪周易本義≫에서 "사람으로 하여금 점을 쳐서 길흉을 알아 사업을 성취하도록 하는 것이다.〔使人卜筮 以知吉凶而成事業〕" 하였는데, 여기서는 聖人이 만물의 도리를 훤히 알고 功業을 성취하는 것을 말하였다.

비하며 琴과 瑟과 管과 磬과 鍾과 북을 진열하고 祝辭와 嘏辭를 닦아서 天上에 있는 神과 先祖를 내려오게 한다. 이로써 군신간을 바르게 하며 부자간을 돈독하게 하며 형제간을 화목하게 하며 상하간을 고르게 하며 부부간에 方所가 있게 하였으니, 이것을 '하늘의 복을 받는다.'라고 이른다.

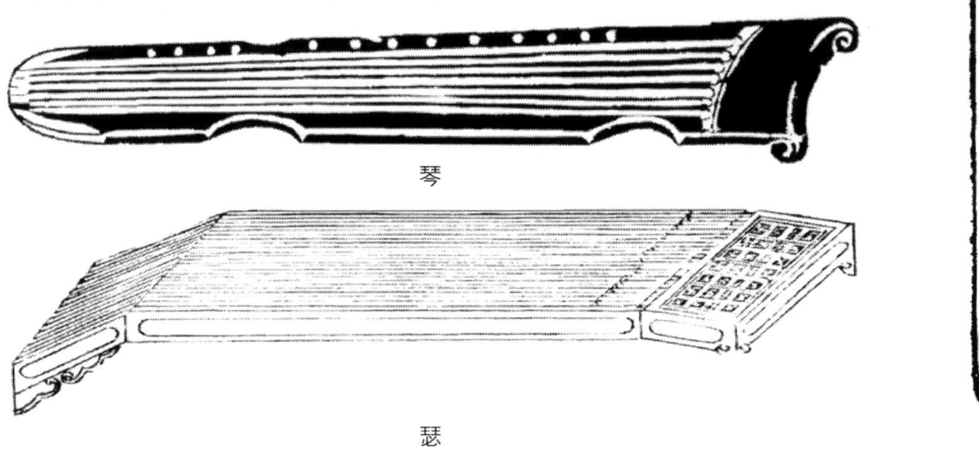

琴

瑟

管

≪集說≫

太古에 無酒하야 用水行禮러니 後王이 重古라 故로 尊之하야 名爲玄酒하니 祭則設於室內而近北也라 醴는 猶體也라 酒之一宿者니 周禮에 謂之醴齊[31]라 醆은 卽周禮盎齊니 盎은 猶翁也니 成而翁翁然蔥白色也라 此二者는 以後世所爲라 賤之하야 陳列이 雖在室內나 而稍南近戶라 故로 云 醴醆在戶也라 粢醍는 卽周禮醍齊니 酒成而紅赤色也니 又卑之하야 列於堂이라 澄酒는 卽周禮沈齊니 成而滓沈也니 又在堂之下矣라 此五者는 各以等降設之라 祝은 爲主人告神之辭요 嘏(하)는 爲尸致福於主人之辭니 說見(현)曾子問[32]하니라 上神은 在天之神也라 祭統云 君迎牲而不迎尸는 別嫌也니

31) 醴齊 : 五齊 가운데 두 번째로 탁한 술이다. 오제는 술의 混濁度에 따라서 구분한 다섯 등급으로, 가장 탁한 술은 泛齊이고, 다음으로 탁한 술은 예제이고, 그 다음은 盎齊이고, 그 다음은 緹齊이고, 가장 맑은 술은 沈齊이다.(≪周禮≫ 〈天官 酒正〉)

32) 嘏(하)……說見(현)曾子問 : 嘏에 대한 설명이 〈曾子問〉에 "攝主는 厭祭를 지내지 않으며 旅酬를 하지 않으며 福을 내리는 말을 하지 않으며 고수레를 하지 않으며 配享하지 않는다.〔攝主 不厭祭 不旅 不假(嘏) 不綏(휴)祭 不配〕"라고 한 것에 대한 陳澔의 集說에 보인다는 말이다.

是는 正君臣之義요 父北面而事之는 所以明子事父之道니 是는 篤父子也[33)]라하니라 睦兄弟者는 主人이 獻長兄弟及衆兄弟之禮요 齊上下者는 獻與餕이 各有次序하야 無遺缺也라 夫婦有所者는 君在阼어든 夫人이 在房[34)]及致爵[35)]之類也라 行禮如此면 神格鬼享하리니 豈不承上天之福祜乎아

---

33) 君迎牲而不迎尸……是篤父子也：〈祭統〉에 "임금이 〈사당문을 나가서〉 희생을 맞이하고 시동을 맞이하지 않는 것은 혐의를 분별한 것이니, 시동이 사당문 밖에 있으면 신하인가 의심스럽고 사당 안에 있으면 완전히 君父이며, 임금이 사당문 밖에 있으면 임금인가 의심스럽고 사당 문 안으로 들어오면 완전히 신하이며 완전히 자식이다. 그러므로 〈임금이 시동을 맞이하기 위해 사당 문을〉 나가지 않는 것은 군신의 의리를 밝히는 것이다. 무릇 제사하는 도는 〈同姓의 적손으로〉 손자 항렬에 있는 자가 할아버지의 시동이 되니, 시켜서 시동이 된 사람은 제사 지내는 사람에게는 자식 항렬이다. 〈제사 지내는〉 아버지가 북면하여 〈자식 항렬의 시동을〉 섬기는 것은 자식이 아버지를 섬기는 도를 밝힌 것이니, 이것이 부자의 윤리이다.〔君迎牲而不迎尸 別嫌也 尸在廟門外則疑於臣 在廟中則全於君 君在廟門外則疑於君 入廟門則全於臣 全於子 是故不出者 明君臣之義也 夫祭之道 孫爲王父尸 所使爲尸者於祭者 子行也 父北面而事之 所以明子事父之道也 此父子之倫也〕"라고 보인다.

34) 君在阼 夫人在房：〈禮器〉에 "天道는 지극한 가르침이고 聖人은 지극한 덕이시니, 〈제후의 時祭의 예는〉 廟堂의 위에는 〈夏나라의 술동이로, 산과 구름을 그려 넣은〉 罍尊(뇌준)이 동쪽 섬돌에 있고 〈周나라의 술동이로, 봉황의 깃을 그려 넣고 코끼리 뼈로 장식한〉 犧尊(사준)이 서쪽 계단에 있으며, 묘당의 아래에는 〈큰북인〉 縣鼓가 서쪽에 있고 〈작은북인〉 應鼓가 동쪽에 있다. 그리고 군주는 동쪽 섬돌에 있고 부인은 방에 있으며, 해가 동쪽에서 뜨고 달이 서쪽에서 뜨니, 이것은 음과 양의 구분이며 남편과 부인의 위치이다.〔天道至教 聖人至德 廟堂之上 罍尊在阼 犧尊在西 廟堂之下 縣鼓在西 應鼓在東 君在阼 夫人在房 大明生於東 月生於西 此陰陽之分 夫婦之位也〕"라고 보인다.

35) 致爵：이에 대한 설명은 〈曾子問〉에 "齊衰服으로 제사 지낼 때에는 尸童이 자리에 들어가 세 번 밥을 먹고 〈배부르다고 말하면 밥 먹는 수를 채우기를〉 권하지 않으며, 술로 입을 헹구고 술을 따라 권하지 않고 그만둔다.〔其齊衰之祭也 尸入 三飯不侑 酳不酢而已矣〕"라고 한 것에 대한 陳澔의 集說에 다음과 같이 보인다. "이제 致爵의 禮를 살펴보건대 빈객이 시동에게 세 잔의 술을 올리고 그치니, 시동이 술잔에 술 따르는 것을 그친 뒤에 일을 집행하는 자가 주인을 위해서 문 안에 자리를 펼치면 主婦가 술잔에 술을 따라 주인에게 올린다. 주인이 절하고서 이 술잔을 받으면 주부가 절하고서 그 술잔을 보내며, 주인이 술잔에 술 따르는 것을 다 마치고 절하면 주부가 答拜를 하고 술잔을 받아 술을 따라 권하되 술잔을 잡고서 절하면 주인이 답배를 한다. 주인이 내려와서 술잔을 씻어서 술을 따라 주부에게 올리되 주부의 자리는 방 안에서 남향인 곳이니, 주부가 절하고 술잔을 받으면 주인이 서향을 하여 답배하고 잔을 바꾸어서 직접 술을 따라 권한다. 이것이 이른바 '致爵'이라는 것이다.〔今按致爵之禮 賓獻尸三爵而止 尸止爵之後 執事者爲主人設席于戶內 主婦酌爵而致于主人 主人拜受爵 主婦拜送爵 主人卒爵拜 主婦答拜 受爵以酌而酢 執爵拜 主人答拜 主人降洗爵 以酌而致于主婦 主婦之席 在房中南面 主婦拜受爵 主人西面答拜 而更爵 自酌以酢 此所謂致爵也〕"

태곳적에는 술이 없어서 물을 가지고 禮를 행하였는데 후대의 왕들이 옛것을 중히 여겼으므로 물을 높여서 이름하여 '玄酒'라고 하였으니, 제사를 지내게 되면 室 안에 진설하되 북쪽에 가깝게 한다. 醴는 體와 같다. 술이 하룻밤을 묵은 것이니, ≪周禮≫에 이것을 醴齊라 하였다. 醆은 곧 ≪주례≫의 盎齊인데, '盎'은 翁과 같으니, 숙성되었을 때 〈술 빛깔이〉 翁翁하게 淡靑色인 것이다. 이 두 가지는 후세에 만들었기 때문에 천하게 여겨서 진열하는 자리가 비록 室 안에 있더라도 약간 남쪽으로 방문 가까이에 위치하므로 "예제와 앙제는 방문 가까이에 있다." 말한 것이다. 粢醍는 바로 ≪주례≫의 醍齊인데, 술이 숙성되었을 때 빛깔이 紅赤色인 것이니, 더욱 천하게 여겨 堂 위에 진열한다. 澄酒는 바로 ≪주례≫의 沈齊인데, 술이 숙성되었을 때 찌꺼기가 가라앉은 것이니, 〈당 위의 술보다 더욱 천하게 여겨〉 또다시 〈진열하는 위치가〉 당 아래에 있는 것이다. 이 다섯 가지는 각각 등급에 따라 낮추어 진설한다.

'祝'은 주인이 神에게 아뢰는 말이고, '嘏'는 尸童이 주인에게 福을 내리는 말이니, 해설이 〈曾子問〉에 보인다. '上神'은 하늘에 있는 神이다. 〈祭統〉에 "임금이 犧牲을 맞이하되 시동을 맞이하지 않음은 혐의를 분별한 것이니 이는 君臣의 의리를 바르게 하는 것이고, 아버지가 북면하여 섬기는 것은 자식이 아버지를 섬기는 도를 밝힌 것이니 이는 부자의 윤리를 돈독히 하는 것이다." 하였다. '睦兄弟'는 주인이 〈형제 중에 나이가 많은〉 長兄弟와 〈그 외의 형제들인〉 衆兄弟에게 〈차례대로〉 술잔을 올리는 禮이고, '齊上下'는 〈시동에게〉 술잔을 올리는 것과 〈시동이〉 남긴 음식을 먹는 것이 각각 차례가 있어서 빠트림이 없는 것이다. '夫婦有所'는 임금이 동쪽 섬돌에 있으면 부인이 동쪽 방에 있는 것과 〈祭禮상 主人과 主婦가 서로 술을 주고받는〉 致爵의 따위이다. 禮를 행하기를 이와 같이 하면 天神이 이르고 人鬼가 흠향할 것이니, 어찌 上天의 福을 받지 못하겠는가.

≪大全≫

長樂陳氏曰 道之精은 常幽玄而淡薄하며 道之粗(추)는 常明著而精美하나니 精則常貴而尊하며 粗則常賤而卑라 先王이 於名數之間에 而未嘗不寓之以道德之意하시니 此玄酒所以在室하고 醴醆所以在戶하고 粢所以在堂하고 澄所以在下也라 蓋玄酒則水也니 而陳之在室하니 則室者는 幽之所而且尊也요 醴醆은 漸至於致味라 故로 用之

於朝踐[36]하고 陳之於戶하니 則戶者는 幽明之中而尊卑之際也라 粢醍는 則(醴)〔緹〕[37]齊是也니 用之於饋食而陳之於堂하니 堂者는 明之所而漸卑也요 澄酒則淸酒是也니 而用之於尸卒食之三獻이라 故로 陳之於下하니 下者는 明之尤著而且卑也라 昔先王之於鬼神에 以神道事之면 則以五齊하고 以人道事之면 則以三酒[38]라 犧牲은 所以致其養이요 琴瑟鍾鼓는 所以致其樂이요 祝嘏(하)는 所以致其文이니 此固足以降上神與先祖也라 然上神先祖之降은 在彼하고 而天祜之承은 在我하니 在彼者는 以禮物之所備요 在我者는 以禮教之所成이라 故로 必正君臣하고 篤父子하고 睦兄弟하고 齊上下하야 以至於夫婦有所也니라

長樂陳氏 : 道의 精한 것은 항상 그윽하고 담박하며 道의 거친 것은 항상 밝게 드러나고 精하고 아름다우니, 精한 것은 항상 貴하고 높으며 거친 것은 항상 천하고 낮다.

先王이 名稱과 禮數의 사이에 일찍이 道德의 뜻을 붙이지 않은 적이 없으셨으니, 이는 玄酒가 室에 있고 醴齊와 盎齊가 室戶에 있고 粢醍가 堂 위에 있고 澄酒가 당 아래에 있는 이유이다. 현주는 물인데 이것을 진열하여 室에 있게 하니 室은 그윽한 곳이고 또 높은 곳이다. 예제와 앙제는 점점 맛을 지극히 한 것이 되므로 朝踐에 사용하고 문에 진열하니, 문은 어두운 곳과 밝은 곳의 중간이면서 높은 것과 낮은 것의 사이이다. 제제는 緹齊가 이것인데 饋食에 사용하고 당 위에 진열하니, 당은 밝은 곳으로 점점 낮아지는 것이다. 징주는 淸酒가 이것인데 시동이 밥 먹는 것을 마치는 三獻에 사용하므로 이것을 당 아래에 진열하니, 당 아래는 밝음이 더욱 드러난 곳이고 또 낮은 곳이다. 옛날 先王이 귀신에 대하여 神의 도리로 섬기면 五齊를 사

---

36) 朝踐 : 고대에 제사 지내는 의식 중 한 가지로, 제사 지내는 날 아침 일찍 사당에 희생을 올리고 술잔을 올리는 의식을 말하는바, ≪周禮≫ 〈春官 司尊彝〉에 "조천에 두 개의 犧樽(사준)을 사용한다.〔其朝踐用兩獻尊〕"라고 하였는데, 鄭玄 注에 "조천은 피와 날고기를 올리고 醴酒를 따라 처음으로 제사를 행하는 것을 이른다.〔朝踐 謂薦血腥 酌醴 始行祭事〕"라고 하였다.

37) (醴)〔緹〕: 저본에는 '醴'로 되어 있으나, ≪周禮≫의 五齊에 의거하여 '緹'로 수정하였다.

38) 三酒 : 찌끼를 걸러낸 세 가지 술로, 첫 번째는 事酒이고 두 번째는 昔酒이고 세 번째는 淸酒인데, 사주는 일이 있어서 술이 필요할 때마다 만든 것으로 비교적 탁하고 석주는 겨울에 빚어 이듬해 봄에 익은 술로 비교적 맑고 청주는 겨울에 빚어 이듬해 여름에 익은 술로 더욱 맑다.(≪周禮≫ 〈天官 酒正〉)

용하고 사람의 도리로 섬기면 三酒를 사용하였다.

犧牲은 봉양을 지극히 하는 것이고, 琴瑟과 鍾鼓는 즐거움을 지극히 하는 것이고, 祝嘏는 文采를 지극히 하는 것이니, 이는 진실로 천상에 있는 神과 先祖를 내려오게 할 수 있는 것이다. 그러나 천상에 있는 신과 선조를 내려오게 하는 것은 저기에 달려 있고 하늘의 福을 받는 것은 나에게 달려 있으니, 저기에 달려 있는 것은 禮物을 갖추는 것이고 나에게 달려 있는 것은 禮教를 이루는 것이기 때문에 반드시 군신간을 바르게 하고 부자간을 돈독히 하고 형제간을 화목하게 하고 상하간을 가지런히 하여 부부가 방소가 있는 데까지 이르는 것이다.

○ 延平周氏曰 有齊酒犧牲鍾鼓祝嘏(하)면 則固足以降上神之與先祖라 然必待正君臣하고 篤父子하고 睦兄弟하고 齊上下하고 夫婦有所而後에 可以承天之祜者니 以備物盡禮는 爲未足以承天이요 而所可承天者는 先修人事而已矣니라

延平周氏：齊酒・犧牲・鍾鼓・祝嘏가 있으면 진실로 천상에 있는 神과 先祖를 내려오게 할 수 있다. 그러나 반드시 군신간을 바르게 하고 부자간을 돈독히 하고 형제간을 화목하게 하고 상하간을 가지런히 하고 부부가 방소가 있고 난 뒤에 하늘의 복을 받을 수 있으니, 물건을 갖추고 禮를 다하는 것은 하늘의 복을 받을 수가 없고, 하늘의 복을 받을 수 있는 것은 먼저 사람의 일을 닦기 때문일 뿐이다.

○ 馬氏曰 犧牲者는 鼎俎之實이요 鼎俎者는 犧牲之寓라 犧牲之未殺이라 故言陳하고 鼎俎之未實이라 故言備하며 祭祀之樂이 其類非一이라 故言列이라 祝者는 代子之辭니 以告孝於其父요 嘏(하)者는 代父之辭니 以告慈於其子니 二者各有其職이라 故로 言修니라

馬氏：犧牲은 솥과 俎에 채우는 것이고, 솥과 俎는 희생이 의지하는 것이다. 희생을 아직 죽이지 않았기 때문에 '陳'이라 말한 것이고, 솥과 俎를 아직 채우지 않았기 때문에 '備'라 말한 것이며, 제사의 음악은 그 종류가 한 가지가 아니기 때문에 '列'이라 말한 것이다. '祝'은 아들을 대신하여 하는 말이니 아버지에게 孝誠을 고하는 것이고, '嘏'는 아버지를 대신하여 하는 말이니 아들에게 사랑을 고하는 것이다. 이 두 가지 말이 각각 맡은 것이 있기 때문에 '修'라고 말한 것이다.

090307 **作其祝號**하야 **玄酒以祭**하고 **薦其血毛**하며 **腥其俎**하고 **孰其殽**하고 **與其越**(활)**席**하고 **疏布以冪**(멱)하고 **衣其澣**(한)**帛**하며 **醴醆以獻**하고 **薦其燔炙**(적)이니 **君與夫人**이 **交獻**하야 **以嘉魂魄**을 **是謂合莫**(막)[39]이라 **然後**에 **退而合亨**(팽)하야 **體其犬豕牛羊**하며 **實其簠簋籩豆鉶**(형)**羹**하야 **祝以孝告**하고 **嘏**(하)**以慈告**하나니 **是謂大祥**이니 **此禮之大成也**니라

祝號를 만들어서 玄酒로 제사 지내며 희생의 피와 털을 올리며 날고기를 俎에 올리며 뼈가 붙은 고기를 익혀서 올린다. 그리고 부들자리를 깔며 거친 삼베로 〈술동이를〉 덮으며 빨고 물들인 비단옷을 입으며 醴齊와 盎齊를 바치며 구운 고기와 구운 간을 올리니, 임금과 부인이 서로 술잔을 올려서 魂魄을 즐겁게 하는 것을 '合莫'이라 한다.

그런 뒤에 물러나 고기를 합하여 삶아서 개와 돼지, 소와 양의 뼈를 부위별로 나누고 簠簋와 籩豆, 鉶羹을 채워서 올린다. 祝辭는 孝誠으로써 고하고 嘏辭는 사랑으로써 고하니, 이것을 '크게 선하다.'고 하는 것이다. 이것은 예가 크게 이루어진 것이다."

≪集說≫

周禮에 祝號有六하니 一神號요 二鬼號요 三祇號요 四牲號요 五齍(자)號요 六幣號라 作其祝號者는 造爲鬼神及牲玉美號之辭라 神號는 如昊天上帝요 鬼號는 如皇祖伯某[40]요 祇號는 若后土地祇(기)요 牲號는 若一元大武[41]요 齍號는 若稷曰明粢[42]요 幣

---

39) 莫(막) : '漠'과 같다.

40) 皇祖伯某 : 皇祖는 임금의 祖父 또는 먼 선조를 이르는바, ≪儀禮≫ 〈少牢饋食禮〉에 "宰가 주인의 제사 지낼 날을 점치는 말을 도와 다음과 같이 명한다. '효손 아무개가 오는 정해일에 세시의 제사를 황조 백모에게 올리고 모비를 황조 모씨에게 배향하고자 합니다. 부디 흠향하여 주소서.'〔主人曰 孝孫某 來日丁亥 用薦歲事于皇祖伯某 以某妃配某氏 尙饗〕"라고 보인다.

41) 一元大武 : 〈曲禮 下〉에 "무릇 종묘에 제사 지내는 예에서는, 소를 '一元大武'라 칭한다.

號는 若幣曰量幣[43)]니 祝史稱之하야 以告鬼神也라 每祭에 必設玄酒나 其實은 不用之以酌이라 薦其血毛는 謂殺牲之時에 取血及毛하야 入以告神於室也라 腥其俎는 謂牲旣殺에 以俎盛肉하야 進於尸前也라 祭玄酒薦血毛腥俎 此三者는 是法上古之禮요 孰其殽以下는 是中古之禮라 殽는 骨體也니 以湯爓(섬)爲熟이라 越席은 蒲席也요 疏布는 麤布也요 幂은 覆尊(부준)也라 周禮越席疏布는 祭天用之[44)]어늘 此以爲宗廟之用은 記者雜陳之也라 澣帛은 謂祭服을 以湅染之帛으로 制之也라 醴醆以獻者는 朝踐薦血腥時에 用醴하고 饋食薦熟時에 用醆也라 薦其燔炙者는 燔肉炙肝也라 特牲禮에 主人獻尸어든 賓長以肝從하고 主婦獻尸어든 賓長以燔從也라 第一은 君獻하고 第二는 夫人獻하고 第三은 君獻하고 第四는 夫人獻이라 故로 云 君與夫人이 交獻也라 此以上至孰其殽는 是法中古之禮니 皆所以嘉善於死者之魂魄하야 而求以契合於冥漠之中也라 然後退而合亨(팽)은 謂先薦爓은 未是熟物이요 今乃退取向爓肉하야 更合而烹煮之하야 使熟而可食也라 又尸俎에 惟載右體하니 其餘不載者와 及左體等을 亦於鑊中에 烹煮之故로 云合亨也라 體其犬豕牛羊者는 隨其牲之大小烹熟하야 乃體別骨之貴賤하야 以爲衆俎하야 用供尸及待賓客兄弟等也니 此是祭末饗燕之衆俎요 非尸前之正俎也라 簠는 內圓而外方하니 盛稻粱之器요 簋는 外圓而內方하니 盛黍稷之器라 籩豆는 形制同하니 竹曰籩이요 木曰豆라 鉶은 如鼎而小하니 菜和羹之器也라 祝嘏(하)는 說見前하니라 孝는 事祖宗之道也요 慈는 愛子孫之道也라 合亨以下는 當世之禮也라 祥은 猶善也라

≪周禮≫에 祝號에는 여섯 가지가 있으니, 첫 번째는 神號이고 두 번째는 鬼號이고 세 번째는 祇號이고 네 번째는 牲號이고 다섯 번째는 〈곡식의 미칭인〉 齍號이고

〔凡祭宗廟之禮 牛曰一元大武〕"라고 보인다.

42) 稷曰明粢 : 明粢는 밝은 메기장이라는 뜻으로 明齍라고도 하는바, 이 내용은 〈曲禮 下〉에 보인다.

43) 幣曰量幣 : 〈曲禮 下〉에 보인다.

44) 越席疏布 祭天用之 : ≪周禮≫에 越席은 보이지 않는바, 이 내용은 ≪周禮≫ 〈天官 冪人〉에 "제사 지낼 적에 거친 베로 만든 무늬가 없는 수건으로 팔준을 덮는다.〔祭祀以疏布巾冪八尊〕"라고 한 것과, 이에 대한 鄭玄 注에 "거친 베를 사용하는 것은 천지의 신은 질박함을 숭상하기 때문이다.〔以疏布者 天地之神 尙質〕"라고 한 것을 두고 한 말이다. 賈公彦 疏에 따르면 五齊와 三酒를 각각 담은 술동이를 八尊이라 한다.(≪周禮注疏≫)

여섯 번째는 幣號이다. '축호를 만든다'는 것은 귀신과 희생과 玉을 아름답게 칭하는 말을 만드는 것이다. 신호는 '昊天上帝'와 같은 것이고, 귀호는 '皇祖伯某'와 같은 것이고, 기호는 '后土地祇'와 같은 것이고, 생호는 '一元大武'와 같은 것이고, 자호는 稷을 '明粢'라 하는 것과 같은 것이고, 폐호는 幣를 〈폭과 길이가 알맞다는 뜻으로〉 '量幣'라 하는 것과 같은 것이니, 祝史가 이렇게 칭하여 귀신에게 고하는 것이다.

매번 제사 지낼 때마다 반드시 玄酒를 진설하나 실제는 이것을 사용하여 잔질하지는 않는다. '희생의 피와 털을 올린다'는 것은 희생을 잡을 때에 피와 털을 가지고 室에 들어가 神에게 고하는 것이다. '날고기를 俎에 올린다'는 것은 희생을 이미 잡았으면 고기를 俎에 담아서 尸童 앞에 올리는 것이다. '祭玄酒・薦血毛・腥俎' 세 가지는 上古의 禮를 본받은 것이고, '孰其殽' 이하는 中古의 禮이다.

殽는 뼈가 붙어 있는 牲體이니, 끓여 데쳐서 익힌다. '越席'은 부들자리이고, '疏布'는 거친 삼베이고, '冪'은 술동이를 덮는 것이다. ≪周禮≫에 의하면 부들자리와 거친 삼베는 하늘에 제사 지낼 때 쓰는데 여기에서 宗廟에 사용한다고 한 것은 기록하는 자가 여러 가지를 뒤섞어 말한 것이다. '澣帛'은 祭服을 누이고 물들인 비단으로 만든 것이다. '醴醆以獻'은 朝踐에 피와 날고기를 올릴 때에는 醴齊를 사용하고 饋食에 익힌 음식을 올릴 때에는 盎齊를 사용하는 것이다. '薦其燔炙'은 〈올리는 것이〉 구운 고기와 구운 肝이다. ≪儀禮≫ 〈特牲饋食禮〉에 주인이 시동에게 술잔을 올리면 賓長이 간을 뒤따라 올리고, 主婦가 시동에게 술잔을 올리면 빈장이 燔을 뒤따라 올린다고 하였다. 첫 번째는 임금이 올리고 두 번째는 부인이 올리고 세 번째는 임금이 올리고 네 번째는 부인이 올리므로 "임금과 부인이 교대로 올린다."고 말한 것이다. 여기부터 이상의 '孰其殽'까지는 中古의 禮를 본받은 것이니, 모두 죽은 자의 魂魄을 즐겁게 만들어 어둡고 헤아리기 어려운 가운데에서 부합하기를 바란 것이다.

'然後退而合亨'은 먼저 올린 익힌 고기는 완전히 익힌 물건이 아니고, 지금 비로소 물러가 지난번에 익혔던 고기를 가져다 다시 합하여 끓이고 삶아서 완전히 익혀 먹을 수 있게 하는 것이다. 또 시동의 俎에는 오직 오른쪽 牲體를 올렸으니, 그 밖에 올리지 않은 것과 왼쪽 생체 등도 솥 안에 넣어 삶으므로 '合亨'이라고 말한 것이다. '體其犬豕牛羊'은 희생의 크기와 삶아진 정도에 따라서 마침내 뼈의 귀하고 천한 부분을 부위별로 나누어 여러 俎를 만들어서 시동에게 바치고 여러 빈객과 형제 등을 대접하는 것이니, 이것은 제사의 말미에 饗燕할 때의 여러 俎이고, 시동 앞에 올리는 正俎가 아니다. 簠는 안은 둥글고 밖은 네모지니 쌀과 기장을 담는 그릇이고, 簋는 밖은 둥글고 안은 네모지니 찰기장과 메기장을 담는 그릇이다. 籩과 豆는 모양과 제도가 똑같으니, 대나무로 만든 것을 '籩'이라 하고 나무로 만든 것을 '豆'라 한다. 鉶은 鼎과 같은데 그보다 작으니, 간을 맞춘 나물국을 담는 그릇이다. '祝嘏'는 해설이 앞 절에 보인다. 孝는 祖宗을 섬기는 도이고, 慈는 자손을 사랑하는 도이다. '合亨' 이하는 當世의 禮이다. 祥은 '善'과 같다.

鉶

≪大全≫

嚴陵方氏曰 血은 所以告幽요 毛는 所以告全이라 腥其俎는 則事之以神道요 孰其殽는 則事之以人道라 越席은 則郊特牲所謂蒲越藁秸之尙[45]이 是矣요 疏布는 禮器所謂犧尊疏布鼏[46]이 是矣요 澣帛은 則祭統所謂以共純(치)服[47]이 是矣니 凡此所言은

45) 蒲越藁秸之尙 : 〈郊特牲〉에 "술과 단술이 아름다운데 玄酒와 明水를 〈그것보다〉 높이는 것은 五味의 근본을 귀하게 여기는 것이다. 黼黻 무늬를 수놓은 것이 아름다운데 거친 삼베를 〈그것보다〉 높이는 것은 〈보불이 있기 전에 거친 삼베를 만든〉 女功의 시작을 돌이키는 것이다. 왕골자리와 대자리가 편안한데 부들자리와 짚자리를 〈그것보다〉 높이는 것은 〈부들자리와 짚자리를〉 神明으로 여기는 것이다.〔酒醴之美 玄酒明水之尙 貴五味之本也 黼黻文繡之美 疏布之尙 反女功之始也 莞簟之安 而蒲越槀秸之尙 明之也〕"라고 보인다.

46) 犧尊疏布鼏 : 〈禮器〉에 "소박한 것을 귀하게 여기는 경우가 있다. 지극한 공경은 문식이 없고 아버지의 친족에게는 용모를 꾸밈이 없고 大圭는 무늬를 곱게 아로새기지 않고 大羹은 간을 맞추지 않고 〈하늘에 제사할 적에 사용하는〉 大路는 소박하게 하고서 부들자리를 깔고, 犧尊은 거친 삼베로 위를 덮고 〈술을 푸는 도구로는〉 회양목으로 만든 구기를 쓰니, 이것은 소박함을 귀하게 여기는 것이다.〔有以素爲貴者 至敬無文 父黨無容 大圭不琢 大羹不和 大路素而越席 犧尊疏布鼏 樿杓 此以素爲貴也〕"라고 보인다.

47) 以共純(치)服 : 〈祭統〉에 "그러므로 천자가 남쪽 교외에서 친히 경작하여 〈제사에 쓸 곡식인 찰기장〔黍〕·메기장〔稷〕의〉 粢盛을 바치고 왕후가 북쪽 교외에서 누에를 길러 〈祭

則合古今之異質文之變也라 又曰 合亨(팽)은 則合衆物而亨之요 犬豕牛羊이 骨有貴賤하야 各異體焉이라 故曰體요 以稻粱而實簠하고 以黍稷而實簋하고 以水土之品而實籩豆하고 以五味之和而實鉶鼎이라 故曰實이라 祖禰는 所以望子孫者 莫大乎孝라 故祝以孝告하고 子孫所以賴祖禰者 莫過乎慈라 故嘏(하)以慈告하니 夫禮至於此하면 則始於古而成於今하고 始於質而成於文矣라 故曰大成也라하니라

嚴陵方氏：犧牲의 피는 〈몸 안의〉 그윽함을 고하는 것이고, 희생의 털은 〈몸 밖의〉 온전함을 고하는 것이다. '腥其俎'는 神을 섬기는 도로 섬기는 것이고, '孰其殽'는 사람을 섬기는 도로 섬기는 것이다. '越席'은 〈郊特牲〉에 이른바 "부들자리와 짚자리를 높인다."는 것이 여기에 해당하고, '疏布'는 〈禮器〉에 이른바 "〈희생으로 바치는 소의 형상을 새긴 술동이인〉 犧尊을 거친 삼베로 덮는다."는 것이 여기에 해당하고, '澣帛'은 〈祭統〉에 이른바 "緇冕服을 바친다."는 것이 여기에 해당하니, 무릇 여기에서 말한 것은 옛날과 지금의 차이와 질박함과 꾸밈의 변화를 합한 것이다.

또(嚴陵方氏)：'合亨'은 여러 물건을 모아 삶는 것이고, 개·돼지·소·양이 그 뼈가 귀한 부위와 천한 부위가 있어서 각각 體를 달리하기 때문에 '體'라고 말한 것이다. 稻粱을 簠에 담고 黍稷을 簋에 담으며 山川에서 얻은 물건을 籩豆에 담고 五味의 간을 맞춘 것을 鉶鼎에 담으므로 '實'이라고 말한 것이다. 사당에 모신 할아버지와 아버지는 자손에게 바라는 것이 孝보다 더 큰 것이 없으므로 祝辭는 孝誠으로써 고하고, 자손은 할아버지와 어버지에게 힘입는 것이 사랑을 넘어서는 것이 없으므로 嘏辭는 사랑으로써 고하니, 禮가 여기에 이르면 옛날에 시작되어 지금에 이루어지고 질박함에서 시작되어 꾸밈에서 이루어지므로 '大成'이라 한 것이다.

○ 蔣氏曰 禮之始貴乎嚴하고 終極其備라 故로 血毛腥俎殽孰越席疏布之事에 猶有貴乎古先也어늘 乃曰合莫(막)은 謂其本是精神하야 以求神於冥漠之間也요 合亨(팽)

服에 쓸〉 緇冕服을 바치며, 제후가 동쪽 교외에서 경작하여 또한 자성을 바치고 夫人이 북쪽 교외에서 누에를 길러 치면복을 바치니, 천자와 제후가 경작할 사람이 없어서가 아니며, 왕후와 夫人이 누에 기를 사람이 없어서가 아니다. 몸소 그 정성과 신의를 다하는 것이니, 정성과 신의를 일러 '극진하게 하다'라고 하고, 극진하게 하는 것을 일러 '공경하다'라고 한다. 공경이 극진해진 연후에 신명을 섬길 수 있으니, 이것이 제사하는 도이다.〔是故天子親耕於南郊 以共齊盛 王后蠶於北郊 以共純服 諸侯耕於東郊 亦以共齊盛 夫人蠶於北郊 以共冕服 天子諸侯非莫耕也 王后夫人非莫蠶也 身致其誠信 誠信之謂盡 盡之謂敬 敬盡然後 可以事神明 此祭之道也〕"라고 보인다. 純는 '緇'와 같다.

體薦籩豆簠簋鉶羹詞說之詳은 是後世之所備也어늘 乃曰大祥은 謂其擧是備禮하야 而極其祥善之義也하니 蓋聖人制禮에 豈容一毫之僞리오 方其合莫以求神也엔 物味薄而誠敬在하고 禮文簡而精神通이요 至於成禮而致祥也엔 品物具而神祇樂하고 誠意散而詞說行하니 學者苟能究觀聖人終始考禮之意하야 而得之於想像形容之妙면 則凡器物之陳과 節文之變이 皆有深長之義 存乎其間이니라

蔣氏：禮의 시작은 엄함을 귀하게 여기고 〈禮의〉 끝은 구비함을 지극히 하므로 血毛·腥俎·殽孰·越席·疏布의 일에 오히려 옛날을 귀하게 여김이 있는 것인데 마침내 '合莫'이라고 한 것은, 〈禮의〉 근본은 정신이어서 어둡고 헤아리기 어려운 곳에서 神을 구함을 이르고, 合亨·體薦·籩豆·簠簋·鉶羹·詞說을 자세히 함은 後世에 구비한 것인데 마침내 '大祥'이라고 말한 것은, 그 거행은 구비한 예여서 善의 뜻을 지극히 함을 이르니, 聖人이 禮를 제정함에 어찌 한 털끝만큼이라도 거짓을 용납하셨겠는가.

合莫으로 神을 구할 때에는 물건의 맛이 싱거우면서도 정성과 공경이 들어 있고 禮文이 간략하면서도 정신이 통하며, 禮를 이루어 善을 이룸에 이르러서는 물품이 구비되어 神祇가 즐거워하고 誠意가 〈여러 물품으로〉 나누어져 詞說이 행해진다. 그러니 배우는 자가 만일 성인이 始終으로 禮를 상고하신 뜻을 연구하고 관찰하여 想像하고 형용하는 妙理를 얻을 수 있다면 器物을 진설하고 節文을 변경할 적에 그 사이에 모두 심원하고 장구한 뜻이 있게 될 것이다.

○ 延平周氏曰 奉上世之禮物而罕及於後世者는 則無文이요 奉後世之禮物而罕及於上世者는 則無本일새니 有本有文을 此之謂禮之大成也니라

延平周氏：상고시대의 禮物을 받들더라도 後世에 미치는 것이 거의 없는 것은 꾸밈이 없기 때문이고, 후세의 예물을 받들더라도 상고시대에 미치는 것이 거의 없는 것은 근본이 없기 때문이니, 근본도 있고 꾸밈도 있는 것을 '禮의 大成'이라고 한다.

090401 孔子曰 嗚呼哀哉라 我觀周道호니 幽厲傷之[48]하니 吾舍魯何適

48) 幽厲傷之：幽王은 周나라의 12대 임금인데 褒姒를 총애하여 태자 宜臼를 폐하고 포사가 낳은 伯服을 세웠다가 申侯에게 驪山 밑에서 살해되었다. 이후 태자 의구가 왕위에 올라 平王이 되었으며, 이로써 西周 시대가 끝나고 東周 시대가 시작되었다. 厲王은 10대 임

矣리오 **魯之郊**禘[49] **非禮也**니 **周公**이 **其衰矣**로다 **杞之郊也**는 **禹也**요 **宋之郊也**는 **契**(설)**也**니 **是天子之事**를 **守也**라 **故**로 **天子**는 **祭天地**하고 **諸侯**는 **祭社稷**이니라

孔子께서 말씀하셨다.

"아, 슬프다. 내가 周나라의 道를 살펴보았는데 幽王과 厲王이 손상시켰으니, 내가 魯나라를 버리고 어디로 가겠는가. 그러나 魯나라의 郊祭祀와 禘祭祀는 禮가 아니니, 周公의 가르침이 쇠하였기 때문이다. 杞나라에서 교제사를 지내는 것은 시조인 禹王이 있었기 때문이고, 宋나라에서 교제사를 지내는 것은 시조인 契이 있었기 때문이니, 이는 천자의 일을 지켜오는 것이다. 그러므로 천자는 天地에 제사 지내고 제후는 社稷에 제사 지내는 것이다."

≪集說≫

幽厲之前에 周道已微로되 其大壞는 則在幽厲也라 魯는 周公之國이라 夫子嘗言其可一變至道[50]라하시니 則舍魯何往哉리오 然魯之郊禘는 則非禮矣라 禹爲三代之盛王이라 故杞得以郊하고 契爲殷之始祖라 故宋得以郊하니 惟此二國이 可世守天子之事하야 以事其祖어니와 周公은 雖聖人이나 臣也니 成王之賜固非요 伯禽之受尤非라 周公이 制禮作樂하사 爲萬世不易之典이로되 而子孫若此하니 是는 周公之教 因子孫之僭禮而衰矣라 天地社稷之祭는 君臣之分이니 凜不可踰어늘 曾謂人臣而可僭天子之禮哉아

幽王과 厲王 이전에 周나라의 道가 이미 미약해졌으나 크게 파괴된 것은 유왕과

금인데 利欲을 좋아하고 포악했으며 사치하고 오만하다가 나라가 어지러워지자 彘(체) 땅으로 도망가 죽었다.(≪史記≫ 권4 〈周本紀〉)

49) 郊禘 : 郊祭祀는 天子가 郊外에서 하늘에 지내는 제사이고, 禘祭祀는 천자가 宗廟에서 지내는 큰 제사로 太祖의 선친을 太廟에서 제사하고 태조를 배향한다.

50) 一變至道 : 魯나라에 아직 道가 남아 있다는 뜻으로, ≪論語≫ 〈雍也〉에 "제나라가 한 번 변하면 노나라 경지에 이르고, 노나라가 한 번 변하면 도에 이를 것이다.〔齊一變 至於魯 魯一變 至於道〕"라고 한 구절을 인용한 것이다.

여왕 때에 있었다. 魯나라는 周公의 나라이다. 夫子께서 일찍이 말씀하시기를 "〈노나라가〉 한 번 변하면 道에 이를 수 있다." 하셨으니, 노나라를 버리고 어디로 가시겠는가. 그러나 노나라의 교제사와 체제사는 禮가 아니다. 〈夏나라의〉 禹임금이 〈夏·殷·周〉 三代 시대의 훌륭한 왕이 되기 때문에 〈하나라의 후예인〉 杞나라가 교제사를 지낼 수 있고, 契은 殷나라의 시조가 되기 때문에 〈은나라의 후예인〉 宋나라가 교제사를 지낼 수 있으니, 오직 이 두 나라는 대대로 천자의 일을 지켜서 그 선조를 섬길 수 있었다.

그러나 주공은 비록 聖人이라 하더라도 신하이니 成王이 노나라에 천자의 禮樂을 하사한 것이 진실로 잘못된 것이고, 〈주공의 아들인〉 伯禽이 이를 받은 것은 더욱 잘못된 것이다. 주공이 禮와 樂을 제작하여 만세토록 바꿀 수 없는 法으로 만드셨으나 자손들이 이와 같으니, 이는 주공의 가르침이 자손들이 禮를 참람하게 행함으로 인하여 쇠하게 된 것이다. 〈천자의〉 天地에 지내는 제사와 〈제후의〉 社稷에 지내는 제사는 임금(천자)과 신하(제후)의 분수이니, 〈그 예가〉 엄격하여 〈제후가 자기 분수를〉 넘을 수가 없는데 일찍이 "신하로서 천자의 禮를 참람하게 행할 수 있다."라고 말한 적이 있었던가.

○ 石梁王氏曰 此一章은 眞孔子之言이로되 註不能明其旨[51]라 天子는 祭天地하고 諸侯는 但可祭社稷이니 杞宋之郊는 是王者之後라 天子之事를 守니 禮之所許者어니와 魯而有郊는 是背周公所制之禮니 與杞宋不同也니라

---

51) 註不能明其旨 : 金在魯의 ≪禮記補註≫에 따르면 여기서 말한 註는 鄭玄 注와 孔穎達 疏인 바, 그 주에 "〈'非禮'의〉 '非'는 잃음과 같다. 노나라가 교제사를 지낼 적에 소의 입에 상처가 나고 생쥐가 소의 뿔을 갉아먹으며 또 네 번 점을 쳐서 교제삿날을 정하였으나 모두 불길함이 있었으니, 이는 주공의 도가 쇠한 것이다. 이는 〈주공의〉 자손들이 〈주공이 제정한 예법을〉 받들어 행하여 흥하게 하지 못하였음을 말한 것이다.〔非 猶失也 魯之郊牛口傷鼷鼠食其角 又有四卜郊不從 是周公之道衰矣 言子孫不能奉行興之〕" 하였고, 그 소에 "노나라가 교제사와 체제사를 합하여 지냄은 안 되는 것이니, 이는 예가 아닌 것이다. 다만 교제사에 예를 잃어서 소의 입에 상처가 난 것이고, 체제사에 예를 잃어서 僖公의 신주를 閔公의 신주 위로 올려 모신 것이다.〔魯合郊禘 非 是非禮 但郊失禮 則牛口傷 禘失禮 則躋僖公〕" 하였다.(≪禮記正義≫) 소에서 말한 僖公은 魯 閔公의 庶兄으로 민공의 뒤를 이어 임금이 되었는바, 종묘에서의 座次가 민공의 아래에 있어야 하는데 宗伯인 夏父弗忌(하보불기)가 현재의 임금인 文公에게 아첨하기 위해 좌차를 무시하고 문공의 아버지인 희공을 민공의 위로 올려 모신 것이다.(≪春秋左氏傳≫ 文公 2년)

石梁王氏：이 한 章은 참으로 孔子의 말씀인데 註에 〈공자가 말씀하신〉 뜻을 제대로 밝히지 못하였다. 천자는 천지에 제사 지내고 제후는 다만 사직에만 제사 지낼 수 있는데, 杞나라와 宋나라의 교제사는 〈두 나라가〉 王者(천자)의 후손이기 때문에 천자의 일을 지킨 것이니, 禮에 인정되는 것이다. 그러나 〈제후의 나라인〉 魯나라에 〈천자만 지낼 수 있는〉 교제사가 있는 것은 周公이 만든 禮를 어긴 것이니, 杞나라·宋나라와는 같지 않은 것이다.

≪大全≫

張子曰 周公이 用天子禮樂을 或以爲有人臣不可爲之功하시니 則當用不可用之禮라 夫有權有位면 則人臣所遇當如此어니와 至用天子之禮樂이면 則非也라 故로 魯之郊禘가 非禮也라 家臣僭大夫[52]하고 三桓僭魯[53]하고 魯僭天子 推其原하면 皆在成王이라 成王이 賜伯禽天子禮樂하시니 自其時로 已啓下僭上之階矣니라

張子：周公이 천자의 禮樂을 사용한 것을 혹자는 "신하로서 세울 수 없는 功을 세우셨으니 마땅히 신하가 써서는 안 되는 禮를 쓸 수 있다." 한다. 權勢와 지위를 소유했으면 신하를 처우하는 것이 마땅히 〈소유한 권세와 지위에 걸맞게〉 이와 같아야 하지만 천자의 예악을 씀에 이르러서는 잘못된 것이므로 魯나라의 교제사와 체제사가 禮가 아닌 것이다.

家臣이 분수에 넘치게 大夫의 예를 쓰고 三桓이 분수에 넘치게 魯나라 제후의 예를 쓰고 魯나라 제후가 분수에 넘치게 천자의 예를 쓴 것이 그 진원지가 어디인지를 헤아려보면 〈원인이〉 모두 成王에게 있었다. 성왕이 伯禽에게 천자의 예악을 하사하셨으니, 이때부터 이미 아랫사람이 분수에 넘치게 윗사람의 예를 함부로 쓰게 되는 階梯를 열어놓았다.

---

52) 家臣僭大夫：孔子 당시 魯나라의 家臣인 陽貨가 대부의 禮를 사용한 것을 두고 한 말이다. 양화는 이름이 虎로 노나라의 권력이 있는 대부인 季孫氏의 가신이었는데, 공자가 자기 집에 찾아와주기를 바랐으나 공자가 오지 않자, 禮에 "대부가 선비에게 물건을 내렸을 경우에 자신이 직접 받지 못했으면 반드시 대부의 집에 가서 拜謝해야 한다." 한 것을 따라서 공자를 찾아오게 하려고 공자가 집에 없는 틈을 엿보아 공자에게 찐 돼지를 보냈다. 이에 공자도 양화가 없는 틈을 엿보아 그 집에 가서 배사하였다.(≪論語≫ 〈陽貨〉)

53) 三桓僭魯：三桓은 魯나라의 大夫인 孟孫氏·叔孫氏·季孫氏인데, 그 계통이 魯 桓公에서 나왔기 때문에 이렇게 칭한 것이다. 魯 文公이 죽은 뒤 이들의 세력이 날로 강성하여 三軍을 나누어 호령하고 실제적으로 노나라의 정권을 장악하였는바, 이를 두고 한 말이다.

○ 馬氏曰 夫郊者는 天子外祭之重者也요 禘者는 天子內祭之重者也니 郊禘者는 天子之禮요 非諸侯所宜有也라 成王이 非所錫而錫之하고 魯君이 非所受而受之하니 此魯之郊禘 所以爲非禮라 故로 曰 周公其衰矣라하시니 所謂衰者는 非周公之衰也요 言後世僭用天子之禮 此周公之道 所以爲衰矣라 杞宋은 皆天子之事를 守어니와 魯之郊禘는 非天子之事守라 故로 曰 非禮라하니라

馬氏 : 교제사는 천자의 外祭 가운데 중한 것이고, 체제사는 천자의 內祭 가운데 중한 것이니, 교제사와 체제사는 천자의 禮이고 제후가 마땅히 소유할 바가 아니다. 成王이 주실 바가 아닌데 주었고 魯나라 임금이 받을 바가 아닌데 받았으니, 이는 魯나라의 교제사와 체제사가 禮가 아닌 이유이므로 〈공자가〉 "周公의 가르침이 쇠했다."라고 말씀하신 것이다. 이른바 "쇠했다"는 것은 주공이 쇠한 것이 아니고, 後世에 〈노나라가〉 천자의 禮를 분수에 넘치게 사용한 것이 주공의 道가 쇠하게 된 것이라는 말이다. 〈천자국인 하나라와 은나라의 후예인〉 杞나라와 宋나라는 모두 천자의 일을 지키는 것이지만 魯나라에서 지내는 교제사와 체제사는 〈제후국의 참람한 짓이지〉 천자의 일을 지키는 것이 아니기 때문에 〈공자가〉 "禮가 아니다."라고 하신 것이다.

○ 臨川吳氏曰 言杞宋二國이 所以得郊者는 蓋以二王之後로 修其天子所行之事하야 後世遵守而行之者也어니와 若魯則非有天子之事可守하니 豈可僭郊也哉아 因言周公所制正禮는 唯天子得於圓丘祭天하고 方澤祭地[54]라 諸侯則但於社祭地하고 及祭稷神而已요 不得如天子之祭天祭地也니라

臨川吳氏 : 〈공자께서〉 "杞와 宋 두 나라가 교제사를 지낼 수 있는 이유는 이들은 〈하나라와 은나라〉 두 나라 왕의 후손이어서 천자가 행한 일을 닦아서 후세에 준수하여 행하는 것이지만, 魯나라로 말하면 준수할 수 있는 천자의 일이 있지 않으니

54) 圓丘祭天 方澤祭地 : 圓丘·方澤은 丘陵·川澤과 같은 말로, 〈禮器〉에 "높은 것에 제사 지내되 반드시 구릉을 인하며, 낮은 것에 제사 지내되 반드시 川澤을 인한다.〔爲高 必因丘陵 爲下 必因川澤〕"라고 하였는데, 孔穎達 疏에 "'爲高'는 동지에 황천대제와 요백보에게 제사 지냄을 이른다. '丘陵'은 원구를 이르니 하늘이 둥글고 높기 때문에 원구의 위에서 天神에게 제사 지낸다. '爲下'는 하지에 곤륜의 신에게 제사 지냄을 이른다. '川澤'은 방택이니 땅이 네모나고 낮기 때문에 방택에서 地神에게 제사 지내는 것이다.〔爲高 謂冬至祭皇天大帝耀魄寶也 丘陵 謂圓丘 天圓而高 故祭其天神於圓丘之上也 爲下 謂夏至祭崑崙之神也 川澤 方澤也 地方而下 故祭其神於方澤〕"라고 하였다.(≪禮記正義≫)

어찌 분수에 넘치게 교제사를 지낼 수 있겠는가."라고 말씀한 것이다.

이어서 "周公이 만든 正禮는, 천자만 圓丘에서 天神에게 제사 지내고 方澤에서 地神에게 제사 지낼 수 있다. 제후는 다만 社에서 地神에게 제사 지내고 稷神에게 제사 지낼 뿐이고, 천자처럼 천신에게도 제사 지내고 지신에게도 제사 지낼 수는 없다."라고 말씀하신 것이다.

090501 祝嘏(하)를 莫敢易其常古하니 是謂大假(하)니라

祝辭와 嘏辭를 감히 그 떳떳한 일과 옛 법을 바꾸지 못하니, 이것을 '大假(大嘏)'라고 한다.

≪集說≫

祭禮는 祝於始하고 嘏(하)於終하니 禮之成也라 常古는 常事古法也라 不敢變易은 謂貴賤行禮에 一依古制也라 假亦當作嘏니 猶上章大祥之意라 言行當然之禮하면 則有自然之福이니 其福이 大矣라

祭禮는 처음에 祝辭를 하고 끝에 嘏辭를 하니, 이것이 禮가 이루어진 것이다. 常古는 떳떳한 일과 옛 법이다. 감히 바꾸지 못한다는 것은 貴한 사람과 賤한 사람이 禮를 행함에 한결같이 옛 제도를 따름을 이른다. '假'는 또한 마땅히 '嘏'가 되어야 하니, 윗장의 '大祥(크게 선하다)'의 뜻과 같다. 당연한 禮를 행하면 자연스런 福이 있으니, 그 福이 큼을 말한 것이다.

≪大全≫

臨川吳氏曰 假與嘏(하)字通用이라 嘏尊祝卑하니 以尊統卑故로 但言假하니라

臨川吳氏 : '假'는 '嘏'자와 통용된다. 嘏는 높고 祝은 낮으니 높은 것이 낮은 것을 통솔하기 때문에 다만 '假'를 말한 것이다.

090502 祝嘏(하)辭說을 藏於宗祝巫史[55] 非禮也니 是謂幽國이니라

55) 宗祝巫史 : 宗祝은 宗伯과 太祝으로 국가의 제사를 주관한 관원이고, 巫는 巫俗에 관한 일에 종사한 사람이고 史는 天文·星象·曆數·史冊 등을 관장한 사람이다.

祝과 嘏의 辭說을 宗·祝·巫·史에 보관하는 것은 禮가 아니니, 이것을 '어두운 나라'라고 한다.

≪集說≫

祝嘏(하)辭說은 禮之文也니 無文이면 不行이라 周禮大宗伯이 掌詔六號[56]하니 重其事耳어늘 衰世엔 君臣慢禮하야 惟宗祝巫史 習而記之라 故로 謂幽昏之國하니 言其昧於禮하야 無以昭明政治也라

祝과 嘏의 辭說은 禮의 글이니, 글이 없으면 행하지 못한다. ≪周禮≫에 따르면 大宗伯이 여섯 가지 祝號를 고하는 것을 관장하니, 그 일을 중히 여긴 것이다. 그런데 쇠한 세상에는 임금과 신하들이 禮를 소홀히 하여 오직 宗·祝·巫·史가 이것을 익혀 기억할 뿐이므로 어두운 나라라고 하였으니, 〈임금과 신하들이〉 禮에 어두워 정치를 밝힐 수 없음을 말한 것이다.

≪大全≫

長樂劉氏曰 周官에 太祝掌六祝[57]·六祈[58]·六辭[59]·六號·九祭[60]·九㩳(배)[61]

---

56) 大宗伯掌詔六號 : ≪周禮≫〈春官 大宗伯〉에 "무릇 〈天神인〉 大神에게 제사를 지내고 〈人鬼인〉 大鬼에게 제향하며 〈地祇인〉 大示(대기)에게 제사를 지낼 적에 大號를 고하고 그 大禮를 미리 연습하였다가 이를 아뢰어 왕의 대례를 보좌한다.〔凡祀大神 享大鬼 祭大示 詔大號 治其大禮 詔相王之大禮〕" 하였는데, 鄭玄 注에 "대호는 六號 중에 큰 것이니 이것을 가지고 太祝에게 고하여 축사로 삼게 한다. '治'는 연습과 같으니, 미리 대례를 연습하였다가 제사를 지낼 때에 응당 이로써 아뢰어 왕을 보좌한다.〔大號 六號之大者 以詔大祝 以爲祝辭 治 猶簡習也 豫簡習大禮 至祭 當以詔相王〕" 하였다. '六號'에 대한 설명은 '090307'의 集說에 보인다.

57) 六祝 : 신에게 제사 지낼 때 하는 여섯 가지의 기도문으로, 順祝·年祝·吉祝·化祝·瑞祝·筴祝인데, 정현의 주에 따르면 鄭司農(鄭衆)이 "順祝은 풍년이 순히 이루어지기를 기도하는 말이고, 年祝은 영원토록 바른 命을 얻기를 기도하는 말이고, 吉祝은 복과 祥瑞를 얻기를 기도하는 말이고, 化祝은 災禍와 전쟁이 그치기를 기도하는 말이고, 瑞祝은 때맞춰 내리는 비를 맞이하고 風害와 旱害에 평안하기를 기도하는 말이고, 筴祝은 죄와 질병이 멀어지기를 기도하는 말이다.〔順祝 順豐年也 年祝 求永貞也 吉祝 祈福祥也 化祝 弭災兵也 瑞祝 逆時雨 寧風旱也 筴祝 遠罪疾〕" 하였다.(≪周禮注疏≫〈春官 大祝〉)

58) 六祈 : 귀신에게 天災와 地異를 없애주기를 기도하는 여섯 가지 제사로, 類·造·禬·禜·攻·說인데, 정현의 주에 "祈는 부르짖음이니 재앙과 변고가 있어서 소리쳐 부르짖으며 신에게 고하여 복을 구함을 이른다. 천신과 인귀와 지기가 화합하지 않으면 여섯

之辭與法하니 皆繫諸六典[62]之籍하야 而藏于太史하고 屬諸春官하야 上下相維하야 不

가지 역병이 발생하기 때문에 비는 禮를 통하여 이를 화합하도록 만드는 것이다.〔祈 嘄也 謂爲有災變 號呼告於神 以求福 天神人鬼地祇不和 則六癘作見 故以祈禮同之〕" 하였다. 鄭衆은 육기에 대해서 類는 上帝에게, 造는 先王에게, 禜은 일월・성신・산천에게 지내는 제사라고 하였는데, 정현은 "類와 造는 정성스러움과 엄숙함을 가하여 뜻한 바대로 되기를 구하는 것이고, 禬와 禜은 당시에 발생한 재앙과 변고를 고하는 것이다. 攻과 說은 말로 책망하는 것이다.……禬에 대해서는 자세한 내용을 듣지 못하였다. 造・類・禬・禜에는 모두 희생이 있고 攻과 說은 폐백을 사용할 뿐이다.〔類造 加誠肅求如志 禬禜 告之以時有災變也 攻說則以辭責之……禬 未聞焉 造類禬禜 皆有牲 攻說 用幣而已〕"라고 설명하였다.(≪周禮注疏≫ 〈春官 大祝〉)

59) 六辭 : 上・下, 親・疏, 遠・近의 사람을 서로 통할 수 있게 하는 글로, 祠・命・誥・會・禱・誄인데 鄭司農에 따르면 祠는 辭의 뜻으로 사람을 응대하는 글이고, 命은 외교 문서이고, 誥는 누군가를 경계시키거나 면려하는 글이고, 會는 천자가 會盟을 주관할 老臣을 파견할 때 일을 命한 글이고, 禱는 天地나 社稷・宗廟 등에 기도할 때 올리는 글이고, 誄는 죽은 사람을 애도할 때 생전의 덕행을 기록하여 주는 글이다.(≪周禮注疏≫ 〈春官 大祝〉)

60) 九祭 : 命祭・衍祭・炮祭・周祭・振祭・擩祭・絶祭・繚祭・共祭로, 命祭는 신하가 임금의 명을 받아 고수레하는 것이고, 衍祭는 빈객을 인도하여 고수레하게 하는 것이고, 炮祭는 제사할 때 玉帛이나 犧牲을 쌓아놓은 섶 위에 올려 태우는 의식이고, 周祭는 음식을 차례대로 두루 고수레하는 것이고, 振祭는 절인 채소나 절인 肝을 염분을 털어내고 고수레하는 것이고, 擩祭는 채소나 肝을 젓갈에 적셨다가 고수레하는 것이고, 絶祭는 허파의 아무 부분이나 마음대로 끊어서 고수레하는 것이고, 繚祭는 허파를 끊되 허파의 끝부분을 잘라서 고수레하는 것이고, 共祭는 천자가 고수레를 할 때 膳夫(궁중 요리사)가 고수레할 것을 천자에게 올리는 것이다.(≪周禮注疏≫ 〈春官 大祝〉)

61) 九𢷎(배) : 𢷎는 '拜'의 古字로, 절의 아홉 가지 방식인바, 稽首・頓首・空首・振動・吉拜・凶拜・奇拜・褒拜(포배)・肅拜이다. 稽首는 절을 할 적에 머리가 땅에 닿는 것이고, 頓首는 절을 할 적에 머리가 땅을 두드리는 것이고, 空首는 절을 할 적에 머리가 손에 이르는 것이고, 振動은 절을 할 때 몸을 떨거나 얼굴색이 바뀌는 것이고, 吉拜는 절한 뒤에 이마를 땅에 대는 것이고, 凶拜는 이마를 땅에 대고 난 뒤에 절하는 것이고, 奇拜는 한 번 절하는 것이고, 褒拜는 符節을 잡고 절하는 것이고, 肅拜는 몸을 숙이고 손을 아래로 내리는 것이다.(≪周禮注疏≫ 〈春官 大祝〉)

62) 六典 : 나라를 다스리는 여섯 가지 방면의 법으로, ≪周禮≫ 〈天官 大宰〉에 "태재의 직책은 나라를 세우는 데 필요한 여섯 가지 법전을 관장하고 왕을 보좌하여 큰 나라와 작은 나라를 다스린다. 첫째는 治典으로, 큰 나라와 작은 나라를 경영하고 관부를 다스리며 모든 민중이 지킬 기강을 세운다. 둘째는 敎典으로, 큰 나라와 작은 나라를 편안하게 하고 관부를 교육하며 모든 민중을 순화시킨다. 셋째는 禮典으로, 큰 나라와 작은 나라를 화평하게 하고 모든 관료를 통솔하며 모든 민중을 화합하게 한다. 넷째는 政典으로, 큰 나라와 작은 나라를 평화롭게 하고 모든 관료를 바르게 하며 모든 민중을 균등하게 한다. 다섯째는 刑典으로, 큰 나라와 작은 나라에 禁令을 시행하고 모든 관료를 형벌로써 다스리며 모든 민중을 규찰한다. 여섯째는 事典으로, 큰 나라와 작은 나라를 부강하게

可少廢也라 今仲尼之時에 遭幽厲之君하고 傷春秋之亂하야 祝嘏辭說을 藏於宗祝巫史之家하야 遂使國之禮典으로 幽暗不明이라 故로 曰 幽國也라하니라

長樂劉氏 : ≪周官≫에 따르면 太祝이 六祝・六祈・六辭・六號・九祭・九拜의 말과 法을 관장하니, 모두 六典의 典籍에 이어 묶어서 太史에 보관하고 春官에 소속시켜서 임금과 신하가 서로 유지하여 조금도 폐할 수 없었다.

지금 仲尼의 때에 幽王과 厲王 같은 폭군을 만나고 春秋시대의 爭亂에 손상되어 祝과 嘏의 辭說을 宗・祝・巫・史의 집에 보관하여 마침내 나라의 禮典으로 하여금 어두운 곳에 방치되어 밝게 드러나지 못하게 하였다. 그러므로 "어두운 나라"라고 말한 것이다.

090503 醆斝(잔가)를 及尸君이 非禮也니 是謂僭君이니라

〈夏나라의 술잔인〉 醆과 〈殷나라의 술잔인〉 斝를 임금의 시동에게 미치는 것은 禮가 아니니, 이것을 '참람한 임금'이라고 이른다.

≪集說≫

醆은 夏之爵이요 斝는 殷之爵이라 尸君은 君之尸也라 杞宋은 二王之後니 得用以獻尸어니와 其餘列國은 惟用時王之器어늘 今國君이 皆用醆斝하야 以及於尸君하니 非禮也라 是僭上之君耳니라

醆은 夏나라의 술잔이고, 斝는 殷나라의 술잔이다. 尸君은 임금의 尸童이다. 杞나라

斝

하고 모든 관료를 임명하며 모든 민중을 잘살게 한다.〔大宰之職 掌建邦之六典 以佐王治邦國 一曰治典 以經邦國 以治官府 以紀萬民 二曰敎典 以安邦國 以敎官府 以擾萬民 三曰禮典 以和邦國 以統百官 以諧萬民 四曰政典 以平邦國 以正百官 以均萬民 五曰刑典 以詰邦國 以刑百官 以糾萬民 六曰事典 以富邦國 以任百官 以生萬民〕"라고 보인다.

와 宋나라는 〈하나라와 은나라〉 두 王(천자)의 후손이니 〈醆과 斝를〉 사용하여 시동에게 올릴 수 있으나 그 밖의 제후국들은 오직 당대 임금의 기물을 써야 한다. 그런데 이제 제후국의 임금들이 모두 醆과 斝를 써서 임금의 시동에게 미치니 禮가 아니다. 이는 자기 분수를 뛰어넘어 윗사람의 예를 쓰는 임금일 뿐이다.

≪大全≫

長樂劉氏曰 天子備六代禮樂[63)]하야 其祭於宗廟也에 獻酢君尸면 則用醆斝어늘 今也에 諸侯亦用之하니 不曰僭君乎아

長樂劉氏 : 천자가 六代의 禮樂을 구비하여 宗廟에 제사 지낼 때에 임금의 시동에게 술잔을 올리면 醆과 斝를 사용하는데, 지금 제후도 〈醆과 斝를〉 사용하니, 그렇다면 '참람한 임금'이라고 말하지 않겠는가.

090504 冕弁兵革[64)]을 藏於私家 非禮也니 是謂脅君이니라

冕旒冠과 皮弁과 군대와 병장기를 私家에 가지고 있는 것이 禮가 아니니, 이것을 '협박받는 임금'이라고 이른다.

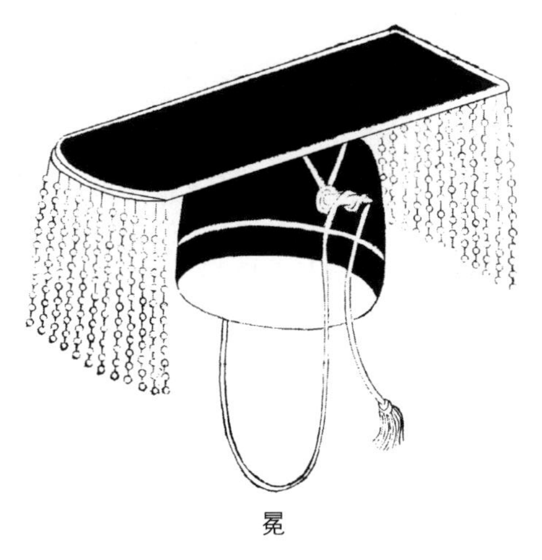
冕

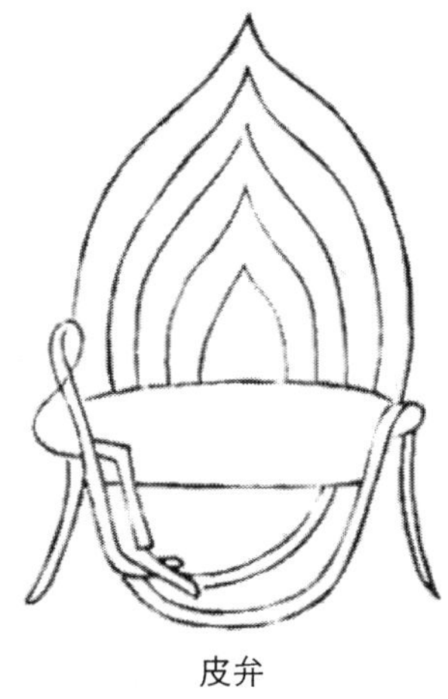
皮弁

63) 六代禮樂 : 周나라 이전의 6代 천자 왕조의 禮樂으로, 黃帝·唐·虞·夏·殷·周의 예악을 이른다.

64) 兵革 : 鄭玄 注에 "兵革은 임금의 군대 및 병장기이다.〔兵革 君之武衛及軍器也〕" 하였다.(≪禮記正義≫)

≪集說≫

冕은 祭服之冠이요 弁은 皮弁也라 大夫를 稱家하니 大夫以朝廷之尊服과 國家之武衛로 而藏於私家면 可見其强橫이니 則此國君者 乃見脅於强臣之君也라

冕은 祭服의 冠이고, 弁은 皮弁이다. 대부를 '家'라고 칭하니 대부가 조정의 존귀한 복식과 국가의 군대를 私家에 가지고 있다면 세력이 강하고 횡포함을 볼 수 있으니, 이 나라의 임금은 강한 신하에게 협박받는 임금이다.

090505 大夫具官하며 祭器를 不假하며 聲樂을 皆具 非禮也니 是謂亂國이니라

대부가 관원을 구비하며 祭器를 남에게 빌리지 않으며 음악을 모두 구비하는 것은 禮가 아니니, 이것을 '혼란한 나라'라고 이른다.

≪集說≫

家臣은 不能具官하야 一人이 常兼數事니 具官은 是僭擬也라 祭器는 惟公孤以上이 得全備요 大夫無田祿者는 不設祭器[65]하니 以其可假也요 有田祿者도 祭器를 亦不得全具하야 須有所假하니 不假면 亦僭擬也라 周禮에 大夫有判縣之樂[66]이나 少牢饋食에 無奏樂之文하니 是는 大夫祭不用樂也라 或君賜라야 乃有之耳니 聲樂皆具 亦僭擬也라

---

65) 無田祿者不設祭器 : 田祿은 采地나 公田에서 나오는 卿·大夫의 녹봉으로, 이 내용은 〈曲禮 下〉에 보인다.

66) 大夫有判縣之樂 : '判縣'의 '縣'은 '懸'과 같은 뜻으로, 卿·大夫의 경우 양쪽에 악기를 매다는 것을 이른다. ≪周禮≫ 〈春官 小胥〉에 "매다는 악기의 자리를 바로잡아주는데, 왕은 宮縣을 하고 제후는 軒縣을 하고 대부는 判縣을 하고 士는 特縣을 한다.〔正樂縣之位 王宮縣 諸侯軒縣 大夫判縣 士特縣〕"라고 보이는데, 鄭玄 注에 "'매다는 악기'는 筍과 虡에 매달려 있는 종과 경쇠 따위를 이른다. 鄭司農(鄭衆)이 말하였다. '궁현은 악기를 四面에 매다는 것이고, 헌현은 사면 중에 한 면을 제거한 것이고, 판현은 또다시 한 면을 제거한 것이고, 특현은 또다시 한 면을 제거한 것이다. 궁현은 궁실의 사면에 담장이 있음을 형상한 것이고, 헌현은 삼면이다.'……내가 생각하건대 헌현은 남면을 제거하니 왕과 같아짐을 피한 것이고, 판현은 좌와 우가 서로 짝이 되게 한 것이니 또다시 北面을 비운 것이고, 특현은 동방 한 곳에 매달거나 혹은 계단 사이의 한 곳에 매달 뿐이다.〔樂縣 謂鍾磬之屬縣於筍虡者 鄭司農云 宮縣四面 軒縣去其一面 判縣又去其一面 特縣又去其一面 宮縣 象宮室四面有墻 軒縣三面……玄謂軒縣去南面 辟王也 判縣 左右之合 又空北面 特縣 縣於東方 或於階間而已〕"라고 하였다.

尊卑無等이 非亂國而何오

家臣은 관원을 모두 구비하지 못해서 한 사람이 항상 몇 가지 일을 겸하니, 관원을 구비함은 자기 분수를 뛰어넘어 윗사람에 비견하는 것이다. 祭器는 오직 〈太師・太傅・太保의〉 三公과 〈少師・少傅・少保의〉 三孤 이상만이 온전히 구비할 수 있고, 대부로서 田祿이 없는 자는 제기를 마련하지 않으니 빌릴 수 있기 때문이다. 전록이 있는 자라도 또한 제기를 완전히 구비할 수가 없어서 반드시 빌리는 바가 있으니, 빌리지 않는다면 이 또한 자기 분수를 뛰어넘어 윗사람에 비견하는 것이다. ≪周禮≫에 따르면 대부는 判縣의 樂이 있으나 〈경・대부의 祭禮인〉 〈少牢饋食禮〉에 '음악을 연주한다.'는 글이 없으니, 이는 대부가 제사에 음악을 사용하지 않은 것이다. 혹 임금이 하사해야 비로소 이것을 소유할 뿐이니, 음악을 모두 구비하는 것 또한 자기 분수를 뛰어넘어 윗사람에 비견하는 것이다. 尊卑의 등급이 없는 것이 혼란한 나라가 아니고 무엇이겠는가.

≪大全≫

蔣氏曰 禮莫嚴於祭라 然이나 誠敬이 不根於內心이면 則交神之道虧하고 用器或忘乎分守면 則僭上之患起하니 聖人所甚懼也라 祝嘏(하)辭說이 此豈交神明之虛語리오 聖人이 擧孝慈相感之義하야 以發之於禮經이니 而詩有之하니 曰 令終有俶하야 公尸嘉告[67]라하니라 蓋致祭受福之義를 盡之於對越無愧之素하고 而行之於精神必通之時하니 誠非具文也라 如其出於宗祝巫史藝以藏之하야 而有事之際에 擧以行焉하고 自謂神明之及交라하면 其謂之幽國이 宜哉인저 至於爵有醆斝하야는 夏商所制也라 禮에 天子奠斝하고 諸侯奠角하며 郊特牲에 言擧斝角하야 詔妥尸라하고 禮器에 宗廟之制에 卑者擧角하야 等級明甚이라 今諸侯之制에 而醆斝以及尸면 安得不謂之僭君이리오 噫라 聖人이 言禮至是면 則亦甚不得已矣라 若是면 則大夫安得不僭諸侯哉아 繁纓小物도 君子惜之[68]어늘 今也에 冕弁을 藏於私家하고 弓矢鈇鉞도 諸侯猶俟命於天子[69]어늘

67) 令終有俶 公尸嘉告 : ≪詩經≫ 〈大雅 旣醉〉에 보이는바, 鄭玄의 箋에 "임금의 시동이 좋은 말로 고함은 嘏辭를 이른다. 제후 중에 공덕이 있는 자가 들어와 천자의 경과 대부가 되므로 '공시'라고 한 것이니, 공은 임금이다.〔公尸以善言告之 謂嘏辭也 諸侯有功德者 入爲天子卿大夫 故云公尸 公 君也〕"라고 하였다.(≪毛詩正義≫)

今也에 兵革을 藏於私家하고 六命賜官은 限制甚嚴이어늘 而大夫具官하야 不由於所賜하고 四命受器[70)]가 自有彝典이어늘 而大夫聲樂皆具하고 祭器不假하니 此所以官事不攝하고 反坫(점)爲禮[71)]하며 八佾(일)舞庭[72)]하고 三分公室하야 竊攘僭逼之事[73)]를 莫之禦歟인저 甚而至於君臣同國하니 此聖人所以傷今思古하야 固有望於隆禮之君也시니라

---

68) 繁纓小物 君子惜之 : 繁纓은 제후의 거마에 채우는 뱃대끈과 가슴걸이이고 君子는 孔子를 가리키는바, 춘추시대 衛나라의 대부 仲叔于奚가 功이 있어 위나라 임금이 그에게 상으로 邑을 주었는데, 그가 읍을 사양하고 제후의 말에 채우는 번영을 요구하자, 위나라에서 그것을 허락하였다. 공자가 그 사실을 듣고 "애석하다. 〈번영을 주는 것이〉 읍을 많이 주는 것만 못하다. 〈신분에 맞지 않는〉 器와 名을 함부로 남에게 주어서는 안 된다.〔惜也 不如多與之邑 唯器與名 不可以假人〕"라고 하였는데, 이를 두고 한 말이다.(≪春秋左氏傳≫ 成公 2년)

69) 弓矢鈇鉞諸侯 猶俟命於天子 : 弓矢와 鈇鉞은 천자가 공이 높은 제후에게 내려주는 아홉 가지 물품인 '九錫'에 포함되는 것인데, 九錫은 이 두 가지와 車馬·衣服·樂則·朱戶·納陛·虎賁·秬鬯(거창)이다.

70) 六命賜官……四命受器 : ≪周禮≫ 〈春官 大宗伯〉에 "1命에 직책을 받고, 2명에 官服을 받고, 3명에 작위를 받고, 4명에 祭器를 받고, 5명에 법칙을 하사받고, 6명에 관직을 하사받고, 7명에 나라를 하사받고, 8명에 제후의 牧을 하사받고, 9명에 제후의 伯을 하사받는다.〔壹命受職 再命受服 三命受位 四命受器 五命賜則 六命賜官 七命賜國 八命作牧 九命作伯〕"라고 보인다.

71) 官事不攝 反坫(점)爲禮 : 齊나라의 재상으로 桓公을 도와 제후들의 패자가 되게 한 管仲의 고사를 두고 한 말로, ≪論語≫ 〈八佾〉에 "孔子가 '관중의 그릇이 작도다.' 하자, 어떤 이가 '관중은 검소했습니까?'라고 물었다. 이에 공자가 '관중은 三歸가 있었고 관청 일을 겸임시키지 않았으니, 어찌 검소하겠는가.' 하였다. 어떤 이가 또 '그렇다면 관중은 예를 안 것입니까?'라고 물었다. 이에 공자가 말하였다. '임금이 문에 병풍을 설치하는 법인데 관중도 문에 병풍을 설치하였고, 두 나라 임금 간에 우호를 다질 때에 反坫을 설치하는데 관중도 반점을 설치했으니, 관중이 예를 알았다고 한다면 어느 누가 예를 모른다고 하랴.'〔子曰 管仲之器小哉 或曰 管仲儉乎 曰 管氏有三歸 官事不攝 焉得儉 然則管仲知禮乎 曰 邦君樹塞門 管氏亦樹塞門 邦君爲兩君之好 有反坫 管氏亦有反坫 管氏而知禮 孰不知禮〕"라고 보인다. 朱子의 註에 따르면 '三歸'는 관중이 지은 사치스러운 樓臺이고, '反坫'은 양국의 임금이 상대국과의 우호를 위해 만날 때 쓰는 술잔을 내려놓는 자리이다.(≪論語集註≫)

72) 八佾(일)舞庭 : ≪論語≫ 〈八佾〉의 "공자께서 〈魯나라 대부인〉 季氏를 두고 평하셨다. '〈천자의〉 八佾舞를 뜰에서 추니, 이 일을 차마 한다면 무엇을 차마 하지 못하겠는가.'〔孔子謂季氏 八佾舞於庭 是可忍也 孰不可忍也〕"라는 구절을 두고 한 말이다.

73) 三分公室 竊攘僭逼之事 : 公室은 王室을 이르는바, 魯나라 대부인 孟孫氏, 叔孫氏, 季孫氏가 노나라 公室의 권력을 차지하여 국정을 농단하고 분수에 넘치는 예를 사용하였던 것을 이른다.(≪論語集註≫ 〈八佾〉)

蔣氏 : 禮는 제사보다 엄한 것이 없다. 그러나 정성과 공경이 마음속에 뿌리 박고 있지 않으면 神을 사귀는 道가 이지러지고, 사용하는 器物에 혹 지켜야 할 分數를 잊으면 윗사람의 예를 분수에 넘치게 쓰는 폐해가 일어나니, 聖人이 매우 두려워하신 것이다.

祝과 嘏의 辭說이 어찌 神明과 주고받는 거짓된 말이겠는가. 성인이 효성과 사랑으로 서로 감동하는 의리를 들어서 禮經에 나타냈으니, 《詩經》에 "마침을 잘함이 시작이 있으니 公尸가 아름다운 嘏辭를 고한다." 하였다. 이는 제사를 지극히 하여 福을 받는 의리를 〈귀신을〉 마주하여 부끄러움이 없는 정성에 지극히 하고 精神이 반드시 통하는 때에 행한 것이니, 진실로 형식적인 문식이 아니다. 만일 宗·祝과 巫·史가 技藝로 삼아 보관해놓은 데서 나오게 하여 제사가 있을 때에 들어 행하고 스스로 신명과 더불어 사귀었다고 생각한다면 이것을 '어두운 나라'라고 하는 것이 당연한 것이다.

술잔에 醆과 斝가 있는 것으로 말하면 夏나라와 商나라가 만든 것이다. 禮에 천자는 斝로 奠을 올리고 제후는 角으로 奠을 올리며 〈郊特牲〉에 "〈천자와 제후가 각각〉 斝와 角을 들어서 시동을 편안히 하도록 명한다." 하였고, 〈禮器〉에 따르면 宗廟의 制度에 낮은 자는 角을 들어 술을 마신다고 하여 등급이 매우 분명하다. 지금 제후국의 禮制에서 〈천자가 사용하는〉 醆과 斝가 〈제후의〉 시동에게 미친다면 어찌 '참람한 임금'이라고 말하지 않을 수 있겠는가.

角

아, 성인이 禮를 말함이 이러한 지경에 이르렀다면 또한 매우 부득이해서인 것이다. 이와 같다면 대부가 어찌 제후의 예를 분수를 뛰어넘어 쓰지 않을 수 있겠는가. 繁纓은 작은 물건인데도 군자가 애석히 여기셨는데 이제 면류관과 皮弁을 私家에 보관하고, 弓矢와 鈇鉞은 제후들이 오히려 천자에게 명령을 기다리는 기물인데 지금은 군대와 병장기를 사가에 보관하고, 6命에 관직을 하사받음은 制限이 매우 엄격한데 대부가 관원을 구비하여 하사받은 것에 말미암지 않고, 4命에 祭器를 받는 것은 본래 떳떳한 法典이 있는데 대부가 음악을 모두 구비하고 제기를 빌리지 않은 것이다. 이 때문에 관청의 일을 대행하지 않고 反坫을 禮로 삼으며 八佾舞로 뜰에서 춤을 추며 公室을 셋으로 나누어서 권력을 훔치고 분수를 뛰어넘어 군주를 협박하는 일을 막을 수가 없었던 것이다. 심하게는 임금과 신하가 나라를 공유하기까지 하였으니, 이는 성인이 지금 시대를 서글퍼하고 옛날을 그리워하여 참으로 禮를 隆盛하게 하는 임금을 바라셨던 이유이다.

090506 **故**로 **仕於公曰臣**이요 **仕於家曰僕**이니 **三年之喪**과 **與新有昏者**는 **期不使**하나니 **以衰**(최)**裳入朝**하며 **與家僕**으로 **雜居齊齒**가 **非禮也**니 **是謂君與臣同國**이니라

그러므로 公館에서 벼슬하는 자를 臣이라 하고 私家에서 벼슬하는 자를 僕이라 하는데, 부모의 삼년상을 치르는 자와 새로 혼인한 자에게는 1년 동안 〈임금이〉 부리지 않는 법이니, 衰裳(喪服)을 입고서 조정에 들어가며 家僕과 뒤섞여 동등한 대열에 있는 것은 禮가 아니다. 이것을 '임금과 신하가 나라를 共有한다.'라고 이른다.

≪集說≫

臣者는 對君之稱이요 僕者는 服役之名이라 仕於大夫者 自稱曰僕이라하니 則益賤矣라 人臣이 有三年之喪이어나 或新昏이면 則一期之內에 君不使之하니 所以體人情也라 就二者而論이면 喪尤重於昏也어늘 今乃不居喪於家하고 而以衰裳入朝면 是視君之朝를 如己之家矣니 是君與其臣으로 共此國也라 就卿大夫而言컨대 僕又其臣也어늘 今卿大夫乃與其家之僕으로 雜居齊列하야 無貴賤之分이면 亦是君與臣이 共此國也니라

臣은 임금과 상대되는 자의 칭호이고, 僕은 服役하는 자의 이름이다. 대부에게 벼슬하는 자는 자칭하기를 僕이라 하니 그렇다면 더욱 賤한 것이다. 신하 중에 3년의 상이 있거나 혹 새로 혼인한 자가 있으면 1년 안에는 임금이 그 신하를 부리지 않으니, 이것은 人情을 體行하기 때문이다.

두 가지를 가지고 논한다면 喪이 혼인보다 더 중한데 지금 도리어 집에서 居喪하

지 않고 衰裳을 입고 조정에 들어갔으면 임금의 조정을 자기 집안과 같이 여긴 것이니, 이는 임금이 신하와 더불어 이 나라를 共有하는 것이다.

卿大夫를 가지고 말해본다면 僕은 또 경대부의 신하인데 지금 경대부가 도리어 자기 집안의 僕과 더불어 뒤섞여 동등한 대열에 있어 貴賤의 구분이 없으면, 이것도 임금과 신하가 이 나라를 공유하는 것이다.

≪大全≫

嚴陵方氏曰 臣者는 對君之稱이라 故仕於公曰臣而諸侯稱君하며 僕者는 對主之稱이라 故仕於家曰僕而大夫稱主하니라

嚴陵方氏 : 臣은 임금과 상대되는 칭호이므로 〈제후의〉 公館에서 벼슬하는 자를 臣이라 하고 제후를 君이라 칭하며, 僕은 主人과 상대되는 칭호이므로 〈대부의〉 私家에서 벼슬하는 자를 僕이라 하고 대부를 主라 칭한다.

○ 延平周氏曰 均仕也로되 一爲僕이면 則其臣不得與之雜居齊齒하니 先王之正名이 其詳至於如此하니라

延平周氏 : 똑같이 벼슬하더라도 한번 僕이 되었으면 〈僕인〉 신하가 주인과 더불어 뒤섞여 동등한 대열에 있을 수가 없으니, 先王이 명칭을 바로잡음이 이렇게까지 상세하셨던 것이다.

○ 臨川吳氏曰 先言臣與僕之不同稱하야 以見(현)臣與僕同居處者之爲非禮하고 先言喪與昏者之不役使하야 以見臣服衰裳入君朝者之爲非禮하니라

臨川吳氏 : 臣과 僕의 칭호가 같지 않음을 먼저 말하여 臣과 僕이 함께 거처하는 것이 禮가 아님을 드러내었고, 喪을 당한 자와 혼인한 자를 使役하지 않음을 먼저 말하여 신하가 衰裳을 입고 임금의 조정에 들어가는 것이 禮가 아님을 드러내었다.

090507 故로 天子有田하야 以處其子孫하고 諸侯有國하야 以處其子孫하고 大夫有采하야 以處其子孫하니 是謂制度니라

그러므로 천자는 田地를 소유하여 자기 자손들을 살게 하고, 제후는 나라를 소유하여 자기 자손들을 살게 하고, 대부는 采邑을 소유하여 자기

자손들을 살게 하니, 이것을 '制度'라 이른다.

≪集說≫

王之子弟有功德者를 封爲諸侯하고 其餘則分以畿內之田하며 諸侯子孫은 命爲卿大夫하고 其有功德者는 亦賜采地하니 所謂官有世功則有官族이니 邑亦如之也[74]라 大夫位卑하니 不當割采地以與子孫이요 但養之采地之祿耳니 此先王之制度也라

王(天子)의 자제 중에 功德이 있는 자를 봉하여 제후로 삼고 그 나머지는 畿內의 田地를 나누어주며, 제후의 자손은 명하여 卿大夫로 삼고 그중에 공덕이 있는 자는 또한 采地를 하사하니, 이른바 "관직을 맡아 대대로 공로가 있으면 그 후손들은 그 官名을 족으로 삼기도 하며, 先祖의 封邑을 족으로 삼기도 한다."는 것이다. 대부는 지위가 낮으니, 채지를 떼어서 자손에게 주어서는 안 되고 다만 채지의 祿俸으로 길러줄 뿐이다. 이것이 先王의 制度이다.

≪大全≫

長樂陳氏曰 制則有所裁요 度則有所限이라 先王이 以人之子孫이 上以承先祖之祀하고 下以綿本支之世하야 莫不思有以處之라 然其處之는 則有所裁之制와 所限之度하니 此固不可無尊卑隆殺(쇄)之別也라 天子를 不曰天下而曰田은 所以明其止於千里하야 以與天下共之也요 諸侯를 不曰田而曰國은 所以明其專於百里하야 而非與天下共之也라

---

74) 官有世功則有官族 邑亦如之也 : ≪春秋左氏傳≫ 隱公 8년 조에 "無駭가 죽자 羽父가 諡와 族을 청하였다. 은공이 衆仲에게 族에 대해 물으니, 중중이 대답하기를 '천자는 덕이 있는 자를 제후로 세우고서 그가 출생한 지명을 그의 姓으로 정해주고, 땅을 봉해주고서 그 땅의 이름으로 氏를 命하며, 제후는 그 字로써 諡를 주고 그 자손은 이 諡를 族으로 삼으며, 관직을 맡아 대대로 공로가 있으면 그 후손들은 그 官名을 족으로 삼기도 하며, 先祖의 封邑을 족으로 삼기도 합니다.'라고 하니, 은공은 字로써 族을 명하여 展氏로 삼았다.〔無駭卒 羽父請諡與族 公問族於衆仲 衆仲對曰 天子建德 因生以賜姓 胙之土而命之氏 諸侯以字爲諡 因以爲族 官有世功 則有官族 邑亦如之 公命以字 爲展氏〕"라고 보인다. 諡는 사후에 그 생전의 행적을 참조하여 주는 號이며, 族은 氏와 같다. 姓은 영원히 바꿀 수 없는 것이고, 氏는 갈려 나온 조상의 字나 혹은 封地의 명칭으로 정하기도 하는바, 우리나라의 本貫과 유사하다. 官名을 氏로 삼은 대표적인 예로는 司馬氏・司空氏・司徒氏・司城氏 등을 들 수 있고, 食邑을 族으로 삼은 대표적인 예로는 晉나라의 韓氏・魏氏・趙氏 등을 들 수 있다.

大夫는 食其所有事者라 故로 其地를 命之曰采라하니 采者는 事也라 凡此는 言其大法而已라 若夫諸侯大夫之子其不肖者는 固不可以世食이나 而大夫之子 苟其賢之過人이면 又不止於食舊而已니라

長樂陳氏 : 制는 制裁하는 바가 있는 것이고, 度는 한정하는 바가 있는 것이다. 先王은 사람의 자손이 위로는 선조의 제사를 받들고 아래로는 本孫과 支孫의 世代를 이어간다고 하여 대처함이 있기를 생각하지 않음이 없었다. 그러나 대처함에는 제재하는 바의 制와 한정하는 바의 度가 있었으니, 이것에는 진실로 尊卑와 隆殺의 구별이 없을 수 없는 것이다.

천자를 '天下'라고 말하지 않고 '田'이라고 말함은 〈천자가 사유할 수 있는 땅이〉 千里에 그쳐서 〈나머지는〉 천하 사람들과 더불어 공유함을 밝힌 것이고, 제후를 '田'이라고 말하지 않고 '國'이라고 말한 것은 〈제후가 사유할 수 있는 땅이〉 百里의 땅을 전적으로 소유하여 〈자기의 封地를〉 천하 사람들과 공유하는 것이 아님을 밝힌 것이다. 대부는 자기가 일삼음이 있는 곳의 祿을 먹는 자이므로 그 땅을 命名하여 '采地'라 하니, 采는 일이라는 뜻이다.

이것들은 그 큰 법을 말한 것일 뿐이다. 제후와 대부의 자식 중에 不肖한 자는 진실로 대대로 祿을 먹을 수가 없으나, 대부의 아들은 만일 훌륭하기가 보통 사람보다 뛰어나면 또 옛것을 먹고 사는 것에서 그칠 뿐이 아니다.

○ 金華應氏曰 處者는 位置而區處之하야 各得其宜니 大者謹其禮而無濫恩하고 小者安其分而無歉志는 以制度不可踰也일새라 制度一定이면 則人欲偏厚其子孫者 固無所容其私心이요 而侵剝枝葉하고 兼幷同姓者도 亦不容薄於所厚矣리라

金華應氏 : 處는 위치에 따라 처해서 각각 마땅함을 얻게 하는 것이니, 큰 지위에 있는 자가 禮를 삼가서 〈禮를〉 지나쳐서 베푸는 은혜가 없고 작은 지위에 있는 자가 자기의 分數에 편안하여 한스럽게 여기는 뜻이 없음은 制度를 넘을 수 없기 때문이다. 제도가 한번 정해지면 사람들 중에 자기 자손에게만 치우쳐 후하게 하고자 하는 자는 진실로 〈그러한〉 私心을 마음대로 부릴 수가 없을 것이고, 枝葉(支孫이나 傍系의 후손 등)을 각박하게 침해하고 同姓의 친족을 倂呑하고자 하는 자도 후하게 할 곳(친족)에 薄하게 할 수가 없을 것이다.

○ 新安王氏曰 幽國・僭君・脅君・亂國・君與臣同國은 皆諸侯卿大夫失禮也니 禮之失은 起於制度之壞라 故로 此明言先王制度大小有等하고 尊卑有辨이라 天子는 地方千里하야 有田以處其子孫하니 諸侯不得僭也요 諸侯는 地方百里하야 有國以處其子孫하니 卿大夫不得僭也요 卿大夫는 各有食邑以處其子孫하니 家臣不得僭也라 制度一定이면 上下截然이니 安得有前五失이리오 諸侯僭差는 起於天子失禮하고 卿大夫僭差는 起於諸侯失禮라 故로 下文에 言之하니라

新安王氏 : 幽國・僭君・脅君・亂國・君與臣同國은 모두 제후와 경대부가 禮를 잃은 것이니, 禮를 잃음은 제도가 파괴된 데에 기인하므로 여기에서 先王의 제도에 크고 작은 것이 등급이 있고 높고 낮은 것이 分辨이 있음을 분명히 말한 것이다.

천자는 땅이 사방 천 리여서 밭을 가지고 자기 자손들을 살아가게 할 수 있으니 제후가 참람한 짓을 할 수 없고, 제후는 땅이 사방 百里여서 나라를 가지고 자기 자손들을 살아가게 할 수 있으니 경대부가 참람한 짓을 할 수 없고, 경대부는 각기 食邑을 가지고 자기 자손들을 살아가게 할 수 있으니 家臣이 참람한 짓을 할 수 없는 것이다.

제도가 한번 정해지면 上下의 禮가 엄격하니, 어찌 앞에서 말한 다섯 가지 잘못이 있을 수 있겠는가. 제후가 분수를 뛰어넘고 분수를 어기는 것은 천자의 失禮에서 기인하고, 경대부가 분수를 뛰어넘고 분수를 어기는 것은 제후의 실례에서 기인하므로 아랫글에서 이것에 대해 말한 것이다.

090508 **故로 天子適諸侯에 必舍其祖廟하나니 而不以禮籍入하면 是謂天子壞法亂紀니라**

그러므로 천자가 제후의 나라에 갔을 때에 반드시 그 제후의 先祖의 사당에서 머무니, 禮籍(예법에 기록된 전적)을 가지고 제후의 나라에 들어가지 않으면 이것을 '천자가 法度를 파괴하고 紀綱을 어지럽힌다.'고 이른다.

≪集說≫

廟尊於朝라 故로 天子舍之나 然必太史執簡記奉諱惡(오)者는 不敢以天子之尊而慢

人之宗廟也니 不如此면 則是는 壞法度亂紀綱矣라

사당이 조정보다 높으므로 천자가 거기에서 머문다. 그러나 반드시 太史가 簡冊에 기록된 것을 가지고 諱惡(廟諱나 忌日)를 받들고 가는 것은 천자가 높다 해서 남의 宗廟를 감히 소홀히 할 수 없기 때문이니, 이와 같이 하지 않으면 이는 법도를 파괴하고 기강을 어지럽히는 것이다.

≪大全≫

長樂劉氏曰 諸侯敬於天子하야 雖其祖先宗廟라도 亦不敢私有하야 乃以舍至尊하니 上下之分이 此亦至矣라 然而天子必以太史所掌之禮籍으로 入處其廟하야 言動之際에 必據乎禮하니 示不敢慢也니라

長樂劉氏 : 제후는 천자를 공경하여 비록 자기 先祖의 宗廟라 하더라도 또한 감히 사사로이 소유하지 못하여 마침내 至尊을 머물게 하니, 上下의 구분이 여기에서 또한 지극하다. 그러나 천자는 반드시 太史가 관장하는 禮籍을 가지고 그 사당에 들어가 거처하여 말하고 행동할 적에 반드시 禮에 의거하니, 감히 소홀히 할 수 없음을 보이는 것이다.

○ 嚴陵方氏曰 舍其祖廟者는 在諸侯則不敢爲之主요 在天子則不忘於所敬故也라 禮籍은 若小行人掌邦國賓客之禮籍[75]之類니 乃法之所以存이요 紀之所以立이어늘 今也에 不以入이라 故로 曰 壞法亂紀라하니라

嚴陵方氏 : 그 선조의 사당에서 머무는 것은 제후의 입장에서는 감히 〈천자를 상대로 자기가〉 주인이 될 수 없기 때문이고, 천자의 입장에서는 공경해야 할 분(제후의 선조)을 잊을 수 없기 때문이다. 禮籍은 "小行人은 여러 나라 빈객들의 예적을 관장한다."는 것과 같은 따위이니, 〈예적은〉 바로 법도가 보존되어 있는 것이고 紀綱이 정립되어 있는 것인데, 지금은 이것을 가지고 들어가지 않으므로 "법도를 파괴하고 기강을 어지럽힌다."고 한 것이다.

---

75) 小行人掌邦國賓客之禮籍 : ≪周禮≫ 〈秋官 司寇 下〉에 "소행인은 여러 나라 빈객들의 禮籍을 관장하여 사방의 사신들을 접대한다.〔小行人掌邦國賓客之禮籍 以待四方之使者〕"라고 보인다.

090509 **諸侯非問疾弔喪**이어늘 **而入諸臣之家**하면 **是謂君臣爲謔**이니라

제후가 問病하거나 弔喪하는 경우가 아닌데 여러 신하의 집안에 들어가면 이것을 '임금과 신하가 戲謔한다.'고 이른다.

≪集說≫

諸侯於其臣에 有問疾弔喪之禮하니 非此而往이면 是는 戲謔也라 敗禮之禍 恒必由之니라

제후가 자기 신하에 대하여 問病하고 弔喪하는 禮가 있으니, 이런 경우가 아닌데 〈신하의 집에〉 간다면 이는 戲謔하러 가는 것이다. 禮를 깨트리는 禍가 항상 반드시 이것을 말미암아 생긴다.

≪大全≫

蔣氏曰 諸侯有一國하니 因問疾弔喪하야 入諸臣之家는 所以憫難恤患하야 見(현)厚下之情이어늘 乃若出入無名하야 率意以行이면 此固驅馳而往之事[76] 所由萌乎인저 君臣無私交하니 聖人嚴之라 故로 曰 是謂君臣爲謔이라하니라

蔣氏 : 제후는 한 나라를 소유하였으니, 問病함과 弔喪함을 인하여 여러 신하의 집안에 들어감은 患難에 처한 것을 불쌍히 여겨 아랫사람을 후하게 하는 情을 드러낸 것이다. 만약 名分 없이 출입하여 제 마음대로 행동한다면 이는 진실로 수레를 몰고 달려가는 일이 싹트게 되는 이유이다. 임금과 신하는 사사로이 사귐이 없으니, 聖人이 여기에 엄격하셨으므로 "이를 임금과 신하가 戲謔한다고 이른다." 하신 것이다.

---

76) 驅馳而往之事 : ≪詩經≫ 〈陳風 株林〉에 대한 毛氏(毛亨)의 序에 "〈株林〉은 靈公을 풍자한 시이니, 夏姬와 간음하여 수레를 몰고 달려가서 朝夕으로 쉬지 않았다.〔株林 刺靈公也 淫乎夏姬 驅馳而往 朝夕不休息焉〕"라고 한 것을 가리킨다.(≪毛詩正義≫) ≪春秋左氏傳≫ 宣公 9년 조에 따르면 夏姬는 鄭 穆公의 딸인데, 陳나라 대부인 夏御叔에게 시집을 갔었다. 陳 靈公이 대부인 孔寧·儀行父와 함께 하희와 간통하자, 대부인 洩冶가 諫言하였으나 듣지 않고 그를 죽였다. 영공은 뒤에 마침내 하희의 아들인 徵舒에게 시해를 당하였다.

090510 **是故**로 **禮者**는 **君之大柄也**니 **所以別嫌明微**하며 **儐鬼神**하며 **考制度**하며 **別仁義**하나니 **所以治政安君也**니라

이 때문에 禮는 임금의 큰 자루이다. 〈禮로써〉 혐의스러운 일을 구별하고 은미한 일을 밝히며 귀신을 대접하고 제도를 살피며 仁과 義를 구별하니, 〈禮는〉 정사를 다스리고 임금을 안정시키는 방법이다.

≪集說≫

國之有禮는 如器之有柄하니 能執此柄이면 則國可治矣라 接賓以禮曰儐이니 接鬼神이 亦然이라 故로 曰儐이라 制度는 如禮樂衣服度量權衡之類니 考而正之하야 不使有異라 仁主於愛하고 義主於斷이니 別而用之하야 必當其宜니라

나라에 禮가 있음은 기물에 자루가 있는 것과 같으니, 이 자루를 잡을 수 있으면 나라를 다스릴 수 있다. 빈객을 접대하기를 禮로써 하는 것을 儐이라 하니, 귀신을 대접하는 것도 그러하므로 儐이라 한 것이다. 制度는 禮樂·衣服·度量·權衡(저울)과 같은 따위이니, 살피고 바로잡아 차이가 생기게 하지 않는 것이다. 仁은 사랑을 위주로 삼고 義는 결단을 위주로 삼으니, 〈禮로써〉 구별하여 사용해서 반드시 그 마땅함에 맞게 해야 한다.

≪大全≫

長樂陳氏曰 禮之有體[77)]하야 可執以治國은 猶器之有柄하야 可執以治事라 故로 曰禮者는 君之大柄也라하니라 惟其爲大柄이면 則能別嫌於難辨하고 明微於未彰하야 幽可以儐鬼神하고 明可以考制度하며 別仁義以至於治政安君也니라

長樂陳氏：禮에 몸체가 있어서 〈禮의 몸체를〉 잡아 나라를 다스림은 기물에 자

---

77) 禮之有體：體는 先王이 만들어놓은 큰 禮制를 비유하는바, 이 내용은 〈禮器〉에 "禮는 〈사람의〉 몸체와 같다. 몸체가 갖추어지지 못하면 군자는 온전하지 못한 사람이라고 이르니, 〈禮를 행하는 자가〉 진설함을 〈先王의 禮制에〉 마땅하지 않게 함은 〈사람에 있어서 몸체가〉 갖추어지지 못한 것과 같다.〔禮也者 猶體也 體不備 君子 謂之不成人 設之不當 猶不備也〕"라고 한 데서 온 말이다.

루가 있어서 〈자루를〉 잡아 일을 할 수 있는 것과 같으므로 "禮는 임금의 큰 자루이다."라고 말한 것이다. 〈禮가〉 큰 자루가 된다면 능히 分辨하기 어려운 것에서 혐의를 구별하고 드러나지 않은 것에서 은미함을 밝혀서 눈에 보이지 않는 것에 있어서는 귀신을 빈객으로 대접할 수 있고 눈에 보이는 것에 있어서는 制度를 상고할 수 있으며 仁과 義를 구별하여 政事를 다스리고 임금을 안정시킴에 이를 수 있는 것이다.

○ 馬氏曰 禮者는 政刑之本也니 治國을 不以禮면 則操持悖謬하야 而失其所要라 故로 曰大柄이라하니 柄은 言其所執之要也라 嫌者는 人之所難別이어늘 而禮有以別之하고 微者는 人之所難明이어늘 而禮有以明之라 鬼神은 在其幽하야 而人不可測度(탁)者也어늘 而禮有以使鬼神之格이라 故로 曰儐이라하니 以禮賓之也라 制는 所以裁요 度는 所以節이니 皆禮有以考之요 仁有殺(쇄)하고 義有等하니 皆禮有以別之라 夫觀其禮는 所以知其政이니 禮之所興은 則政之所治요 禮之所變은 則政之所亂이라 安上治民이 莫善於禮者니 所以治政安君也니라

馬氏 : 禮는 政令과 刑罰의 근본이니, 나라를 다스리기를 禮로써 하지 않으면 잡는 것이 어긋나서 중요한 부분을 잃으므로 '큰 자루'라고 말한 것이다. 자루는 잡는 것의 중요한 부분을 말한다. 혐의스러운 것은 사람이 구별하기가 어려운 것인데 禮로써 분별함이 있고, 은미한 것은 사람이 밝히기 어려운 것인데 禮로써 밝힘이 있는 것이다. 귀신은 눈에 보이지 않는 데 있어서 사람이 측량하고 헤아릴 수 없는 것인데 禮로써 귀신을 이르게 할 수 있으므로 '儐'이라 말했으니, 禮로써 빈객으로 대접하는 것이다. 制는 裁量하는 것이고 度는 調節하는 것이니 모두 禮로써 살필 수 있고, 仁은 줄임이 있고 義는 등급이 있으니 모두 禮로써 구별할 수 있다.

그 禮를 살피는 것은 그 政事를 알 수 있는 방법이니, 禮가 흥하는 것은 정사가 다스려지는 것이고, 禮가 바뀌는 것은 정사가 어지러운 것이다. 윗사람을 안정시키고 백성을 다스리는 것으로는 禮보다 좋은 것이 없으니, 〈禮는〉 정사를 다스리고 임금을 편안하게 하는 방법이다.

090511 故로 政不正이면 則君位危하고 君位危면 則大臣倍하고 小臣竊하며

刑肅而俗敝면 **則法無常**하고 **法無常**이면 **而禮無列**하나니 **禮無列**이면 **則士不事也**요 **刑肅而俗敝**면 **則民弗歸也**니 **是謂疵**(자)**國**이니라

그러므로 政事가 바르지 않으면 임금의 지위가 위태로워지고 임금의 지위가 위태로우면 〈대부 이상의〉 大臣이 배반하고 〈士 이하의〉 小臣이 도둑질하며, 刑罰이 매우 엄하고 風俗이 쇠퇴하면 法이 일정함이 없게 되고 법이 일정함이 없게 되면 禮에 〈上下의〉 등급이 없게 되는 법이다. 禮에 〈상하의〉 등급이 없게 되면 士가 맡은 직분을 일삼지 않고 형벌이 매우 엄하고 풍속이 쇠퇴하면 백성들이 돌아오지 않으니, 이것을 '병든 나라'라고 이른다.

≪集說≫

倍는 違上行私也니 或亦倍而去之之謂라 小臣竊은 所謂盜臣也[78]라 肅은 峻急也라 俗敝는 人無廉恥하야 風俗이 敝敗也라 治國無禮故로 至於刑肅而俗敝하니 爲君者 但恣己用刑하야 遂廢常法이면 法廢而禮無上下之列矣라 宜乎士不修職하고 民心離叛也니 豈非疵病之國乎아

倍는 윗사람의 명을 거스르고 사사로움을 행함이니, 혹 또한 배반하여 떠남을 이르기도 한다. '小臣竊'은 이른바 '도둑질하는 신하'라는 것이다. 肅은 매우 엄한 것이다. 俗敝는 사람들이 廉恥가 없어서 풍속이 쇠퇴해지는 것이다. 나라를 다스림에 禮가 없으므로 형벌이 매우 엄하고 풍속이 쇠퇴해지는 데 이르는 것이니, 임금 된 자가 다만 자기 마음대로 형벌을 사용해서 마침내 일정한 법을 폐하면 법이 폐해져서 禮에 上下의 등급이 없게 된다. 士가 직분을 닦지 않고 民心이 배반하는 것이 마땅하니, 어찌 병든 나라가 아니겠는가.

---

78) 盜臣也 : ≪大學章句≫ 傳10章에 "맹헌자가 말하기를 '馬乘을 기르는 자는 닭과 돼지를 기르는 일에 눈을 돌리지 않고, 얼음을 쓰는 집안은 소와 양을 기르지 않고, 백승의 집안은 취렴하는 신하를 기르지 않으니, 취렴하는 신하를 두려면 차라리 도둑질하는 신하를 두라.' 하였으니, 이것은 '나라는 이익을 이롭게 여기지 않고 義를 이롭게 여긴다.'라는 말이다.〔孟獻子曰 畜馬乘 不察於鷄豚 伐氷之家 不畜牛羊 百乘之家 不畜聚斂之臣 與其有聚斂之臣 寧有盜臣 此謂國不以利爲利 以義爲利也〕"라고 보인다.

≪大全≫

長樂陳氏曰 政不正則君位危는 所謂上無道揆也니 則大臣倍而不法하고 小臣竊而不廉하니 所謂下無法守也[79]라 上無道揆하고 下無法守면 則刑肅而不中하고 俗敝而不美하고 法亂而無常하고 禮紊而無別하니 所謂士者亦不事其事也요 士不事其事면 則民亦不歸之矣라 然重言刑肅而俗敝者는 蓋以亂之所致가 多在刑肅하니 以其刻核太至故也일새라 夫治之爲道는 由內以及外라 故로 禮出而後에 有法하고 法出而後에 有刑이요 及其亂也하야는 由外以及內라 故로 刑肅而後에 法無常하고 法無常而後에 禮無列矣니라

長樂陳氏 : '政不正則君位危'는 이른바 "위에서 道로 헤아림이 없다."는 것이다. 그렇다면 '大臣이 배반하여 不法을 자행하고 小臣이 도둑질하여 청렴하지 못함'은 이른바 "아래에서 법을 지킴이 없다."는 것이다. 위에서 道로 헤아림이 없고 아래에서 법을 지킴이 없으면 형벌이 매우 엄하여 알맞지 못하고 풍속이 쇠퇴하여 아름답지 못하고 법이 혼란하여 일정함이 없고 禮가 문란하여 분별이 없으니, 이른바 "士 또한 자기의 일을 일삼지 않는다."는 것이고, 士가 자기의 일을 일삼지 않으면 백성들 또한 돌아오지 않는다.

그러나 형벌이 매우 엄하고 풍속이 쇠퇴함을 거듭 말한 것은, 亂이 생기는 것이 대부분 형벌이 매우 엄한 데에 달려 있는데 〈형벌이〉 그 가혹하기가 극심하기 때문이다. 다스리는 道는 안에서부터 밖으로 미치기 때문에 禮가 나온 뒤에 법이 있고 법이 나온 뒤에 형벌이 있는 것이다. 혼란하게 되면 밖에서부터 안으로 미치기 때문에 형벌이 매우 엄한 뒤에 법이 일정함이 없고 법이 일정함이 없게 되고 난 뒤에 禮에 등급이 없게 된다.

○ 嚴陵方氏曰 大臣倍는 非所謂大臣法也요 小臣竊은 非所謂小臣廉也라 國有常

79) 上無道揆也……所謂下無法守也 : ≪孟子≫ 〈離婁 上〉에 "위에서 道로 헤아림이 없으며 아래에서 法을 지킴이 없어, 조정에서는 道를 믿지 않으며 관리들은 法度를 믿지 아니하여, 君子(政治家)가 義를 범하고 小人이 法을 범한다면 〈망하니, 그러고도〉 나라가 보존되는 것은 요행이다.〔上無道揆也 下無法守也 朝不信道 工不信度 君子犯義 小人犯刑 國之所存者 幸也〕"라고 보인다.

法하야 制民于刑之中而已니 苟刑肅而至於俗敝면 則法失其常矣라 故言法無常이요 法은 以禮爲體하고 禮는 以法爲用하나니 用旣無常이면 則體亦無列이라 故言禮無列이요 無列者는 失其序之謂也니 是則人不安其職矣라 故言士不事하니 蓋士以事事爲正故也라 刑肅而俗敝하면 民將畏罪而離散矣라 故言則民弗歸也라 俗敝民散이면 又何以致國之肥乎아 故以疵言之하니라

嚴陵方氏 : '大臣이 배반한다'는 것은 〈아래 '092210'에〉 이른바 "大臣이 法을 따른다."는 것이 아니고, '小臣이 도둑질한다'는 것은 〈아래 '092210'에〉 이른바 "小臣이 淸廉하다."는 것이 아니다.

나라에 일정한 법이 있어서 알맞은 형벌로 백성들을 制裁할 뿐이니, 만일 형벌이 매우 엄하여 풍속이 쇠퇴하게 되면 법이 일정함을 잃게 되므로 "법이 일정함이 없다."고 말한 것이다. 법은 禮를 〈법의〉 本體로 삼고 禮는 법을 〈禮의〉 作用으로 삼으니, 〈禮의〉 작용이 이미 일정함이 없으면 〈법의〉 본체 또한 등급이 없게 되므로 "禮에 등급이 없다."고 말한 것이다. '등급이 없다'는 것은 차례를 잃음을 이르는데, 이는 사람들이 자기의 직분을 편안히 여기지 못하는 것이므로 "士가 맡은 직분을 일삼지 않는다."고 말한 것이니, 士는 맡은 일을 일삼는 것을 바름으로 삼기 때문이다.

형벌이 매우 엄하여 풍속이 쇠퇴하면 백성들이 장차 罪를 두려워하여 배반하여 흩어질 것이므로 "그렇다면 백성들이 돌아오지 않는다."고 말한 것이다. 풍속이 쇠퇴하고 백성들이 흩어진다면 또 어떻게 나라를 살지게 하겠는가. 그러므로 "병든다."고 말한 것이다.

090601 **故로 政者는 君之所以藏身也라 是故로 夫政은 必本於天하야 殽[80] 以降命하나니 命降于社之謂殽地요 降于祖廟之謂仁義요 降於山川之謂興作이요 降於五祀[81]之謂制度니 此聖人所以藏身之固也니라**

---

80) 殽 : '效(본받다)'와 같다.

81) 五祀 : 이에 대한 설은 여러 가지가 있는데, 집과 관련된 설은 다음과 같은 것들이 있다. ≪周禮≫ 〈春官 大宗伯〉에 "짐승의 피로 제사 지내는데 社稷·五祀에 제사한다.〔以血祭 祭社稷五祀〕" 한 데 대한 정현의 주에 "〈靑·赤·黃·白·黑〉 오색 帝神을 王者의 궁중에서 제사하는 것을 오사라 한다.〔五色之帝於王者宮中 曰五祀〕" 하였다. 또 일상생활과 관련이 있는 다섯 종류의 神에게 지내는 제사로, 宮中을 맡은 신인 司命, 門戶를 맡은

그러므로 政事라는 것은 임금이 자기 몸을 편안히 하는 것이다. 이 때문에 정사는 반드시 하늘에 근본을 두어 그것을 본받아서 명령을 내리는데, 명령을 社에서 〈后土에〉 제사 지낼 때 내리는 것을 '殽地의 정사'라 이르고, 선조의 사당에서 제사 지낼 때 내리는 것을 '仁義의 정사'라 이르고, 山川에서 제사 지낼 때 내리는 것을 '興作(공사를 일으켜 지음)의 정사'라 이르고, 五祀에서 제사 지낼 때 내리는 것을 '制度의 정사'라 이르니, 이는 聖人이 자기 몸을 편안히 함을 견고히 하는 것이다.

≪集說≫

藏은 猶安也라 君者는 政之所自出故로 政不正則君位危라 書言天工을 人其代之[82)]라하고 典曰天敍라하고 禮曰天秩[83)]이라하니 是人君之政이 必本於天而效法之하야 以布命於下也라 社는 祭后土也니 因祭社而出命은 是效地之政이요 有事於祖廟而出命은 是仁義之政이요 有事於山川而出命은 是興作之政이요 有事於五祀而出命은 是制度之政이라 效地者는 效其高下之勢하야 以定尊卑之位也요 仁義者의 仁은 以思慕言이요 義는 以親疏言이니 思慕之心이 無窮이나 而親疏之殺(쇄)有定이라 又親親은 仁也요 尊尊은 義也니 自仁率親하야 等而上之하야 至于祖면 而尊尊之義隆하고 自義率祖하야 順而下之하야 至于禰면 而親親之仁이 篤也라 興作之事는 非材不成이라 故於山川이요 制度之興은 始於

신인 中霤(중류), 城門을 맡은 신인 國門, 길을 맡은 신인 國行, 죽은 뒤에 후손이 없어서 厲鬼(여귀)가 된 公厲에게 제사 지내는 것을 이르기도 하고, 봄에는 戶, 여름에는 〈부엌의 신인〉 竈(조), 季夏에는 中霤, 가을에는 門, 겨울에는 行에 제사 지내는 것을 이르기도 한다.(≪禮記集說≫〈祭法〉, ≪禮記正義≫〈月令〉)

82) 天工人其代之 : ≪書經≫〈虞書 皐陶謨〉에 "안일과 욕심으로 諸侯를 가르치지 마시어 삼가고 두려워하소서. 하루 이틀 사이에도 기미가 만 가지나 됩니다. 모든 관직을 폐하지 마소서. 하늘의 일을 사람이 대신한 것입니다.〔無敎逸欲有邦 兢兢業業 一日二日 萬幾 無曠庶官 天工 人其代之〕"라고 보인다.

83) 典曰天敍 禮曰天秩 : 天敍는 하늘이 명한 倫理로 君臣·父子·兄弟·夫婦·朋友의 윤리를 이르고, 天秩은 하늘이 명한 등급으로 尊卑와 貴賤에 대한 높고 낮은 등급을 이르는바, 이 내용은 ≪書經≫〈虞書 皐陶謨〉에 "하늘이 명한 윤리에 법이 있으니 우리 다섯 가지 법을 바로잡아 다섯 가지 윤리를 후하게 하시며, 하늘이 명한 등급에 禮가 있으니 우리 다섯 가지 禮를 말미암아 다섯 가지 등급을 일정하게 하소서.〔天敍有典 勅我五典 五惇哉 天秩有禮 自我五禮 五庸哉〕"라고 한 데서 인용한 것이다.

宮室이라 故本五祀하니라 夫安上治民이 莫善於禮하니 聖人庸禮之政이 如此라 故로 身安而國可保也니라

藏은 편안함과 같다. 임금은 政事를 처음 내는 사람이므로 정사가 바르지 않으면 임금의 지위가 위태롭다. ≪書經≫에 "하늘의 일을 사람이 대신한다." 하고, 典을 '天敍'라 하고 禮를 '天秩'이라 하였으니, 이는 임금의 정사가 반드시 하늘에 근본을 두어 그것을 본받아서 아랫사람에게 명령을 펴는 것이다.

社는 后土에 제사 지내는 것이니, 社에 제사 지냄을 인하여 명령을 냄은 땅을 본받는 정사이고, 先祖의 사당에 제사가 있을 때 명령을 냄은 仁義의 정사이고, 山川에 제사가 있을 때 명령을 냄은 興作의 정사이고, 五祀에 제사가 있을 때 명령을 냄은 制度의 정사이다.

땅을 본받는다는 것은 높고 낮은 지형을 본받아서 尊卑의 지위를 정하는 것이다. '仁義'의 '仁'은 '思慕'의 뜻으로 말한 것이고 '義'는 '親疏'의 뜻으로 말한 것이니, 사모하는 마음이 무궁하나 친소에 따라 줄이는 規定이 있는 것이다. 또 親한 사람을 친애함은 仁이고 높은 사람을 높임은 義이니, 仁을 말미암아 친한 사람을 따라 차례로 올라가서 할아버지에 이르면 높은 사람을 높이는 義가 높게 되고, 義를 말미암아 할아버지를 따라 순서대로 내려와서 아버지 사당에 이르면 친한 사람을 친애하는 仁이 두텁게 된다. 興作의 일은 材木이 없으면 이루어지지 못하므로 산천에서 하는 것이고, 制度의 흥함은 宮室에서 시작되므로 五祀에 근본을 두는 것이다.

윗사람을 편안히 하고 백성을 다스리는 방법으로는 禮보다 좋은 것이 없으니, 聖人이 禮를 쓰는 政事가 이와 같기 때문에 몸이 편안하고 나라를 보존할 수 있는 것이다.

≪大全≫

蔣氏曰 聖人이 本天理以出政하고 傚(효)之以降命於天下호되 凡其興建顯設이 咸有定序하야 使萬物森列로 各居其位而不相奪者는 皆非私意爲之也라 是以로 命降于社之謂殽地하니 蓋言因地事地하야 教民美報[84]하야 而地道以顯也요 降于祖廟之謂仁

84) 教民美報 : 〈郊特牲〉에 "社는 〈큰〉 땅의 道를 神明하게 여기는 것이다. 땅은 만물을 싣고 하늘은 象을 드리우며 땅에서 재물을 취하고 하늘에서 법을 취하니, 이 때문에 하늘을 높이고 땅을 가까이하는 것이다. 그러므로 백성에게 〈하늘과 땅에〉 보답하는 예를 아름

義하니 蓋言反本復始하고 尊祖敬宗하야 而人道以立也요 降于山川之謂興作하니 蓋言備物致用하고 率作興事하야 而職業以起也요 降于五祀之謂制度하니 蓋言門行有守하고 外內有職하야 而宮室以居也니 聖人必於此致意焉而後에 爲藏身之固라 蓋人道立於天下는 莫先於天地鬼神各安其位하고 莫先於孝慈報反各有其常하고 又莫先於養生居處各有其序하니 其所以隄防世故하고 維持人心이 在此矣라 此는 二帝三王所以爲天下開物成務[85]之主하야 布政乎天下者 本此道也니라

蔣氏 : 聖人이 天理에 근본을 두어 政事를 내고 〈천리를〉 본받아 천하에 명령을 내리되 무릇 일으켜 드러내어 만드시는 것이 모두 정해진 차례가 있어서 어지러이 나열된 萬物로 하여금 각각 제자리에 거하여 서로 자리를 빼앗지 않게 하는 것은 모두 사사로운 뜻으로 만드신 것이 아니다.

이 때문에 명령을 社에서 내리는 것을 '殽地'라 이르니, 이는 땅을 인하여 땅을 섬겨서 백성들에게 〈신에게〉 보답하는 禮를 아름답게 여기도록 가르쳐서 地道가 드러나게 함을 말한 것이다. 先祖의 사당에서 명령을 내림을 '仁義'라 이르니, 이는 근본을 돌이키고 처음을 회복하며 선조를 높이고 宗統을 공경하여 人道가 확립되도록 함을 말한 것이다. 山川에서 명령을 내림을 '興作'이라 이르니, 이는 물건을 갖추고 쓰임을 지극히 하며 만드는 것에 따라 일을 일으켜서 職業이 흥하게 됨을 말한 것이다. 五祀에서 명령을 내림을 '制度'라 이르니, 이는 문과 길에 職責이 있고 밖과 안에 직책이 있어서 宮室이 자리 잡히게 됨을 말한 것이다. 성인이 반드시 여기에 뜻을 다한 뒤에야 몸을 편안히 함을 견고히 하였다.

人道가 천하에 확립되도록 하는 방법으로는 천지와 귀신이 각각 제자리를 편안히 하는 것보다 앞서는 것이 없고, 〈윗사람에 대한〉 효도와 〈아랫사람에 대한〉 사랑, 〈禮로 보답하는〉 報와 〈마음으로 추모하는〉 反이 각각 일정함이 있는 것보다 앞서는 것이 없고, 또 산 사람을 봉양하는 것과 居處하는 곳이 각각 차례가 있는 것보다 앞서는 것이 없으니, 세상의 변고를 방비하고 인심을 유지하는 방법이 여기에 있다.

답게 여기도록 가르치는 것이다.〔社 所以神地之道也 地載萬物 天垂象 取財於地 取法於天 是以尊天而親地也 故教民美報焉〕"라고 보인다.

85) 開物成務 : 사물의 眞象을 드러내어 人事로 하여금 각각 마땅함을 얻게 한다는 뜻으로, ≪周易≫ 〈繫辭傳 上〉에 "易은 개물성무하고 천하의 일체 도리를 포괄하니, 이와 같은 것일 뿐이다.〔夫易開物成務 冒天下之道 如斯而已者也〕"라고 보인다.

이는 二帝(堯임금과 舜임금)와 三王(禹王·湯王·武王)이 천하 사람들에게 開物成務의 주인이 되어서 천하에 정사를 펼 수 있었던 것이 이 道를 근본으로 삼았기 때문이라는 말이다.

○ 嚴陵方氏曰 於祖廟에 言仁義면 則知本於天者爲陰陽之道하고 降于社者爲剛柔之德也요 於五祀에 言制度면 固知興作之爲事功矣라 道德仁義興作制度는 皆政之所存者어늘 而聖人이 特寓之於天地祖廟山川五祀하야 使萬物莫不聽命焉이라 其序先天而後地者는 上下之序也요 次之以祖廟者는 尊卑之序也요 又次之以山川者는 內外之序也요 又次之以五祀者는 大小之序也니라

嚴陵方氏 : 선조의 사당에서 仁義를 말했으면 하늘에 근본을 두는 것이 陰陽의 道가 되고 社에서 명령을 내리는 것이 剛柔의 德이 됨을 알 수 있으며, 五祀에서 制度를 말했으면 興作이 功業이 됨을 진실로 알 수 있다.

道德·仁義·興作·制度는 모두 政事가 존재하는 것인데 聖人이 특별히 天地와 선조의 사당과 山川과 五祀에 의탁하여 만물로 하여금 명령을 듣지 않음이 없게 한 것이다. 순서상 하늘을 앞에 놓고 땅을 뒤에 놓은 것은 上(天)·下(地)의 차례이고, 선조의 사당을 다음에 놓은 것은 尊(천지)·卑(선조)의 차례이고, 또 산천을 다음에 놓은 것은 內(선조)·外(산천)의 차례이고, 또 오사를 다음에 놓은 것은 大(산천)·小(오사)의 차례이다.

090701 故로 聖人이 參於天地하며 幷於鬼神은 以治政也니 處其所存은 禮之序也요 玩其所樂(락)은 民之治也라 故로 天生時而地生財하며 人其父生而師教之하나니 四者를 君以正用之라 故로 君者는 立於無過之地也니라

그러므로 聖人이 천지의 도를 돕고 귀신의 일에 나란히 늘어섬은 政事를 다스리려 하시는 것이니, 〈성인이 천지와 귀신이〉 있는 곳에 처함은 禮에 질서가 있기 때문이고, 〈천지와 귀신이〉 즐거워하는 것을 살펴봄은 백성을 다스릴 수 있기 때문이다. 그러므로 하늘은 四時를 내고 땅은 財貨를 내며 사람은 아버지가 낳고 스승이 가르치니, 〈四時·財貨·父生·

師教〉 네 가지는 임금이 〈자신을〉 바르게 하여 쓰는 것이다. 그러므로 임금은 허물이 없는 자리에 서야 하는 것이다.

≪集說≫

此는 承上章하야 言政之事니 謂聖人이 所以參贊天地之道하고 儗幷鬼神之事는 凡以治政而已라 故로 處天地鬼神之所存이면 則天高地下하며 萬物散殊[86]를 聖人法之하시니 此禮之所以序也요 玩天地鬼神之所樂이면 則流而不息하고 合同而化[87]를 聖人法之하시니 此民之所以治也라 四時는 本於天하고 百貨는 産於地하고 人生於父而德成於師하니 此四者는 君以正用之라 謂人君이 正身修德하며 順天之時하고 因地之利하야 而財[88]成其道하고 輔相其宜하야 以左右民호되 使之養生喪死에 無憾이라 然後에 設爲庠序學校之教하야 申之以孝弟焉이면 則有以富之教之[89]하야 而治道得矣라 然其要는 在君之自正其身하야 立於無過之地而後에 可니 不能正其身이면 如正人에 何오

이는 위 장을 이어서 政事하는 일을 말하였으니, 내용은 다음과 같다. 聖人이 천지의 道를 돕고 귀신의 일에 나란히 늘어섬은 무릇 政事를 다스리려 하는 것일 뿐이다. 그러므로 〈성인이〉 천지와 귀신이 있는 곳에 처하면 하늘은 높고 땅은 낮으며 만물이 각각 구별이 있음을 성인이 본받으시니, 이는 禮에 질서가 있는 까닭이다. 그리고 천지와 귀신이 즐거워하는 것을 살펴보면 〈천지의 造化가〉 유행하고 그치지 않으며 合同하여 변화하는 것을 성인이 본받으시니, 이는 백성들이 다스려지는 까

86) 天高地下 萬物散殊 : 禮가 유행하게 되는 이치를 말한 것으로, 〈樂記〉에 "하늘이 높고 땅이 낮으며 만물이 각기 구별이 있어서 禮制가 행해진다.〔天高地下 萬物散殊 而禮制行矣〕"라고 보인다.

87) 流而不息 合同而化 : 樂이 일어나게 되는 이치를 말한 것으로, 〈樂記〉에 "〈천지의 造化가〉 유행하고 그치지 않으며 合同하여 변화해서 악이 일어난다.〔流而不息 合同而化 而樂興焉〕"라고 보인다.

88) 財 : '裁'와 같다.

89) 富之教之 : ≪論語≫ 〈子路〉에 "孔子께서 衛나라 땅을 지나가실 때 冉有가 수레를 몰았는데, 공자께서 '백성이 많구나!' 하셨다. 염유가 '백성들이 이미 많으면 또 무엇을 더하여야 합니까?' 하고 묻자, '백성을 부유하게 하여야 한다.' 하셨다. '이미 부유해지면 또 무엇을 더하여야 합니까?' 하고 묻자, '가르쳐야 한다.' 하셨다.〔子適衛 冉有僕 子曰 庶矣哉 冉有曰 既庶矣 又何加焉 曰 富之 曰 既富矣 又何加焉 曰 教之〕" 하였다.

닭이다.

四時는 하늘에 근본을 두고 百貨는 땅에서 생산되고 사람은 아버지에게서 태어나 스승에게서 덕이 이루어지니, 이 네 가지는 임금이 〈자신을〉 바르게 하여 쓰는 것이다. 그 내용은 다음과 같다. 임금은 자기 몸을 바르게 하고 덕을 닦으며 하늘의 때를 순히 따르고 땅의 이로움을 그대로 따라서 〈천지의〉 도를 알맞게 이루고 〈천지의〉 마땅함을 알맞게 돕는다. 그리하여 백성을 다스리되 산 사람을 봉양하고 죽은 이를 葬送함에 유감이 없게 해야 한다. 그렇게 한 뒤에 庠·序·學·校의 교육 기관을 설치해서 효도하고 공경하는 도리를 거듭 배우게 한다면 백성들을 부유하게 하고 가르쳐서 다스리는 도가 이루어지는 것이다. 그러나 요점은 임금이 스스로 자기 몸을 바르게 하여 허물이 없는 자리에 선 뒤에야 될 수 있다는 것이니, 자기 몸을 바르게 하지 못한다면 어떻게 남을 바르게 할 수 있겠는가.

≪大全≫

蔣氏曰 聖人은 道同乎天地라 故其身能與天地而爲三하고 知通乎鬼神이라 故其身足與鬼神而幷立이니라

蔣氏 : 聖人은 道가 천지와 똑같으므로 몸이 천지와 더불어 셋이 될 수 있고, 智慧가 귀신과 통하므로 몸이 귀신과 더불어 병립할 수 있는 것이다.

○ 長樂陳氏曰 夫知天地鬼神之稟이면 則有所存이요 明天地鬼神之用이면 則有所樂이니 處其所存은 乃禮之先後之序요 玩其所樂은 此民之所以治也니라

長樂陳氏 : 천지와 귀신의 바탕을 알면 〈천지와 귀신이〉 있는 바가 있을 것이고, 천지와 귀신의 작용을 밝게 알면 〈천지와 귀신이〉 즐거워하는 바가 있을 것이니, 〈聖人이 천지와 귀신이〉 있는 바에 거처함은 바로 禮에 선후의 질서가 있는 까닭이고, 〈천지와 귀신이〉 즐거워하는 바를 살핌은 백성들이 다스려지는 까닭이다.

○ 馬氏曰 變通은 莫大於四時어늘 而有天以生之하고 聚人은 莫若財어늘 而有地以生之하고 后非民이면 無以辟四方이어늘 而有父以生之하고 人非教면 則無以別於禽獸어늘 而有師以教之하니 四者는 皆出於自然하야 而無俟於君이 可也로되 而曰正用之는 何也오 蓋天雖生於時나 而茂對育物[90]者는 非君이면 不能育也요 地雖生乎財나 而理財正辭者는 非君明其義면 則不能理也[91]요 人生雖自乎父나 而非君則罔克胥

匡以生이요 敎雖自乎師나 而非君則不能安其敎라 正用之者는 順其自然之理하야 而立於無過之地也라 夫有天以生時하고 有地以生財하고 有父以生之하고 有師以敎之면 則富庶敎[92]之具備하야 可以參天地之化育而成位乎其中矣[93]리라

馬氏 : 變通하는 것으로는 四時보다 더 큰 것이 없는데 하늘이 사시를 만들어내고, 사람을 모으는 것으로는 財物만 한 것이 없는데 땅이 재물을 만들어내고, 임금은 백성이 아니면 四方을 다스릴 수 없는데 부모가 백성을 만들어내고, 백성은 가르침을 받지 않으면 禽獸와 구별될 수 없는데 스승이 백성을 가르치니, 네 가지는 모두 자연에서 나와서 임금을 필요로 하지 않을 수 있다. 그러나 '〈자신을〉 바르게 하여 쓴다.'고 말한 것은 어째서인가?

하늘이 비록 때를 낳기는 하나 天時에 합하여 만물을 기르는 것은 임금이 아니면 기를 수 없고, 땅이 비록 재물을 낳기는 하나 재물을 다스리고 말을 바르게 하는 것은 임금이 義를 밝히지 않으면 다스리지 못하고, 사람의 태어남이 비록 부모에게서 비롯되기는 하나 임금이 아니면 서로 바로잡아 살아갈 수가 없고, 가르침이 비록 스승에게서 행해지기는 하나 임금이 아니면 가르침을 편안히 행하지 못한다. '〈자신을〉 바르게 하여 쓴다'는 것은 〈임금 자신이〉 자연의 이치를 순히 따라서 허물이 없

---

90) 茂對育物 : ≪周易≫ 无妄卦 〈象傳〉에 "하늘 아래에 우레가 행하여 물건마다 无妄을 주니, 先王이 보고서 天時에 성하게 합하여 萬物을 기른다.〔天下雷行 物與无妄 先王以 茂對時 育萬物〕"라고 하였다.

91) 地雖生乎財……則不能理也 : ≪周易≫ 〈繫辭傳 下〉의 "천지의 큰 덕을 生이라고 하고 성인의 큰 보배를 位라고 한다. 무엇으로 지위를 지키는가? 사람이다. 무엇으로 사람을 모으는가? 재물이다. 재물을 다스리고 말을 바르게 하며 백성들의 그릇됨을 금하는 것을 義라고 한다.〔天地之大德曰生 聖人之大寶曰位 何以守位 曰仁 何以聚人 曰財 理財正辭禁民爲非曰義〕"라는 구절을 원용한 것이다.

92) 富庶敎 : 각각 백성을 부유하게 하는 것, 백성을 많아지게 하는 것, 백성을 가르치는 것을 이르는바, 자세한 내용은 集說의 '富之敎之'에 대한 각주 참조.

93) 成位乎其中矣 : ≪周易≫ 〈繫辭傳 上〉의 "乾은 쉬움으로써 주장하고 坤은 간략함으로써 능하다. 쉬우면 알기 쉽고 간략하면 따르기 쉬우며, 알기 쉬우면 친함이 있고 따르기 쉬우면 공이 있으며, 친함이 있으면 오래 할 수 있고 공이 있으면 크게 할 수 있으며, 오래 할 수 있으면 현인의 덕이고 크게 할 수 있으면 현인의 업이다. 쉽고 간략함에 천하의 이치가 얻어지니, 천하의 이치가 얻어짐에 〈天地의〉 가운데에 〈사람의〉 자리를 이루는 것이다.〔乾以易知 坤以簡能 易則易知 簡則易從 易知則有親 易從則有功 有親則可久 有功則可大 可久則賢人之德 可大則賢人之業 易簡而天下之理得矣 天下之理得而成位乎其中矣〕"라고 한 데서 온 말이다.

는 자리에 서는 것이다. 하늘이 때를 낳고 땅이 재물을 낳고 부모가 사람을 낳고 스승이 사람을 가르치면 〈백성을〉 부유하게 하고 많아지게 하고 가르치는 도구가 갖추어져 〈聖人이〉 천지의 化育을 도와서 〈천하의 이치를 얻어 천지의〉 가운데에 〈사람의〉 자리를 이룰 것이다.

○ 嚴陵方氏曰 時以氣運故로 天生時하고 財以形成故로 地生財하고 父以傳類故로 人其父生하고 師以傳道故로 師教之하나니 爲之君者 位天地之中하고 居父師之上하야 夫何爲哉리오 以正用之而已니라

嚴陵方氏 : 四時는 氣가 운행하기 때문에 하늘의 氣가 사시를 낳고, 財物은 형체가 이루기 때문에 땅의 형체가 재물을 낳고, 아버지는 인류를 전하기 때문에 사람은 아버지가 낳고, 스승은 道를 전하기 때문에 스승이 〈사람에게 도를〉 가르치는 것이니, 임금 된 자는 하늘과 땅의 중간에 위치하고 아버지와 스승의 위에 있으면서 무슨 일을 하겠는가? 〈자신을〉 바르게 하여 〈四時・財貨・父生・師教를〉 쓸 뿐이다.

090801 故로 君者는 所明(칙)也요 非明(칙)人者也며 君者는 所養也요 非養人者也며 君者는 所事也요 非事人者也라 故로 君이 明(칙)人則有過하고 養人則不足하고 事人則失位라 故로 百姓은 則(칙)君以自治也요 養君以自安也요 事君以自顯也라 故로 禮達而分定이라 故로 人皆愛其死而患其生이니라

그러므로 임금은 본받는 대상이고 남을 본받는 사람이 아니며, 임금은 봉양받는 대상이고 남을 봉양하는 사람이 아니며, 임금은 섬김을 받는 대상이고 남을 섬기는 사람이 아니다. 그러므로 임금이 남을 본받으면 허물이 있고 남을 봉양하면 부족함이 있고 남을 섬기면 지위를 잃게 된다.

그러한 까닭에 백성들이 임금을 본받아 자신을 다스리고 임금을 봉양하여 자신을 편안하게 하고 임금을 섬겨 자신을 현달하게 하기 때문에 禮가 〈아랫사람들에게〉 도달하여 名分이 정해지는 것이다. 그러므로 사람들이 모두 〈義를 지키다가〉 죽는 것을 좋아하고 〈의롭지 못하게〉 사는 것을 근심하는 것이다.

≪集說≫

此는 承上章君立於無過之地而言이라 舊說에 明은 猶尊也[94]라 故讀則君爲明君이어늘 今定此章三明字하야 皆讀爲則字면 則上下文義 坦然相應矣니 不必迂其說也라 君者는 正身修德而爲臣民之所則傚者也요 非則傚人者也며 臣民之所奉養也요 非奉養人者也며 臣民之所服事也요 非服事人者也라 君而則人이면 則是身不足以爲人所取則하야 而反取則於人이니 非立於無過之地者矣요 君而養人이면 則一人之身이 豈能供億兆人之食이리오 必不足矣요 君而事人이면 則降尊以事卑하니 爲失位矣라 惟百姓者는 則君以自治其身하니 所謂文武興則民好善也[95]라 養君以自安은 謂竭力供賦稅면 則有耕食鑿飮[96]之安也요 事君以自顯은 謂竭忠盡職이면 則有錫爵之榮也라 禮敎通達而名分不踰라 故로 人皆慕守義而死하고 恥不義而生也라

이것은 윗장의 '임금이 허물이 없는 자리에 선다.'는 것을 이어서 말한 것이다. 舊說에 "明은 尊(높임)과 같다." 하였으므로 '則君'을 '明君(임금을 높임)'이라 읽었는데 지금 이 장의 세 '明'자를 모두 '則(칙)'자로 읽으면 上下의 글의 뜻이 모두 평탄하게 서로 응하니, 굳이 그 말을 견강부회할 필요가 없다.

임금은 자기 몸을 바르게 하고 덕을 닦아 신하와 백성에게 본보기가 되는 사람이고 남을 본받는 사람이 아니며, 신하와 백성에게 봉양받는 대상이 되고 남을 봉양하는 사람이 아니며, 신하와 백성이 복종하여 섬기는 대상이 되고 남을 복종하여 섬기는 사람이 아니다.

임금으로서 남을 본받으면 이는 자신이 남에게 본받음의 대상이 될 수 없어서 도

---

94) 明猶尊也 : 이 내용은 鄭玄 注에 보인다.(≪禮記正義≫〈禮運〉)

95) 文武興則民好善也 : ≪孟子≫〈告子 上〉에 公都子가 "고자는 '性에는 善도 없고 不善도 없다.' 하였고, 혹자는 '성은 선하게 될 수도 있고 불선하게 될 수도 있으니, 이 때문에 文王과 武王이 일어났을 때는 백성들이 선을 좋아하고, 幽王과 厲王이 일어났을 때는 백성들이 포악함을 좋아한 것이다.' 하였다.〔告子曰 性無善無不善也 或曰 性可以爲善 可以爲不善 是故文武興 則民好善 幽厲興 則民好暴〕"라고 한 데 보인다.

96) 耕食鑿飮 : 堯임금 때에 한 노인이 배불리 먹고 배를 두드리며 흙덩이를 치면서 노래하기를 "해가 뜨면 나가서 농사짓고 해가 지면 들어와 쉬네. 우물을 파서 마시고 밭을 갈아먹으니 임금의 힘이 나와 무슨 상관인가.〔日出而作 日入而息 鑿井而飮 耕田而食 帝力何有於我哉〕"라고 한 〈擊壤歌〉에서 유래한 말이다.(≪藝文類聚≫ 권11)

리어 남을 본받게 되는 것이니 허물이 없는 자리에 서는 자가 아니다. 임금으로서 남을 봉양하게 되면 한 사람의 몸이 어떻게 억조의 백성들에게 먹을 것을 제공할 수 있겠는가. 반드시 부족하게 된다. 임금으로서 남을 섬기면 높은 지위를 낮추어서 낮은 사람을 섬기는 것이니, 이는 지위를 잃음이 된다.

오직 백성들은 임금을 본받아 스스로 자기 몸을 다스리니 이른바 "文王・武王이 일어났을 때에는 백성들이 善을 좋아하였다."는 것이고, 임금을 봉양하여 자신을 편안하게 한다는 것은 힘을 다하여 〈임금을 봉양할〉 賦稅를 바치면 〈백성들은〉 밭을 갈아먹고 우물을 파서 마시는 편안함이 있음을 이르고, 임금을 섬겨 자신을 현달하게 한다는 것은 충성을 다하고 職分을 다하면 官爵을 내려주는 영광이 있음을 이른다.

禮教가 〈아랫사람들에게〉 도달하여 名分이 〈정해진 법도를〉 넘지 않으므로 사람들이 모두 義를 지키다가 죽는 것을 愛慕하고 의롭지 못하게 사는 것을 부끄러워하는 것이다.

○ 石梁王氏曰 此處는 皆非夫子之言[97)]이니라

石梁王氏 : 이 부분은 모두 孔子의 말씀이 아니다.

≪大全≫

長樂陳氏曰 百姓은 則君以自治하야 而善有以遷하고 養君以自安하야 而分有以處하고 事君以自顯하야 而忠有以盡하니 如是면 則禮達於上下之間하고 而分定於尊卑之際라 故로 人於其義之可死엔 則不苟避하고 於其不義之生엔 則不苟存하니 此所謂修禮以達義而不愛其情也[98)]니라

長樂陳氏 : 백성은 임금을 본받아 자신을 다스려서 善으로 옮겨갈 수 있고, 임금을 봉양하여 자신을 편안하게 하여 分數에 맞게 처할 수 있고, 임금을 섬겨 자신을

---

97) 此處皆非夫子之言 : 石梁王氏의 이 말에 대해 權近이 "임금이 지위는 비록 높으나 현자에 대해서는 마땅히 본보기로 삼아 본받고 예우하여 봉양하고 높여서 섬겨야 하는데, 이 절의 말씀은 임금에게 교만하고 독선적이고 諫言을 거부하고 잘못을 꾸며 숨기려는 마음을 열어주는 것이기 때문에 선유가 공자의 말씀이 아니라고 하였다.〔人君雖尊 而於賢者所當則而法之 禮而養之 尊而事之 此節之言 是啓人君矜高自用拒諫飾非之心 故先儒以爲非孔子之言也〕"라는 설명을 보충하였다.(≪禮記補注≫ 〈禮運〉)

98) 修禮以達義而不愛其情也 : 이 내용은 '092302'에 보인다.

현달하게 하여 忠誠을 지극히 할 수 있으니, 이와 같으면 禮가 上下 간에 통하고 분수가 尊卑 간에 정해지게 된다. 그러므로 사람들이 義를 지키다가 죽을 수 있는 경우에는 〈죽음을〉 구차히 피하지 않고, 의롭지 못하게 사는 경우에는 구차히 살지 않으니, 이것은 이른바 "〈先王은〉 능히 禮를 닦아서 義에 도달하고, 〈사람들은〉 사람의 情을 아끼지 않는다."는 것이다.

○ 朱子曰 禮達而分定의 達은 謂達於下니라

朱子 : '禮達而分定'의 '達'은 아랫사람들에게 도달함을 이른다.

○ 蔣氏曰 天下之勢 莫患乎上下無以相別而分守無以相安也라 若夫主勢一定而君德既孚하면 天下之民이 方且遵名守教하야 相從於畏愛則象之中하고 甘心於服役事養之際하야 求其爲自安自適之不暇리니 安有欺背僭陵之事哉아 故로 曰 禮達而分定이면 則人皆愛其死而患其生이라하니라 好生惡(오)死는 人心之所同然이로되 聖人이 有禮以率天下하야 能使所欲有甚於生하고 所惡有甚於死[99)]하니 則其功用이 固不容以小言也니라

蔣氏 : 천하의 형세는 上下가 서로 분별이 없어서 職分을 서로 편안히 할 수 없게 되는 것보다 더 걱정할 형세가 없다. 만약 임금의 형세가 한번 정해져서 임금의 덕이 이미 미더워졌다면 천하의 백성들이 장차 명분을 따르고 가르침을 지켜서 본보기를 경외하고 사랑하는 가운데에서 서로 어울려 지내며, 섬기고 봉양할 임금을 위해 服役하는 것을 마음에 달게 여길 것이다. 그리하여 자신을 편안하게 하고 자적하게 되기를 구하기에 겨를이 없을 것이니, 어찌 남을 속이고 배반하고 분수를 뛰어넘고 남을 능멸하는 일이 있겠는가.

그러므로 "禮가 〈아랫사람들에게〉 도달하고 名分이 정해지면 사람들이 모두 〈義를 지키다가〉 죽는 것을 좋아하고 〈의롭지 못하게〉 사는 것을 근심한다." 한 것이다. 삶을 좋아하고 죽음을 미워하는 것은 사람 마음에 똑같은 것이나, 聖人이 禮로

99) 所欲有甚於生 所惡有甚於死 : 孟子가 義理의 중요성을 강조하면서 "삶은 나도 원하는 것이지만 원하는 바가 삶보다 더한 것이 있으므로 〈삶을〉 구차히 얻으려 하지 않으며, 죽음은 나도 싫어하는 것이지만 싫어하는 바가 죽음보다 더한 것이 있으므로 환난을 구태여 피하지 않는다.〔生亦我所欲 所欲有甚於生者 故不爲苟得也 死亦我所惡 所惡有甚於死者 故患有所不辟也〕"라고 한 데에 보인다.(≪孟子≫ 〈告子 上〉)

써 천하 사람들을 통솔하여 능히 사람들로 하여금 원하는 바가 사는 것보다 심한 것이 있게 하고 싫어하는 바가 죽는 것보다 심함이 있게 하였으니, 그 功用이 진실로 작다고 말할 수 없다.

090901 **故**로 **用人之知**하고 **去其詐**하고 **用人之勇**하고 **去其怒**하며 **用人之仁**하고 **去其貪**이니라

그러므로 남의 智謀는 쓰고 그의 속임수는 버리며, 남의 勇氣는 쓰고 그의 凶暴함은 버리며, 남의 仁은 쓰고 그의 탐욕은 버린다.

≪集說≫

言人君用人에 當取其所長이요 舍其所短이니 蓋中人之才는 有所長이면 必有所短也라 去는 猶棄也라 有知謀者는 易(이)流於欺詐라 故用人之知하고 當棄其詐而不責也요 有剛勇者는 易至於猛暴라 故用人之勇하고 當棄其猛暴之過也니라

'임금이 사람을 쓸 적에 마땅히 그의 장점은 취하고 그의 단점은 버리는 것이니, 일반 사람의 재주는 장점이 있으면 반드시 단점이 있는 것이다. '去'는 버림과 같다. 智謀가 있는 자는 속임수를 쓰는 데로 흘러가기가 쉬우므로 남의 지모는 쓰고 마땅히 그의 속임수는 버리고 꾸짖지 말아야 하며, 강하고 용기 있는 자는 凶暴함에 이르기 쉬우므로 남의 용기는 쓰고 마땅히 그의 흉포한 허물은 버려야 한다.'는 말이다.

○ 朱子曰 仁은 止是愛니 愛而無義以制之면 便(변)事事都愛好物事也라 愛好官爵도 也愛요 愛錢도 也愛니 事事都愛일새 所以貪也라 故用人之仁하고 當棄其貪之失也라

朱子 : 仁은 다만 사랑하기만 하는 것이니, 사랑하되 義로써 制裁함이 없으면 곧 모든 일마다 해당 물건과 일을 사랑하게 된다. 官爵을 사랑함도 사랑함이고 돈을 사랑함도 사랑함이니, 일마다 전부 사랑하기 때문에 탐욕을 부리게 된다. 그러므로 남의 仁은 쓰고 마땅히 그의 탐욕을 부리는 잘못은 버려야 한다.

≪大全≫

朱子曰 人之性이 易(이)得偏하니 人旣仁이면 如何貪이리오 蓋仁善底人은 便(변)有好

便宜底意思요 今之廉介는 便多是那剛硬底人이니라

朱子 : 사람의 성질은 편벽되기가 쉬우니, 사람이 이미 어질다면 어찌 탐욕을 부리겠는가. 어질고 착한 사람은 곧 便宜를 좋아하는 마음이 있고 오늘날 청렴하고 介潔한 사람은 곧 强硬한 사람이 많다.

○ 延平周氏曰 孔子言道之序엔 則仁先之하고 知次之하고 勇又次之[100)]하며 言爲道엔 則知先之하고 仁次之하고 勇又次之[101)]어시늘 今以勇間於知與仁者는 蓋知仁은 以勇爲主故로 間之니라

延平周氏 : 孔子께서 道의 차례를 말씀하실 적에는 仁이 먼저이고 智가 다음이고 勇이 또 다음이었으며, 道를 닦음을 말씀하실 적에는 智가 먼저이고 仁이 다음이고 勇이 또 다음이셨는데, 지금 勇을 智와 仁의 사이에 놓은 것은 智와 仁은 勇을 위주로 삼기 때문에 그 사이에 놓은 것이다.

091001 故로 國有患이어든 君이 死社稷을 謂之義요 大夫死宗廟를 謂之變이라하나니라

그러므로 나라에 患亂이 있으면 임금이 社稷을 위해 죽는 것을 '義'라 이르고, 대부가 宗廟를 위해 죽는 것을 '變'이라 이른다.

---

100) 孔子言道之序……勇又次之 : ≪論語≫ 〈憲問〉에 공자가 "군자의 도가 세 가지인데, 나는 능한 것이 없다. 仁한 자는 근심하지 않고, 지혜로운 자는 의혹하지 않고, 용기 있는 자는 두려워하지 않는다.〔君子道者三 我無能焉 仁者 不憂 知者 不惑 勇者 不懼〕"라고 한 말을 가리키는데, ≪論語集註≫ 章下註에 尹氏(尹焞)가 이것에 대해 "德을 이룸은 仁을 우선으로 삼고, 배움을 진전함은 智를 우선으로 삼는다. 그러므로 夫子의 말씀이 〈〈子罕〉과 이 편에서 말씀한〉 순서가 같지 않음은 이 때문이다.〔成德 以仁爲先 進學 以知爲先 故夫子之言 其序有不同者 以此〕" 하였다. 참고로 明道 程顥는 이를 두고 "덕의 차례이다.〔德之序也〕" 하였다.(≪二程遺書≫ 〈明道先生語 1〉)

101) 言爲道……勇又次之 : ≪論語集註≫ 〈子罕〉에 孔子가 "지혜로운 자는 의혹하지 않으며, 仁한 자는 근심하지 않으며, 용기 있는 자는 두려워하지 않는다.〔知者不惑 仁者不憂 勇者不懼〕"라고 한 것을 가리키는데, 이에 대해 朱子의 주에 "지혜의 밝음이 사리를 밝게 알기 때문에 의혹하지 않는 것이고, 천리가 사욕을 이길 수 있기 때문에 근심하지 않는 것이며, 기가 道義에 짝하기 때문에 두려워하지 않는 것이다. 이는 배움의 순서이다.〔明足以燭理 故不惑 理足以勝私 故不憂 氣足以配道義 故不懼 此學之序也〕"라고 하였는바, 주자가 '學(배움)'이라고 한 것을 延平周氏는 '爲道(도를 닦음)'라고 한 것이다.

≪集說≫

大夫死宗廟는 言衛君之宗廟而致死也라 然己之宗廟 亦在本國하니 不棄君之宗廟는 卽是不棄己之宗廟也라 舊說에 變은 讀爲辨하니 辨은 猶正也[102]라 一說에 其死有分辨이니 非可以無死而死也[103]라

'大夫死宗廟'는 임금의 종묘를 호위하다가 목숨을 바침을 말한다. 그러나 자기의 종묘도 本國에 있으니, 임금의 종묘를 버리지 않음은 곧 자기의 종묘를 버리지 않는 것이다. 舊說에 "變은 辨으로 읽으니, 辨은 바름과 같다." 하였다. 일설에 "죽음에는 分辨이 있으니, 죽지 말아야 할 때 죽는 것은 아니다." 하였다.

091101 故로 聖人耐(능)[104]以天下爲一家하고 以中國爲一人者는 非意之也요 必知其情하야 辟(벽)於其義하며 明於其利하며 達於其患하시나니 然後能爲之니라 何謂人情고 喜怒哀懼愛惡(오)欲이니 七者는 弗學而能이니라 何謂人義오 父慈子孝하며 兄良弟弟하며 夫義婦聽하며 長惠幼順하며 君仁臣忠이니 十者를 謂之人義요 講信修睦을 謂之人利요 爭奪相殺을 謂之人患이라 故로 聖人之所以治人七情하고 修十義하며 講信修睦하고 尙慈讓去爭奪은 舍禮면 何以治之리오

그러므로 聖人이 천하를 한 집안처럼 되게 하고 나라 사람들을 한 사람처럼 되게 하는 것은, 뜻으로 짐작해서가 아니고 반드시 〈사람의〉 情을 알아서 〈사람의〉 의리를 일깨워주며 〈사람의〉 이익을 밝혀주며 〈사람의〉 患亂을 통달해서이니, 그런 뒤에야 능히 이렇게 할 수 있는 것이다.

---

102) 變讀爲辨 辨猶正也 : 鄭玄 注에 보인다.

103) 非可以無死而死也 : 참된 죽음을 분변하지 못하여 蠻勇을 부리다 죽는 것이 아니라는 말로, ≪孟子≫ 〈離婁 下〉에 "얼핏 보면 죽을 만하고 자세히 보면 죽지 말아야 할 경우에 죽으면 용기를 손상한다.〔可以死 可以無死 死 傷勇〕" 한 데서 온 말이다.

104) 耐(능) : '能'의 古字이다.

무엇을 사람의 情이라 이르는가? 기쁨·노여움·슬픔·두려움·사랑·미움·욕심이니, 이 일곱 가지는 배우지 않아도 능한 것이다. 무엇을 사람의 의리라고 이르는가? 아버지는 사랑하고 아들은 효도하며 형은 선량하고 아우는 공경하며 남편은 의롭고 부인은 〈남편의〉 말을 따르며 어른은 은혜롭고 어린이는 〈어른에게〉 순종하며 임금은 仁하고 신하는 〈임금에게〉 충성하는 것이니, 이 열 가지를 사람의 의리라 이른다. 그리고 신의를 講究하고 화목을 닦는 것을 사람의 이익이라 이르고, 쟁탈하여 서로 죽임을 사람의 환란이라 이른다.

그러므로 성인이 사람의 七情을 다스리고 十義를 닦으며 신의를 강구하고 화목을 닦고 仁慈와 謙讓을 숭상하고 爭奪을 버리는 것은, 禮를 버린다면 어떻게 다스릴 수 있겠는가.

≪集說≫

非意之는 謂非以私意臆度(탁)而爲之也라 必是知其有此七情也라 故開辟其十義之途而使之由之하고 明達其利與患之所在而使之知所趨하고 知所避니 然後에 能使之爲一家하고 爲一人也라 七情은 弗學而能이라 有禮以治之면 則人義人利 由此而生이요 禮廢면 則人患이 由此而起니라

'非意之'는 개인의 생각으로 억측하여 행하는 것이 아님을 이른다. 〈聖人이〉 반드시 이 七情이 있음을 알기 때문에 十義의 길을 일깨워주어 이것을 따르게 하고, 이로움과 환란의 소재를 분명히 통달해서 나아갈 바를 알고 피할 바를 알게 하니, 그런 뒤에야 〈천하를〉 한 집처럼 되게 할 수 있고 〈나라 사람들을〉 한 사람처럼 되게 할 수 있는 것이다. 칠정은 배우지 않아도 능하다. 禮로써 〈칠정을〉 다스리면 사람의 의리와 사람의 이익이 이로 말미암아 발생하고, 禮가 폐해지면 사람의 환란이 이로 말미암아 일어난다.

○ 問愛與欲이 何別이니잇가 朱子曰 愛是汎愛那物이요 欲則有意於必得하면 便(변)要挐將來니라

〈혹자가〉 물었다. "愛와 欲이 어떻게 구별됩니까?" 朱子가 대답하였다. "'愛'는 사

람들을 널리 사랑하는 것이고, '欲'은 기필코 얻으려는 마음이 있으면 곧바로 붙잡고자 하는 것이다."

≪大全≫

延平周氏曰 天下非一家로되 而能以爲一家하고 中國非一人이로되 而能以爲一人者는 必先知人情하야 而無喜其所怒하고 無欲其所惡(오)니 然後에 開於人義하야 使之知父子君臣之大倫하고 明於人利하야 使之講信修睦하고 達於人患하야 使之無爭奪以相賊이라 如此면 則天下所以爲一家요 中國所以爲一人也니라

延平周氏 : 천하는 한 집이 아닌데 한 집처럼 되게 할 수 있고 나라 사람들은 한 사람이 아닌데 한 사람처럼 되게 할 수 있는 분은 반드시 먼저 사람의 情을 알아서 〈사람의〉 노여워하는 바를 좋아하지 않고 〈사람의〉 미워하는 바를 하고자 하지 않는다. 이렇게 한 뒤에야 사람의 의리를 일깨워주어 父子와 君臣의 큰 倫理를 알게 하고, 사람의 이익을 밝게 알아서 신의를 강구하고 화목을 닦게 하고 사람의 환란을 통달해서 쟁탈하여 서로 해침이 없게 할 수 있다. 이와 같이 하면 천하가 한 집안처럼 될 수 있고, 나라 사람들이 한 사람처럼 될 수 있는 것이다.

○ 蔣氏曰 天下大本은 在於人情離合이요 而衆寡遠近不與焉이라 情之所合이면 則措天下之異而歸之同하고 情之所離면 則天下之勢不可得而强一矣라 今夫天下一家와 中國一人이 此豈臆度料想하야 姑爲是言哉아 古之聖人이 總攝人心하고 維持世故하야 所以起天下聯絡親比之義하야 而革其乖戾違背之習者는 蓋亦灼見是理而爲之라 惟知天下之情이라 是以開闢天下之大義하고 興利銷患하야 而人心一也요 惟不知天下之情이라 是以失天下之義하고 背利縱欲하야 而人心離也니라 又曰 此義旣形하고 此情遂定이면 於是에 講信修睦하야 而人利興이요 此義不立하고 此情日亂이면 於是에 爭奪相殺하야 而人患起라 然人豈本有是患哉아 情은 我所固有也요 義도 我所固有也니 惟其本義以制情이라 是以로 因義以成利요 惟其舍義而言利라 是以로 因利而生患이라 君子論人道之大하야 揭此情此義於利害之間하야 區別而備言之하고 復(부)究制情立義興利去患之說하야 欲納天下於相安相養之域이면 則自禮外에 無餘說也니라

蔣氏 : 천하의 큰 근본은 人情의 흩어짐과 모임에 있고 〈사람 수의〉 많고 적음과

〈거리의〉 멀고 가까움은 여기에 포함되지 않는다. 情이 모이면 천하 사람들의 차이를 조처하여 똑같게 할 수 있고, 情이 흩어지면 천하 사람들의 형세를 억지로 똑같게 할 수가 없는 것이다. 지금 〈聖人이〉 천하를 한 집안처럼 되게 한다는 것과 나라 사람들을 한 사람처럼 되게 한다는 것이 어찌 마음으로 억측하고 상상해서 우선 이렇게 말씀한 것이겠는가.

옛날의 성인이 사람의 마음을 총괄하고 세상의 일들을 유지하여 천하를 연결하고 친하게 하는 의리를 일으켜서 도리에 어긋나고 위배되는 습속을 개혁하신 것은 또한 이 이치를 분명히 알고 행하신 것이다. 오직 천하 사람들의 情을 알기 때문에 천하의 큰 의리를 일깨워주고 이익을 일으키고 환란을 제거하여 사람의 마음을 하나가 되게 하는 것이고, 천하의 情을 알지 못하기 때문에 천하의 의리를 잃고 이익을 버리고 욕심을 마음대로 부려서 사람의 마음을 떠나게 하는 것이다.

또(蔣氏) : 이 〈열 가지〉 의리가 이미 구성되고 이 〈일곱 가지〉 情이 마침내 안정되면 이에 신의를 강구하고 화목을 닦아서 사람의 이익이 일어나게 되고, 이 의리가 성립되지 못하고 이 情이 날로 혼란해지면 이에 서로 쟁탈하고 살인하여 사람의 환란이 발생하는 것이다. 그러나 사람이 어찌 본래 이러한 환란이 있겠는가. 情은 내가 본래 가지고 있는 것이고 의리도 내가 본래 가지고 있는 것이니, 오직 의리를 근본으로 삼아 情을 制裁하기 때문에 의리를 인하여 이익을 이루고, 오직 의리를 버리고 이익을 말하기 때문에 이익을 인하여 환란이 발생하는 것이다.

군자가 사람의 큰 道를 논하여 이 情과 이 의리를 이익과 불이익의 사이에 게시해서 구별하여 자세히 말하고, 다시 情을 제재하고 의리를 세우며 이익을 일으키고 환란을 제거하는 말을 강구해서 천하 사람들을 서로 편안하고 서로 길러주는 지경에 들이고자 한다면, 본래 禮 이외에는 따로 설명할 말이 없다.

○ 長樂陳氏曰 喜愛欲者는 陽之情이요 怒哀懼惡者는 陰之情이니 凡此皆出於天然이라 故로 言弗學而能也며 父慈子孝와 兄良弟弟와 夫義婦聽者는 閨門之義요 長惠幼順者는 鄕黨之義요 君仁臣忠者는 朝廷之義니 凡此皆出於人爲라 信則無所欺罔이요 睦則有所顧省이니 此皆足以和義라 故謂之人利요 爭而後奪하고 奪而後相殺하니 此皆足以召禍라 故謂之人患也니라

長樂陳氏 : 기쁨・사랑・욕심은 陽의 情이고, 노여움・슬픔・두려움・미움은 陰

의 情이니, 이는 모두 天然에서 나온 것이기 때문에 배우지 않아도 능하다고 말하였다. 그리고 아버지는 사랑하고 자식은 효도하며 형은 어질고 아우는 공경하며 남편은 의롭고 부인은 순종하는 것은 閨門의 의리이고, 어른은 은혜롭고 어린이는 순종하는 것은 鄕黨의 의리이고, 임금은 仁하고 신하는 충성함은 朝廷의 의리이니, 이는 모두 人爲에서 나오는 것이다.

신의는 欺罔하는 바가 없는 것이고 화목은 돌아보고 살피는 바가 있는 것이니, 이는 모두 의리를 조화롭게 할 수 있는 것이므로 사람의 이익이라 이른 것이다. 그리고 다툼이 있은 뒤에 빼앗고 빼앗음이 있은 뒤에 서로 죽이니, 이는 모두 禍를 불러올 수 있는 것이기 때문에 사람의 환란이라고 이른 것이다.

091201 **飮食男女**에 **人之大欲**이 **存焉**하고 **死亡貧苦**에 **人之大惡**(오)가 **存焉**이라 **故**로 **欲惡**(오)**者**는 **心之大端也**니라

음식(食欲)과 남녀(色欲)에 사람의 큰 욕심이 있고 사망과 가난과 苦生에 사람의 큰 미움이 있으므로 욕심과 미움은 마음의 큰 端緖이다.

≪集說≫

人心이 雖有七情이나 總而言之면 止是欲惡(오)二者라 故曰大端이라하니라

사람의 마음이 비록 칠정이 있으나 총괄하여 말하면 다만 욕심과 미움 두 가지이므로 큰 단서라고 말한 것이다.

091301 **人藏其心**이라 **不可測度**(탁)**也**며 **美惡**이 **皆在其心**이라 **不見**(현)**其色也**니 **欲一以窮之**인댄 **舍禮**면 **何以哉**리오

사람들이 자기의 마음을 감추기 때문에 〈마음을〉 추측할 수 없으며, 善과 惡이 모두 마음속에 있기 때문에 〈선과 악이〉 얼굴색에 드러나지 않는다. 그러니 일일이 이것을 궁구하고자 한다면, 禮를 버리면 어떻게 하겠는가.

≪集說≫

欲惡(오)之心이 藏於內하니 他人이 豈能測度之며 所欲之善惡과 所惡(오)之善惡을 豈可於顔色覘之리오 若要一一窮究而察識컨대 非求之於禮면 不可하니 蓋七情中節하고 十義純熟이면 則擧動이 自然合禮요 若七情이 乖僻하야 人倫有虧면 則言動之間에 皆失常度矣라 有諸中은 必形諸外也로되 若不知禮면 則無以察其情義之得失於動作威儀之間矣니라

욕심과 미움이 내면에 감추어져 있으니 다른 사람이 어찌 추측할 수 있으며, 욕심의 善惡과 미움의 선악을 어찌 안색에서 엿볼 수 있겠는가. 만약 일일이 궁구하여 살펴 알고자 한다면 禮에서 구하지 않으면 불가능하니, 七情이 節度에 맞고 十義에 능숙해지면 거동이 자연히 禮에 부합할 것이고, 만약 칠정이 常道에 어긋나 人倫에 결함이 있으면 말이나 움직임이 모두 떳떳한 법도를 잃게 된다. 마음속에 있는 것은 반드시 밖에 드러나는데, 만약 禮를 알지 못하면 칠정과 십의의 得失을 동작과 威儀의 사이에서 살필 수 없을 것이다.

≪大全≫

馬氏曰 莫非欲也나 而欲之甚曰大欲이요 莫非惡(오)也나 而惡之甚曰大惡라 喜怒哀懼愛惡欲은 皆所謂情이로되 而情之所本이 尤在於欲惡라 故曰 心之大端也라하니라 心者는 色之蘊이니 由色以觀이면 心可測度(탁)이요 雖作於其心이나 而不見(현)於色이면 則人之深情厚貌를 有時而不知也라 故로 色厲而內荏(임)[105]과 色取仁而行違[106]者

105) 色厲而內荏(임) : ≪論語≫ 〈陽貨〉에 "외표는 위엄이 있으면서 내심은 유약한 것을 소인에게 비유하면 벽을 뚫고 담을 넘는 도둑과 같을 것이다.〔色厲而內荏 譬諸小人 其猶穿窬之盜也與〕"라고 보인다.

106) 色取仁而行違 : ≪論語≫ 〈顔淵〉에 "자장이 물었다. '선비가 어떠해야 達이라고 이를 수 있습니까?' 공자가 말하였다. '……達이란, 질박하고 정직하고 의리를 좋아하며, 남의 말을 살피고 외표를 관찰하여 생각해서 몸을 낮추는 것이니, 나라에 있어도 반드시 달하고 집안에 있어도 반드시 달한다. 聞이란, 외표는 仁한 표정을 하고 있으나 행실은 〈仁을〉 거스르며 여기에 머물면서 의심하지 않는 것이니, 나라에 있어도 반드시 소문이 나며 집안에 있어도 반드시 소문이 난다.'〔子張問 士何如 斯可謂之達矣 子曰……夫達也者 質直而好義 察言而觀色 慮以下人 在邦必達 在家必達 夫聞也者 色取仁而行違 居之不疑 在邦必聞 在家必聞〕"라는 내용이 보인다.

有矣니라 有禮以節之면 則美惡不能藏於心也라 故로 曰 欲一以窮之인댄 舍禮면 何以哉리오하니라

馬氏 : 〈무언가를 좋아하는 감정들이〉 욕심 아님이 없으나 욕심의 심한 것을 큰 욕심이라 하고, 〈무언가를 싫어하는 감정들이〉 미움 아님이 없으나 미움의 심한 것을 큰 미움이라 하였다. 기쁨・노여움・슬픔・두려움・사랑・미움・욕심은 모두 이른바 '情'인데 情의 뿌리가 더욱이 욕심과 미움에 있으므로 '마음의 큰 단서'라 한 것이다.

마음은 〈용모나 태도 등의〉 外表에 쌓여 있으니, 외표를 통해 관찰하면 마음을 측량하고 헤아릴 수 있고 비록 〈情이〉 마음속에서 동하더라도 외표에 드러나지 않으면 사람의 깊이 감추어진 情과 두껍게 꾸민 용모를 알 수 없을 때가 있다. 그러므로 외표는 엄숙하나 내심은 유약한 자와 외표는 仁한 표정을 하고 있으나 행실은 〈仁을〉 거스르는 자가 있는 것이다. 禮로써 절제한다면 善과 惡을 마음에 감추지 못하므로 "일일이 궁구하고자 한다면 禮를 버리면 어떻게 하겠는가." 한 것이다.

○ 嚴陵方氏曰 欲惡는 心之大端이라 雖各有端이나 以藏其心일새 不可測度也라 欲其所可欲하고 惡其所可惡면 則爲美요 非所欲而欲하고 非所惡而惡면 則爲惡이라 然皆由心生者는 一也라 故로 曰 皆在其心하야 不見其色이라하니라 上言不可測度(탁)은 以不見其色故也라 禮器曰 欲察物而不由禮면 弗之得矣라하니 正謂是也니라

嚴陵方氏 : 욕심과 미움은 모두 마음의 큰 단서이다. 비록 각각 단서가 있으나 〈사람이〉 마음을 감추기 때문에 추측할 수가 없다. 욕심낼 만한 것을 욕심내고 미워할 만한 것을 미워하면 善이 되고, 욕심낼 것이 아닌데 욕심내고 미워할 것이 아닌데 미워하면 惡이 되지만, 모두 마음을 말미암아 생기는 것은 똑같으므로 "〈善惡이〉 모두 마음속에 있어서 외표에 드러나지 않는다." 한 것이다. 위에서 "추측할 수 없다."고 말함은 외표에 드러나지 않았기 때문이다. 〈禮器〉에 "물건을 살피고자 하면서 禮를 따르지 않으면 〈是非의 실제를〉 살피지 못한다." 하였으니, 바로 이것을 이른다.

091401 故로 人者는 其天地之德이요 陰陽之交요 鬼神之會요 五行之秀氣也[107)]니라

그러므로 사람이라는 것은 天地의 덕이고 陰陽의 사귐이고 鬼神의 모임이고 五行의 빼어난 氣이다.

≪集說≫

天地鬼神五行은 皆陰陽也라 德은 指實理而言이요 交는 指變合而言이요 會者는 妙合而凝也라 形生神發이 皆其秀而最靈者故로 曰 五行之秀氣也라하니라

천지·귀신·오행은 모두 陰과 陽이다. 덕은 진실한 도리를 가리켜 말한 것이고, 交는 〈陰과 陽이〉 변화하고 회합함을 가리켜 말한 것이고, 會는 묘하게 합하여 응집된 것이다. 〈사람은〉 형체가 생기고 정신이 발하는 것이 모두 빼어나서 가장 神靈하므로 "五行의 빼어난 氣이다."라고 말한 것이다.

○ 石梁王氏曰 此語 最粹라

石梁王氏 : 이 말이 가장 순수하다.

≪大全≫

張子曰 天地之德은 謂人之德性이니 如天地之性에 人爲貴[108)]가 是也라 稟五行之氣以生하야 最靈於萬物하니 是其秀也라 神之言은 伸也요 鬼之言은 歸也니 凡生하면 卽伸也요 要終하면 卽歸也라 神之盛이 極於氣하고 鬼之盛이 極於魄하야 一體兼此終始하니 此鬼神之會也라 陰陽之交와 鬼神之會와 五行之氣는 物生皆然이로되 而人爲備焉이니라

張子 : 천지의 덕은 사람의 德性을 말하니, 예컨대 천지의 性에 사람이 귀함이 된다는 것이 이것이다. 五行의 氣를 받고 태어나서 만물 중에 가장 신령하니, 이것이 빼어난 것이다. 神은 편다〔伸〕는 말이고, 鬼는 돌아간다〔歸〕는 말이니, 무릇 〈사람이〉 태어나면 바로 펴지고 끝을 이루면 바로 돌아가는 것이다. 神의 성함이 氣에 지

107) 五行之秀氣也 : 孔穎達 疏에 "사람이 오행의 매우 빼어나고 남다른 기운에 감응하여서 仁·義·禮·智·信을 소유하였음을 말한 것이다.〔言人感五行秀異之氣 故有仁義禮知信〕" 하였다.(≪禮記正義≫)

108) 天地之性 人爲貴 : 〈三年問〉에 "새와 짐승은 同類를 사랑할 줄은 알지만 사람처럼 그 종류를 채우지는 못하니, 이 때문에 천지의 性(이치)에 사람이 가장 귀함이 되는 것이다.〔鳥獸知愛其類 而不如人之能充其類 此所以天地之性 人爲貴也〕"라고 보인다.

극하고 鬼의 성함이 魄에 지극하여 一體가 이 끝과 시작을 겸하니, 이는 鬼와 神의 모임이다. 陰과 陽의 사귐과 鬼와 神의 모임과 오행의 氣는 물건이 생성될 때 모두 이와 같으나 사람이 가장 잘 갖춘 물건이다.

○ 北溪陳氏曰 人受陰陽二氣而生하야 此身莫非陰陽이라 如氣陽血陰이요 脈陽體陰이요 頭陽足陰이요 上體爲陽이며 下體爲陰이요 至於口之語默과 目之寤寐와 鼻息之呼吸하야도 皆有陰陽分屬하니 不特人如此요 凡萬物皆然하야 無一物不具鬼神이니라 又曰 鬼神은 只是陰陽二氣之屈伸往來라 自二氣言之하면 神是陽之靈이요 鬼是陰之靈이니 靈云者는 只是自然屈伸往來하야 恁地活耳라 自一氣言之하면 則氣之方伸而來者는 屬陽爲神하고 氣之已屈而往者는 屬陰爲鬼하니 其實은 二氣亦只一氣耳니라

北溪陳氏 : 사람은 陰과 陽의 두 氣를 받고 태어나서 이 몸이 음과 양이 아닌 것이 없다. 예컨대 氣는 양이고 血은 음이며 脈은 양이고 體는 음이며 머리는 양이고 발은 음이며 상체는 양이고 하체는 음이다. 그리고 입의 말하고 침묵함과 눈의 감고 뜨는 것과 코로 들이쉬고 내쉬는 호흡에 이르러도 모두 음과 양에 분속됨이 있으니, 이는 단지 사람만 이와 같은 것이 아니고 만물이 모두 그러하여 한 가지 물건도 鬼와 神을 갖추지 않은 것이 없다.

또(北溪陳氏) : 鬼와 神은 다만 음과 양의 두 氣가 굽히고 펴고 가고 오는 것이다. 〈음과 양〉 두 氣의 입장에서 말하면 神은 바로 양의 靈氣이고 鬼는 바로 음의 영기이니, '靈'이란 것은 다만 자연히 굽히고 펴고 가고 와서 이와 같이 활동하는 것이다. 그리고 한 氣의 입장에서 말하면 氣가 막 펴서 오는 것은 양에 속하여 神이 되고 氣가 이미 굽혀 가는 것은 음에 속하여 鬼가 되니, 실제는 두 氣 또한 다만 한 氣일 뿐이다.

○ 馬氏曰 凡盈於天地之間者 莫不稟五行之氣也로되 人之所以異於物은 以其得氣之秀而最靈者也니라

馬氏 : 무릇 천지의 사이에 가득한 것들이 五行의 기운을 품부받지 않은 것이 없으나 사람이 물건과 다른 까닭은 氣의 빼어난 것을 얻어서 가장 신령하기 때문이다.

091402 故로 天秉陽하야 垂日星하고 地秉陰하야 竅(규)於山川이라 播五行於

四時하야 **和而後**에야 **月生也**하나니 **是以**로 **三五而盈**하고 **三五而闕**하나니라

그러므로 하늘은 陽을 잡아서 햇빛과 별빛을 드리우고, 땅은 陰을 잡아서 산과 냇물에 〈기운을 통하게 하는〉 구멍을 낸다. 五行을 四時에 퍼뜨려 조화를 이룬 뒤에야 달이 생겨나니, 이 때문에 15일 만에 〈달이〉 가득 차고 〈또〉 15일 만에 〈달이〉 다 없어지는 것이다.

≪集說≫

竅於山川은 山澤이 通氣也라 五行은 一陰陽也니 質具於地하고 氣行於天이라 春木夏火秋金冬水 各主其事하야 以成四時하고 月之盈虧 由於日之近遠이라 四序順和하야 日行循軌而後에 月之生明이 如期하니 望而盈하고 晦而死하야 無朓朒(조뉵)之失也라

'竅於山川'은 산과 못이 기운을 통하는 것이다. 五行은 하나의 陰과 陽이니, 形質은 땅에서 갖추어지고 기운은 하늘에서 운행된다. 봄의 木과 여름의 火와 가을의 金과 겨울의 水가 각각의 일을 주관하여 四時를 이루고, 달이 가득 차기도 하고 이지러지기도 하는 것이 해와의 거리가 가까우냐 머냐에 따라 이루어진다. 사시의 차서가 순하고 조화로워서 해의 운행이 궤도를 따른 뒤에야 달에 밝은 빛이 생기는 것이 기약한 것과 같이 되니, 〈달이〉 보름에 가득 차고 그믐에 사라져서 〈달이〉 그믐에 서쪽에서 보이는 것〔朓〕과 초하루에 동쪽에서 보이는 것〔朒〕이 차질 없이 이루어진다.

≪大全≫

長樂劉氏曰 天也者는 陽氣之所積이라 故曰 秉陽焉이요 地也者는 陰氣之所積이라 故曰 秉陰焉이라 陰氣合陽於天上이면 則爲日星이라 是以로 其光下垂焉하고 陽氣合陰於地下면 則爲山川이라 是以로 其竅上通焉이니라

長樂劉氏 : 하늘은 陽氣가 쌓인 것이므로 "양을 잡다."라고 말하고, 땅은 陰氣가 쌓인 것이므로 "음을 잡다."라고 말한 것이다. 음기가 천상에서 양기와 합하면 해와 별이 되기 때문에 그 빛이 아래로 드리우고, 양기가 지하에서 음기와 합하면 산과 냇물이 되기 때문에 그 구멍이 위로 통하는 것이다.

○ 長樂陳氏曰 天以淸秉陽하니 在天者成象은 則日星是也요 地以濁秉陰하니 在地者

成形[109]은 則山川是也라 天地旣位於上下하면 則播五行於其中이라 故로 天一生水而播於冬하고 天三生木而播於春하고 地二生火而播於夏하고 地四生金而播於秋하고 天五生土而播於四時之間이라 自天一로 至于天五면 則爲十五之數하니 十五之數成하야 其所播者旣和然後에 月生而如其數라 蓋三五者는 數之所變이라 故로 數之至於三五면 則爲五行生數之極하야 而月所以盈이요 又積之至於三五면 則爲五行成數之極하야 而月所以闕也라 然而陰陽之義配日月이어늘 此特言月而不言日은 何也오 蓋月有盈闕之常하고 而又多薄蝕[110]之變하니 得其常則四時和하고 及其變則四時乖라 故로 觀月之生而已矣니라

長樂陳氏 : 하늘은 맑음으로 陽을 잡으니 하늘에 象이 이루어져 있음은 해와 별이 이것이고, 땅은 탁함으로 陰을 잡으니 땅에는 形이 이루어져 있음은 산과 냇물이 이것이다. 하늘과 땅이 이미 위와 아래에 위치하면 五行을 그 가운데에 전파하므로 하늘의 1이 물을 낳아 겨울에 전파하고 하늘의 3이 木을 낳아 봄에 전파하고 땅의 2가 불을 낳아 여름에 전파하고 땅의 4가 金을 낳아 가을에 전파하고 하늘의 5가 土를 낳아 四時의 사이에 전파하는 것이다.

하늘의 1로부터 하늘의 5에 이르면 〈1+2+3+4+5=〉 15의 수가 되니, 15의 수가 이루어져서 그 전파된 것이 이미 〈陰氣와〉 조화로운 뒤에야 달이 생겨서 그 수(15)와 같게 되는 것이다. 三五(3×5=15)는 수가 〈하늘의 수에서 땅의 수로〉 변하는 지점이므로 수가 三五(15)에 이르면 오행이 수를 이루는 것이 지극해서 달이 가득 차게 되는 것이고, 또 〈이 수를〉 쌓아 三五(15)에 이르면 오행이 수를 이루는 것

109) 在天者成象……在地者成形 : ≪周易≫ 〈繫辭傳 上〉에 "삼라만상은 같은 종류끼리 모이고, 만물은 무리를 지어 나누어지니, 이로부터 길함과 흉함이 생긴다. 하늘에는 〈日月星辰 등의〉 象이 이루어져 있고, 땅에는 〈山川草木 등의〉 形이 이루어져 있으니, 여기에 〈易의〉 변화가 나타나 있다.〔方以類聚 物以群分 吉凶生矣 在天成象 在地成形 變化見矣〕"라고 보인다.

110) 薄蝕 : 薄食이라고도 하는바, 해와 달이 서로 빛을 막아 보이지 않게 되는 日蝕이나 月蝕을 이른다. ≪漢書≫ 〈天文志〉에 "彗星과 孛星이 빠르게 날아가고 일식과 월식이 있었다.〔彗孛飛流 日月薄食〕" 하였는데, 顔師古의 注에 "맹강이 말하였다. '……해와 달이 빛이 없어지는 것을 薄이라 한다.……' 위소가 말하였다. '〈해나 달의〉 기운이 가서 〈달이나 해를〉 핍박하는 것을 薄이라 하고 손상시키는 것을 食이라 한다.'〔孟康曰……日月無光曰薄……韋昭曰 氣往迫之爲薄 虧毁曰食也〕"라고 설명하였다.

이 지극해서 달이 이지러지게 되는 것이다.

그러나 陰과 陽의 뜻이 해와 달에 배합되는 것인데 여기서는 단지 달만 말하고 해를 말하지 않음은 어째서인가? 달은 가득 차고 이지러지는 법칙이 있고 또 日蝕이나 月蝕의 변고가 많으니, 〈달의 일정한〉 법칙을 얻으면 四時가 조화롭고 〈달의〉 변고가 있게 되면 사시가 이지러지므로 달이 생기는 것을 살펴볼 뿐이다.

091403 五行之動이 迭(질)相竭也니 五行四時十二月이 還(선)相爲本也라

五行의 운용은 번갈아 서로 마침이 되니, 오행・四時・12개월이 번갈아 서로 근본(시작)이 된다.

≪集說≫

動은 運也라 竭은 盡也요 終也라 本者는 始也라 五行之運於四時에 迭相終而還相始하니 終則有始하야 如環無端也라 冬終竭而春始來면 則春이 爲夏之本하고 春竭而夏來면 則夏又爲秋之本이니 已往者는 爲見(현)在者所竭이요 見在者는 爲方來者所本이니 五行四時十二月이 莫不皆然也라

動은 운용이다. 竭은 다함이고, 끝마침이다. 本은 시작이다. 오행이 四時에 운용될 때 번갈아 서로 끝마침이 되고 번갈아 서로 시작이 되니, 끝마치면 시작이 있어서 마치 끝이 없는 고리를 도는 것과 같다. 겨울이 다하여 봄이 비로소 오면 봄이 여름의 근본(시작)이 되고 봄이 다하여 여름이 오면 여름이 또 가을의 근본이 되니, 이미 지나간 것은 현재가 끝마친 것이 되고 현재는 앞으로 올 것의 근본이 되는데, 오행・사시・12개월이 모두 그렇지 않음이 없다.

≪大全≫

山陰陸氏曰 竭은 盡也니 水王則金竭하고 木王則水竭이라 王文公曰 此立而彼竭也[111]라하니라

---

111) 王文公曰 此立而彼竭也 : 文公은 王安石의 시호로, 이 내용은 왕안석의 저술에서는 보이지 않고 〈月令〉의 "그 날짜는 갑과 을이다.〔其日 甲乙〕"라는 구절에 대한 大全의 馬氏(馬希孟) 설에 "이것이 왕성하면 저것이 고갈되므로 〈禮運〉에 '오행의 운용은 번갈아 서로

山陰陸氏：竭은 다함이니, 〈겨울의〉 水가 旺盛해지면 〈가을의〉 金이 다하고, 〈봄의〉 木이 왕성해지면 〈겨울의〉 水가 다한다. 王文公이 말씀하기를 "이것이 서면 저것이 다한다." 하였다.

○ 蔣氏曰 方天一生水하고 地六成之하면 是時之爲冬者然也나 而金爲之本矣요 地二生火하고 天七成之하면 是時之爲夏者然也나 而木爲之本矣니라

蔣氏：하늘의 1이 水를 낳고 땅의 6이 이것을 이룰 때를 당하면 이때가 겨울이 되지만 〈가을의〉 金이 〈겨울의〉 근본이 되고, 땅의 2가 火를 낳고 하늘의 7이 이것을 이룰 때를 당하면 이때가 여름이 되지만 〈봄의〉 木이 〈여름의〉 근본이 되는 것이다.

091404 五聲六律十二管이 還(선)相爲宮也라

五聲・六律・12管이 돌아가며 서로 宮이 된다.

≪集說≫

五聲은 宮商角徵(치)羽也라 六律은 陽聲이니 黃鍾子와 太簇(주)寅과 姑洗(선)辰과 蕤(유)賓午와 夷則(칙)申과 無射(역)戌也요 陰聲을 謂之六呂니 大呂丑과 應鍾亥와 南呂酉와 林鍾未와 仲呂巳와 夾鍾卯也라 六律六呂는 皆是候氣管名이니 律은 法也요 又云述也며 呂은 助也니 言助陽宣氣也라 總而言之하면 皆可稱律이라 故月令에 十二月을 皆稱律也[112)]라 長短之數 各有損益하고 又有娶妻生子之例하니 長短損益者는 如黃鍾이 長九寸이니 下生者는 三分去一故로 下生林鍾하니 長六寸也요 上生者는 三分益一하니 如林

마침이 된다.' 한 것이다〔此王則彼竭矣 故曰 五行之用 迭相竭〕"라고 보인다. 마희맹과 山陰陸氏(陸佃)가 모두 荊國公에 봉해진 왕안석의 '荊公新學' 또는 '荊公學派'의 인물이기 때문에 두 사람 모두 왕안석의 말을 인용한 것으로 보인다. 왕안석의 經學을 줄여서 '新學'이라고 칭하는데, 그의 학문 경향은 경전을 새롭게 해석하여 편찬한 ≪三經新義≫(≪周禮義≫, ≪詩義≫, ≪書義≫)와 경전을 해석하기 위한 字典인 ≪字說≫에서 살펴볼 수 있다. 集說이나 大全에 많이 보이는 마희맹과 육전, 嚴陵方氏(方慤)와 長樂陳氏(陳祥道)가 모두 荊公學派에 속하는 인물이다.(≪北宋新學硏究≫(張鈺翰 著, 北京師范大學出版社, 2022))

112) 月令……皆稱律也：〈月令〉의 '孟春'에서 "律은 太蔟에 응한다.〔律 中太蔟〕"라고 한 것부터 마지막의 '季冬'에서 "律은 大呂에 응한다.〔律 中大呂〕"라고 한 것까지 매달마다 '呂'를 칭하지 않고 '律'을 칭한 것을 이른다.

鍾이 長六寸이니 上生太簇하니 長八寸也라 上下之生이 五下六上이니 蓋自林鍾未로 至應鍾亥는 在皆子午以東이라 故로 謂之下生이요 自大呂丑으로 至蕤賓午는 皆在子午以西라 故로 謂之上生이라 子午皆屬上生하니 當云七上而云六上者는 以黃鍾이 爲諸律之首故로 不數也라 律娶妻而呂生子者는 如黃鍾九는 以林鍾六으로 爲妻하고 太簇九는 以南呂六으로 爲妻하야 隔八而生子면 則林鍾이 生太簇하고 (夷則)〔南呂〕[113] 生(夾鍾)〔姑洗〕[114]之類也니 各依此推之면 可見이라 還相爲宮者는 宮은 爲君主之義하니 十二管이 更迭爲主를 自黃鍾始하니 當其爲宮이면 五聲이 皆備라 黃鍾第一宮은 下生林鍾爲徵하고 上生太簇爲商하고 下生南呂爲羽하고 上生姑洗爲角하니 餘倣此라 林鍾은 第二宮이요 太簇는 三이요 南呂는 四요 姑洗은 五요 應鍾은 六이요 蕤賓은 七이요 大呂는 八이요 夷則은 九요 夾鍾은 十이요 無射은 十一이요 仲呂는 十二也니 此非十二月之次序요 乃律呂相生之次序也[115]라

五聲은 宮・商・角・徵・羽이다. 六律은 陽의 소리이니, 黃鍾인 子(11월)와 太簇인 寅(정월)과 姑洗인 辰(3월)과 蕤賓인 午(5월)와 夷則인 申(7월)과 無射인 戌(9월)이다. 陰의 소리를 '六呂'라고 이르니, 大呂인 丑(12월)과 應鍾인 亥(10월)와 南呂인 酉(8월)와 林鍾인 未(6월)와 仲呂인 巳(4월)와 夾鍾인 卯(2월)이다. 육률과 육려는 모두 기후를 살피는 대통의 이름인데, 律은 法이고 또 펌을 이르며, 呂는 도움이니 陽을 도와 기운을 펴게 함을 말한 것이다. 총괄하여 말하면 모두 律이라고 칭할 수 있으므로 〈月令〉에 12개월을 모두 '律'이라고 칭하였다.

길고 짧은 수에 각각 줄이고 더함이 있고 또 아내를 얻고 자식을 낳는 例가 있다.

---

113) (夷則)〔南呂〕: 저본에는 '夷則'으로 되어 있으나, 앞뒤 문맥을 따져 '南呂'로 수정하였다.

114) (夾鍾)〔姑洗〕: 저본에는 '夾鍾'으로 되어 있으나, 앞뒤 문맥을 따져 '姑洗'으로 수정하였다.

115) 林鍾第二宮……乃律呂相生之次序也 : 金在魯의 《禮記補註》에 "열두 宮의 차서는 서로 낳는 것으로써 말하였으니, 黃鍾은 아래로 林鍾을 낳고 임종은 위로 大簇를 낳고 태주는 아래로 南呂를 낳고 남려는 위로 姑洗을 낳고 고선은 아래로 應鍾을 낳고 응종은 위로 蕤賓을 낳고 유빈은 위로 大呂를 낳고 대려는 아래로 夷則을 낳고 이칙은 위로 夾鍾을 낳고 협종은 아래로 無射을 낳고 무역은 위로 仲呂를 낳고 중려는 다시 위로 황종을 낳는데, 매 궁의 商・徵・羽・角의 차서 역시 이것(黃鍾이 宮일 때의 五聲의 차서)을 따른다.〔十二宮之次序 以相生而言 黃鍾下生林鍾 林鍾上生大簇 大簇下生南呂 南呂上生姑洗 姑洗下生應鍾 應鍾上生蕤賓 蕤賓上生大呂 大呂下生夷則 夷則上生夾鍾 夾鍾下生無射 無射上生仲呂 仲呂復上生黃鍾 每宮其商徵羽角之次 亦依此〕"하였다.

길고 짧음과 줄이고 더함은, 예컨대 黃鍾의 길이가 9寸인데 아래로 낳는 것은 ⅓을 제거하기 때문에 아래로 林鍾을 낳으니 〈임종의〉 길이가 6寸이고, 위로 낳는 것은 〈6寸에 6寸의〉 ⅓을 더하니 예컨대 임종의 길이가 6寸인데 위로 太簇를 낳으니 〈태주의〉 길이가 8寸인 것이다. 위·아래의 낳음이 다섯은 아래로 낳고 여섯은 위로 낳으니, 林鍾인 未로부터 〈夷則인 申, 南呂인 酉, 無射인 戌을 거쳐〉 應鍾인 亥에 이르기까지는 모두 〈正南쪽의〉 子와 〈正北쪽의〉 午의 동쪽에 있기 때문에 이것을 '下生(아래로 낳음)'이라 이르고, 大呂인 丑으로부터 〈太簇인 寅, 夾鍾인 卯, 姑洗인 辰, 仲呂인 巳를 거쳐〉 蕤賓인 午에 이르기까지는 모두 子와 午의 서쪽에 있기 때문에 '上生(위로 낳음)'이라 이른다. 子와 午는 모두 上生에 속하니 〈上生의 자리가 7개가 되어〉 마땅히 '七上'이라고 해야 하는데 '六上'이라고 말한 것은 黃鍾이 여러 律의 첫 번째가 되기 때문에 〈上生의 수로〉 헤아리지 않은 것이다.

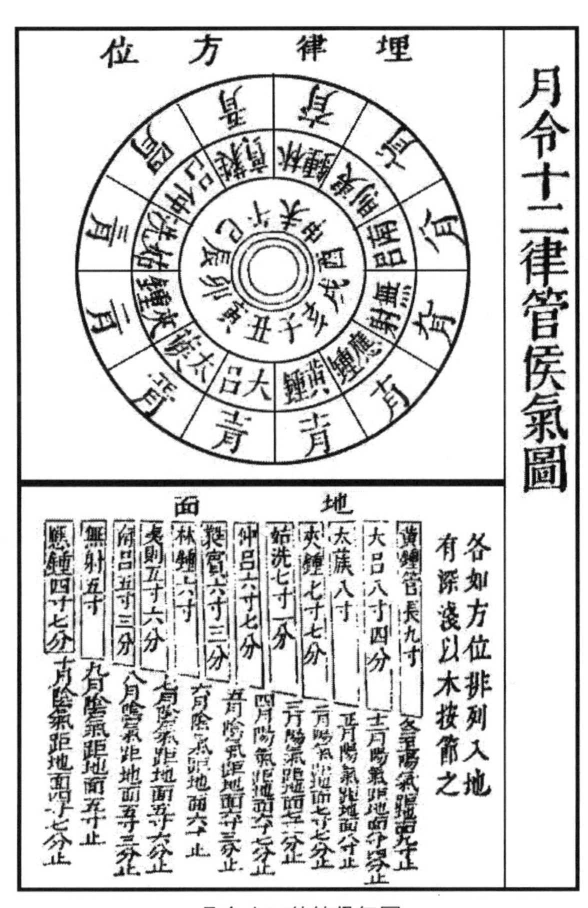

月令十二律管侯氣圖

〈陽의〉 律이 〈陰의〉 아내를 얻고 〈陰의〉 呂가 자식을 낳는 것은, 예컨대 黃鍾 9(陽)가 林鍾 6(陰)을 아내로 삼고 太簇 9(陽)가 南呂 6(陰)을 아내로 삼아서 〈본래의 자리를 포함하여〉 여덟 자리 떨어져 있는 자식을 낳으면, 〈黃鍾의 아내인〉 林鍾이 〈여덟 자리 떨어져 있는〉 太簇를 낳고 〈太簇의 아내인〉 南呂가 〈여덟 자리 떨어져 있는〉 姑洗을 낳는 따위이니, 각각 이에 따라 미루어보면 알 수 있다.

'還相爲宮'은, 宮은 군주의 뜻이 되는데 열두 개의 대통이 번갈아 서로 군주가 되는 것을 黃鍾에서 시작하니, 〈律呂가 각각〉 宮이 될 때가 되면 〈宮·商·角·徵·

羽〉 五聲이 모두 갖추어진다. 제일 첫 번째 宮인 黃鍾은 〈여덟 자리 떨어져〉 아래로 낳은 林鍾이 徵가 되고 〈임종에서 여덟 자리 떨어져〉 위로 낳은 太簇가 商이 되고 〈태주에서 여덟 자리 떨어져〉 아래로 낳은 南呂가 羽가 되고 〈남려에서 여덟 자리 떨어져〉 위로 낳은 姑洗이 角이 되니, 나머지 율려도 〈각각 宮이 될 때 오성이 갖추어짐이〉 이와 같다.

林鍾이 두 번째 宮이고 太簇가 세 번째이고 南呂가 네 번째이고 姑洗이 다섯 번째이고 應鍾이 여섯 번째이고 蕤賓이 일곱 번째이고 大呂가 여덟 번째이고 夷則이 아홉 번째이고 夾鍾이 열 번째이고 無射이 열한 번째이고 仲呂가 열두 번째이니, 이는 12개월의 차서가 아니고 바로 律呂가 서로 낳는 차서이다.

≪大全≫

朱子曰 按五聲相生이 至於角位하야 隔八下生하면 當得宮前一位하야 以爲變宮하니 五聲之正이 至此而窮이라 又自變宮으로 隔八上生하면 當得徵(치)前一位하야 以爲變徵하니 餘八은 不可損益이요 而其數又窮이라 故로 立均之法이 至於是而終焉이어늘 孔氏는 以本文에 但云五聲十二管故로 不及二變하야 而止爲六十聲이라 增入二變二十四聲하면 合爲八十四聲이로되 自唐以來로 法皆如此云이라

朱子 : 살펴보건대 五聲의 相生이 角의 자리에 이르러 여덟 자리를 띄워 아래로 낳으면 마땅히 宮 앞의 한 자리(應鍾인 亥)를 얻어 〈應鍾인 亥가〉 變宮이 되니, 오성의 바른 소리가 이에 이르러 끝난다. 또 변궁으로부터 여덟 자리를 띄워 위로 낳으면 마땅히 徵 앞의 한 자리(蕤賓인 午)를 얻어서 〈蕤賓인 午가〉 變徵가 되니, 나머지 여덟 자리는 덜거나 더할 수가 없고 그 수가 또 끝났으므로 고른 소리를 세우는 法이 이에 이르러 끝이 난다. 그런데 孔氏(孔穎達)는 本文에 5聲과 12管만 말한 것 때문에 〈변궁과 변치〉 두 變을 미처 헤아리지 못하여 〈疏에서〉 다만 60聲(5聲×12管)이라고 하였다. 두 變의 24聲(2變×12管)을 더 넣으면 합이 84聲(7聲×12管)이 되는데, 唐나라 이래로 法이 모두 이것(공영달의 설)과 같았다.

○ 長樂陳氏(日禮書)〔禮書〕[116]曰 先王이 因天地陰陽之氣하야 而辨十有二辰하고

116) (日禮書)〔禮書〕: 저본에는 '日禮書'로 되어 있는데, 陳祥道(長樂陳氏)의 저서인 ≪禮書≫에 의거하여 '禮書'로 수정하였다.

因十有二辰而生十有二律하니 其長短有度하고 其多寡有數하고 其輕重有權하고 其損益有宜라 始於黃鍾하야 終於中呂하니 黃鍾太簇姑洗은 損陽以生陰하고 林鍾南呂應鍾은 益陰以生陽하며 蕤賓夷則無射은 又益陽以生陰하고 大呂夾鍾中呂는 又損陰以生陽이라 何則고 黃鍾至太簇는 陽之陽也요 林鍾至應鍾은 陰之陰也니 陽之陽과 陰之陰은 則陽息陰消之時故로 陽常下生而有餘하고 陰常上生而不足하며 蕤賓至無射은 則陰之陽也요 大呂至仲呂는 則陽之陰也니 陰之陽과 陽之陰은 則陽消陰息之時故로 陽常上生而不足하고 陰常下生而有餘라 然則自子午以左는 皆上生하고 子午以右는 皆下生矣라 書曰 聲依永하고 律和聲[117)]이라하니 則律非五聲이면 不能辨이요 聲非十二律이면 不能和요 五聲非變이면 則不能盡이라 故로 一律之中에 莫不具五聲이라 五聲之外에 有所謂二變하니 黃鍾爲宮이면 則林鍾爲徵하고 太簇爲商하고 南呂爲羽하고 姑洗爲角하고 應鍾爲變宮하고 蕤賓爲變徵하며 林鍾爲宮이면 則太簇爲徵하고 南呂爲商하고 姑洗爲羽하고 應鍾爲角하고 蕤賓爲變宮하고 黃鍾爲變徵하야 以至十律之爲宮히 餘律之爲商角徵羽하고 爲二變이라 旋之爲十二宮하고 析之爲八十四聲하니 類皆五位爲五音이요 第之至六이면 爲變宮하고 又第之至七이면 爲變徵니 然後에 宮復旋矣니 此六律之大致也니라

長樂陳氏의 ≪禮書≫ : 先王이 天地의 陰陽의 기운을 인하여 12辰(12支)을 분별하고 12辰을 인하여 12律을 만들었으니, 길고 짧은 것에는 〈길이를 재는〉 度가 있고, 많고 적은 것에는 〈헤아리는〉 數가 있고, 가볍고 무거운 것에는 〈무게를 재는〉 저울이 있고, 덜고 더하는 것에는 〈가감하는 기준인〉 적당함이 있다.

〈律呂가〉 黃鍾에서 시작하여 中呂에서 끝마치는데, 黃鍾・太簇・姑洗은 양을 덜어 음을 만들고, 林鍾・南呂・應鍾은 음을 더하여 양을 만들며, 蕤賓・夷則・無射은 또 양을 더하여 음을 만들고, 大呂・夾鍾・中呂는 또 음을 덜어 양을 만든다. 어째서인가?

黃鍾으로부터 太簇까지는 양 가운데의 양이고, 林鍾으로부터 應鍾까지는 음 가운

117) 聲依永 律和聲 : ≪書經≫ 〈虞書 舜典〉에, 舜이 夔에게 음악을 담당하게 하면서 "詩는 뜻을 말하는 것이고, 歌는 가사를 사람이 길게 늘여 부르는 것이고, 〈악기의〉 소리는 길게 읊조림에 맞추어 연주하는 것이고, 律은 〈악기의 소리를〉 5聲에 조화롭게 맞추는 것이다.〔詩言志 歌永言 聲依永 律和聲〕"라고 보인다.

데의 음이니, 양 가운데의 양과 음 가운데의 음은 양이 불어나고 음이 사라지는 때이므로 양이 항상 아래로 낳아 넉넉하고 음은 항상 위로 낳아 부족하다. 蕤賓으로부터 無射까지는 음 가운데의 양이고, 大呂로부터 仲呂까지는 양 가운데의 음이니, 음 가운데의 양과 양 가운데의 음은 양이 사라지고 음이 불어나는 때이므로 양이 항상 위로 낳아 부족하고 음이 항상 아래로 낳아 넉넉한 것이다. 그렇다면 〈정남쪽의〉 子와 〈정북쪽의〉 午로부터 왼쪽(서쪽)은 모두 위로 낳고 子와 午로부터 오른쪽(동쪽)은 모두 아래로 낳는 것이다.

≪書經≫에 이르기를 "〈악기의〉 소리는 길게 읊조림에 맞추어 연주하는 것이고 律은 〈악기의 소리를〉 五聲에 조화롭게 맞추는 것이다." 하였으니, 12律은 오성이 아니면 분변할 수가 없고, 오성은 12율이 아니면 조화로울 수가 없고, 오성은 變이 아니면 다하지 못한다. 그러므로 한 律 가운데에 오성을 갖추지 않음이 없는 것이다.

오성 외에 이른바 '두 變'이 있는데, 黃鍾이 宮이 되면 林鍾이 徵가 되고 太簇가 商이 되고 南呂가 羽가 되고 姑洗이 角이 되고 應鍾이 變宮이 되고 蕤賓이 變徵가 된다. 그리고 林鍾이 宮이 되면 太簇가 徵가 되고 南呂가 商이 되고 姑洗이 羽가 되고 應鍾이 角이 되고 蕤賓이 變宮이 되고 黃鍾이 變徵가 된다. 그리하여 나머지 10律이 〈한 번씩〉 宮이 될 때까지 남은 律이 商・角・徵・羽도 되고 두 變도 된다. 〈12개의 律이 한 번씩 宮이 되는 것을〉 돌면 12개의 宮이 되고 〈12개의 궁이 된 것을 5聲과 2變으로〉 나누면 84宮(7聲×12宮)이 되니, 모두 다섯 자리가 五音이 되고 순차적으로 여섯 번째 자리에 이르면 變宮이 되고 또다시 순차적으로 일곱 번째 자리에 이르면 變徵가 된다. 그런 뒤에 宮이 다시 도는 것이니, 이것이 六律의 대강이다.

091405 五味六和十二食이 還(선)相爲質也라

五味와 6和와 12개월의 음식이 돌려가며 서로 바탕이 된다.

≪集說≫

酸(산)苦辛鹹(함)에 加滑與甘[118]하면 是五味六和也요 十二食은 十二月之所食也라 還

118) 酸(산)苦辛鹹(함) 加滑與甘 : 金在魯의 ≪禮記補註≫에 "〈內則〉 및 ≪周禮≫ 〈天官 食醫(사의)〉에 모두 '무릇 간을 맞출 적에 봄에는 신맛을 많이 쓰고, 여름에는 쓴맛을 많이 쓰고, 가을에는 매운맛을 많이 쓰고, 겨울에는 짠맛을 많이 쓰니, 부드럽게 하는 재료와

相爲質者는 如春三月은 以酸爲質이요 夏三月은 以苦爲質하야 而六和皆相爲用也라

신맛·쓴맛·매운맛·짠맛에 부드럽게 하는 재료와 단맛을 더하면 이것이 〈신맛·쓴맛·매운맛·짠맛·단맛의〉 五味이며 〈오미에 부드럽게 하는 재료를 합한〉 六和이고, 十二食은 12개월 동안 먹는 음식이다. '還相爲質'은 예컨대 봄 석 달은 신맛을 바탕으로 삼고, 여름 석 달은 쓴맛을 바탕으로 삼아서 〈가을 석 달의 매운맛과 겨울 석 달의 짠맛을 바탕으로 삼는 것까지〉 육화가 모두 서로 쓰임이 되는 것이다.

091406 五色六章十二衣 還(선)相爲質也니라

五色과 6章과 12개월의 옷이 돌려가며 서로 바탕이 된다.

≪集說≫

五色은 靑赤黃白黑也니 幷天玄하야 爲六章이라 十二月之衣는 如月令에 春衣靑夏衣朱之類라 還相爲質은 謂畫繪之事가 主其時之一色하고 而餘色間雜也라

五色은 청색·적색·황색·백색·흑색이니, 여기에 하늘의 검은색을 아울러서 6章이 된다. 12개월의 옷은, 예컨대 〈月令〉에서 봄에는 청색 옷을 입고 여름에는 붉은색 옷을 입는다고 한 따위이다. '還相爲質'은 그림 그리는 일이 그 계절에 해당하는 한 가지 색을 기본으로 삼고 나머지 색들을 섞는 것이다.

≪大全≫

延平周氏曰 五聲六律十二管이 還相爲宮也者는 十二律이 各具五聲而還相爲宮也라 五行者는 四時十二月之所自出이요 五聲者는 六律十二管之所自出이니 五味之於六和十二食과 五色之於六章十二衣에 亦若是而已矣니라 四時者는 間於十二月者也요 六律者는 間於十二管者也니 六和之於十二食과 六章之於十二衣에 亦若是而已矣니라

延平周氏 : '五聲六律十二管 還相爲宮也'는 12律이 각각 五聲을 갖추어 돌아가며

단맛의 재료로 〈여러 맛을〉 조화롭게 한다.' 하였으니, 바로 이것이다. 만약 五味를 말하면 신맛·쓴맛·매운맛·짠맛·단맛인데, 단맛은 오행 중에 土에 속하기 때문에 네 가지 맛에 조화되지 않음이 없다.〔內則及周禮天官食醫皆曰 凡和 春多酸 夏多苦 秋多辛 冬多鹹 調以滑甘 卽此也 若言五味則酸苦辛鹹甘 而甘於五行屬土 故四味無不調也〕"라고 하였다.

서로 宮이 되는 것이다. 五行은 四時와 12개월이 나오게 된 바탕이고, 오성은 六律과 12管이 나오게 된 바탕이니, 五味가 6和와 12食에 있어서와 五色이 6章과 12개월의 옷에 있어서 또한 이와 같을 뿐이다. 사시는 열두 달에 끼어 있는 것이고, 육률은 12管에 끼어 있는 것이니, 6和가 12食에 있어서와 6章이 12개월의 옷에 있어서 또한 이와 같을 뿐이다.

○ 馬氏曰 五行莫不有其味어늘 先王因之하야 以爲五味, 六和, 十二食은 所以順其味요 五行莫不有其聲이어늘 先王因之하야 以爲五聲, 六律, 十二管은 所以順其聲이요 五行莫不有其色이어늘 先王因之하야 以爲五色, 六章, 十二衣는 所以順其色이니라

馬氏 : 五行은 〈木・火・土・金・水 각각의〉 맛이 있지 않음이 없는데 先王이 이것을 따라 五味・6和・12개월의 음식을 만들었으니, 이는 〈오행의〉 맛을 순히 따른 것이다. 오행은 〈목・화・토・금・수 각각의〉 소리가 있지 않음이 없는데 선왕이 이것을 따라 五聲・六律・12管을 만들었으니, 이는 〈오행의〉 소리를 순히 따른 것이다. 오행은 〈목・화・토・금・수 각각의〉 색이 있지 않음이 없는데 선왕이 이것을 따라 五色・6章・12개월의 옷을 만들었으니, 이는 〈오행의〉 색을 순히 따른 것이다.

○ 長樂陳氏曰 五聲은 言其氣之所在라 故言本하고 五味五色은 言其形之所尙이라 故言質하니라

長樂陳氏 : 五聲은 〈소리의〉 기운이 있는 곳을 말하였으므로 '本(뿌리)'이라 말하고, 五味와 五色은 〈맛과 빛깔로 드러난〉 형상이 높이는 것을 말하였으므로 '質(성질)'이라 말한 것이다.

091501 故로 人者는 天地之心也요 五行之端也[119])니 食味別聲被色而生者也라

그러므로 사람은 天地의 마음이고 五行의 단서이니, 다섯 가지 맛의 음식을 먹고 다섯 가지 소리를 구별하고 다섯 가지 색의 옷을 입고 사는 것이다.

---

119) 五行之端也 : 사람이 태어나면서 갖추고 있는 善의 단서인 仁・義・禮・智・信을 이른다. 陰陽五行說에 따르면 오행의 木은 仁, 金은 義, 火는 禮, 土는 智, 水는 信에 배합된다.

≪集說≫

天地之心은 以理言이요 五行之端은 以氣言이라 食五味하고 別五聲하고 被五色은 其間에 皆有五行之配하야 而性情所不能無者라

'天地之心'은 이치로 말한 것이고, '五行之端'은 氣로 말한 것이다. 다섯 가지 맛의 음식을 먹고 다섯 가지 소리를 구별하고 다섯 가지 색깔의 옷을 입는 것은 그 사이에 모두 오행의 배합이 있어서 〈음양오행의 이치와 기운을 갖추고 태어나는 사람의〉 性情에 없을 수 없는 것이다.

○ 問人者天地之心한대 朱子曰 謂如天道福善禍淫[120)]이 乃人所欲也니 善者엔 人皆欲福之하고 淫者엔 人皆欲禍之니라 又曰 敎化는 皆是人做니 此所謂人者天地之心也라

〈혹자가〉 '사람은 天地의 마음이다.'에 대해 묻자, 朱子가 대답하였다. "예컨대 '天道가 선한 이에게 福을 내리고 악한 이에게 禍를 내린다.'라는 것이 곧 사람들이 바라는 것임을 이르니, 선한 자에게는 사람들이 모두 그에게 복이 내려지기를 바라고 악한 자에게는 사람들이 모두 그에게 화가 내려지기를 바라는 것이다."

〈주자가〉 또 말하였다. "敎化는 모두 사람이 하는 것이니, 이것이 이른바 '사람은 天地의 마음이다.'라는 것이다."

≪大全≫

蔣氏曰 上章에 旣言人者는 天地之德이요 五行之秀氣라하고 至此에 復言人者는 天地之心이요 五行之端이라하니 蓋德은 言其自得이요 心은 言其能運이요 氣는 證其所自稟이요 端은 究其所從始니 名雖不同이나 其實은 一也니라

蔣氏 : 윗장(091401)에 이미 "사람은 천지의 덕이고 오행의 빼어난 기운이다."라고 말하였고, 여기에서 다시 "사람은 천지의 마음이고 오행의 단서이다."라고 말했으니, '德'은 〈사람이 천지의 이치를〉 스스로 깨달아 얻음을 말한 것이고, '마음'은 〈사람이 천지의 이치를〉 능히 운용함을 말한 것이고, '기운'은 〈음양오행의 빼어난 기운을〉 저절로 부여받았음을 증명한 것이고, '端'은 〈음양오행의 빼어난 기운을〉 어

120) 天道福善禍淫 : ≪書經≫ 〈商書 湯誥〉에 보인다.

디서 타고났는지를 궁구한 것이니, 이름은 비록 똑같지 않으나 바탕은 똑같다.

○ 嚴陵方氏曰 天地散而爲五行이라 故로 仁之端은 則木之性所立也요 義之端은 則金之性所立也니 以至火之於禮와 水之於知와 土之於信하야는 亦若是已라 故로 曰 五行之端也라하니라 五行滋而爲五味하니 人以養其口하고 感而爲五聲하니 人以養其耳하고 形而爲五色하니 人以養其目하니 然後에 人得而生焉이라 故로 曰 食味別聲被色而生者也라하니라

嚴陵方氏 : 天(陽)·地(陰)가 흩어져 五行이 되었으므로 仁의 단서는 木의 性이 수립한 것이고, 義의 단서는 金의 性이 수립한 것이다. 火가 禮에 있어서와 水가 智에 있어서와 土가 信에 있어서도 이와 같으므로 오행의 단서라고 말한 것이다.

오행이 맛으로 배양되어 五味가 되니 사람이 이로써 입으로 먹는 음식을 갖추고, 〈오행이〉 떨리거나 울려서 五聲이 되니 사람이 이로써 귀로 듣는 소리를 갖추고, 〈오행이〉 빛깔로 드러나 五色이 되니 사람이 이로써 눈으로 보는 색을 갖춘다. 이렇게 한 뒤에야 사람이 살 수 있으므로 "다섯 가지의 맛을 먹고 다섯 가지의 소리를 구별하고 다섯 가지 색의 옷을 입고 사는 것이다." 하였다.

○ 長樂陳氏曰 上言聲與色自然之序라 故先聲而後味하며 味而後色하야 以明有氣而後有形也하고 此言人之所用聲味與色之序라 故食味而後別聲하며 別聲而後被色하야 以明由內以及外也하니라

長樂陳氏 : 위에서는 소리와 색의 자연스러운 순서를 말하였으므로 소리를 먼저 말하고 맛을 뒤에 말하며 맛을 먼저 말하고 색을 뒤에 말하여 〈소리와 맛의〉 기운이 있은 뒤에 〈색의〉 형체가 있음을 밝혔다. 여기서는 사람이 사용하는 소리와 맛과 색의 차례를 말하였으므로 다섯 가지의 맛을 먹음을 말하고 다섯 가지의 소리를 구별함을 뒤에 말하며 다섯 가지의 소리를 구별함을 말하고 다섯 가지 색의 옷을 입음을 뒤에 말하여 〈사람 몸의〉 내부를 말미암아 〈몸의〉 외부로 미쳐감을 밝혔다.

○ 龍泉葉(섭)氏曰 天地之道 至誠而不息하며 五行之氣 至和而不乖하야 此王則彼衰하고 彼息則此生하야 迭相爲竭而未嘗竭也요 五行歲月이 始此終彼하야 相爲本末하야 不可窮盡하니 此天地所以久存而不廢也라 其在人也에 發於聲音이면 則律呂之變을 不可窮이요 發於飮食이면 則滋味之變을 不可窮이요 發於衣服이면 則色章

之變을 不可窮이니 凡天地五行陰陽運動之勤勞 皆發於萬物而資於人하야 以與之幷爲長久也라 天地之情性은 非人則不能體而參之요 天地之功用은 非人則不能察而法之라 天地之所以不息者 由人道而後見之하니 此人所以爲天地之心과 五行之端하야 食味別聲被色하야 以生養於覆(부)載之內하야 而獨有厚於萬物焉이니라

龍泉葉氏 : 天地의 道가 지극히 성실하고 그침이 없으며 五行의 기운이 지극히 조화롭고 어그러짐이 없다. 그리하여 이것이 왕성하면 저것이 쇠하고 저것이 그치면 이것이 생겨나서 서로 번갈아 끝까지 다하더라도 다한 적이 없고, 五行과 歲와 月이 여기에서 시작하면 저기에서 마쳐서 서로 本과 末이 되어 끝날 수가 없으니, 이는 천지가 오래 보존되어 없어지지 않는 이유이다.

사람에게 있어서 〈天地의 도와 오행의 기운이〉 音聲에서 나타나면 律呂의 변화를 끝마칠 수 없고 음식에서 나타나면 맛의 변화를 끝마칠 수 없고 의복에서 나타나면 文彩의 변화를 끝마칠 수 없으니, 무릇 천지에 오행과 음양이 부지런히 운행함이 모두 만물에 나타나고 사람에게 의지해서 〈천지의 이치와 오행의 기운이 세상 만물과〉 함께 長久하게 된다.

천지의 性情은 사람이 아니면 체득하여 참여할 수 없고 천지의 功用은 사람이 아니면 살펴서 본받을 수 없다. 천지가 〈그 이치와 기운의 운행이〉 그치지 않는 것은 人道를 말미암은 뒤에 알 수 있으니, 이 때문에 사람이 천지의 마음과 오행의 단서가 되어 다섯 가지 맛의 음식을 먹고 다섯 가지 소리를 구별하고 다섯 가지 색의 옷을 입고서, 덮어주는 하늘과 실어주는 땅의 가운데에서 생장하며 특별히 만물의 우위에 있는 것이다.

091502 故로 聖人이 作則(칙)하사되 必以天地爲本하며 以陰陽爲端하며 以四時爲柄하며 以日星爲紀하며 月以爲量하며 鬼神以爲徒하며 五行以爲質하며 禮義以爲器하며 人情以爲田하며 四靈以爲畜(휵)하시니라 以天地爲本故로 物可擧也요 以陰陽爲端故로 情可睹也요 以四時爲柄故로 事可勸也요 以日星爲紀故로 事可列也요 月以爲量故로 功有藝也요 鬼神以爲徒故로 事可守也요 五行以爲質故로 事可復也요 禮義以爲器故로 事行有考也요 人

情以爲田故로 人以爲奧也요 四靈以爲畜故로 飮食有由也니라

그러므로 聖人이 법칙을 만드시되 반드시 天地를 근본으로 삼으며, 陰陽을 단서로 삼으며, 四時를 權柄으로 삼으며, 해와 별을 기록할 것으로 삼으며, 열두 달을 限量으로 삼으며, 귀신을 의지할 무리로 삼으며, 五行을 質正할 것으로 삼으며, 禮義를 器物로 삼으며, 人情을 〈가꾸어야 할〉 田地로 삼으며, 〈麟·鳳·龜·龍〉 네 靈物을 가축으로 삼으셨다.

천지를 근본으로 삼기 때문에 사물의 이치를 거행할 수 있고, 음양을 단서로 삼기 때문에 〈善하고 惡한〉 情을 볼 수 있고, 사시를 권병으로 삼기 때문에 일을 권면할 수 있고, 해와 별을 기록할 것으로 삼기 때문에 〈열두 달에 해야 할〉 일을 나열할 수 있고, 열두 달을 한량으로 삼기 때문에 功이 자라남이 있고, 귀신을 의지할 무리로 삼기 때문에 일을 〈오랫동안〉 지킬 수 있고, 오행을 질정할 것으로 삼기 때문에 〈올해에 행한〉 일을 〈내년에〉 다시 시작할 수 있고, 예의를 기물로 삼기 때문에 일을 행함에 성취가 있을 수 있고, 인정을 〈가꾸어야 할〉 전지로 삼기 때문에 사람들이 〈正道를 방에서 마땅히 높여야 하는〉 아랫목으로 삼을 수 있고, 네 영물을 가축으로 삼기 때문에 음식에 사용할 수 있는 것이다.

≪集說≫

此章은 凡十條니 自天地로 至人情九條는 皆是覆說前章諸事하니라 萬事萬物之理 不出乎天地之間하니 聖人이 作爲典則하사되 而以天地爲本이면 則事物之理를 皆可擧行이니라

이 章은 모두 열 조항이니 天地로부터 人情에 이르기까지 아홉 조항은 모두 앞 장의 여러 일을 반복하여 말한 것이다. 萬事와 萬物의 이치가 천지의 사이에서 벗어나지 않으니, 聖人이 법칙을 만드시되 천지를 근본으로 삼으면 사물의 이치를 모두 거행할 수 있다.

○ 情之善者는 屬陽하고 惡者는 屬陰하니 求其端於陰陽이면 則善惡을 可得而見이라

情의 善한 것은 陽에 속하고 惡한 것은 陰에 속하니, 〈선한 정과 악한 정의〉 단서를 음양에서 찾으면 선과 악을 볼 수 있다.

○ 柄은 猶權也라 四時各有當爲之事하니 執當時之權柄하야 以敎民立事면 則事可勸勉而成이라

柄은 權柄과 같다. 四時에 각각 마땅히 해야 할 일이 있으니, 당시의 권병을 잡아서 백성들을 가르쳐 일을 확립하게 하면 일을 권면하여 이룰 수 있다.

○ 日星爲紀는 如日中星鳥[121)]와 日永星火[122)]之類니 所以紀時之早晩이라 列者는 以十二月之事로 詳列하야 以示民而使之作爲也라

'日星爲紀'는 예컨대 ≪書經≫ 〈虞書 堯典〉에 "해는 가운데이고 별은 朱雀 7宿이다." 한 것과, "해는 길고 별은 蒼龍 7宿이다." 한 것과 같은 따위이니, 때의 이르고 늦음을 기록하는 것이다. '列'은 열두 달의 일을 자세히 나열하여 백성들에게 보여서 실행하게 하는 것이다.

○ 量은 限量也니 謂十二月之分限이라 分限不踰면 則所爲 皆得其時라 故로 事功滋長이 如樹藝然也라

量은 限量이니, 열두 달의 分限을 이른다. 분한을 넘기지 않으면 하는 일이 모두 마땅한 때를 얻으므로 功績의 불어남이 마치 草木을 재배하는 것과 같게 된다.

---

121) 日中星鳥 : ≪書經≫ 〈虞書 堯典〉에 "羲仲에게 나누어 명하여 嵎夷에 머물게 하셨는데, 暘谷이라 한다. 떠오르는 해를 공경히 맞이하여 봄 농사를 고르고 질서 있게 하니, 해는 가운데이고 별은 朱雀 7宿(수)이다. 따스한 중춘이 되면 백성들은 흩어져 살고 새와 짐승들은 새끼를 낳는다.〔分命羲仲 宅嵎夷 曰暘谷 寅賓出日 平秩東作 日中星鳥 以殷仲春 厥民析 鳥獸孶尾〕"라고 보인다. 蔡沈의 註에 따르면 '星鳥'는 남방의 朱雀 7宿이니, 唐나라 승려 一行이 〈남방의 柳·星·張 자리의 별인〉 鶉火를 춘분날 어두울 때 남방 하늘 가운데에 있는 별이라고 推定하였다.(≪書經集傳≫)

122) 日永星火 : ≪書經≫ 〈虞書 堯典〉에 "거듭 희숙에게 명하여 남방 交趾의 땅에 머물게 하셨는데, 明都라 한다. 남쪽의 변화하는 일을 고르고 질서 있게 하여 공경히 〈여름을〉 맞이하니, 해는 길고 별은 蒼龍 7宿이다. 바른 중하가 되면 백성들은 그대로 흩어져 살고 새와 짐승들은 털이 듬성하고 가죽이 바뀐다.〔申命羲叔 宅南交 曰明都 平秩南訛 敬致 日永星火 以正仲夏 厥民因 鳥獸希革〕"라고 보인다. 채침의 주에 따르면 '星火'는 동방의 蒼龍 7宿인데 '火'는 大火 心宿를 이르니, 하짓날 어두울 때 남방 하늘의 가운데에 있는 별이다.(≪書經集傳≫)

○ 徒는 如徒侶之相依라 郊社宗廟山川五祀之禮 皆與政事로 相依하니 卽前章殽地以下諸事[123]라 如此行政이면 則凡事를 可悠久不失也라

徒는 무리가 서로 의지하는 것과 같다. 郊社(天地의 神)·宗廟·山川·五祀에 제사 지내는 禮가 모두 政事와 서로 의지하니, 바로 앞 장의 '殽地' 이하의 여러 일이다. 이와 같이 정사를 행하면 모든 일을 오랫동안 그르치지 않을 수 있다.

○ 五行之氣 周而復始하니 質은 猶正也라 國家歲有常事하니 必取正於五行之時令이면 則其事 亦今歲周而來歲復始也라

五行의 氣는 一周하고서 다시 시작하니, 質은 바로잡음과 같다. 국가에는 해마다 일정한 일이 있으니, 반드시 오행의 時令에서 바로잡음을 취하면 그 일이 또한 금년에 일주하고서 내년에 다시 시작된다.

○ 器必成而後에 適於用이니 今用禮義를 如成器면 則事之所行에 豈有不成者乎아 考는 成也라

器物은 반드시 이루어진 뒤에야 쓰임에 적합한 것이니, 이제 禮義를 쓰기를 기물을 이루는 것과 같이 하면 일을 행함에 어찌 성취함이 없겠는가. 考는 이룸이다.

○ 治人情이 如治田하야 不使邪僻害正性을 如不使稊稗(제패)害嘉穀이면 則人皆有宿道向方之所하니 如室之有奧也라

人情을 다스리는 것이 田地를 가꾸는 것과 같아서 邪僻함이 바른 性情을 해치지 않게 하기를 돌피가 五穀을 해치지 않게 하는 것과 같이 하면 사람들이 모두 正道로 돌아가고 正方으로 향할 수 있는 곳이 있게 되니, 이는 마치 室에 〈마땅히 높여야 할〉 아랫목이 있는 것과 같다.

○ 六畜은 人家所豢(환)養이어니와 四靈은 本非可以豢養致者로되 今皆爲聖世而出하야

---

123) 前章殽地以下諸事 : '090601'에서 "명령을 社에서 제사 지낼 때 내리는 것을 '殽地의 정사'라 이르고, 선조의 사당에서 제사 지낼 때 내리는 것을 '仁義의 정사'라 이르고, 山川에서 제사 지낼 때 내리는 것을 '興作의 정사'라 이르고, 五祀에서 제사 지낼 때 내리는 것을 '制度의 정사'라 이른다.〔命降于社之謂殽地 降于祖廟之謂仁義 降於山川之謂興作 降於五祀之謂制度〕" 한 것을 가리킨다.

如馴畜然하니 皆聖人道化所感耳라 飮食有由者는 由는 用也니 謂四靈이 爲鳥獸魚鼈之長하니 長至면 則其屬이 皆至일새 有可用之以供庖廚者矣라

六畜(말・소・양・닭・개・돼지)은 사람의 집에서 기르는 것이지만 네 靈物(鳳・麟・龍・龜)은 본래 길러서 오게 할 수 있는 것이 아니다. 그런데 지금 모두 聖王의 세상이 되었을 적에 나와서 마치 길들인 가축과 같았으니, 이는 모두 聖人의 道德과 風化에 감응한 것일 뿐이다. '飮食有由'는, 由는 사용함이니, 이는 네 영물이 〈각각〉 새와 짐승과 물고기와 자라의 우두머리가 되는데 우두머리가 이르면 그에 속한 무리가 모두 이르기 때문에 이것을 사용하여 부엌에 공급할 수 있음을 이른다.

≪大全≫

長樂陳氏曰 以天地爲本으로 至於五行以爲質은 以言其所法者也요 禮義以爲器와 人情以爲田은 以言其所用者也요 四靈以爲畜은 以言其所致者也라 聖人作則에 必推其所法하야 以適其所用하니 然後有所致矣니라

長樂陳氏 : 천지를 근본으로 삼음에서부터 五行을 질정할 것으로 삼음에 이르기까지는 〈聖人이 법칙을 만드실 적에〉 본받은 것을 말하였고, 禮義를 기물로 삼음에서부터 人情을 田地로 삼음에 이르기까지는 〈법칙을〉 運用한 것을 말하였고, 네 靈物을 가축으로 삼음은 〈법칙을 운용하여〉 불러온 것을 말하였다. 성인이 법칙을 만드실 적에 반드시 본받은 것을 미루어서 운용하는 것에 적합하게 하였으니, 이러한 뒤에 〈네 영물을〉 불러오게 함이 있는 것이다.

○ 張子曰 自天地爲本으로 至四靈爲畜이 一理也니 特細別耳라 事天治人과 與夫接物에 無所不用其極이니 能用其極이면 則其餘不足治矣니라

張子 : 천지를 근본으로 삼음으로부터 네 靈物을 가축으로 삼음에 이르기까지 똑같은 이치이니, 다만 세세히 분별했을 뿐이다. 〈聖人이〉 하늘을 섬김과 사람을 다스림과 外物에 접함에 지극한 법칙을 쓰지 않음이 없으니, 지극한 법칙을 제대로 쓰면 나머지 것들은 다스릴 것도 없다.

○ 嚴陵方氏曰 以天地爲本이면 則萬物皆末焉이니 本旣得이면 則末斯從之라 故로 物可擧也니 擧는 言持之在我也요 陰陽者는 萬物之情이니 以陰陽爲端이면 則其情을 可

探而見이라 故로 情可睹也요 以四時爲柄이면 則人順時之後先하고 因時之動靜을 不敢辭焉이라 故로 事可勸也요 以日星爲紀면 則晝之所參과 夜之所考가 各得其序焉이라 故로 事可列也요 月以爲量이면 則興事造業에 各有數以致其能焉이라 故로 功有藝也요 五行以爲質이면 則代廢代興이 皆周而復始焉이라 故로 事可復也요 四靈以爲畜이면 則人之日用者 皆易(이)致焉이라 故로 飮食有由也니 由는 言人因之致用也니라

嚴陵方氏 : 천지를 근본으로 삼으면 만물은 모두 말단이니, 근본을 이미 얻었다면 말단은 이것을 따르게 마련이다. 그러므로 물건을 들 수 있다 하였으니, 擧는 잡아서 나에게 있게 함을 말한 것이다. 陰과 陽은 만물의 情이니, 음과 양을 단서로 삼으면 情을 탐구하여 볼 수 있으므로 情을 볼 수 있다고 한 것이다. 四時를 權柄으로 삼으면 사람이 때의 선후를 順히 따르고 때의 動靜을 말미암기를 감히 사양하지 못하므로 일을 권면할 수 있는 것이다. 해와 별을 기록할 것으로 삼으면 낮에 參考한 것과 밤에 참고한 것들이 각각 마땅한 차례를 얻으므로 일을 나열할 수 있는 것이다. 열두 달을 限量으로 삼으면 일을 일으키고 功業을 이룸에 각각 일정한 달수가 있어서 능력을 다할 수 있으므로 功이 자라남이 있는 것이다. 五行을 질정할 것으로 삼으면 교대로 폐하고 교대로 흥함이 모두 一周하고서 다시 시작하므로 일을 다시 할 수 있는 것이다. 네 靈物을 가축으로 삼으면 사람이 일상생활에서 사용하는 것들이 모두 이르기 쉬우므로 음식에 사용할 것이 있게 되니, 由는 사람이 이를 통해 사용할 것을 이르게 함을 말한 것이다.

○ 馬氏曰 法象이 莫大乎天地라 故로 以爲本하니 而陰陽日月鬼神이 皆天地之別也라 聖人作則에 莫不取象於此라 雖然이나 聖人作則에 仰有法於天하고 俯有察於地하고 而近取於人情者는 禮義也라 禮義出於人情하니 先王因之하야 以爲治情之具也라 自天地爲本하야 推而至於人情以爲田이면 其爲法備하고 其爲治詳하니 宜有休徵以應之也라 故로 終以四靈爲畜이라 然四靈以爲畜은 聖人無意於是요 蓋在己에 有以立之면 在物者亦順之而不敢逆也니라

馬氏 : 자연계의 사물과 현상이 天地보다 더 큰 것이 없으므로 천지를 근본으로 삼으니, 陰陽·日月·鬼神이 모두 천지의 갈래이다. 聖人이 법칙을 만드실 적에 여기에서 본보기를 취하지 않음이 없으셨으나 성인이 법칙을 만드실 적에 위로 하늘

에서 본받음이 있고 아래로 땅에서 살핌이 있으시면서 가까이 人情에서 취하신 것은 禮義이다. 예의는 인정에서 나왔으니, 先王이 이것을 따라서 情을 다스리는 도구로 삼은 것이다.

천지를 근본으로 삼음을 말미암아서 미루어 인정을 田地로 삼음에 이르면 본받음이 완비되고 다스림이 자세하니, 마땅히 아름다운 징조로 응함이 있게 되므로 네 靈物을 가축으로 삼는다는 것으로 끝마쳤다. 그러나 네 영물을 가축으로 삼음은 성인이 여기에 사사로운 뜻이 있는 것이 아니고 자기 자신에게 〈법칙을〉 확립하면 물건에 있는 것 또한 〈법칙을〉 順히 따라 감히 거스르지 못하는 것이다.

091601 **何謂四靈**고 **麟鳳龜龍**을 **謂之四靈**이라 **故**로 **龍以爲畜**(휵)**故**로 **魚鮪**(유)**不淰**(심)하며 **鳳以爲畜故**로 **鳥不獝**(휼)하며 **麟以爲畜故**로 **獸不狘**(월)하며 **龜以爲畜故**로 **人情**을 **不失**이니라

무엇을 네 靈物이라 이르는가? 기린과 봉황과 거북과 용을 네 영물이라 이른다. 그러므로 용을 가축으로 삼기 때문에 고기와 상어가 놀라 달아나지 않으며, 봉황을 가축으로 삼기 때문에 새들이 놀라 날아가지 않으며, 기린을 가축으로 삼기 때문에 짐승들이 달아나지 않으며, 거북을 가축으로 삼기 때문에 사람의 바른 性情을 잃지 않는다.

麟

鳳

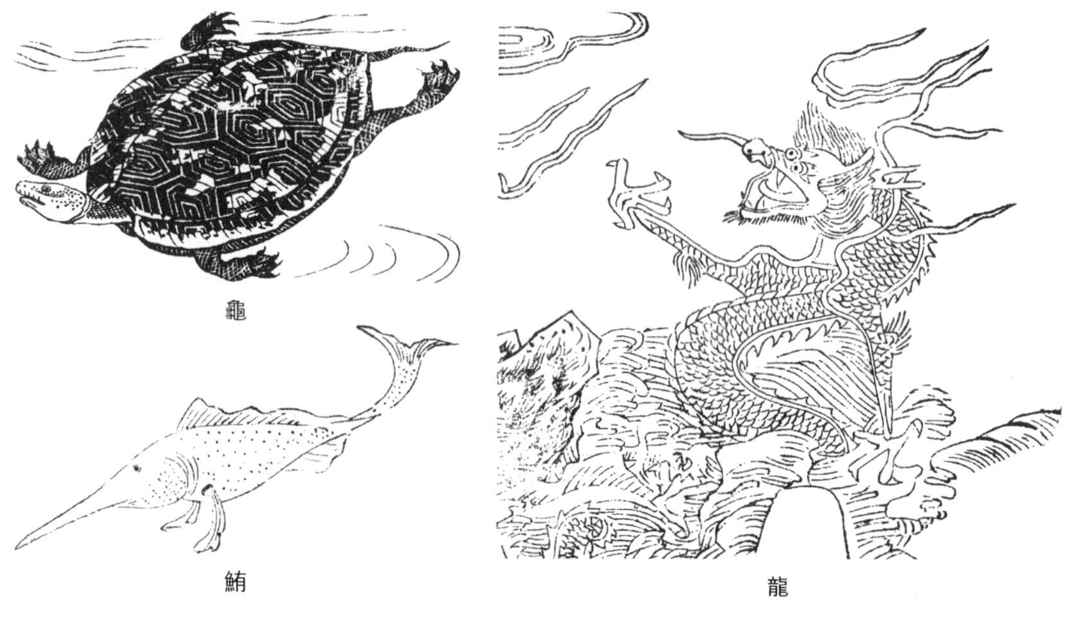
龜
鮪
龍

≪集說≫

鮪는 魚之大者라 故로 特言之하니라 淰은 群隊驚散之貌라 獝은 驚飛也요 狘은 驚走也라 三靈物이 旣馴擾如畜이면 則其類 皆隨從之하야 雖見人이나 亦不爲之驚而飛走矣라 龜能前知하니 人有所決에 以知可否故로 不失其情之正也라 上三物은 皆因飮食有由而言이로되 龜獨不言介蟲之類應者는 以其爲決疑之寶니 非可以飮食之物例之也라

鮪는 물고기 중에 큰 것이므로 특별히 말하였다. 淰은 무리가 놀라 흩어지는 모양이다. 獝은 놀라 날아가는 것이고, 狘은 놀라 달아나는 것이다. 세 靈物(용·봉황·기린)이 가축과 같이 길들면 그 무리가 모두 그것을 따라 순종하여 사람을 보더라도 또한 놀라 날아가거나 달아나지 않는다. 거북은 〈거북점으로 어떤 일을〉 미리 알 수 있으니, 사람이 의심스러운 일을 결단할 적에 〈거북점을 통해〉 可否를 알 수 있으므로 바른 性情을 잃지 않게 된다.

위의 세 영물은 모두 음식에 사용함이 있다는 것을 따라 말했으나 거북은 유독 介蟲의 종류가 응하는 것으로 말하지 않은 것은, 〈거북은〉 의심스러운 일을 결단하는 보물이지 음식물로 견줄 수 있는 것이 아니기 때문이다.

○ 石梁王氏曰 四靈以爲畜은 衍이라 至此면 無義味하야 太迂疏하니 何所無龜[124]리오

石梁王氏 : 〈'091502'의〉 '四靈以爲畜'은 衍文이다. 여기에 이르면 〈'四靈以爲畜'이〉 아무 의미가 없어서 너무 우활하고 엉성하니, 어느 곳인들 거북이 없겠는가.

≪大全≫

嚴陵方氏曰 麟體信厚[125)]하고 鳳知治亂하고 龜兆吉凶하고 龍能變化라 故로 謂之四靈이니라

嚴陵方氏 : 기린은 성실하고 仁厚함이 몸에 배어 있고, 봉황은 세상의 다스려짐과 혼란함을 알고, 거북은 吉함과 凶함을 미리 보여주고, 龍은 變化하는 능력이 있으므로 四靈이라 이른 것이다.

○ 長樂陳氏曰 魚鼈鳥獸至於不淰不獝不狘者는 蓋亦不必實然이요 所以誘君人者修德而已矣니라

長樂陳氏 : 魚鼈과 鳥獸가 놀라 달아나지 않고 놀라 날아가지 않고 놀라 달아나지 않게 되는 것은 또한 반드시 실제로 그렇게 되는 것이 아니고, 〈이렇게 말하여〉 백성의 임금에게 德을 닦기를 유도한 것일 뿐이다.

091701 故로 先王이 秉蓍龜하야 列祭祀하시며 瘞(예)繒하시며 宣祝嘏(하)辭說하시며 設制度하시니라 故로 國有禮하시며 官有御하시며 事有職하시며 禮有序하시니라

그러므로 先王이 蓍草와 거북을 잡아서 제사의 禮를 진열하며 비단을 묻으며 祝과 嘏의 辭說을 베풀며 제도를 만드셨다. 이러한 까닭으로 나라

---

124) 何所無龜 : 네 靈物 가운데 거북은 주위에서 어렵지 않게 볼 수 있는 동물에 지나지 않으니, 네 영물에 들어갈 수 없다는 말이다.

125) 麟體信厚 : ≪詩經≫ 〈國風 召南 麟之趾〉에 대한 毛氏(毛亨)의 序에 "〈麟之趾〉는 〈關雎〉의 效應이다. 〈관저〉의 교화가 행해지면 천하에 禮가 아닌 것을 범하지 아니하여 비록 衰亡한 세상의 公子일지라도 모두 성실하고 仁厚함이 기린이 발로 땅을 밟는 때와 같은 것이다.〔麟之趾 關雎之應也 關雎之化行 則天下無犯非禮 雖衰世之公子 皆信厚如麟趾之時也〕"라고 한 것을 원용한 것이다.(≪毛詩正義≫) 朱子의 註에 "기린의 발은 살아있는 풀을 밟지 않고, 살아있는 벌레를 밟지 않는다.〔麟之足 不踐生草 不履生蟲〕" 하였다.(≪詩經集傳≫)

에는 典禮가 있으며 관청에는 다스려짐이 있으며 일에는 맡은 職分이 있으며 禮에는 次序가 있었다.

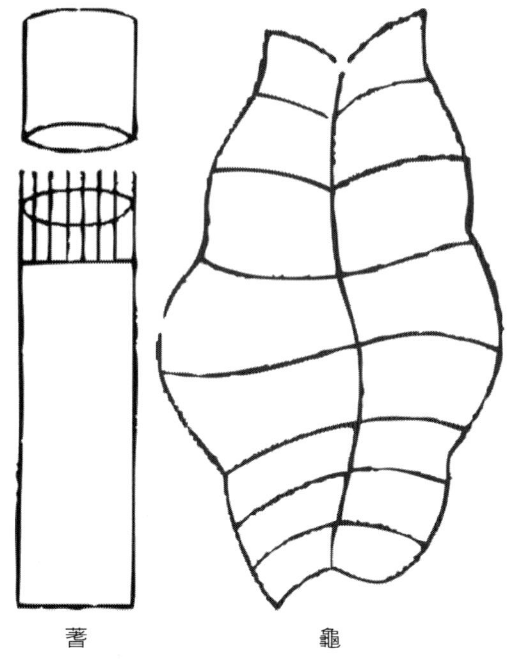

≪集說≫

瘞는 埋也요 繒은 幣帛也라 祭法云 瘞埋於泰折은 祭地也[126]라하니라 繒之言은 贈이니 埋幣告神者는 亦以贈神也라 宣은 揚也라 先王이 重祭事故로 定期日於蓍龜하야 而陳列祭祀之禮하고 設爲制度가 如此其詳하시니 制度一定이면 國家有典禮可守하며 官有所治하며 事有其職하며 禮得其序也라

瘞는 묻음이고 繒은 幣帛이니, 〈祭法〉에 이르기를 "泰折에 묻음은 땅에 제사 지내는 것이다." 하였다. 繒이라는 말은 준다는 뜻이니, 폐백을 묻고 神에게 고하는 것은 또한 神에게 주는 것이다. 宣은 宣揚함이다. 先王이 祭事를 중시하였으므로 蓍草占과 거북점으로 〈제사 지낼〉 期日을 정하고서 제사 지내는 禮를 진열하고 제도를 만든 것이 이와 같이 상세하니, 제도가 한번 정해지면 국가에는 지킬 만한 典禮가 있으며 관청에는 다스려지는 바가 있으며 일에는 職分이 있으며 禮에서는 차서를 얻는다.

---

126) 瘞埋於泰折祭地也 : 〈祭法〉의 이 내용에 대해 陳澔의 集說에 "희생과 폐백을 묻는 것은 땅에 제사 지내는 예이다. 泰折은 바로 方丘이다. '折'은 磬折・折旋의 뜻과 같으니, 네모남을 비유한 것이다.〔瘞埋牲幣 祭地之禮也 泰折 卽方丘 折 如磬折折旋之義 喩方也〕"라고 해설하였다. '方丘'는 네모난 구릉으로 고대에 地祇(땅의 신)에게 제사를 지내는 단인 바, ≪周禮≫ 〈春官 大司樂〉에 보이는데 賈公彦 疏에 "땅에 있어서 못 가운데의 네모난 구릉을 말한 것은 높음으로 하늘을 섬기기 때문에 땅 위에서 하고 낮음으로 땅을 섬기기 때문에 못 가운데에서 하는 것이다. 네모난 구릉을 취한 것은, 물이 모인 것을 '못'이라고 하니, 물 가운데에서 제사를 설행할 수 없기 때문에 또한 천연적으로 생긴 네모난 구릉을 취하니 땅의 네모남을 형상한 곳이기 때문이다.〔地言澤中方丘者 因高以事天 故於地上 因下以事地 故於澤中 取方丘者 水鍾曰澤 不可以水中設祭 故亦取自然之方丘 象地方故也〕" 하였다.(≪周禮注疏≫)

≪大全≫

嚴陵方氏曰 秉蓍龜는 所以決禮之疑요 列祭祀는 所以致禮之敬이요 瘞繒은 所以備禮之物이요 宣祝嘏(하)辭說은 所以通禮之情이요 設制度는 所以修禮之文이라 若是면 則可謂有其禮矣라 故로 繼言國有禮也라 繒帛은 藏之於幽故로 言瘞하고 辭說은 揚之於明故로 言宣이라 建國하면 必設官하고 設官하면 必治事하니 治事는 所以行禮라 故로 其序如此라 然上言國有禮는 則禮之體也요 下言禮有序는 則禮之用也니라

嚴陵方氏 : 蓍草와 거북을 잡음은 禮의 의심스러운 점을 결단하는 것이고, 제사의 禮를 나열함은 禮의 공경을 지극히 하는 것이고, 비단을 묻음은 禮의 물건을 구비하는 것이고, 祝과 嘏의 辭說을 베풂은 禮의 情을 통하는 것이고, 제도를 만듦은 禮의 文을 닦는 것이다. 이와 같이 하면 "그 禮가 있다."고 이를 만하므로 뒤이어 "나라에 禮가 있다."고 말한 것이다. 繒帛은 어두운 곳에 감추므로 "묻는다"고 말하였고, 辭說은 밝은 곳에 드러내므로 "베푼다"고 말한 것이다.

나라를 세우면 반드시 관청을 설치하고 관청을 설치하면 반드시 일을 다스리니, 일을 다스림은 禮를 행하게 하는 것이므로 차례가 이와 같은 것이다. 그러나 위에서 "나라에 禮가 있다."고 말한 것은 禮의 본체이고, 아래에서 "禮에는 차서가 있다."고 말한 것은 禮의 쓰임이다.

091801 故로 先王이 患禮之不達於下也라 故로 祭帝於郊는 所以定天位也요 祀社於國은 所以列地利也요 祖廟는 所以本仁也요 山川은 所以儐[127] 鬼神也요 五祀는 所以本事也니 故로 宗祝이 在廟하고 三公이 在朝하고 三老在學하며 王이 前巫而後史하며 卜筮瞽侑 皆在左右어든 王이 中하야 心無爲也하야 以守至正이니라

그러므로 先王이 禮가 아래에 도달하지 않음을 근심하셨다. 그런 까닭에 上帝를 郊外에서 제사 지냄은 하늘의 자리를 정하는 것이고, 社를 國

127) 儐 : 陸德明의 音義에 "儐은 皇侃의 음은 賓이니, 공경하다는 뜻이다.〔儐 皇音賓 敬也〕" 하였다.(≪禮記正義≫)

都에서 제사 지냄은 땅의 이로움을 나열하는 것이고, 선조의 사당에서 제사 지냄은 仁에 근본을 둔 것이고, 山川에 제사 지냄은 귀신에게 공경히 禮를 갖추는 것이고, 五祀는 일에 근본을 둔 것이다. 그러므로 宗과 祝은 사당에 있고 三公은 조정에 있고 三老와 〈五更은〉 太學에 있으며, 王은 앞에는 巫가 있고 뒤에는 史官이 있으며 卜과 筮를 하는 이와 봉사인 악사와 侑가 모두 왕의 좌우에 있으면 왕은 중앙에 있으면서 마음을 다른 곳에 쓸 일이 없어서 지극히 바른 도를 지킬 뿐이다.

≪集說≫

天子致尊天之禮하면 則天下知尊君之禮라 故로 曰 定天位라하니라 食貨所資 皆出於地하니 天子親祀后土는 正爲表列地利하야 使天下로 知報本之禮也라 仁之實은 事親이 是也니 人君이 以子禮事尸는 所以達仁義之教於下也라 儐禮鬼神而祭山川하고 本諸(저)事爲而祭五祀는 皆是使禮教之四達이니 此亦前章未盡之意라 廟有宗祝하고 朝有三公하고 學有三老五更하니 無非明禮教하야 以淑天下라 巫는 主弔臨之禮而居前하고 史는 書言動之實而居後하며 瞽爲樂師하고 侑爲四輔하야 或辨聲樂하고 或贊威儀어든 而王居其中하야 此心이 何所爲哉아 不過守君道之至正而已니 此又是人君이 以禮自防하야 示教於天下也라

〈지위가 지극히 높은〉 천자가 하늘을 높이는 禮를 지극히 하면 천하 사람들이 임금을 높이는 禮를 알게 되므로 "하늘의 자리를 정한다." 한 것이다. 飮食과 財貨의 자원이 모두 땅에서 나오니, 천자가 친히 后土에게 제사 지내는 것은 바로 땅의 이익을 드러내어 나열해서 천하 사람들로 하여금 근본에 보답하는 禮를 알게 한 것이다.

仁의 근본은 어버이를 섬기는 것이 이에 해당하니, 임금이 자식의 禮로 尸童을 섬김은 仁義의 가르침을 아래 사람들에게 도달하게 하는 것이다. 귀신에게 공경히 禮를 갖추어 山川에 제사 지내고 일에 근본을 두어 五祀에 제사 지냄은 모두 禮教를 사방에 도달하게 하는 것이니, 이 또한 앞 장에서 다 말하지 못한 뜻이다.

사당에는 宗과 祝이 있고 조정에는 三公이 있고 太學에는 三老와 五更이 있으니, 예교를 밝혀서 천하 사람들을 선하게 하지 않음이 없는 것이다. 巫는 弔臨하는 禮를

주관하는데 왕의 앞에 있고, 史는 〈왕의〉 말과 행실의 실제를 기록하는데 왕의 뒤에 있다. 그리고 瞽가 樂師가 되고 侑가 四輔가 되어서 음악을 분별하거나 威儀를 돕는데, 왕은 그 중앙에 있으면서 어디에 마음을 쓰겠는가? 〈마음 쓰는 것이〉 임금의 지극히 바른 道를 지킴에 지나지 않으니, 이는 또 임금이 禮로써 자신을 경계하여 천하 사람들에게 가르침을 보이는 것이다.

○ 石梁王氏曰 巫는 祭祀면 方用이요 卜筮는 有事면 方問이니 謂常在左右는 非也라

石梁王氏：巫는 제사를 지내게 되면 비로소 쓰는 것이고, 卜筮는 의심스러운 일이 있으면 비로소 〈점을 쳐서 吉凶을〉 묻는 것이니, 항상 좌우에 있다고 말한 것은 잘못이다.

≪大全≫

嚴陵方氏曰 禮之始也는 則自天子出하고 禮之終也는 則與民由之하니 與民由之然後에 禮達而分定이라 故로 先王患禮之不達於下하면 則必有以爲之敎者라 然敎必以祭祀爲主者는 以神道設之하야 使民知畏敬故也라 天則遠人而尊故로 祭帝於郊하고 地則近人而親故로 祀社於國이라 定天位면 則天下達於尊卑之禮矣요 列地利면 則天下達於施報之禮矣니 位欲其一故로 曰定이요 物欲其陳故로 言列이라 天神曰祀요 地祇曰祭[128]어늘 而此於天曰祭者는 郊所以明天道故也요 於地曰祀者는 社所以神地道故也라 仁以立人道요 而人本乎祖라 故로 曰 祖廟所以本仁也라하니 如是면 則天下達於親疏之禮矣요 我爲祭主於內하고 而山川之鬼神在外하야 固有賓道라 故曰 所以儐鬼神也라하니 如是면 則天下達於興作之禮矣요 五祀出於五行이요 而五行各因時以用事焉이라 故로 曰 所以本事也라하니 如是면 則天下達於制度之禮矣라 然於帝於社에 止言祭祀면 則祖廟以下皆主祭祀를 可知니라

嚴陵方氏：禮의 발단은 천자로부터 시작하고 禮의 결말은 백성과 더불어 행하니, 백성과 더불어 행한 뒤에야 禮가 두루 통하여 분수가 정해진다. 그러므로 先王이 禮가 아래에 도달하지 못함을 걱정하면 반드시 그것을 위하여 가르침이 있었던 것이

128) 天神曰祀 地祇曰祭：≪周禮≫ 〈地官 司徒 鼓人〉에 "雷鼓는 神祀에 치고, 靈鼓는 社祭에 친다.〔以雷鼓 鼓神祀 以靈鼓 鼓社祭〕" 하였는데, 賈公彦 疏에 "천신에 지내는 제사를 祀라 하고, 地祇에 지내는 제사를 祭라 한다.〔天神稱祀 地祇稱祭〕" 하였다.(≪周禮注疏≫)

다. 그러나 가르침을 반드시 제사를 위주로 삼은 것은 하늘의 神妙한 도리를 가지고 교화를 베풀어 백성으로 하여금 敬畏할 줄을 알게 하려 했기 때문이다.

하늘은 사람과 멀리 떨어져 높기 때문에 上帝를 〈國都에서 멀리 떨어진〉 郊에서 제사 지내고, 땅은 사람과 가까워 친하기 때문에 土地神을 국도에서 제사 지내는 것이다. 하늘의 자리를 정하면 천하 사람들이 尊卑의 禮에 두루 통하고, 땅의 이로움을 나열하면 천하 사람들이 베풀고 보답하는 禮에 두루 통하니, 자리에 대해서는 일정하게 유지되기를 바라기 때문에 定이라고 말한 것이고, 물건에 대해서는 진열되고자 하기 때문에 列이라고 말한 것이다. 天神에 지내는 제사를 祀라 하고, 地祇에 지내는 제사를 祭라 한다. 그런데 여기에서 천신에 지내는 제사를 祭라고 한 것은, 郊祭는 天道를 밝히는 것이기 때문이다. 그리고 지기에 지내는 제사를 祀라고 한 것은, 社祀는 地道를 神明하게 하는 것이기 때문이다.

仁으로써 人道를 확립하고 사람은 선조에 근본을 두므로 "선조의 사당에 제사 지냄은 仁에 근본을 둔 것이다." 하였으니, 이와 같다면 천하 사람들이 親疏의 禮에 두루 통할 것이다. 나는 안에서 祭主가 되고 山川의 귀신은 밖에 있어서 진실로 賓의 道가 있으므로 "귀신에게 공경히 禮를 갖춘다." 하였으니, 이와 같다면 천하 사람들이 〈산천에서〉 興作(工事를 일으켜 지음)의 禮에 두루 통할 것이다. 〈宮室에서 지내는〉 五祀는 五行에서 나온 것이고 오행은 각각 때를 통하여 用事하기 때문에 "일에 근본을 둔 것이다." 하였으니, 이와 같이 하면 천하 사람들이 〈궁실에서부터 행하는〉 制度의 禮에 두루 통할 것이다. 그러나 상제와 토지신에 대해서만 제사를 말했으면 선조의 사당 이하 모든 것이 제사를 위주로 삼음을 알 수 있는 것이다.

○ 長樂劉氏曰 宗祝在廟者는 執祭祀之禮할새 雖鬼神之大라도 不可得以亂之也요 三公在朝者는 執上下之禮할새 雖君上之尊이라도 不可得以踰之也요 三老在學者는 執人倫之禮할새 雖異數之隆이라도 不可得以變之也라 王前巫者는 辟除其心之疑慮也요 後史者는 臨正其行之攲(기)傾也요 卜筮瞽侑皆在左右者는 防其言動之有失也니라

長樂劉氏 : '宗祝在廟'는 〈宗과 祝이 사당에서〉 제사의 禮를 집행할 적에 비록 〈조상신보다 더〉 큰 귀신이라 하더라도 〈宗과 祝이 집행하는 것을〉 어지럽힐 수가 없는 것이고, '三公在朝'는 〈三公이〉 上下의 禮를 집행할 적에 비록 높은 임금이라 하더라도 〈삼공의 자격을〉 뛰어넘을 수 없는 것이고, '三老在學'은 〈三老가 太學에서〉 人倫

의 禮를 집행할 적에 비록 융숭한 예우를 받는 자라 하더라도 〈삼로가 집행하는 것을〉 바꿀 수 없는 것이다. '王前巫'는 〈왕의〉 마음속에 있는 의심과 염려들을 제거하는 것이고, '後史'는 〈왕의〉 行實이 비뚤어지는 것을 가까이에서 바로잡는 것이고, '卜筮瞽侑皆在左右'는 〈왕의〉 말과 행실에 실수가 있게 됨을 防備하는 것이다.

○ 西山眞氏曰 巫는 掌祀하야 以鬼神之事로 告王하고 史는 掌書하야 以三皇五帝之事로 告王하고 掌卜筮者는 以吉凶諫王하고 瞽矇之叟는 以歌詩諫王하야 一人之身而左右前後挾而維之하니 雖欲斯須自放이나 得乎아

西山眞氏 : 巫는 제사를 관장하여 귀신의 일을 왕에게 고하고, 史는 기록하는 것을 관장하여 三皇五帝의 일을 왕에게 고하고, 卜과 筮를 관장하는 자는 〈점괘의〉 吉凶을 토대로 왕에게 諫言하고, 봉사인 노인들은 詩歌를 가지고 왕에게 諫하여 임금 한 사람을 前後左右에서 두루 바로잡아주니, 비록 잠시라도 스스로 방탕하려고 한들 될 수 있겠는가.

091802 故로 禮行於郊而百神受職焉하며 禮行於社而百貨可極焉이며 禮行於祖廟而孝慈服焉하며 禮行於五祀而正法則(칙)焉이라 故로 自郊社祖廟山川五祀는 義之修而禮之藏也니라

그러므로 禮가 郊祭에 행해지면 온갖 神들이 職責을 받으며, 禮가 社祀에 행해지면 온갖 財貨가 지극해지며, 禮가 선조의 사당에 행해지면 孝道와 사랑이 행해지며, 禮가 五祀에 행해지면 법칙이 正道에 맞게 된다. 그러므로 본래 郊·社·祖廟·山川·五祀는 義를 수식하는 곳이고 禮를 보관하는 곳이다.

≪集說≫

此承上文祭帝於郊等禮而言이라 百神受職은 謂風雨節하고 寒暑時하야 而無咎徵[129)]

129) 咎徵 : 하늘이 벌을 내릴 때 보여주는 나쁜 징조로, 天變地異 등을 가리키는바, ≪書經≫ 〈周書 洪範〉에 "구징은, 임금이 미친 짓을 하면 늘 비가 오고 참람하면 늘 볕이 나고 게으르면 늘 덥고 조급하면 늘 춥고 몽매하면 늘 바람이 분다.〔曰咎徵 曰狂 恒雨若 曰僭 恒

也요 百貨可極은 謂地不愛寶하고 物無遺利也라 孝慈服은 謂天下皆知服行孝慈之道也요 正法則은 謂貴賤之禮各有制度하야 無敢僭踰也라 聖王精禋感格이 其效如此하니 由此觀之하면 則郊社祖廟山川五祀는 皆義之修飾而禮之府藏也라 前言山川興作이로되 而此不言者는 法則之事 包之也일새라

이것은 윗글의 上帝를 郊에서 제사 지내는 등의 禮를 이어서 말한 것이다. '百神受職'은 바람과 비가 節度에 맞고 추위와 더위가 시절에 맞아서 나쁜 징조가 없음을 이르는 것이다. '百貨可極'은, 땅은 보배를 아끼지 않고 사물은 버려지는 이익이 없는 것을 이른다. '孝慈服'은 천하 사람들이 모두 효도하고 사랑하는 道를 실천할 줄 아는 것을 이르고, '正法則'은 귀하고 천한 사람의 禮가 각각 제도가 있어서 감히 자기의 분수를 뛰어넘지 않음을 이른다.

聖王이 정성스러운 제사로 귀신을 감격하게 함에 효험이 이와 같으니, 이것을 가지고 살펴본다면 郊・社・祖廟・山川・五祀는 모두 義를 수식하는 곳이고 禮를 보관하는 곳이다. 앞에서는 산천의 興作(공사를 일으켜 지음)을 말하였는데 여기서는 말하지 않은 것은 법칙의 일이 그것을 포괄하고 있기 때문이다.

≪大全≫

嚴陵方氏曰 受職은 言各受其職而有守也요 可極은 言各盡其利而無遺也요 正法則者는 以制度之所在故로 各得其法則之正也라 其行於始也에 祭帝於郊而已라 故終至於禮行於郊焉이요 其始也에 祀社於國而已라 故終至於禮行於社焉하니 固其序也라 推之於祖廟五祀에 其義亦若是爾니라

嚴陵方氏 : '受職'은 〈온갖 神들이〉 각각 직책을 받아서 지킴이 있음을 말한 것이고, '可極'은 〈온갖 재화가〉 각각 이로움을 다하여 빠트림이 없음을 말한 것이고, '正法則'은 〈五祀가 있는 궁실은〉 제도가 있는 곳이기 때문에 각각 바른 법칙을 얻는 것이다.

처음 〈예를〉 행할 적에 郊에서 上帝에게 제사 지낼 뿐이므로 마침내 禮가 郊祭에서 행해지게 되는 것이고, 처음 행할 적에 國都에서 토지신에게 제사 지낼 뿐이므로 마침내 禮가 社祀에서 행해지게 되는 것이니, 이는 진실로 〈예가 행해지는〉 차례이다. 이것을 祖廟와 五祀에까지 미루어가면 義理가 또한 이와 같을 뿐이다.

暘若 曰豫 恒燠若 曰急 恒寒若 曰蒙 恒風若〕" 하였다.

○ 長樂陳氏曰 禮行於郊而百神受職焉者는 以其大報天而百神莫不與之也요 禮行於社而百貨可極焉者는 以其五土[130]之宜를 百物資之以生也요 禮行於祖廟而孝慈服焉者는 以其有祝以告人之孝하고 而有嘏以告神之慈也요 禮行於五祀而正法則焉者는 以其有制以正法하고 有度以正則也[131]라 言郊社祖廟五祀而不及山川者는 以社言百貨可極이면 則兼之也라 夫義則有宜하고 禮則有體하니 務其宜以歸其體然後에 五者之敎全矣라 故로 曰 義之修禮之藏也라하니라

長樂陳氏 : '禮行於郊而百神受職焉'은 하늘에 크게 보답하여 온갖 神들이 참여하지 않음이 없기 때문이고, '禮行於社而百貨可極焉'은 五土의 마땅한 토질을 여러 가지 물건이 資賴하여 생기기 때문이고, '禮行於祖廟而孝慈服焉'은 〈주인이 神에게 아뢰는 글인〉 祝이 있어서 사람의 孝를 고하고 〈尸童이 주인에게 福을 내리는 말인〉 嘏가 있어서 神의 사랑을 고하기 때문이다. '禮行於五祀而正法則焉'은 〈궁실에 五祀에 대한〉 禮制가 있어서 禮法을 바르게 하고 〈궁실에 五祀에 대한〉 禮度가 있어서 禮則을 바르게 하기 때문이다. 郊·社·祖廟·五祀를 말하고 山川을 언급하지 않은 것은 社에서 "온갖 財貨가 지극해진다."고 말했으면 山川을 겸한 것이다. 義에는 마땅함이 있고 禮에는 體가 있으니, 마땅함을 힘써서 體로 돌아간 뒤에 다섯 가지의 가르침이 온전해지므로 "義를 수식하는 곳이고 禮를 보관하는 곳이다."라고 말한 것이다.

○ 臨川吳氏曰 義者는 事理之宜요 禮者는 儀文之節이며 修는 謂整葺無虧闕이요 藏은 謂在於其中이니 能知五者祭祀之宜하면 禮在其中矣라 故로 曰 義之修而禮之藏也라하니라

臨川吳氏 : 義는 事理의 마땅함이고, 禮는 儀文의 節度이며, 修는 정리하고 보수하여 이지러짐이 없게 함을 이르고, 藏은 그 가운데에 있음을 이르니, 이 다섯 가지 제사의 마땅함을 알면 禮가 그 가운데에 들어 있으므로 "義를 수식하는 곳이고 禮를 보관하는 곳이다." 한 것이다.

---

130) 五土 : ≪孔子家語≫ 〈相魯〉에 보이는데, 王肅 注에 따르면 山林, 川澤, 丘陵, 墳衍(河川地), 原隰(低濕地)을 이른다.

131) 以其有制以正法 有度以正則也 : 옛날에는 '禮法'이라는 의미로 '禮制', '禮度(예도)', '禮則(예칙)'이라는 단어를 혼용하였는데, 制度나 法則 등을 바르게 하기 위해서는 禮가 기준이나 바탕이 되어야 한다는 것을 설명하려고 이렇게 말한 것으로 보인다.

091901 **是故**로 **夫禮**는 **必本於大**(태)**一**이라 **分而爲天地**하며 **轉而爲陰陽**하며 **變而爲四時**하며 **列而爲鬼神**하나니 **其降曰命**이니 **其官於天也**니라

이 때문에 禮는 반드시 太一에 근본을 두는 것이다. 〈태일이〉 나누어져 天과 地가 되며 바뀌어 陰과 陽이 되며 변하여 四時가 되며 나열하여 鬼神이 되는데, 〈聖人이 이것에 근본을 두어 예를 만들어서〉 내려주는 것을 命이라 하니, 하늘을 〈본받음을〉 주장하는 것이다.

≪集說≫

極大曰太요 未分曰一이니 太極函三爲一之理也라 分爲天地면 則有高卑貴賤之等하고 轉爲陰陽이면 則有吉凶刑賞之事하고 變爲四時면 則有歲月久近之差하고 列爲鬼神이면 則有報本反始之情이라 聖人制禮 皆本於此하야 以降下其命令者니 是皆主於法天也라 官者는 主之義라

지극히 큰 것을 태라 하고 아직 나누어지지 않은 것을 一이라 하니, 太極이 〈天・地・人〉 三才를 포함하여 하나가 되는 이치이다. 나누어서 天과 地가 되면 高卑와 貴賤의 등급이 있고, 바뀌어 陰과 陽이 되면 吉凶과 刑賞의 일이 있고, 변하여 四時가 되면 歲月의 멀고 가까운 차이가 있고, 나열하여 鬼神이 되면 〈나를 세상에 태어나게 한〉 근본에 보답하고 시초로 돌아가는 情이 있는 것이다.

聖人이 禮를 만든 것이 모두 이것들을 근본으로 삼아 命令을 내리는 것이니, 이는 모두 하늘을 본받음을 위주로 삼는 것이다. 官은 위주로 삼는다는 뜻이다.

○ 石梁王氏曰 禮家 見易有太極字하고 翻出一箇太一하니 仍是諸子語라 其官於天也一句는 結上文하니 官天地는 當如莊子義[132)]니라

石梁王氏 : 禮家들이 ≪周易≫에 太極이라는 글자가 있는 것을 보고 하나의 '太一'로 바꾸었으니, 이는 또한 〈莊子와 같은〉 諸子의 말이다. '其官於天也' 한 句는 이상

---

132) 官天地當如莊子義 : '官天地'는 ≪莊子≫ 〈德充符〉에 실린 孔子의 말 가운데에 보이는데, 成玄英 疏에 "천지를 기강으로 삼는 것을 '관천지'라 한다.〔綱維二儀 曰官天地〕"라고 해설하였는바, 이를 두고 한 말이다.(≪莊子集解≫)

의 글을 끝맺은 것이니, '官天地'는 마땅히 ≪莊子≫에서 말한 뜻과 같아야 한다.

≪大全≫

長樂陳氏曰 以形之始而言之하면 謂之大(태)始요 以數之始而言之하면 謂之大一이니라

長樂陳氏 : 形體의 시작에 입각하여 말하면 太始라 이르고, 數의 시작에 입각하여 말하면 太一이라 이른다.

○ 嚴陵方氏曰 天地則有上下之位하고 陰陽則有升降之宜하고 四時則有先後之序하고 鬼神則有變化之功이라 聖人體此以命物이면 而在下莫不聽이라 故曰 其降曰命이요 亦未嘗不本之於自然이라 故曰 其官於天이라하니라 不曰本而曰官者는 以夫禮之命物에 各有所主故也니라

嚴陵方氏 : 하늘과 땅은 上下의 자리가 있고, 陰과 陽은 오르고 내리는 마땅함이 있고, 四時에는 먼저와 나중의 차례가 있고, 鬼神은 변화하는 功이 있다. 聖人이 이것을 본보기로 삼아 물건에 명령을 내리면 아래에 있는 자가 따르지 않는 이가 없으므로 "내려주는 것을 命이라 한다."라고 한 것이고, 또한 일찍이 自然에 근본을 두지 않음이 없으므로 "하늘을 〈본받음을〉 주장하는 것이다."라고 한 것이다. 〈'其官於天'에서〉 本이라 말하지 않고 官이라고 말한 것은 禮가 물건에 명령을 내림에 각기 주장하는 바가 있기 때문이다.

091902 夫禮는 必本於天하야 動而之地하며 列而之事하며 變而從時하며 協於分藝하니 其居人也曰養[133)]이라 其行之엔 以貨力辭讓飮食과 冠昏

133) 養 : '義'가 되어야 한다. 이것은 '養'자를 陳澔의 集說에 '義'자로 해설한 것에 따른 것인데, 진호의 설은 注疏의 해설을 따른 것이다. 鄭玄 注에 "'養'은 마땅히 '義'가 되어야 하니 글자를 잘못 쓴 것이다. 아래로 내리면 교령이 되고 사람의 몸에 있으면 義가 된다. ≪孝經說≫에 '義는 사람을 말미암아서 나온다.' 하였다.〔養 當作義 字之誤也 下之則爲敎令 居人身爲義 孝經說曰 義由人出〕" 하였고, 孔穎達 疏에 "'養'은 마땅히 '義'가 되어야 함을 아는 것은, 위에서 '義를 수식하는 곳이고, 禮를 보관하는 곳이다.' 하고, 아래에서 '성인이 義를 베풀어 심는다.' 하고, 또 '義는 藝의 分限이고 仁의 節度이다.' 한 것을 근거하여 '養'은 마땅히 '義'가 되어야 함을 아는 것이다. 살펴보건대 ≪聖證論≫에서 王肅은 '아래에서 말한 「穫而弗食」, 「食而弗肥」에 의거하면 이 글자는 마땅히 「養」이 되어야 하고, ≪공자가어≫에도 「其居人曰養」이라고 하였는데 정현은 굳이 이 설을 버리고 義

喪祭射御朝聘이니라

禮는 반드시 하늘에 근본을 두어 동하여 땅으로 옮겨가며 나열되어 일로 옮겨가며 변하여 때를 따르며 期限과 재능에 화합하니, 이것이 사람에게 있으면 義라 한다. 이것을 행할 적에는 財貨・筋力・辭讓・飮食과 冠・昏・喪・祭・射・御・朝・聘이 있어야 한다.

≪集說≫

此亦本前章本於天殽於地之意라 動而之地는 卽殽地也요 列而之事는 卽五祀所以本事也요 變而從時는 卽四時以爲柄也라 協은 合也라 分은 謂月以爲量也요 藝는 卽功有藝也라 上言義之修禮之藏이라 故로 此亦始言禮하고 終言義하니라 居人은 猶言在人也니 禮雖聖人制作이나 而皆本於人事當然之義라 故云 居人曰義也라 冠昏而下八者는 皆禮也나 然行禮者必有貨財之資와 筋力之强과 辭讓之節과 飮食之品이니 亦皆當然之義也라

이것은 또한 앞 장의 '하늘에 근본을 두고 땅을 본받는다.'는 뜻에 바탕을 둔 것이다. '動而之地'는 곧 땅을 본받는 것이고, '列而之事'는 곧 五祀가 일에 근본을 둔 것이고, '變而從時'는 바로 四時를 權柄으로 삼는 것이다. 協은 합함이다. 分은 열두 달을 限量으로 삼는 것이고, 藝는 바로 功이 자라남이 있는 것이다. 위에서 "義를 수식하는 곳이고 禮를 보관하는 곳이다."라고 말하였으므로 여기에서 또한 처음에는 禮를 말하고 끝에 義를 말한 것이다. 居人은 '사람에게 있다.'라는 말과 같으니, 禮가 비록 聖人이 만드신 것이라 하더라도 모두 人事의 당연한 의리에 근본을 두었으므

라고 한 것이다.' 하였는데, 司馬昭는 다음과 같이 말하였다. '≪주역≫에 「사람의 도를 세움은 仁과 義이다.」 하였고, 또 여기에서 「예의는 사람의 큰 단서이다.」 하였으며, 아래에서 매번 「義」라고 하였기 때문에 「養」은 마땅히 「義」가 되어야 함을 아는 것이다.'〔知養當爲義者 以上云義之修 禮之藏 下云聖人陳義以種之 又云 義者藝之分仁之節 故知養當爲義也 案聖證論 王肅以下云穫而弗食食而弗肥 字宜曰養 家語曰 其居人曰養 鄭必破爲義者 馬昭云 立人之道曰仁與義 又此云 禮義者 人之大端 下每云義 故知養當爲義也〕" 하였다. ≪성증론≫은 王肅의 저작으로, 정현의 학설을 반박하는 내용이 주를 이루고 있다. 책 자체는 이미 일실되었으나 다른 책에 보이는 편린들이 ≪玉函山房輯佚書≫에 수록되어 있으며, 淸나라 때의 皮錫瑞는 ≪聖證論補評≫을 지었다. 司馬昭는 王肅의 사위이기 때문에 공영달이 그의 설을 인용한 것으로 보이는데, 그 출처는 자세하지 않다.

로 "사람에 있으면 義이다."라고 말한 것이다.

'冠昏' 이하 여덟 가지는 모두 禮이다. 그러나 禮를 행하는 자는 반드시 물자가 되는 財貨와 강한 근력과 사양하는 예절과 물품이 되는 음식이 있어야 하니, 이 또한 당연한 義이다.

≪大全≫

蔣氏曰 自禮必本於大(태)一로 至其官於天은 所以言禮之不離乎天이요 自禮必本於天으로 至居人也曰養은 所以言禮之終歸於人이라 且本於大(태)一者는 天地未分之先也요 高卑以分하야 天地立矣하고 二氣轉移하야 陰陽生矣하고 寒暑代謝하야 有四時之變하고 生死往來하야 有鬼神之形이니 莫非此禮發露於自然이니 聖人本其自然發露者하야 制禮以命天下라 故로 曰 其降曰命이라 旣謂之降曰命矣요 又終之以其官於天者는 聖人懼天下言禮者 瀆於人而志於天故爾라 且謂之必本乎天者는 猶言本乎大一也라 然動而之地하면 則大一判而上下殊矣요 列而之事하면 見(현)於制度顯設之位요 變而從時하면 推之於陰陽奇耦之象에 莫非此禮니 所以周流而不窮也라 聖人因而順其分之所宜受하고 量其藝之所能爲하야 而使之行是禮라 故로 曰 協於分藝요 必終之以居人曰養者는 聖人懼天下之言禮者 惑於天而不體於人故爾니라

蔣氏 : '禮는 반드시 太一에 근본을 둔다.'는 것으로부터 '하늘을 〈본받음을〉 주장한다.'에 이르기까지는 禮가 하늘에서 떠나지 않음을 말한 것이고, '禮는 반드시 하늘에 근본을 둔다.'는 것으로부터 '사람에게 있으면 養(義)이라고 한다.'에 이르기까지는 禮가 끝내 사람에게 귀결됨을 말한 것이다.

또 태일에 근본을 둠은 천지가 아직 나누어지기 이전이다. 높고 낮음이 나누어져서 하늘과 땅이 성립되고, 두 기운이 전환되어 陰과 陽이 만들어지고, 추위와 더위가 서로 교체하여 四時의 변화가 있고, 새 생명과 죽은 생명이 오고 가서 鬼神의 형상이 있게 되었다. 이는 禮가 자연에서 發露되지 않음이 없는 것이니, 聖人이 자연에서 발로된 것에 근본을 두어 禮를 제정해서 천하에 명을 내렸으므로 "내려주는 것을 命이라 한다."고 말한 것이다.

"내려주는 것을 命이라 한다."고 말한 뒤에 또 "하늘을 〈본받음을〉 주장한다."고 끝마친 것은, 성인이 천하에서 禮를 말하는 자들이 사람을 모독하면서 하늘에 뜻을

둘까 염려하셨기 때문이다.

또 "반드시 하늘에 근본을 둔다."고 말한 것은 "태일에 근본을 둔다."고 말한 것과 같으나 動하여 땅으로 옮겨가면 태일이 나누어져 上下가 달라지고, 나열되어 일로 옮겨가면 制度를 밝게 진설한 자리에 드러나고, 변하여 때를 따르면 耦數인 陰의 象과 奇數인 陽의 象에 미루어감에 이 禮가 아님이 없다. 이것이 〈禮가〉 두루 유행하여 다하지 않는 이유이다.

성인이 이를 통해서 期限에 마땅히 받을 바를 따르고 재능에 능히 할 수 있는 바를 헤아려서 이 禮를 행하게 하였으므로 "기한과 재능에 화합한다."고 말하였다. 그리고 반드시 "사람에게 있는 것을 養이라 한다."는 말로 끝마침은, 성인이 천하에 禮를 말하는 자가 하늘에 의혹을 품고서 사람에게 體行하지 않을까 염려하셨기 때문이다.

○ 嚴陵方氏曰 上言禮本於大一은 則原禮之初而已요 此는 又明禮之用焉이라 上言禮之初故로 言官於天하야 以見(현)其自然하고 此言禮之用故로 言居人하야 以見其使然也니라 又曰 其行之엔 以貨力辭讓飮食과 冠昏喪祭射御朝聘은 言冠昏喪祭射御朝聘이 非貨力辭讓飮食이면 有不行也라 夫欲行禮인댄 貨力爲先이요 辭讓次之요 飮食又次之라 故로 曰 無財면 不可以爲悅[134]이라하니 非强有力者면 莫能行也니라

嚴陵方氏 : 위에서 "禮가 太一에 근본을 둔다."고 말한 것은 禮의 원초에 근원을 둔 것일 뿐이고, 여기에서는 또 禮의 用을 밝힌 것이다. 위에서는 禮의 원초를 말하였으므로 하늘을 〈본받음을〉 주장함을 말하여 〈禮의〉 자연스러움을 드러낸 것이고, 여기에서는 禮의 用을 말하였기 때문에 사람에게 있음을 말하여 〈禮가〉 그렇게 만들었음을 나타낸 것이다.

또(嚴陵方氏) : '행할 적에는 財貨・筋力・辭讓・飮食과 冠・昏・喪・祭・射・御・朝・聘이 있어야 한다.'는 것은 冠・昏・喪・祭・射・御・朝・聘이 재화・근력・사

134) 無財 不可以爲悅 : 孟子가 齊나라에서 魯나라로 가서 어머니의 장례를 치르고, 제나라로 돌아오다가 嬴 땅에 머물렀는데, 제자인 充虞가 棺으로 쓴 재목이 너무 좋았던 것 같다고 질문하자, 맹자가 "〈법제상〉 할 수 없으면 마음에 흡족할 수 없으며, 재력이 없으면 마음에 기쁠 수 없네. 〈법제상〉 할 수 있고 또 재력이 있으면 옛사람이 모두 〈좋은 재목으로 관을〉 썼으니, 내가 어찌하여 홀로 그렇게 하지 않겠는가.〔不得 不可以爲悅 無財 不可以爲悅 得之爲有財 古之人皆用之 吾何爲獨不然〕"라고 보인다.(≪孟子≫ 〈公孫丑 下〉)

양・음식이 아니면 행해지지 못함을 말한 것이다. 禮를 행하고자 한다면 재화와 근력이 먼저가 되고 사양이 그다음이 되고 음식이 또 그다음이 되므로 "재력이 없으면 마음에 기쁠 수 없다." 한 것이니, 재력이 넉넉한 자가 아니면 〈禮를〉 행할 수 없다.

○ 臨川吳氏曰 儀文爲禮요 在人에 知其所以然之理 爲義니 貨財者는 行禮之資요 筋力者는 行禮之具요 辭讓者는 行禮之實이니라

臨川吳氏 : 儀文이 禮가 되고, 사람에게 있어 그러한 所以然의 이치를 아는 것이 義가 되니, 財貨는 禮를 행하는 데 필요한 자본이고, 筋力은 禮를 행하는 데 필요한 수단이고, 辭讓은 禮를 행하는 데 필요한 본바탕이다.

092001 故로 禮義也者는 人之大端也니 所以講信修睦하며 而固人肌膚之會와 筋骸之束也요 所以養生送死하며 事鬼神之大端也요 所以達天道하며 順人情之大竇也니라 故로 惟聖人이아 爲知禮之不可以已也하시니 故로 壞(괴)國喪家亡人은 必先去其禮하나니라

그러므로 禮義는 사람의 〈살아가는 데 필요한〉 큰 단서이니, 信義를 강습하고 화목을 닦으며 사람의 살과 피부가 뭉쳐 있는 몸과, 근육과 뼈가 연결된 내부 조직을 단단하게 만드는 것이며, 산 사람을 봉양하고 죽은 사람을 장송하며 귀신을 섬기는 〈데 필요한〉 큰 단서이고, 天道를 通達하고 人情을 順히 따르는 〈데 필요한〉 큰 구멍이다. 그러므로 오직 聖人이어야 禮를 그만둘 수 없음을 아는 것이다. 그러한 까닭에 나라를 파괴하고 집안을 잃고 몸을 망치는 사람은 반드시 먼저 禮를 버린다.

≪集說≫

肌膚之總會와 筋骨之聯束이 非不固也나 然無禮以維飭之면 則惰慢傾側之容이 見(현)矣라 故必禮以固之也라 竇는 孔穴之可出入者니 由於禮義면 則通達하고 不由禮義면 則窒塞이라 故以竇譬之하니라 聖人之能達天道順人情者는 以其知禮之不可以已也니 彼敗國之君과 喪家之主와 亡身之夫는 皆以先去其禮之故也니라

살과 피부가 뭉쳐 있는 몸과, 근육과 뼈가 연결된 내부 조직이 견고하지 않은 것이 아니나 禮로써 경계하여 지탱시키지 않으면 태만하고 삐딱한 모습이 나타나므로 반드시 禮로써 견고히 하는 것이다. 竇는 〈사람이〉 드나들 수 있는 구멍이니, 禮義를 따르면 막힘없이 통하고 예의를 따르지 않으면 막히므로 구멍을 가지고 비유한 것이다.

聖人이 天道를 통달하고 人情을 順히 따르는 것은 禮를 그만둘 수 없음을 아셨기 때문이다. 저 나라를 파괴한 군주와 집안을 잃은 家長과 몸을 망친 丈夫는 모두 먼저 禮를 버렸기 때문이다.

≪大全≫

長樂陳氏曰 講信修睦은 所以誠其心이요 固人肌膚之會筋骸之束은 所以莊其身이라 以至養生送死於其明하고 事鬼神於其幽히 凡此皆人道而已라 由其人道는 所以達於天道라 故로 能順人情之所通하니 大竇는 以言其通也니라

長樂陳氏 : 信義를 강습하고 화목을 닦음은 마음을 성실히 하는 것이고, 살과 피부가 뭉쳐 있는 몸과, 근육과 뼈가 연결된 내부 조직을 견고히 함은 몸을 엄하게 단속하는 것이다.

눈에 보이는 것에 있어서 산 사람을 봉양하고 죽은 이를 장송하며 눈에 보이지 않는 것에 있어서 귀신을 섬김에 이르기까지, 이 모든 것은 人道일 뿐이다. 인도를 말미암음은 天道를 통달하는 방법이므로 人情에 통하는 것을 順히 따를 수 있으니, 大竇는 그 통로를 말한 것이다.

○ 馬氏曰 禮義出於性이어늘 而曰固肌膚之會筋骸之束은 何也오 蓋有禮則莊敬日强하고 無禮則安肆日偸라 君子知謹於禮義하면 則手足有所措하고 耳目有所加하고 進退揖讓有所制하니 此所以固人肌膚之會筋骸之束也라 養生送死事鬼神이 其道非一이나 而禮義者는 尤爲之大端也라 養生은 所以飾驩이요 送死는 所以飾哀요 事鬼神은 所以飾敬이니 此禮義以節文之也라 禮義出於天이어늘 先王因之하야 以達天道하고 禮義出於人이어늘 先王因之하야 以順人情하니 達者는 所以明之也요 順者는 所以因之也니라

馬氏 : 禮義가 本性에서 나왔는데 "살과 피부가 뭉쳐 있는 몸과, 근육과 뼈가 연결된 내부 조직을 견고히 한다."고 말함은 어째서인가? 禮가 있으면 莊嚴하고 恭敬하

여 날로 강해지고 禮가 없어지면 안일하고 방종하여 날로 태만해진다. 군자가 예의를 삼갈 줄 알면 손과 발을 편안히 둘 곳이 있고 눈과 귀를 사용할 곳이 있고 進退와 揖讓에 절제함이 있으니, 이는 살과 피부가 뭉쳐 있는 몸과, 근육과 뼈가 연결된 내부 조직을 견고히 하는 것이다.

산 사람을 봉양하고 죽은 이를 장송하고 귀신을 섬김이 그 방도가 한 가지가 아니나 예의는 더욱 큰 단서가 된다. 산 사람을 봉양함은 기쁨을 꾸미는 것이고, 죽은 이를 장송함은 슬픔을 꾸미는 것이고, 귀신을 섬김은 공경을 꾸미는 것이니, 이는 예의로써 절도 있게 문식한 것이다.

예의가 하늘에서 나왔으니 先王이 이것을 따라서 天道를 통달하고, 예의가 사람에게서 나왔으니 선왕이 이것을 따라서 人情을 順히 따랐다. 達은 밝게 아는 것이고, 順은 따르는 것이다.

092101 **故**로 **禮之於人也**에 **猶酒之有蘖也**니 **君子**는 **以厚**요 **小人**은 **以薄**이니라

그러므로 禮는 사람에게 있어서 술에 누룩이 있는 것과 같으니, 군자는 〈禮에〉 후하고 소인은 〈禮에〉 박하다.

≪集說≫

人以禮而成德이 如酒以麯蘖而成味하니 君子는 厚於禮故로 爲君子하고 小人은 薄於禮故로 爲小人하니 亦如酒之有醇醨也라

사람이 禮로써 德을 이룸은 술이 누룩으로써 맛을 이루는 것과 같으니, 군자는 禮에 厚하기 때문에 군자가 되고, 소인은 禮에 박하기 때문에 소인이 되는 것이다. 이 또한 술에 진한 것과 삼삼한 것이 있는 것과 같다.

≪大全≫

長樂陳氏曰 蘖之於酒에 厚則醇이요 薄則醨니 醇則久하고 醨則壞하며 禮之於人에 厚則君子요 薄則小人이니 君子則安하고 小人則危라 善爲酒者는 戒其爲醨而務其爲醇하고 善爲人者는 戒其爲小人而務其爲君子也니라

長樂陳氏 : 누룩이 술에 있어서 많으면 진하고 적으면 삼삼하니 진하면 오래가고 삼삼하면 부패하며, 禮가 사람에게 있어서 후하면 군자이고 박하면 소인이니 군자는 편안하고 소인은 위태롭다. 술을 잘 만드는 자는 삼삼하게 되는 것을 경계하여 진한 것이 되도록 힘써야 하고, 사람을 잘 만드는 자는 소인이 됨을 경계하여 군자가 되도록 힘써야 한다.

092201 **故**로 **聖王**이 **修義之柄**과 **禮之序**하야 **以治人情**이라 **故**로 **人情者**는 **聖王之田也**니 **修禮以耕之**하며

그러므로 聖王은 義의 權柄과 禮의 차례를 講明하여 人情을 다스린다. 그런 까닭으로 인정은 성왕의 田地이니 禮를 닦아서 〈전지와 같은 인정을〉 갈며,

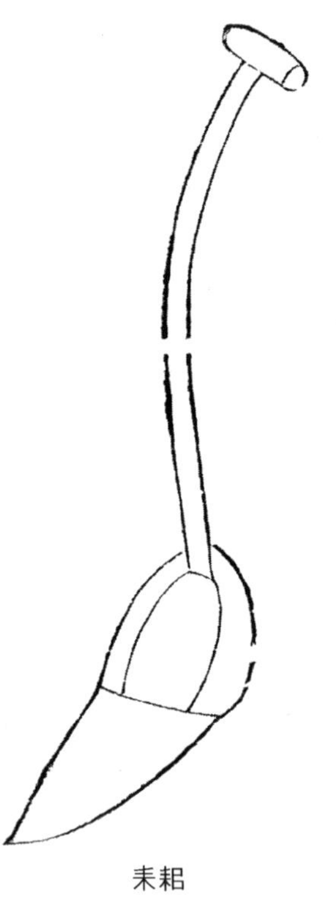

耒耜

≪集說≫

劉氏曰 修者는 講明也요 柄者는 人所操也라 聖王이 講明乎義之所在하야 使人得所持循而制事之宜也라 人能操義之要하야 以處禮之序면 則情之發이 皆中節矣라 故可以治人情也라 禮者는 人情之防範이니 修道之教[135] 莫先於禮라 故治人之情에 以禮爲先務 如治田者必先以耒耜耕之也라

劉氏 : 修는 講明함이고, 柄은 사람이 잡는 것이다. 聖王이 義의 所在를 강명해서 사람들로 하여금 지키고 따를 것을 얻어서 일의 마땅함에 맞게 하는 것이다. 사람이 義의 요점을 잡아서 禮의 차례를 안배하면 情이 나오는 것이 모

135) 修道之教 : ≪中庸章句≫ 제1장의 "도를 등급에 맞게 절제하는 것을 教라 이른다.〔修道之謂教〕"라는 말을 가리키는데, 朱子의 註에 "修는 등급에 맞게 절제함이다. 性과 道가 비록 같으나 氣稟이 혹 다르기 때문에 지나치거나 미치지 못함의 차이가 없지 못하다. 그러므로 聖人이 사람이 마땅히 행하여야 할 것을 인하여 등급에 맞게 절제하여 天下에 法이 되게 하셨으니 이것을 일러 教라 하는데, 禮樂과 刑政 같은 등속이 이것이다.〔修 品節之也 性道雖同 而氣稟或異 故不能無過不及之差 聖人 因人物之所當行者而品節之 以爲法於天下 則謂之教 若禮樂刑政之屬 是也〕"라고 설명하였다.

두 절도에 맞으므로 人情을 다스릴 수 있는 것이다. 禮는 인정을 경계하는 것이니, 道를 등급에 맞게 절제하는 가르침으로는 禮보다 앞서는 것이 없으므로 인정을 다스림에 禮를 先務로 삼기를 밭을 다스리는 자가 반드시 쟁기를 가지고 땅을 가는 것부터 먼저 하는 것 같이 하는 것이다.

092202 **陳義以種之**하며

義를 베풀어 심으며,

≪集說≫

義者는 **人情之裁制**니 **隨事制宜而時措之**를 **如隨田之宜**하야 **而種所當種也**라

義는 인정을 制裁하는 것이니, 일에 따라 마땅함을 제정하여 때에 맞게 조처하기를 田地의 마땅함을 따라서 마땅히 심어야 할 것을 심는 것과 같이 하는 것이다.

092203 **講學以耨之**하며

학문을 講習하여 김을 매며,

≪集說≫

禮義는 **固可使情之中節**이나 **然或氣質物欲**이 **蔽之**하야 **而私意生焉**이면 **則如草萊之害嘉種矣**라 **故必講學以明理欲之辨**하야 **去非而存是**를 **如農之耨**하야 **以去草養苗也**라

禮義는 진실로 情을 절도에 맞게 할 수 있으나 혹 氣質과 物欲이 〈예의를〉 가려서 사사로운 마음이 생겨나면 곧 잡초가 좋은 종자를 해치는 것과 같다. 그러므로 반드시 학문을 강습하여 이치와 욕심의 구분을 밝혀서 그른 것을 제거하고 옳은 것을 보존하기를 농부가 김을 매어 잡초를 제거하고 좋은 종자를 기르는 것과 같이 하는 것이다.

092204 **本仁以聚之**하며

仁에 근본을 두어 모으며,

≪集說≫

講學以耨之者는 博而求之於不一之善이니 所以得一本萬殊之理요 本仁以聚之者는 約而會之於至一之理니 所以造萬殊一本之妙也라 至此면 則會萬理爲一理하야 而本心之德全矣니 此如穀之熟而斂之也라

학문을 강습하여 김을 맨다는 것은 널리 배워 동일하지 않은 善에서 〈이치를〉 구하는 것이니 '하나의 근본이 만 가지로 달라진다.'는 이치를 터득하는 것이고, 仁에 근본을 두어 모은다는 것은 요약하여 지극히 동일한 이치에 모으는 것이니 '만 가지의 다른 것이 근본은 하나다.'는 妙함에 도달하는 것이다. 여기에 이르면 만 가지 이치를 모아 하나의 이치로 만들어서 本心의 덕이 온전해지니, 이것은 곡식이 익으면 거두는 것과 같다.

092205 播樂以安之니라

樂을 퍼뜨려 편안하게 한다.

≪集說≫

聚之者는 利仁之事니 未能安仁也[136]라 故必使之詠歌舞蹈하야 以陶養其德性하고 消融其査滓하야 而使之和順於道德焉이면 則造於從容自然之域矣니 此則如食之而厭飫[137]也라 此五者는 聖王修道之敎 始終條理[138]如此로되 而講學이 居其中하야 以通

136) 利仁之事 未能安仁也 : ≪論語≫ 〈里人〉에 "仁者는 仁을 편안히 여기고 智者는 仁을 이롭게 여긴다.〔仁者安仁 知者利仁〕"라고 보인다.

137) 食之而厭飫 : 오랫동안 학문과 덕을 닦아서 깊이 체득하는 것을 비유하는바, 杜預가 지은 ≪春秋左氏經傳集解≫ 〈序文〉의 "넉넉하고 유연하게 하여 스스로 구하게 하고, 물릴 정도로 배불리 먹듯이 하여 스스로 추구하게 한다.〔優而柔之 使自求之 饜而飫之 使自趨之〕"라는 구절에서 유래하였다.

138) 始終條理 : '條理'란 '脈絡'의 의미로, 하나의 맥락으로 시작과 끝을 관통하여 여러 小成을 합해 大成을 이루는 것을 뜻하는바, ≪孟子≫ 〈萬章 下〉에 "공자를 集大成했다고 하니, 집대성이란 종으로 소리를 내서 경쇠로 수렴하는 것이다. 종으로 소리 내는 것은 조리를 시작하는 것이고, 경쇠로 수렴하는 것은 조리를 끝마치는 것이다. 조리를 시작하는 것은 智의 일이고, 조리를 끝마치는 것은 聖의 일이다.〔孔子之謂集大成 集大成也者 金聲而玉振之也 金聲也者 始條理也 玉振之也者 終條理也 始條理者 智之事也 終條理者 聖之事

貫乎前後하니 蓋禮耕義種은 入德之功이니 學之始條理也요 仁聚樂安은 成德之效니 學之終條理也라 自始至終히 於仁義禮樂에 無所不講하야 至其成也하야는 則禮義之功이 著於先하고 仁樂之效 見(현)於後焉이니라

〈만 가지의 이치를 인위적으로〉 모으는 것은 仁을 이롭게 여기는 〈智의〉 일이니, 〈이 경지에서는 聖人처럼〉 仁을 편안히 여기지는 못하므로 반드시 〈性情을 기르기 위해〉 읊고 노래하고 〈血脈을 기르기 위해〉 춤추고 뛰어서 德性을 닦아 기르고 나쁜 찌꺼기를 말끔히 녹여서 道德에 順應하게 하면 여유롭고 절로 그렇게 되는 〈성인의〉 경지에 이를 것이다. 이는 마치 먹어서 물릴 정도로 배부르게 되는 것과 같다.

이 다섯 가지는, 道를 등급에 맞게 절제하는 聖王의 가르침이 이처럼 條理를 시작하고 끝마치는 것과 같다는 것이다. 講學이 그 중간에 있어서 앞뒤의 조목을 관통하는데, 禮로 갈고 義로 심는 것은 덕에 들어가는 공부이니 배움의 始條理이고, 仁으로 모으고 樂으로 편안히 함은 덕을 이룬 효험이니 배움의 終條理이다. 시작으로부터 끝마침에 이르기까지 仁·義와 禮·樂을 講習하지 않음이 없어서 완성의 경지에 이르면 禮와 義의 功이 앞에 나타나고 仁과 樂의 효험이 뒤에 드러나는 것이다.

≪大全≫

嚴陵方氏曰 義者는 所操有宜而不可失이라 故言柄이요 禮者는 所行有節而不可亂이라 故言序라 禮義雖本於人心이나 然有至於無禮無義者는 心或動而情亂之也라 故로 聖人이 修其柄與其序하야 還以治人之情而已라 人之有情은 猶地之有田하야 不可不治也라 治其田者는 農夫之事也요 治其情者는 聖王之事也라 故로 曰 人情者는 聖王之田이라하니라 禮者는 事之治니 猶耕之治荒蕪라 故言修요 義者는 事之宜니 猶種之因地宜라 故言陳이요 學은 所以爲己니 猶耨之去苗害라 故言講이요 仁者는 愛也니 仁則聚之猶穫이라 故言仁以聚之요 樂(악)者는 樂(락)也니 樂則安之猶食이라 故言樂以安之라 禮惡(오)其壞라 故曰修요 義欲其明이라 故曰陳이요 學欲其辨이라 故曰講이요 仁以立人道하니 非本不立이라 故曰本이요 樂以和民聲하니 非播不和라 故曰播니라

嚴陵方氏 : 義는 잡는 것이 마땅함이 있어서 잃어서는 안 되기 때문에 '권병〔柄〕'이

也〕"라고 보인다.

라고 말한 것이고, 禮는 행하는 것이 節度가 있어서 혼란해서는 안 되기 때문에 '차례〔序〕'라고 말한 것이다. 禮와 義가 비록 사람 마음에 근본을 두고 있으나, 禮가 없고 義가 없게 되는 것은 마음이 동했거나 情이 어지럽혔기 때문이다. 그러므로 聖人은 〈義의〉 권병과 〈禮의〉 차례를 닦아서 다시 사람의 情을 다스릴 뿐이다.

사람에게 情이 있음은 땅에 밭이 있는 것과 같아서 다스리지 않으면 안 된다. 밭을 다스리는 것은 농부의 일이고, 情을 다스리는 것은 聖王의 일이므로 "人情은 성왕의 田地이다." 한 것이다.

禮는 일을 다스림이니 밭을 가는 것이 荒蕪地를 다스리는 것과 같기 때문에 '修'라고 말한 것이고, 義는 일의 마땅함이니 곡식을 심을 적에 땅의 마땅함을 따르는 것과 같기 때문에 '陳'이라 말한 것이고, 學은 자신을 위하는 것이니 김맬 적에 모종에 해로운 잡초를 제거하는 것과 같기 때문에 '講'이라 말한 것이고, 仁은 사랑이니 仁하면 모임이 수확과 같기 때문에 '仁으로써 모은다.' 말한 것이고, 樂은 즐거움이니 즐거우면 편안히 함이 밥을 먹는 것과 같기 때문에 '樂으로써 편안히 한다.' 말한 것이다.

禮는 〈그 특성이〉 파괴함을 싫어하기 때문에 '修'라고 말한 것이고, 義는 〈그 특성이〉 밝히고자 하기 때문에 '陳'이라고 말한 것이고, 學은 〈그 특성이〉 분변하고자 하기 때문에 '講'이라고 말한 것이다. 그리고 仁으로써 사람의 道를 세우니 근본이 아니면 세우지 못하기 때문에 '本'이라고 말한 것이고, 樂으로써 백성의 소리를 조화롭게 하니 퍼뜨리지 않으면 조화롭게 하지 못하기 때문에 '播'라고 말한 것이다.

○ 長樂陳氏曰 修禮以耕은 所以開其心이요 陳義以種은 所以納之正이요 講學以耨는 所以去其非요 本仁以聚는 所以充其德이요 播樂以安은 所以成其道也니라

長樂陳氏：禮를 닦아 밭을 갊은 마음을 열어주는 방법이고, 義를 베풀어 심음은 正道에 들어가게 하는 방법이고, 학문을 강습하여 김을 맴은 그릇됨을 제거하는 방법이고, 仁에 근본을 두어 모음은 德을 채우는 방법이고, 樂을 퍼뜨려 편안히 함은 道를 이루는 방법이다.

○ 金華應氏曰 學은 探千古群聖之奧하야 而思索問辨以求其正이니 猶耨之去草而耘治益精也요 仁은 總百行萬善之全하야 而滋養培植以豐其成이니 猶穫之揫斂而收取以無遺也요 樂은 具五音六律之節하야 而動盪發越以宣其和니 猶旣穫之餘에 安坐以食而熙熙自如也라 播者는 散布發越之謂니라

金華應氏 : 학문은 千古의 여러 聖人의 심오한 이치를 탐구하여 사색하고 묻고 분변하여 正道를 구하는 것이니, 이는 김을 매어 잡초를 제거할 적에 더욱 정밀히 김매고 다스리는 것과 같다. 仁은 百行과 萬善의 온전함을 총괄하여 북돋아 길러서 결실을 풍성하게 하는 것이니 이는 곡식을 베어 거둘 적에 빠트림 없이 수확하는 것과 같다. 樂은 五音과 六律의 節度를 갖추어서 高低長短의 소리를 격렬히 퍼뜨려 조화로움을 베푸는 것이니, 이는 수확한 뒤에 편안히 앉아 밥을 먹고서 태연자약하게 화락한 것과 같다. 播는 격렬히 퍼뜨림을 이른다.

092206 **故**로 **禮也者**는 **義之實也**니 **協諸義而協**이어든 **則禮雖先王未之有**나 **可以義起也**니라

그러므로 禮는 義의 정해진 법이니, 義에 합당하여 마땅히 행해야 하는 것이면 그 禮가 비록 先王 때에 있었던 것이 아니더라도 義를 참작하여 새로 만들 수 있는 것이다.

≪集說≫

實者는 定制也라 禮者는 義之定制요 義者는 禮之權度니 禮는 一定不易하고 義는 隨時制宜라 故協合於義而合當爲者면 則雖先王未有此禮나 可酌之於義하야 而創爲之禮焉하니 此所以三代損益이 不相襲也[139)]니라

實은 정해진 법이다. 禮는 義의 정해진 법이고 義는 禮의 변통하는 법이니, 禮는 일정하여 바뀌지 않고 義는 때에 따라 적당한 것을 만들므로 〈어떤 禮가〉 義에 합당하여 마땅히 행해야 할 것이라면 비록 先王 때에 이 禮가 있지 않았더라도 義를 참작해서 禮를 새로 만들 수 있는 것이다. 이 때문에 三代 때 〈禮를〉 가감함에 〈앞 시대의 禮를〉 因襲하지 않은 것이다.

---

139) 三代損益不相襲也 : 夏·殷·周 삼대 시대의 예가 각각 時宜에 따라 변화하였다는 뜻으로, ≪論語≫ 〈爲政〉의 "殷나라는 夏나라의 禮를 因襲하였으니 가감한 것을 알 수 있으며, 周나라는 은나라의 예를 인습하였으니 가감한 것을 알 수 있다. 혹시라도 주나라를 잇는 자가 있다면 비록 백세의 뒤에서라도 알 수 있을 것이다.〔殷因於夏禮 所損益 可知也 周因於殷禮 所損益 可知也 其或繼周者 雖百世 可知也〕"라는 말을 원용한 것이다.

≪大全≫

張子曰 人情所安이 卽禮也라 故로 禮所以由義起니라

張子 : 사람의 情에 편안히 여기는 것이 바로 禮이다. 그러므로 禮는 義를 참작하여 새로 만들 수 있는 것이다.

○ 馬氏曰 禮者는 所以體常이요 義者는 所以盡變이니 變者는 禮中之權也요 常者는 義中之經也라 蓋禮義一物耳니 體其常則爲禮요 盡其變則爲義라 故로 三代之禮而或素或青者[140)]는 皆所以變而從時也니 要之不違禮之經義之權而已니라

馬氏 : 禮는 일정함을 본체로 삼는 것이고 義는 변통을 지극히 하는 것이니, 變은 禮 가운데의 變通이고 常은 義 가운데의 常道이다. 禮와 義는 한 가지 물건일 뿐이니, 일정함을 본체로 삼으면 禮가 되고 변통을 지극히 하면 義가 된다. 그러므로 三代의 禮 중에 흰색을 숭상하기도 하고 푸른색을 숭상하기도 한 것은 모두 변통하여 때를 따른 것이니, 요컨대 禮의 상도와 義의 변통을 어기지 않을 뿐이다.

○ 黃氏曰 禮也者는 義之實也라 禮者는 爲尊卑升降親疏之節이요 義者는 合宜當理指的之稱이니 名實相應이면 則爲正禮요 倘有禮而不能合宜當理면 是有名而無實이라 下文云 協諸義라하니 而協은 謂須合義則合禮也요 又下云 禮雖先王未之有나 可以義起라하니 亦謂有未立之禮면 則取合宜之義而起作之니 非爲禮修飾之華 明矣니라

黃氏 : 禮는 義의 실상이다. 禮는 높음과 낮음・오름과 내림・가까움과 멂의 節度가 되고, 義는 마땅함에 합하고 이치에 합당한 것을 摘示하는 저울이니, 이름과 실상이 서로 응하면 바른 禮가 되고, 만일 禮가 있더라도 마땅함에 합하고 이치에 합

---

140) 三代之禮而或素或青者 : 〈檀弓 上〉의 "夏나라는 〈治水의 공으로 천하를 얻었으므로 水의 색인〉 검은색을 숭상하여, 喪事에 염하는 것을 어두울 때를 이용하고, 軍事에 검은 말을 타고, 희생으로 검은색을 사용하였다. 殷나라 사람은 〈정벌로 천하를 얻었으므로 金의 색인〉 흰색을 숭상하여, 상사에 염하는 것을 대낮을 이용하고, 군사에 흰 말을 타고, 희생으로 흰색을 사용하였다. 周나라 사람은 〈오행에서 火가 金을 이기므로 火의 색인〉 붉은색을 숭상하여, 상사에 염하는 것을 일출 때를 이용하고, 군사에 붉은 바탕에 검은색 갈기와 꼬리를 가진 말을 타고, 희생으로 붉은색을 사용하였다.〔夏后氏尙黑 大事 斂用昏 戎事 乘驪 牲用玄 殷人尙白 大事 斂用日中 戎事 乘翰 牲用白 周人尙赤 大事 斂用日出 戎事 乘騵 牲用騂〕"라는 구절을 두고 한 말이다.

당하지 못하면 이는 이름만 있고 실상이 없는 것이다.

아랫글에 "義에 합당하다.〔協諸義〕" 하였으니, 協은 '모름지기 義에 합당하면 禮에 합당하다.'는 말이다. 또 그 아래에 "禮가 비록 先王 때에 있었던 것이 아니더라도 義를 참작하여 새로 만들 수 있다." 하였으니, 또한 '아직 수립하지 않은 禮가 있으면 마땅함에 합당한 義를 취하여 새로 만든다.'는 말이다. 따라서 禮를 만들어 화려하게 수식하는 것이 아님이 분명하다.

092207 義者는 藝之分이요 仁之節也니 協於藝하며 講於仁하야 得之者强이니라

義는 藝의 分限이고 仁의 節度이니, 藝에 합당하며 仁에 講明하여 義를 얻는 자는 강해진다.

≪集說≫

藝는 以事言이요 仁은 以心言이니 事之處於外者는 以義爲分限之宜하고 心之發於內者는 以義爲品節之制라 協於藝者는 合其事理之宜也요 講於仁者는 商度(탁)其愛心之親疏厚薄하야 而協合乎行事之大小輕重호되 一以義爲之裁制焉이라 上好義면 則民莫敢不服이라 故로 得義者强이니라

藝는 일을 가지고 말한 것이고 仁은 마음을 가지고 말한 것이니, 밖에서 대처하는 일은 義를 마땅한 分限으로 삼고 안에서 나오는 마음은 義를 品節하는 법으로 삼는다. '協於藝'는 事理의 마땅함에 합당하다는 것이고, '講於仁'은 사랑하는 마음의 親疏와 厚薄을 헤아려서 행하는 일의 大小와 輕重에 합당하게 하되 한결같이 義를 결단하는 법으로 삼는 것이다. 그래서 윗사람이 義를 좋아하면 백성들이 감히 복종하지 않는 이가 없으므로 義를 얻는 자는 강해지는 것이다.

092208 仁者는 義之本也요 順之體也니 得之者尊이니라

仁은 義의 근본이고 順함의 본체이니, 이것을 얻은 자는 높아진다.

≪集說≫

仁者는 本心之全德이라 故爲義之本이니 是乃百順之體質也라 元者는 善之長이니 體

仁이 足以長人[141)]이라 故로 得仁者尊이라 上文에 言禮者는 義之實이라하고 此言仁者는 義之本이라하니 實은 以散體言이요 本은 以全體言이니 同一理也라 張子謂 經禮三百과 曲禮三千이 無一事之非仁也라하니라 猶之木焉이면 從根本至枝葉히 皆生意는 此全體之仁也나 然自一本至千枝萬葉히 先後大小 各有其序는 此散體之禮也요 而其自本至末히 一枝一葉이 各具一理하야 隨時榮悴하야 各得其宜者는 義也라

仁은 本心의 온전한 덕이므로 義의 근본이 되는 것이니, 이것은 바로 백 가지 順함의 本質이다. "元은 善의 으뜸이니, 仁을 체행하는 자가 남의 우두머리가 될 수 있다." 하였으므로 仁을 얻은 자는 높아지는 것이다.

윗글에서는 "禮는 義의 정해진 법〔實〕이다." 하였고 여기에서는 "仁은 義의 근본〔本〕이다." 하였는데, '實'은 분산된 實體를 가지고 말한 것이고 '本'은 온전한 실체를 가지고 말한 것이니, 동일한 이치이다. 張子가 "큰 禮 삼백 가지와 자잘한 禮 삼천 가지가 한 가지 일도 仁이 아님이 없다."라고 한 것이다. 나무에 비유하자면, 뿌리로부터 枝葉에 이르기까지 모두 생명력이 있는 것은 온전한 실체의 仁이지만, 하나의 뿌리로부터 천 개의 가지와 만 개의 잎에 이르기까지 先後와 大小에 각각 차례가 있는 것은 분산된 실체의 禮이며, 뿌리로부터 지엽에 이르기까지 하나의 가지와 하나의 잎이 각각 하나의 이치를 갖추어 때에 따라 꽃이 피고 시들어서 각각 마땅함을 얻는 것은 義이다.

≪大全≫

長樂陳氏曰 處藝以義然後에 有所別이요 處仁以義然後에 有所節이라 故曰 義者는 藝之分이요 仁之節也라하니라 以其爲藝之分이라 故能協於藝하고 以其爲仁之節이라 故能講於仁이라 夫事親은 仁之實이요 從兄은 義之實[142)]이며 仁之於父子요 義之於君臣이니 有親然後有兄弟하고 有父子然後有君臣은 此先仁後義之體也요 仁은 人之安

141) 元者……足以長人 : ≪周易≫ 乾卦 〈文言傳〉에 "元은 善의 으뜸이고 亨은 아름다움의 모임이고 利는 義에 화합이고 貞은 일의 근간이니, 군자가 仁을 체행함이 남의 우두머리가 될 만하다.〔元者 善之長也 亨者 嘉之會也 利者 義之和也 貞者 事之幹也 君子體仁 足以長人〕"라고 보인다.

142) 事親仁之實 從兄義之實 : ≪孟子≫ 〈離婁 上〉에 "仁의 실상은 어버이를 섬김이 이것이요, 義의 실상은 형을 따름이 이것이다.〔仁之實 事親 是也 義之實 從兄 是也〕"라고 하였다.

宅이요 義는 人之正路[143])니 由其宅然後至於路니 此先仁後義之用也라 故曰 仁者는 義之本이라하니라 溫良者는 仁之本이요 敬愼者는 仁之地요 寬裕者는 仁之作이요 孫接者는 仁之能이라 故曰 順之體也라하니라 仁必有義어니와 義未必有仁하니 仁者는 天之尊爵이라 故得仁則尊하고 得義則止於强也니라

長樂陳氏 : 藝에 처하기를 義로써 한 뒤에 분별하는 바가 있고 仁에 처하기를 義로써 한 뒤에 절제하는 바가 있으므로 "義는 藝의 分限이고 仁의 節度이다." 한 것이다. 〈義가〉 藝의 분한이 되기 때문에 藝에 합당할 수 있고 仁의 절도가 되기 때문에 仁에 講明할 수 있는 것이다.

어버이를 섬김은 仁의 실상이고 형을 따름은 義의 실상이며 父子간에 仁이 있고 君臣간에 義가 있으니, 어버이가 있고 난 뒤에 형제가 있고 부자가 있은 뒤에 군신이 있음은 仁을 먼저하고 義를 뒤로 하는 본체이다. 仁은 사람의 편안한 집이고 義는 사람의 바른길이니, 집을 말미암은 뒤에 길에 이름은 仁을 우선으로 삼고 義를 나중으로 삼는 쓰임이다. 그러므로 "仁은 義의 근본이다." 한 것이다. 溫良(온화하고 선량함)은 仁의 근본이고 敬愼(공경하고 삼감)은 仁의 자리이고 寬裕(관대함)는 仁의 작용이고 孫接(공손하게 남을 대함)은 仁의 능력이다. 그러므로 "順함의 본체이다." 한 것이다.

仁은 반드시 義가 있으나 義는 반드시 仁이 있지는 못하니, 仁은 하늘의 높은 벼슬이므로 仁을 얻으면 높아지고 義를 얻으면 강해지는 데에서 그친다.

092209 故로 治國호되 不以禮면 猶無耜而耕也요 爲禮호되 不本於義면 猶耕而弗種也요 爲義而不講之以學이면 猶種而弗耨也요 講之以學而不合之以仁이면 猶耨而弗穫也요 合之以仁而不安之以樂이면 猶穫而弗食也요

그러므로 나라를 다스리되 禮로써 하지 않으면 마치 보습 없이 밭을 가는 것과 같고, 禮를 행하되 義에 근본을 두지 않으면 마치 밭을 갈되 씨를 뿌리지 않는 것과 같고, 義를 행하되 학문으로 講明하지 않으면 씨를 심되 김을 매지 않는 것과 같고, 학문으로 강명하되 仁에 합당하게 하지 않

143) 仁人之安宅 義人之正路 : ≪孟子≫ 〈離婁 上〉에 보인다.

으면 김을 매되 수확하지 않는 것과 같고, 仁에 합당하게 하되 樂으로 편안하게 하지 않으면 수확하되 먹지 않는 것과 같다.

≪集說≫

此는 反譬하야 以申明前段이니 聖學敎養之事 有始有卒하야 其序不可紊而功不可缺이 如此니라

이것은 뒤집어 비유하여 앞 단락의 뜻을 거듭 밝힌 것이니, 聖學의 가르치고 기르는 일이 시작이 있고 끝마침이 있어서 次序를 문란하게 해서도 안 되고 또 공부를 빠뜨려서도 안 됨이 이와 같은 것이다.

≪大全≫

嚴陵方氏曰 耜者는 治田之具요 禮則治國之具라 故治國不以禮면 猶無耜而耕이요 耕은 所以種禾而生之요 義는 所以達禮而行之라 故爲禮不本於義면 猶耕而弗種也요 達嘉種而除其害者는 耨之事요 明大義以勝其非者는 學之事라 故爲義而不講之以學이면 猶種而弗耨也요 耨之勤은 將以有穫이요 學之勤은 將以有聚니 仁은 言聚也요 穫은 言獲也라 故講之以學而不合之以仁이면 猶耨而弗穫也요 食有所養而享其利焉하고 樂(악)有所樂(락)而安其仁焉이라 故合之以仁而不安之以樂이면 猶穫而弗食也라 然前言陳義而此變言本者는 凡種이 皆所以立本故也요 前言本仁而此變言合者는 以人本仁也니 合而言之하면 道也니라

嚴陵方氏 : 보습은 밭을 다스리는 도구이고 禮는 나라를 다스리는 도구이므로 나라를 다스리되 禮를 쓰지 않으면 보습 없이 밭을 가는 것과 같다. 밭을 갊은 벼를 심어서 자라게 하는 것이고 義는 禮를 通達하여 행하게 하는 것이므로 禮를 행하되 義에 근본을 두지 않으면 밭을 갈되 씨를 심지 않는 것과 같다. 좋은 종자를 싹 틔우면서 해로운 〈잡초를〉 제거하는 것은 김매는 일이고 大義를 밝게 알고서 禮가 아닌 것을 이기는 것은 학문의 일이므로 義를 행하되 학문으로 講明하지 않으면 씨를 심되 김을 매지 않는 것과 같다. 김매기를 부지런히 함은 장차 수확이 있기를 바라서이고 배우기를 부지런히 함은 장차 거두어들임이 있기를 바라서이니, 仁은 거두어들임을 말한 것이고 穫은 수확을 말한 것이므로 학문을 강명하되 仁에 합당하지

않으면 김을 매되 수확하지 않는 것과 같다. 음식은 길러주는 것이 있어서 〈사람이 음식의〉 이로움을 누리는 것이고 樂은 즐겁게 하는 것이 있어서 〈사람이 樂을 통해〉 仁을 편안하게 여기므로 仁에 합당하되 樂으로써 편안하게 하지 않으면 수확하되 먹지 않는 것과 같다.

그러나 앞에서는 '陳義(義를 베풀다)'라고 말하고 여기서는 변하여 '本(義에 근본을 두다)'이라고 말한 것은, 무릇 씨를 심음이 모두 근본을 세우기 위한 것이기 때문이다. 그리고 앞에서는 '仁에 근본을 둔다.'고 말하고 여기서는 바꾸어 '合(仁에 합당하다)'이라고 말한 것은 사람이 仁에 근본을 두기 때문이다. 따라서 〈仁과 義를〉 합하여 말하면 道이다.

092210 **安之以樂**(악)**而不達於順**이면 **猶食而弗肥也**니 **四體旣正**하고 **膚革充盈**은 **人之肥也**요 **父子篤**하고 **兄弟睦**하고 **夫婦和**는 **家之肥也**요 **大臣法**하고 **小臣廉**하며 **官職相序**하고 **君臣相正**은 **國之肥也**요 **天子以德爲車**하고 **以樂爲御**하며 **諸侯以禮相與**하고 **大夫以法相序**하며 **士以信相考**하고 **百姓以睦相守**는 **天下之肥也**니 **是謂大順**이니 **大順者**는 **所以養生送死**하며 **事鬼神之常也**니라

樂으로써 편안하게 하되 順함에 도달하지 못하면 마치 밥을 먹어도 살지지 않는 것과 같으니, 四體가 이미 바르고 體膚가 풍만한 것은 사람이 살진 것이고, 부자간이 돈독하고 형제간이 화목하고 부부간이 화목함은 집이 살진 것이고, 높은 신하들이 신하의 법도를 지극히 하고 낮은 신하들이 청렴하며 관직자들이 서로 질서 있고 君臣간이 서로 正道에 맞음은 나라가 살진 것이다. 그리고 天子가 德을 수레로 삼고 樂을 마부로 삼으며 諸侯가 禮를 갖추어 서로 교유하고 대부가 법에 의거하여 차례를 구분하며 士가 信實함로써 서로 이루어주고 백성이 화목함으로써 서로 살펴줌은 천하가 살진 것이다. 이것을 일러 大順이라 하니, 대순은 산 사람을 봉양하고 죽은 사람을 葬送하며 귀신을 섬기는 常道이다.

≪集說≫

前章은 至播樂以安之而止하고 此又益以不達於順이면 猶食而弗肥一節者한대 蓋安之以樂以前은 皆是成己之功이니 大學明德之事也요 達之於順以後에야 方是成物之效니 大學新民之事也라 故以人身之肥로 設譬하야 而言家國天下之肥하니 至此하면 乃是聖學之極功이요 成己成物合內外之道[144]니 大學身修家齊國治天下平之事也라 故謂之大順이니 大順則無爲而治일새 所以養生送死事鬼神이 各得其常也니라 以上은 并劉氏說이라

앞 장에서는 '樂을 퍼뜨려 편안하게 함'에까지만 말하였고, 여기서는 또 '順함에 도달하지 못하면 마치 밥을 먹어도 살지지 않는 것과 같다.'는 한 節을 추가하였는데, '樂으로써 편안하게 함' 이전은 모두 자기를 이루는 공부이니 ≪大學≫의 '明德(〈자신의〉 德을 밝힘)'의 일이고, '順함에 도달함' 이후에야 비로소 남을 이루어주는 功效가 될 수 있으니 ≪대학≫의 '新民(백성을 새롭게 함)'의 일이다.

그러므로 사람 몸을 살지우는 것으로 비유를 만들어 집과 나라와 天下의 살짐을 말했으니, 여기에 이르면 바로 聖學의 지극한 공부이다. 그리고 이것은 자기 몸을 이루고 남을 이루어서 內와 外를 합한 道이니, ≪대학≫의 '몸이 닦이고 집안이 가지런해지고 나라가 다스려지고 천하가 태평해짐'의 일이다. 그러므로 이것을 大順이라 일렀으니, 크게 順하면 〈인위적으로〉 행함이 없어도 다스려지기 때문에 산 이를 奉養하며 죽은 이를 葬送하고 鬼神을 섬기는 것이 각각 常道를 얻는 것이다.

이상의 내용은 모두 劉氏의 설이다.

○ 大臣法은 盡臣道也요 小臣廉은 不虧所守也라 以德爲車는 由仁義行[145]也요 以樂爲御는 動無不和也요 以禮相與는 朝聘以時[146]也요 以法相序는 上不偪下하고 下不

144) 成己成物合內外之道 : ≪中庸章句≫ 25장에 "誠은 스스로 자신을 이룰 뿐만 아니라 남을 이루어주니, 자신을 이름은 仁이요 남을 이루어줌은 智이다. 이는 性의 德이니, 內外를 합한 道이다. 그러므로 때로 둠에 마땅한 것이다.〔誠者 非自成己而已也 所以成物也 成己 仁也 成物 和也 性之德也 合內外之道也 故時措之宜也〕" 하였다.

145) 由仁義行 : ≪孟子≫ 〈離婁 下〉에 "舜임금은 여러 사물의 이치에 밝으시며 人倫에 특히 상세하셨으니, 仁義를 따라 행하신 것이요 인의를 행하려고 하신 것이 아니었다.〔舜 明於庶物 察於人倫 由仁義行 非行仁義也〕" 하였다.

僭上[147)]也요 以信相考는 久要不忘[148)]也요 以睦相守는 出入相友하고 守望相助하고 疾病相扶持[149)]也라 肥者는 充盛而無不足之意라

'大臣法'은 신하의 道를 지극히 하는 것이고, '小臣廉'은 지키는 것(직무나 지조)을 손상하지 않는 것이다. '以德爲車'는 仁義를 따라 행하는 것이고, '以樂爲御'는 動함에 조화롭지 않음이 없는 것이고, '以禮相與'는 朝會와 聘問을 제때에 하는 것이고, '以法相序'는 윗사람이 아랫사람을 핍박하지 않고 아랫사람이 분수를 뛰어넘어 윗사람의 예를 행하지 않는 것이고, '以信相考'는 오래전에 했던 약속을 잊지 않는 것이고, '以睦相守'는 드나들 때 서로 사이좋게 지내며 지키고 망볼 적에 서로 도우며 질병이 있을 적에 서로 돌봐주는 것이다. 肥는 풍성하여 부족함이 없다는 뜻이다.

≪大全≫

嚴陵方氏曰 食之養人은 期於體之肥而已요 樂之和人은 期於理之順而已라 故로 安之以樂而不達於順은 猶食而弗肥也니라

嚴陵方氏 : 음식이 사람을 기름은 몸이 살지기를 기약할 뿐이고, 樂이 사람을 和

---

146) 朝聘以時 : ≪中庸章句≫ 20장에 "끊긴 代를 이어주고 없어진 나라를 일으켜주며 혼란한 나라를 다스려주고 위태로운 나라를 붙들어주며 朝會와 聘問을 제때에 하며 가는 것을 厚하게 하고 오는 것을 薄하게 함은 諸侯들을 은혜롭게 하는 것이다.〔繼絶世 擧廢國 治亂持危 朝聘以時 厚往而薄來 所以懷諸侯也〕" 하였다.

147) 上不偪下 下不僭上 : ≪禮記≫ 〈雜記 下〉에는 '上不僭上 下不偪下'로 되어 있으며, "晏平仲은 그 先人에게 제사하되 〈제사할 때에 小牢를 써야 하고, 士의 제사에 쓰는 돼지 어깨살을 사용해서는 안 되며, 희생을 俎에 담아야 하고, 豆에 담아서는 안 되는데〉 돼지 어깨살이 豆도 가리지 못하였으니, 어진 대부이지만 아래가 되기는 어렵다. 군자는 위로는 분수를 뛰어넘어 윗사람의 예를 행하지 않고 아래로는 아랫사람을 핍박하지 않는다.〔晏平仲祀其先人 豚肩不揜豆 賢大夫也 而難爲下也 君子上不僭上 下不偪下〕" 하였다. ≪孔子家語≫ 〈曲禮子貢問〉에도 〈잡기 하〉와 유사한 문장이 실려 있는데, 여기에는 '上不僭下 下不偪上'으로 되어 있다.

148) 久要不忘 : ≪論語≫ 〈憲問〉에 "이익을 보고 義를 생각하며, 위태로움을 보고 목숨을 바치며, 오래전에 했던 약속에 평소의 말을 잊지 않는다면 또한 成人이라 할 수 있을 것이다.〔見利思義 見危授命 久要不忘平生之言 亦可以爲成人矣〕" 하였다.

149) 出入相友……疾病相扶持 : ≪孟子≫ 〈滕文公 上〉에 "죽거나 이사함에 鄕을 벗어남이 없으니, 鄕田에 井을 함께한 자들이 드나들 때 서로 사이좋게 지내며 지키고 망볼 적에 서로 도우며 질병이 있을 것에 서로 돌봐준다면 백성들이 親睦하게 될 것이다.〔死徙無出鄕 鄕田同井 出入相友 守望相助 疾病相扶持 則百姓親睦〕" 하였다.

順하게 함은 이치의 順함을 기약할 뿐이다. 그러므로 樂으로써 편안하게 하되 〈이치의〉 순함에 도달하지 못함은 밥을 먹어도 살지지 않는 것과 같다.

○ 長樂陳氏曰 四體를 以和順而正然後에 膚革充하고 充而後盈하니 此는 人之肥也라 父子以天性而篤하고 兄弟以同氣而睦하고 夫婦以異姓而和하니 此는 家之肥也라 天子德教加於百姓이라 故以德爲可行之車하고 而以樂爲行車之御하며 諸侯制節謹度라 故以禮相(守)〔與〕[150]하고 大夫非法不言하고 非道不行이라 故以法相序하고 士則忠順不失이라 故以信相考하고 庶人則謹身而已라 故以睦相守하니 此는 天下之肥也라 凡此를 是謂大順이니 大順者는 非特明足以養生送死요 而幽足以事鬼神也니라

長樂陳氏 : 四體를 和順으로써 바르게 한 뒤에 體膚가 충실해지고 충실해진 뒤에 충만해지니, 이것은 사람의 몸이 살진 것이다.

부자간은 하늘이 맺어준 관계로서 돈독하고 형제간은 동기간으로서 화목하고 부부는 異姓간으로서 화목하니, 이는 집이 살진 것이다.

천자의 德教가 백성에게 가해지므로 덕을 움직이게 할 수 있는 수레로 삼고 樂을 수레를 몰 수 있는 마부로 삼는다. 제후는 節度에 맞게 하고 법도를 삼가기 때문에 禮로써 서로 교유하고, 대부는 법이 아니면 말하지 않고 道가 아니면 행하지 않기 때문에 법으로써 서로 차례를 구분한다. 士는 忠實과 順從을 그르치지 않기 때문에 信實함으로써 서로 이루어주고, 庶人은 몸을 삼갈 뿐이므로 화목함으로써 서로 지킨다. 이는 천하가 살진 것이다.

무릇 이것을 大順이라 이르니, 대순은 다만 눈에 보이는 것에 있어서 산 사람을 봉양하고 죽은 이를 장송할 뿐만이 아니고 눈에 보이지 않는 것에 있어서 귀신도 섬길 수 있는 것이다.

092211 故로 事大積焉而不苑하며 并行而不謬하며 細行而不失하며 深而通하며 茂而有間하며 連而不相及也하며 動而不相害也하나니 此順之至也라 故로 明於順然後에야 能守危也니라

150) (守)〔與〕: 저본에는 '守'로 되어 있으나, 경문에 의거하여 '與'로 바로잡았다.

그러므로 큰 일이 쌓여도 막히지 않으며, 〈다른 일을 동시에〉 아울러 행하여도 어그러지지 않으며, 작은 일을 행하여도 〈사소하다고 하여〉 그르치는 일이 없으며, 幽遠한 것이더라도 통할 수 있으며, 빽빽한 것이더라도 간격이 있으며, 〈두 사람 이상이〉 연접하여 범할 일이 있더라도 서로 침범하지 않으며, 〈두 가지 일을〉 동시에 행할 경우라도 서로 해를 끼치지 않으니, 이는 順함이 지극한 것이다. 그러므로 順에 밝은 뒤에야 危亡의 경계를 지킬 수 있는 것이다.

≪集說≫

此以下至篇終은 皆是發明大順之說이라 謂以此大順之道로 治天下면 則雖事之大者積疊在前이나 亦不至於膠滯요 雖事之不同者를 一時并行이나 亦不至舛謬也요 雖小事所行이나 亦不以其微細而有失也라 雖深窅而可通하고 雖茂密而有間이니 謂有中間也라 兩物接連而相及엔 則有彼此之爭하고 兩事一時而俱動엔 則有利害之爭이로되 不相及하고 不相害하면 則無所爭矣라 此는 泛言人君治天下之事 有大有細하고 有深有茂하고 有連有動이로되 而自然各得其分理者는 不過一順之至而已라 故明於順然後에 能守危亡之戒하야 而不至於危亡也라

이것으로부터 〈禮運〉 편의 마지막까지는 모두 大順의 설을 발명한 것이다. 〈이 절은〉 다음과 같이 말한 것이다.

이 대순의 道로써 천하를 다스리면 비록 큰일이 앞에 쌓여 있으나 또한 막히는 지경에 이르지 않고, 비록 똑같지 않은 일을 동시에 아울러 행하더라도 또한 어그러지는 지경에 이르지 않고, 비록 작은 일을 행하더라도 또한 자잘하다 하여 그르치는 일이 없다. 비록 幽遠한 것이더라도 통할 수 있고 비록 빽빽한 것이더라도 공간이 있으니, 간격이 있음을 말한 것이다. 두 사람이 연접하여 서로 범할 일이 있을 경우에는 피차간에 다툴 수 있고 두 가지 일을 동시에 아울러 행할 경우에는 利害를 다툴 수 있으나 서로 침범하지 않고 서로 해를 끼치지 않으면 다툴 일이 없게 된다. 이는 '임금이 천하를 다스리는 일이 큰 것과 작은 것, 유심한 것과 빽빽한 것, 연접한 것과 동시에 행하는 것이 있으나 자연히 각각 마땅한 분수와 도리를 얻는 것은

하나의 順을 지극히 해서일 뿐임'을 범연히 말한 것이다. 그러므로 順의 이치를 밝게 갖춘 연후에 危急과 滅亡에 대한 경계를 지켜 위급하고 멸망하는 지경에 이르지 않을 수 있다.

≪大全≫

新安王氏曰 此는 極言大順之理라 萬幾日來하고 庶事總至하면 其大積者然也니 以順處之하야 各有其序면 可以無苑結矣요 威福幷用하고 剛柔迭施하면 其幷行者然也니 以順施之하야 各得其宜하면 可以無錯謬矣요 一嚬笑之微에 下之休戚係焉하고 一好惡(오)之微에 衆之向背係焉하니 此其細行者然也나 以順爲之하면 可以無過失矣라 幽遠을 謂之深이니 其勢則易(이)隔이나 惟順則其情必通이요 衆多를 謂之茂니 其勢則易雜이나 惟順則其分有間이라 連則易以相干이나 惟順則同而異하야 不相及也요 動則易以相違나 惟順則異而同하야 不相害也라 天下之大順이 至此면 極矣어늘 惟明於順然後에 上下相得하고 君臣相安하야 可以守危라 蓋居高則勢易危하니 守危則可安於民上也니라

新安王氏 : 이 절은 大順의 이치를 지극히 말하였다.

만 가지 幾微가 나날이 이르고 여러 가지 일이 줄기차게 닥치면 마치 크게 쌓인 것과 같으니, 順함으로 대처하여 각각 마땅한 차례가 있게 되면 막힘이 없을 수 있다. 威嚴과 福祿을 함께 쓰고 강함과 부드러움을 번갈아 베풀면 마치 〈다른 일들을〉 나란히 행하는 것과 같으니, 順함으로 베풀어 각각 마땅함을 얻으면 어그러짐이 없을 수 있다. 〈임금의〉 한 번 찡그리고 한 번 웃는 사소한 행위에도 아랫사람의 행복과 불행이 걸려 있고 한 번 좋아하고 한 번 미워하는 사소한 행위에도 여러 사람의 向背가 걸려 있으니, 이것은 마치 작은 행실인 것 같지만 順함으로 행하면 과실이 없을 수 있다. 幽遠함을 深이라 이르니 그 형세는 막히기가 쉬우나 오직 順하다면 情이 반드시 통하게 되며, 무리가 많음을 茂라 이르니 그 형세가 혼잡하기가 쉬우나 오직 順하다면 구분할 수 있는 간격이 있게 된다. 〈두 사람 이상이〉 連接하면 서로 범하기 쉬우나 오직 順하다면 함께하면서도 달리함이 있어서 서로 침범하지 않고, 〈함께〉 동하면 서로 어긋나기가 쉬우나 오직 順하면 달리하면서도 함께하여 서로 해를 끼치지 않는다.

천하의 대순이 이에 이르면 지극한 것인데, 오직 順의 이치를 밝게 갖춘 뒤에 上下가 서로 뜻이 맞고 君臣이 서로 편안하여 위태로움에 대한 경계를 지킬 수 있는 것이다. 높은 지위에 거하면 형세가 위태로워지기 쉬우니, 위태로움에 대한 경계를 잘 지키면 백성의 위에서 편안하게 있을 수 있다.

○ 臨川吳氏曰 危者는 順之反이요 不順則違逆이니 違逆者는 危道也니라

臨川吳氏 : 위태로움은 順함의 반대이고 順하지 않으면 어기고 거역하니, 어기고 거역함은 위태롭게 되는 방도이다.

092301 **故**로 **禮之不同也**하야 **不豐也**와 **不殺**(쇄)**也**는 **所以持情而合危也**라 **故**로 **聖王所以順**이 **山者**를 **不使居川**하고 **不使渚者**로 **居中原**하야 **而弗敝也**하며 **用水火金木飮食**호되 **必時**하며 **合男女**하고 **頒爵位**호되 **必當年德**하며 **用民必順**하시니 **故**로 **無水旱昆蟲之災**하며 **民無凶饑妖孼之疾**이니라

그러므로 禮는 똑같지 않아서 〈검약해야 할 경우에는〉 풍성히 하지 않아야 하고 〈융숭히 해야 할 경우에는〉 줄이지 않아야 하는 것은 人情을 유지하고 〈사람들로 하여금〉 위태로운 상황에 화합하게 하려는 것이다.

그러므로 聖王이 順히 하는 것은 산에 사는 자를 냇가에 살지 않게 하고 물가에 사는 자를 中原에 살지 않게 하여 곤궁하고 피폐하지 않도록 하며, 물·불·쇠·나무·음식을 쓰되 반드시 때에 맞게 하며, 남녀를 〈부부로〉 합해주고 爵位를 하사하되 반드시 나이와 덕에 합당하게 하며, 백성을 쓰되 반드시 〈농한기를〉 順히 따르는 것이다. 그러므로 홍수와 가뭄과 곤충의 재해가 없으며 백성들은 凶荒이나 妖怪한 질병이 없는 것이다.

≪集說≫

貴賤有等이라 故禮制不同하니 應儉者는 不可豐이요 應隆者는 不可殺일새 所以維持人情하야 不使之驕縱하고 保合上下하야 不使之危亂也라 聖王所以順民之情者 如安於山則不徙之居川하고 安於渚(저)則不徙之居中原이라 故로 民不困敝也라 獺(달)祭

魚然後에 虞人入澤梁[151]하며 及春獻鼈蜃(별신)하고 秋獻龜魚[152]之類는 是用水必時也요 春取楡柳之火하고 夏取棗杏之火하고 季夏取桑柘(자)之火하고 秋取柞楢(작유)之火하고 冬取槐檀(괴단)之火[153]하며 又周禮에 季春出火하고 季秋納火[154]之類는 是用火必時也요 丱(관)人以時로 取金玉錫石[155]하고 及月令季春에 審五庫之量할새 金鐵爲先[156]은 是用金必時也요 仲冬에 斬陽木하고 仲夏에 斬陰木[157]은 是用木必時也요

151) 獺(달)祭魚然後 虞人入澤梁 : 〈王制〉에 보인다.

152) 春獻鼈蜃(별신) 秋獻龜魚 : ≪周禮≫ 〈天官 鼈人〉에 보이는데, 鄭玄 注에 따르면 봄에는 자라와 조개가 수면 가까이 올라오고 가을에는 거북과 물고기가 수면 가까이 올라와서 어부가 봄과 가을에 각각 수월하게 잡을 수 있는 어종이기 때문에 이 어종들을 때에 맞게 잡아서 바치는 것이다. 다만 여기서 말한 네 어종은 모두 개흙이나 모래 속에 몸을 숨기고 사는 어종들이므로 〈王制〉에서 孟春에 수달이 물고기로 제사 지낸 뒤에 잡는 다른 어종과는 차이가 있다.(≪周禮注疏≫)

153) 春取楡柳之火……冬取槐檀(괴단)之火 : ≪周禮≫ 〈夏官 司爟(사관)〉에 "불을 쓰는 정령을 관장하여 四時에 國火를 바꾸어서 時氣가 만들어내는 질병을 구제한다.〔掌行火之政令 四時變國火 以救時疾〕"라고 한 것에 대한 鄭玄 注에 보인다. 賈公彦 疏에 "'봄에는 느릅나무와 버드나무를 취한다.'라고 말한 것들에 대해서 先師들은 모두 '五方의 색과 같은 것을 취해서 사용한 것이다.'라고 하였으나, 지금 살펴보건대 대추나무와 살구나무는 비록 붉은 것이긴 하지만 느릅나무와 버드나무는 푸르지 않고 회화나무와 박달나무는 검지 않으니, 선사들이 말한 뜻은 아직 듣지 못하였다.〔言春取楡柳之等 舊師皆以爲取五方之色同 故用之 今按棗杏雖赤 楡柳不青 槐檀不黑 其義未聞〕"라고 설명하였다.(≪周禮注疏≫)

154) 季春出火 季秋納火 : ≪周禮≫ 〈夏官 司爟〉에 보이는데, 賈公彦 疏에 "〈鄭玄이〉 위 經文의 '四時變國火'가 食火(음식을 만드는 데 사용하는 불)에 근거한 것을 가지고 여기에서 봄과 가을에 〈불을 내어 사용하고 거두어 끈다고 한 것이〉 陶器를 굽고 鐵器를 주조하는 불에 근거한 것임을 밝혔다.〔以其上經四時變國火據食火 明此春秋據陶冶〕"라고 설명하였다.

155) 丱(관)人以時取金玉錫石 : ≪周禮≫ 〈地官 丱人〉에 "관인은 금, 옥, 주석, 돌 등이 생산되는 곳을 관장하며 이를 위해 禁令을 내려 지키게 한다. 만약 때에 맞추어 채취할 경우에는 채취할 땅을 선택하여 지도를 그려서 채취하는 자에게 주고, 금령을 어기는 이가 있는지 순시한다.〔丱人掌金玉錫石之地 而爲之厲禁以守之 若以時取之 則物其地圖而授之 巡其禁令〕"라고 보인다.

156) 月令季春……金鐵爲先 : 〈月令〉의 "이달(季春)에 工師에게 명하여 百工들로 하여금 다섯 창고의 〈물건의 품질에 관한〉 옛 법을 살펴 金과 鐵, 皮革과 힘줄, 뿔과 이빨, 깃털과 화살과 材木, 기름과 아교, 丹砂와 옻을 혹시라도 불량품이 없게 한다.〔是月也 命工師令百工 審五庫之量 金鐵皮革筋 角齒羽箭幹 脂膠丹漆 毋或不良〕"라는 것을 두고 한 말이다.

157) 仲冬斬陽木 仲夏斬陰木 : ≪周禮≫ 〈地官 山虞〉에 보이는데, 賈公彦 疏에 "〈鄭玄이〉 '산의 남쪽에서 자란 것이 陽木이고 산의 북쪽에서 자란 것이 陰木이다.'라고 한 것은, 살펴보건대 ≪禮記≫ 〈月令〉에 11월 동짓날에 벌목할 적에 죽전을 취하는데, 죽전은 가을과 겨울에 자라는 것이어서 중하에 그것을 베지 않는다고 했기 때문이다.〔以爲山南爲陽

飮食則如食(사)齊視春時하고 羹齊視夏時[158]之類 是也라 合男女를 必當其年하고 頒爵位를 必當其德하며 用民을 必於農隙이니 凡此 皆是以順行之故로 能感召兩間之和하야 而無旱乾水溢及螟蝗之災也라 凶饑는 年凶穀不熟也라 妖는 謂衣服歌謠草木之怪요 孼은 謂禽獸蟲豸之怪니 史家五行志[159]所載代有之疾患也라

貴賤의 신분에 등급이 있으므로 禮制가 같지 않으니, 마땅히 검약해야 할 경우에는 풍성히 해서는 안 되고 마땅히 융숭히 해야 할 경우에는 줄여서는 안 되기 때문에 人情을 유지해서 교만하고 방종하지 않게 하고 아랫사람과 윗사람을 편안히 화합시켜서 위태롭고 혼란하지 않게 한다.

聖王이 백성의 情을 順히 하는 것은, 예컨대 〈어떤 백성들이〉 산을 편안히 여기면 그들을 옮겨서 냇가에 살지 않게 하고, 물가를 편안히 여기면 그들을 옮겨서 中原에 살지 않게 하므로 백성이 곤궁하고 피폐해지지 않는 것이다. 〈孟春에〉 수달이 물고기로 제사한 뒤에 虞人이 澤梁에 들어가 〈물고기를 잡으며,〉 봄에는 자라와 조개를 바치고 가을에는 거북과 물고기를 바치는 따위는 물에 있는 것을 쓰되 반드시 때에 맞게 하는 것이다. 그리고 봄에는 느릅나무와 버드나무의 불을 취하고, 여름에는 대추나무와 살구나무의 불을 취하고, 季夏에는 뽕나무와 산뽕나무의 불을 취하고, 가을에는 떡갈나무와 졸참나무의 불을 취하고, 겨울에는 회화나무와 박달나무의 불을 취하며, 또 ≪周禮≫의 '季春에는 불을 내어 사용하고, 季秋에는 불을 거두어 끈다.'는 따위는 불을 쓰되 반드시 때에 맞게 하는 것이다. 丱人이 때에 따라서 金과 玉과 주석과 돌을 취하는 것과 〈月令〉에서 季春에 〈百工들로 하여금〉 다섯 창고의 옛 법

木 北爲陰木者 案月令十一月日短至 伐木取竹箭 竹箭秋冬生 不用仲夏斬之〕"라고 설명하였다.(≪周禮注疏≫)

158) 食(사)齊視春時 羹齊視夏時 : ≪周禮≫ 〈天官 食醫(사의)〉에 "사의는 왕의 육사, 육음, 육선, 백수, 백장, 팔진의 조제를 조화롭게 하는 것을 관장한다. 무릇 밥을 조화롭게 하는 것은 봄철에 견주어야 하고 국을 조화롭게 하는 것은 여름철에 견주어야 하며 醬을 조화롭게 하는 것은 가을철에 견주어야 하고 마실 것을 조화롭게 하는 것은 겨울철에 견주어야 한다.〔食醫掌和王之六食六飮六膳百羞百醬八珍之齊 凡食齊眂春時 羹齊眂夏時 醬齊眂秋時 飮齊眂冬時〕"라고 보이는데, 鄭玄 注에 "밥은 마땅히 따뜻해야 하고, 국은 마땅히 뜨거워야 하고, 장은 마땅히 서늘해야 하고, 마실 것은 마땅히 차가워야 한다.〔飯宜溫 羹宜熱 醬宜涼 飮宜寒〕"라고 설명하였다.(≪周禮注疏≫)

159) 史家五行志 : ≪漢書≫, ≪唐書≫, ≪宋史≫ 등의 주요 역사서에 편성되어 있는 〈五行志〉를 이른다.

을 살피게 할 적에 金과 鐵을 먼저로 삼은 것은 金을 쓰되 반드시 때에 맞게 하는 것이다. 仲冬에 陽木을 베고 仲夏에 陰木을 베는 것은 나무를 쓰되 반드시 때에 따라 하는 것이다. 음식의 경우에는 예컨대 밥을 조화롭게 하는 것은 봄철에 견주어야 하고 국을 조화롭게 하는 것은 여름철에 견주어야 하는 경우가 해당한다.

男女를 〈부부로〉 합해주기를 반드시 나이에 마땅하게 하고, 爵位를 하사하는 것을 반드시 德에 마땅하게 하며, 백성을 쓰기를 반드시 농한기에 하니, 이것은 모두 順함을 따라 행하는 것이다. 그러므로 하늘과 땅 사이의 조화로움을 감동시켜서 건조한 가뭄과 넘치는 홍수와 곤충의 재해가 없는 것이다. 凶饑는 농사가 흉년이 들어 곡식이 익지 않는 것이다. 妖는 의복과 가요와 초목의 괴이함을 이르고, 孼은 금수와 작은 벌레의 괴이함을 이르니, 史家의 〈五行志〉에 기재된 시대마다 있었던 疾患이다.

≪大全≫

馬氏曰 山川之勢異而高下之習不同하고 原渚之勢殊而水陸之居不一하니 聖人則因其所利而利之하고 順其所居而居之라 有安於此하면 則不强於彼나 然聖人之順은 不止於此而已니 推其詳하면 則凡居民材에 必因天地寒煖燥濕[160)]이 皆所以順民也라 年有高下故로 合男女에 必當其年하고 德有厚薄故로 頒爵位에 必當其德이라 因其高下而合之는 所以順陰陽之理也요 因其薄厚而頒之는 所以明貴賤之等也라 四民之業不同이어늘 先王則順之而不易하고 四時之務不一이어늘 先王則順之而不奪이라 故로 曰 用民必順이라하니라

馬氏 : 산과 냇물의 지세가 달라서 고지대와 저지대의 풍습이 똑같지 않고, 中原과 물가의 형세가 달라서 물가와 육지에서 사는 것이 똑같지 않으니, 聖人은 이롭게 여기는 것을 인하여 이롭게 해주고 거하는 곳을 順히 따라서 거하게 해준다.

여기에 편안하게 여김이 있으면 저기에 억지로 보내지 않지만 성인의 順함은 이렇게 하는 데에서 그치지 않으니, 더 자세히 미루어보면 〈王制〉의 '무릇 백성이 일상생활에 필요한 물건을 비축하는 것은 반드시 천지 기후의 차가움과 따뜻함, 건조함과 습함에 따른다.'는 것이 모두 백성을 順히 하는 것이다. 나이에는 많고 적음이

160) 凡居民材 必因天地寒煖燥濕 : 〈王制〉에 보인다.

있기 때문에 남녀를 〈부부로〉 합해줄 적에 반드시 나이에 합당하게 하고, 덕에는 두텁고 얇음이 있기 때문에 爵位를 하사할 적에 반드시 덕에 합당하게 하는 것이다. 나이의 많고 적음을 따라 합하게 함은 陰陽의 이치를 順히 하는 것이고, 덕의 박하고 후함을 따라 작위를 하사함은 귀천의 등급을 밝히는 것이다. 四民(士·農·工·商)의 일이 똑같지 않은데 先王은 이를 順히 따라서 바꾸지 않고, 四時의 일이 똑같지 않은데 선왕은 이를 順히 따라서 빼앗지 않으므로 "백성을 쓰되 반드시 順히 따른다." 한 것이다.

○ 長樂陳氏曰 禮는 所以持人之情而使之稱이요 合事之危而使之安也라 聖王이 知其禮之稱情安危如此라 故로 居川原호되 不易其利하고 不變其俗하야 使之各適其適而弗敝焉하니 此는 因地之利以順之也요 用水火金木飮食호되 必時하니 此는 因天之時以順之也요 合男女頒爵祿으로 以至用民不奪其時는 此因人之(利)〔理〕[161)]以順之也라 夫唯因地之利하고 因天之時하고 因人之理하야 而致順如此라 故로 國無災하고 民無疾也니라

長樂陳氏 : 禮는 사람의 情을 유지하여 〈각자의 인정에〉 걸맞게 하는 것이고, 일의 위태로운 상황을 합당하게 하여 〈각자의 상황에〉 편안하도록 하는 것이다.

聖王은 禮가 情을 걸맞게 하고 위태로움을 편안하게 함이 이와 같음을 알았다. 그러므로 냇가와 언덕에 살게 하되 이롭게 여기는 곳을 바꾸지 않고 풍속을 바꾸지 않아서 〈사람들로〉 하여금 각각 적당하게 여기는 것에 들어맞아서 困弊하지 않게 하였으니, 이는 땅의 이로움을 인하여 順히 한 것이다. 물·불·쇠·나무·음식을 사용하되 반드시 때에 따라 하였으니, 이는 하늘의 때를 따라서 順히 한 것이다. 남녀를 합하고 爵祿을 하사함으로부터 백성을 동원하되 농사철을 빼앗지 않음에 이르기까지는 사람의 이치를 따라서 順히 한 것이다.

땅의 이로움을 따르고 하늘의 때를 따르고 사람의 이치를 따라서 順히 함을 이와 같이 지극히 하므로 나라에는 재해가 없고 백성들은 질병이 없는 것이다.

○ 臨川吳氏曰 居民之順은 因於地요 時物之順은 因於天이요 昏姻任使力役之順은

161) (利)〔理〕: 저본에는 '利'로 되어 있으나, 衛湜의 ≪禮記集說≫ 및 金在魯의 ≪禮記補註≫에 의거하여 '理'로 수정하였다.

因於人이니 因天地人하야 以行順道라 故로 天地人之應이 亦順하야 而天地不生水旱昆蟲之災하고 人不罹凶饑妖孼之疾이라 凶은 謂疫癘요 饑는 謂荒歉이요 草木等怪를 爲妖요 飛走等怪를 爲孼이라

臨川吳氏 : 백성을 살게 하기를 順히 함은 땅을 따른 것이고, 물건의 사용을 때맞추기를 順히 함은 하늘을 따른 것이고, 남녀를 혼인시키고 직임을 맡기고 負役를 시키기를 順히 함은 사람을 따른 것이니, 하늘과 땅과 사람을 따라서 順한 道를 행한 것이다. 그러므로 하늘과 땅과 사람의 응함이 또한 順하여 하늘과 땅은 水災・旱災와 곤충의 재해를 내지 않고, 사람은 凶・饑・妖・孼의 질병에 걸리지 않는 것이다. 凶은 전염병을 이르고 饑는 흉년을 이르며, 초목 등의 괴이함을 妖라 하고 날짐승과 달리는 짐승 등의 괴이함을 孼이라 한다.

092302 故로 天不愛其道하며 地不愛其寶하며 人不愛其情[162)]하나니 故로 天降膏露하며 地出醴泉하며 山出器車하며 河出馬圖[163)]하며 鳳皇麒麟이 皆在

---

162) 人不愛其情 : 孔穎達 疏에 "모든 사람들이 孝悌를 지극히 함과 越裳國이 〈周나라에〉 이른 것이다.〔皆盡孝悌及越常至也〕" 하였다. 越裳은 越常으로도 쓰는바, 옛날 중국의 南海에 있던 나라 이름으로, 이 내용은 ≪後漢書≫ 권116 〈南蠻傳〉에 다음과 같이 보인다. "교지의 남쪽에 월상국이 있다. 주공이 섭정한 지 여섯 해에 禮樂을 제작하니 천하가 화평하였다. 월상씨가 三象을 통해 거듭 말을 전하면서 흰 꿩을 바치며 '길은 아득히 멀며 산은 험하고 내는 깊어서 使者가 왕래하지 못하기 때문에 거듭 말을 전하여 조회합니다.' 하였다. 성왕이 이를 주공에게 회부하자 주공이 '덕이 베풀어지지 않으면 군자는 그 나라의 폐백을 받지 않으며 정치가 시행되지 않으면 군자는 그 나라의 사람을 신하로 삼지 않으니, 내가 어찌 이 선물을 받겠는가.' 하였다. 그러자 그 사신이 간청하며 '제가 저희 나라의 원로에게 다음과 같은 명을 받았습니다. 「하늘에 세찬 바람과 뇌우가 없은 지 오래되었으니, 아마도 중국에 성인이 있을 것이다. 성인이 있으면 어찌 가서 조회하지 않겠는가.」' 하였다. 주공이 마침내 성왕에게 회부하자, 선왕의 신이 이르게 한 것이라고 칭하고서 종묘에 제사를 올려 고하였다. 이후 주나라의 덕이 쇠한 이후에는 마침내 차츰 끊어졌다.〔交阯之南 有越裳國 周公居攝六年 制禮作樂 天下和平 越裳以三象重譯而獻白雉曰 道路悠遠 山川岨深 音使不通 故重譯而朝 成王以歸周公 公曰 德不加焉則君子不饗其質 政不施焉則君子不臣其人 吾何以獲此賜也 其使請曰 吾受命吾國之黃耉曰 久矣天之無烈風雷雨 意者中國有聖人乎 有則盍往朝之 周公乃歸之於王 稱先王之神致 以薦于宗廟 周德既衰 於是稍絶〕"

163) 河出馬圖 : 鄭玄 注에 "龍馬가 河圖를 등에 지고서 나온 것이다.〔龍馬負圖而出也〕"라고 하였다. 伏羲氏 때에 黃河에서 龍馬가 나오고 그 등에 그림이 그려져 있었다고 전한다. (≪禮記正義≫, ≪孔子家語≫ 7 〈禮運〉 32)

郊棷(수)[164] 하며 **龜龍**이 **在宮沼**하며 **其餘鳥獸之卵胎**를 **皆可俯而闚也**[165] 니 **則是無故**라 **先王**이 **能修禮以達義**하며 **體信以達順故**니 **此順之實也**니라

그러므로 하늘은 〈하늘의〉 道를 아끼지 않으며 땅은 〈땅의〉 보물을 아끼지 않으며 사람은 情을 아끼지 않는다. 그러므로 하늘에서는 甘露를 내리며 땅에서는 醴泉이 나오며 산에서는 寶器와 山車가 나오며 黃河에서는 龍馬가 河圖를 등에 지고서 나오며 봉황과 기린이 모두 郊外의 숲에 있으며 거북과 龍이 宮中의 못에 있으며 그 밖의 새와 짐승의 卵生과 胎生을 모두 굽어볼 수 있으니, 이렇게 되는 이유는 다른 연고가 없다. 先王이 능히 禮를 닦아서 義에 도달하며 信을 체행하여 順에 도달했기 때문이니, 이것은 順함의 實效이다.

龍馬出河之圖

≪集說≫

舊說에 器爲銀甕(옹)丹甑(증)[166]이요 車爲山車垂鉤[167]라하니 謂不待揉治而自圓曲

---

164) 鳳凰麒麟皆在郊棷(수) : 봉황새나 기린과 같은 상서롭고 희귀한 새와 짐승이 모두 심상한 들과 숲에까지 있다는 말로, 지극한 태평성대에 나타나는 현상을 말한다.(≪孔子家語≫ 7 〈禮運〉 32)

165) 其餘鳥獸之卵胎 皆可俯而闚也 : 새나 짐승이 사람과 친근하여 낮은 곳에 집을 짓기 때문에 사람은 그 위에 임하여 새가 알을 낳거나 짐승이 새끼 치는 것을 살펴볼 수 있음을 이른다.(≪孔子家語≫ 7 〈禮運〉 32)

也라 晉時에 恒山大樹自拔하니 根下에 有璧七十圭七十三호되 皆光色精奇하야 異常玉하고 又張掖柳谷之石에 有八卦璜玦之象[168]하니 亦此類也라 椒는 與藪同이라 龍之變化叵測하니 未必宮沼有之라 亦極言至順感召之卓異耳니 不以辭害意 可也라 修禮以達義者는 修此禮以爲教하야 而達之天下하면 無不宜也요 體信以達順者는 反身而誠하야 而達之天下하면 無不順也니 此極功矣라 故結之曰此順之實也라하니라

舊說에 "器는 銀으로 만든 술그릇과 붉은빛을 띤 시루가 된다." 하였고, "車는 山車와 垂鉤가 된다." 하였으니, 〈수구는〉 휘거나 다스릴 필요 없이 절로 둥글고 굽은 것을 말한다. 晉나라 때에 恒山에 있는 큰 나무가 저절로 뽑히자 뿌리 아래에 璧 70개와 圭 73개가 있었는데 모두 광채가 精妙하고 아름다워 보통의 玉과는 달랐으며, 또 張掖郡 柳谷口에서 나온 보석에 八卦와 璜과 玦의 象이 있었으니, 또한 이와 같은 종류이다.

璧

圭

椒는 藪와 같다. 龍의 변화는 헤아릴 수 없으니, 반드시 궁궐

166) 舊說 器爲銀甕(옹)丹甑(증) : 구설은 鄭玄 注를 이른다. 銀甕은 銀으로 만든 술그릇으로 태평성세에 나타난다는 상서로운 물건이고, 丹甑은 붉은 빛깔을 띤 시루로 풍년이 들면 땅 속에서 나온다는 상서로운 물건이다.(≪禮記正義≫, ≪初學記≫ 권27, ≪宋書≫ 〈符瑞志 下〉)

167) 車爲山車垂鉤 : 孔穎達 疏에 "살펴보건대 ≪禮緯≫인 ≪斗威儀≫에 '그 정사가 태평하면 山車와 垂鉤가 나타난다.' 하였는데, 그 주에 '산거는 자연의 수레이고, 수구는 휘거나 다스리지 않아도 절로 둥글고 굽은 것이다.' 하였다.〔案禮緯斗威儀云 其政太平 山車垂鉤 註云 山車 自然之車 垂鉤 不揉治而自圓曲〕"라고 하였다.

168) 張掖柳谷之石 有八卦璜玦之象 : 璜은 半圓形의 珮玉이고 玦은 고리 모양으로 되어 있고 한쪽이 트인 패옥인바, ≪資治通鑑≫에 "〈魏 明帝 青龍 연간에〉 張掖의 柳谷口의 물이 넘칠 때 寶石이 나왔는데 그 돌에 河圖가 새겨져 있고 모양이 靈龜와 흡사하였다. 이에 이 돌을 냇물 서쪽에 세웠는데 石馬 7개, 봉황, 기린, 白虎, 犧牛, 璜玦, 八卦, 列宿(열수), 彗孛의 象이 있었다.〔張掖柳谷口水溢 涌寶石 負圖狀象靈龜 立于川西 有石馬七 及鳳凰麒麟白虎犧牛璜玦八卦列宿孛彗之象〕"라고 보인다.

의 못에 있는 것은 아니다. 이 또한 지극한 順함이 감동시킨 것이 특출함을 극진히 말했을 뿐이니, 〈읽는 자는〉 글로써 〈글쓴이가 전하고자 하는〉 本意를 해치지 않는 것이 좋다.

'修禮以達義'는 이 禮를 닦아서 가르침을 삼아 천하에 도달하면 마땅하지 않음이 없다는 것이고, '體信以達順'은 자기 몸을 돌이켜 성실하여 천하에 도달하면 順하지 않음이 없다는 것이니, 이는 지극한 功效이다. 그러므로 "이것은 順함의 實效이다."라는 말로 끝맺은 것이다.

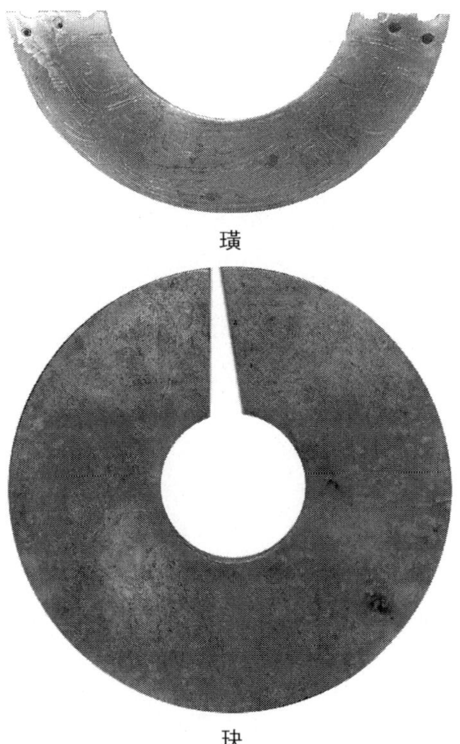

璜

玦

○ 程子曰 君子修己以敬하고 篤恭而天下平[169)]이니 惟上下一於恭敬이면 則天地自位하고 萬物自育하야 而四靈이 畢至矣니 此體信達順之道也니라

程子 : 군자가 敬으로써 자기 몸을 닦고 공손함을 돈독히 하면 천하가 和平해지니, 오직 아랫사람과 윗사람이 똑같이 공경한다면 천지가 저절로 자리 잡히고 만물이 저절로 길러져서 〈麟·鳳·龜·龍〉 네 靈物이 모두 이른다. 이는 信을 체행하여 順함에 도달하는 방도이다.

○ 朱子曰 信은 是實理요 順은 是和氣니 體信은 是致中이요 達順은 是致和라 實體此道於身이면 則自然發而中節하야 推之天下하면 而無所不通也니라

---

169) 君子修己以敬 篤恭而天下平 : ≪論語≫ 〈憲問〉에 "子路가 君子에 대하여 물으니, 孔子께서 '敬으로써 몸을 닦는 것이다.' 하셨다. 〈자로가〉 '이와 같을 뿐입니까?' 하고 묻자, '몸을 닦아서 사람을 편안하게 하는 것이다.' 하셨다. 다시 '이와 같을 뿐입니까?' 하고 묻자, 다음과 같이 말씀하셨다. '몸을 닦아서 백성을 편안하게 하는 것이니, 몸을 닦아서 백성을 편안하게 함은 堯舜께서도 오히려 부족하게 여기셨다.〔子路問君子 子曰 修己以敬 曰 如斯而已乎 曰 修己以安人 曰 如斯而已乎 曰 修己以安百姓 修己以安百姓 堯舜其猶病諸〕" 하였으며, ≪中庸章句≫ 33장에 "≪詩經≫에 이르기를 '드러나지 않는 德을 여러 諸侯들이 본받는다.' 하였다. 이 때문에 군자는 공손함을 돈독히 함에 天下가 화평해지는 것이다.〔詩曰 不顯惟德 百辟其刑之 是故 君子 篤恭而天下平〕" 하였다.

朱子 : 信은 진실한 이치이고 順은 和한 기운이니, '體信'은 中을 지극히 하는 것이고 '達順'은 和를 지극히 하는 것이다. 이 道를 실제로 몸에 體行하면 자연스럽게 발하여 節度에 맞아서 천하에 미루어가면 통하지 않는 것이 없다.

≪大全≫

嚴陵方氏曰 天爲神故로 以道言하고 地爲富故로 以寶言하고 人有欲故로 以情言이라 不愛는 言盡其所以而與之也라 膏露는 則露之澤이 其濃如膏요 醴泉은 則泉之味其甘如醴라 郊棷는 則在郊之棷也요 宮沼는 則在宮之沼也라 鳥獸之卵胎를 皆可俯而見은 則以順之所感而無獝狘(휼월)之患故也라 莊子言至德之世에 (烏)〔鳥〕[170]鵲之巢를 可攀援而窺[171]라하니 蓋謂是矣라 修禮於外는 所以達義於內요 體信於人은 所以達順於天이니라

嚴陵方氏 : 하늘은 神靈이 되기 때문에 道로써 말하고, 땅은 풍부함이 되기 때문에 보배로써 말하고, 사람은 욕심이 있기 때문에 情으로써 말한 것이다. '不愛'는 가지고 있는 것을 다하여 줌을 말한 것이다. '膏露'는 이슬의 윤택함이 기름처럼 진한 것이고, '醴泉'은 샘의 맛이 단술처럼 달콤한 것이다. '郊棷'는 郊外에 있는 수풀이고, '宮沼'는 宮에 있는 못이다. 새와 짐승의 卵生과 胎生을 모두 굽어볼 수 있음은 順함에 감동하여 짐승들이 놀라 달아나는 근심이 없기 때문이다. 莊子가 "至德의 시대에는 새 둥지를 손으로 끌어당겨 안을 들여다볼 수 있었다."라고 말했으니, 이것을 말한 것이다. 외면에서 禮를 닦음은 義를 내면으로 도달하게 하는 방법이고, 信을 사람에게 체행함은 順을 하늘에 도달하게 하는 방법이다.

○ 朱子曰 體信은 是忠이요 達順은 是恕니 體信은 是無一毫之僞요 達順은 是發而皆

---

170) (烏)〔鳥〕: 저본에는 '烏'로 되어 있으나, ≪莊子≫에 의거하여 '鳥'로 바로잡았다.

171) 至德之世……可攀援而窺 : ≪莊子≫ 〈馬蹄〉에 "至德의 시대에는 사람들의 걸음걸이가 유유자적했으며 눈매 또한 밝고 환했다. 그때는 산에는 지름길이나 굴이 없었고 못에는 배나 다리가 없었다. 만백성이 무리 지어 살면서 사는 고을을 함께했으며 금수들이 무리를 이루었고 초목이 마음껏 자랄 수 있었다. 이 때문에 짐승들을 끈으로 묶어서 끌고 다니며 놀 수 있었고 새 둥지를 손으로 끌어당겨 안을 들여다볼 수 있었다.〔至德之世 其行塡塡 其視顚顚 當是時也 山無蹊隧 澤無舟梁 萬物群生 連屬其鄕 禽獸成群 草木遂長 是故禽獸 可係羈而遊 鳥鵲之巢 可攀援而闚〕"라고 보인다.

中節하야 無一物不得其所라 聰明睿知 皆由此出은 是自誠而明[172)]意思라 體信은 是眞實無妄[173)]이요 達順은 是使萬物各得其所니라

朱子 : 體信은 忠이고 達順은 恕이니, 체신은 〈마음속에〉 한 터럭의 거짓도 없는 것이고, 달순은 〈情이〉 발하여 모두 節度에 맞아서 한 물건도 제자리를 얻지 못함이 없는 것이다. 聰明과 叡智가 모두 이로 말미암아 나옴은 성실함으로 말미암아 밝아진다는 뜻이다. 체신은 바로 진실하여 망령됨이 없는 것이고, 달순은 만물로 하여금 각각 제자리를 얻게 하는 것이다.

○ 臨川吳氏曰 大順之應如此는 亦無他故라 而使之然은 蓋由先聖王이 能修治其禮而達之於禮之義하야 以敎天下之人하야 體實理於心하야 而達之於一身之順하고 充而爲家國天下之順之故也니 遂至天地人物히 同一大順焉이라 夫順理淵微하야 初無形象이어늘 今兩間嘉瑞 昭然顯著하니 此順之實迹을 可見者라 故로 曰 此順之實也라하니라

臨川吳氏 : 大順의 응함이 이와 같음은 또한 다른 이유가 없다. 이렇게 만든 것은 先代의 聖王이 禮를 닦고 다스려 禮의 義에 通達하여 천하 사람들을 가르쳐서 진실한 이치를 마음에 체득하여 한 몸의 順함에 두루 통하게 하고 〈이것을〉 확충하여 집과 나라와 천하를 順하게 하였기 때문이니, 마침내 하늘과 땅과 사람과 물건에 이르기까지 똑같이 크게 順하게 된 것이다.

順의 이치가 깊고 精微하여 애당초 형상이 없는데 현재 하늘과 땅의 사이에 祥瑞가 밝게 나타나니, 여기에서 順함의 실제 자취를 볼 수 있으므로 "이는 順함의 實效이다."라고 한 것이다.

---

172) 聰明睿知……自誠而明 : ≪論語≫ 〈憲問〉의 "〈君子는〉 몸을 닦아서 백성을 편안하게 한다.〔修己以安百姓〕"에 대해 程子가 "이는 體信과 達順의 방법이다. 총명예지가 모두 이로 말미암아 나오니, 이로써 하늘을 섬기고 상제에게 제향하는 것이다.〔此 體信達順之道 聰明睿知皆由是出 以此事天饗帝〕"라고 풀이하였는데, 여기에서 '體信'과 '達順'에 대한 설명에 '聰明睿知'에 대한 내용이 포함된 것은 정자의 풀이에 대한 朱子의 설명을 그대로 실었기 때문이다.(≪二程遺書≫ 〈二先生語 六〉, ≪朱子語類≫ 권44 〈論語 憲問篇〉) '自誠而明'은 ≪中庸章句≫ 제21장에 "성실로부터 밝아짐을 性이라 하고, 밝아짐으로부터 성실해짐을 敎라고 하니, 성실하면 밝아지고 밝아지면 성실해진다.〔自誠明 謂之性 自明誠 謂之教 誠則明矣 明則誠矣〕"라고 보인다.

173) 眞實無妄 : ≪중용장구≫ 제16장에 "성실함은 진실하여 망령됨이 없음을 이른다.〔誠者 眞實無妄之謂〕"라고 보인다.

附 錄

1. 《禮記集說大全 4》 參考書目 / 359

2. 《禮記集說大全 4》 參考圖版 目錄 및 出處 / 364

1. ≪禮記集說大全 4≫ 參考書目

◇ 底本

- ≪禮記集說大全≫, 陳澔(元) 集說, 胡廣(明) 等 編, 藏書閣 所藏本(k1-71).

◇ 底本 관련 자료

- ≪禮記集說大全≫, 陳澔(元) 集說, 胡廣(明) 等 編, 藏書閣 所藏本(k1-73).
- ≪禮記大全≫, 陳澔(元) 集說, 胡廣(明) 等 編, 文淵閣四庫全書 122, 臺灣商務印書館, 1983~1986.
- ≪禮記正義≫, 阮元(淸) 校刻, 十三經注疏(淸 嘉慶刊本), 中華書局, 2009.
- ≪禮記正義≫, 十三經注疏整理委員會 整理, 北京大學出版社, 2000.
- ≪禮記正義≫, 呂友仁 整理, 上海古籍出版社, 2008.
- ≪禮記≫, 陳澔(元) 集說, 胡廣(明) 等 編, 影印本, 保景文化社, 1984.
- ≪禮記集說≫, 衛湜(宋) 撰, 文淵閣四庫全書 117~120, 臺灣商務印書館, 1983~1986.
- ≪禮記集解≫, 孫希旦(淸), 中華書局, 1989.
- ≪禮記補註≫, 陳澔(元) 集說, 金在魯(朝鮮) 補註, 국립중앙도서관 소장, 1758.
- ≪禮記大文諺讀≫, 成三問(朝鮮) 等 撰, 朝鮮 內閣本, 국립중앙도서관 소장, 1707.
- ≪禮記類編≫, 陳澔(元) 集說, 崔錫鼎(朝鮮) 附註, 嶺南監營, 국립중앙도서관 소장, 1707.
- ≪經學資料集成：禮記≫, 대동문화연구원, 성균관대학교출판부, 1995~1997.

◇ 經部

- ≪周易注疏≫, 阮元(淸) 校刻, 十三經注疏(淸 嘉慶刊本), 中華書局, 1980.
- ≪論語注疏≫, 阮元(淸) 校刻, 十三經注疏(淸 嘉慶刊本), 中華書局, 2009.
- ≪孟子注疏≫, 阮元(淸) 校刻, 十三經注疏(淸 嘉慶刊本), 中華書局, 2009.
- ≪孝經注疏≫, 阮元(淸) 校刻, 十三經注疏(淸 嘉慶刊本), 中華書局, 2009.
- ≪爾雅注疏≫, 阮元(淸) 校刻, 十三經注疏(淸 嘉慶刊本), 中華書局, 2009.
- ≪毛詩正義≫, 阮元(淸) 校刻, 十三經注疏(淸 嘉慶刊本), 中華書局, 2009.

- ≪尙書正義≫, 阮元(淸) 校刻, 十三經注疏(淸 嘉慶刊本), 中華書局, 2009.
- ≪儀禮注疏≫, 阮元(淸) 校刻, 十三經注疏(淸 嘉慶刊本), 中華書局, 2009.
- ≪周禮注疏≫, 阮元(淸) 校刻, 十三經注疏(淸 嘉慶刊本), 中華書局, 2009.
- ≪春秋左傳正義≫, 阮元(淸) 校刻, 十三經注疏(淸 嘉慶刊本), 中華書局, 2009.
- ≪春秋穀梁傳注疏≫, 阮元(淸) 校刻, 十三經注疏(淸 嘉慶刊本), 中華書局, 2009.
- ≪春秋公羊傳注疏≫, 阮元(淸) 校刻, 十三經注疏(淸 嘉慶刊本), 中華書局, 2009.
- ≪論語集註大全≫, 朱熹(宋) 集註, 胡廣(明) 等 編, 朝鮮 內閣本, 影印本, 學民文化社.
- ≪孟子集註大全≫, 朱熹(宋) 集註, 胡廣(明) 等 編, 朝鮮 內閣本, 影印本, 學民文化社.
- ≪大學章句大全≫, 朱熹(宋) 章句, 胡廣(明) 等 編, 朝鮮 內閣本, 影印本, 學民文化社.
- ≪中庸章句大全≫, 朱熹(宋) 章句, 胡廣(明) 等 編, 朝鮮 內閣本, 影印本, 學民文化社.
- ≪周易傳義大全≫, 程頤(宋) 傳, 朱熹(宋) 本義, 胡廣(明) 等 編, 朝鮮 內閣本, 影印本, 學民文化社.
- ≪詩傳大全≫, 朱熹(宋) 集傳, 胡廣(明) 等 編, 朝鮮 內閣本, 影印本, 學民文化社.
- ≪書傳大全≫, 蔡沈(宋) 集傳, 胡廣(明) 等 編, 朝鮮 內閣本, 影印本, 學民文化社.
- ≪家禮≫, 朱熹(宋) 撰, 文淵閣四庫全書 142, 臺灣商務印書館, 1983~1986.
- ≪大戴禮記集註≫, 黃懷信, 三秦出版社, 2004.
- ≪三經諺解≫, 朝鮮 校正廳 諺解, 影印本, 保景文化社.
- ≪五經大全≫, 胡廣(明) 等 撰, 明 內府刊本, 影印本, 日本國立國會圖書館 所藏本.
- ≪禮書≫, 陳祥道(宋) 撰, 文淵閣四庫全書 130, 臺灣商務印書館, 1983~1986.
- ≪禮記淺見錄≫, 權近(朝鮮) 撰, 韓國經學資料集成 124~125, 成均館大學校出版部, 1998.
- ≪禮記訓義擇言≫, 江永(淸) 撰, 文淵閣四庫全書 128, 臺灣商務印書館, 1983~1986.
- ≪儀禮經傳通解≫, 朱熹(宋) 撰, 文淵閣四庫全書 141, 臺灣商務印書館, 1983~1986.
- ≪日講禮記解義≫, 陳邦彦(淸) 奉勅撰, 文淵閣四庫全書 123, 臺灣商務印書館, 1983~1986.
- ≪周禮正義≫, 孫詒讓(淸) 撰, 續修四庫全書 82~84, 上海古籍出版社, 1995.
- ≪春秋考徵≫, 丁若鏞(朝鮮) 撰, 韓國文集叢刊 283, 民族文化推進會, 2002.
- ≪春秋毛氏傳≫, 毛奇齡(淸) 撰, 文淵閣四庫全書 176, 臺灣商務印書館, 1983~1986.
- ≪春秋傳服氏注≫, 服虔(漢) 撰, 續修四庫全書 117, 上海古籍出版社, 1995.
- ≪韓詩外傳≫, 韓嬰(漢) 撰, 影印本, 學民文化社.
- ≪說文解字≫, 許愼(漢) 撰, 文淵閣四庫全書 223, 臺灣商務印書館, 1983~1986.
- ≪說文解字注≫, 許愼(漢) 撰, 段玉裁(淸) 注編, 上海古籍出版社, 2011.
- ≪周易鄭康成注≫, 鄭玄(漢) 撰, 王應麟(宋) 輯, 文淵閣四庫全書 7, 臺灣商務印書館, 1983~1986.

◇ 史部

- ≪文獻通考≫, 馬端臨(宋) 撰, 文淵閣四庫全書 610~616, 臺灣商務印書館, 1983~1986.
- ≪史記≫, 司馬遷(漢) 撰, 中華書局, 1974.
- ≪資治通鑑≫, 司馬光(宋) 撰, 胡三省(元) 音註, 中華書局, 1956.
- ≪晉書≫, 房玄齡(唐) 撰, 中華書局, 1974.
- ≪漢書≫, 班固(漢) 撰, 中華書局, 1962.
- ≪後漢書≫, 范曄(宋) 撰, 中華書局, 1965.

◇ 子部

- ≪孔子家語≫, 王肅(魏) 注, 文淵閣四庫全書 695 , 臺灣商務印書館, 1983~1986.
- ≪論衡≫, 王充(漢) 撰, 四部叢刊初編 75, 上海書店, 1983
- ≪揚子法言≫, 揚雄(漢) 撰, 文淵閣四庫全書 699 , 臺灣商務印書館, 1983~1986.
- ≪藝文類聚≫, 歐陽詢(唐) 撰, 文淵閣四庫全書 887~888, 臺灣商務印書館, 1983~1986.
- ≪莊子集解≫, 王先謙(淸) 撰, 中華書局, 1987.

◇ 集部

- ≪唐宋八大家文鈔≫, 茅坤(明) 編, 文淵閣四庫全書 1383~1384, 臺灣商務印書館, 1983~1986.
- ≪白湖集≫, 尹鑴(朝鮮) 撰, 韓國文集叢刊 123, 民族文化推進會, 1994.
- ≪二程集≫, 程顥・程頤(宋) 撰, 王進祥(臺) 編, 漢京文化事業有限公司, 1983.
- ≪朱子大全≫, 朱熹(宋) 撰, 中華書局, 1970.
- ≪宋子大全≫, 宋時烈(朝鮮) 撰, 韓國文集叢刊 108~116, 民族文化推進會, 1993.
- ≪朱子語類≫, 黎靖德(宋) 編, 標點校勘本, 中文出版社, 1970.
- ≪朱子全書≫, 朱熹(宋) 撰, 上海古籍出版社・安徽教育出版社, 2002.
- ≪弘齋全書≫, 正祖(朝鮮) 撰, 韓國文集叢刊 262~267, 民族文化推進會, 2001.
- ≪晦菴集≫, 朱熹(宋) 撰, 朱子全書, 上海古籍出版社・安徽教育出版社, 2001.

◇ 字典 및 目錄類

- ≪經籍纂詁≫, 阮元(淸) 撰, 阮氏琅嬛仙館原刻本, 影印本, 中華書局, 1982.

- ≪經典釋文≫, 陸德明(唐) 撰, 文淵閣四庫全書 182, 臺灣商務印書館, 1983~1986.
- ≪經傳釋詞≫, 王引之(淸) 撰, 江蘇古籍出版社, 2000.
- ≪經學歷史≫, 皮錫瑞 著, 河洛圖書出版社, 1974.
- ≪古代漢語≫, 王力 著, 中華書局, 2004.
- ≪郡經平議≫, 兪樾(淸) 撰, 春在堂全書, 世界書局, 1963.
- ≪論鄭玄詩譜的貢獻≫, 王洲明 著, 人民文學出版社, 1986.
- ≪大漢和辭典≫, 諸橋轍次, 大修觀書店.
- ≪文獻學大辭典≫, 趙國璋・潘樹廣 主編, 廣陵書社, 2005.
- ≪四庫全書總目提要≫, 紀昀(淸) 總纂, 孟蓬生(中) 外 點校, 河北人民出版社, 2000.
- ≪四庫提要辨證≫, 余嘉錫(淸) 撰, 雲南人民出版社, 2004.
- ≪中國歷史紀年表≫, 方時銘 著, 上海人民出版社, 2007.
- ≪中國歷史大事典≫, 張海鵬 主編, 山東大學出版部, 2000.
- ≪中國歷史地圖集≫, 程光裕・徐聖謨 編, 中華文化出版事業委員會, 1957.
- ≪漢詩原流字典≫, 谷衍奎 著, 華夏出版社, 2003.
- ≪漢語大詞典≫, 羅竹風 著, 漢語大詞典出版社, 1995.
- ≪欽定四庫全書簡明目錄≫, 永瑢(淸) 等 編, 淸 乾隆刊本.

◇ 單行本 및 飜譯書

〔韓國〕

- ≪國譯 禮記補註≫, 金在魯 補註, 成百曉 等 譯, 海東經史研究所, 2017~2018.
- ≪譯註 禮記集說大全 1≫, 申承云 譯註, 傳統文化研究會, 2004.
- ≪譯註 禮記集說大全≫, 鄭秉燮 譯, 學古房, 2009~2017.
- ≪譯註 禮記類編大全≫, 崔錫鼎 著, 鄭秉燮 譯, 學古房, 2020.

〔中國〕

- ≪經學研究論文選≫, 彭林, 上海書店出版社, 2002.
- ≪北宋新學研究≫, 張鈺翰, 北京師范大學出版社, 2022.
- ≪三禮研究論集≫, 李曰剛, 孔孟學說叢書, 1981.
- ≪三禮研究論著提要≫, 王鍔, 甘肅教育出版社, 2007.

- ≪新譯禮記讀本≫, 姜義華, 三民書局, 2007.
- ≪呂氏春秋集釋≫, 陳奇猷, 學林出版社, 1984.
- ≪禮記今註今譯≫, 王夢鷗 註譯, 臺灣商務印書館, 1974.
- ≪禮記譯註≫, 楊天宇, 上海古籍出版社, 2004.
- ≪禮記譯解≫, 王文錦, 中華書局, 2001.
- ≪禮記集說≫, 万久富 整理, 鳳凰出版社, 2010.
- ≪禮學概論≫, 周何 著, 三民書局, 1998.
- ≪中國經學史≫, 皮錫瑞 著, 李鴻鎭 譯, 同和出版社, 1984.
- ≪中國古代儀禮文明≫, 彭林, 中華書局, 2004.
- ≪陳氏禮記集說補正整理與研究≫, 張琪, 北京圖書館出版社, 2022.
- ≪陳澔≪禮記集說≫研究≫, 都昌縣陳澔研究會 編, 江西人民出版社, 2017.
- ≪讖緯文獻與漢代文化構建≫, 徐興无, 中華書局, 2003.

〔日本〕

- ≪大戴禮記≫, 栗原圭介 著, ≪新釋漢文大系≫, 明治書院, 1987.
- ≪禮記≫, 下見隆雄 譯, 明德出版社, 1987.
- ≪禮記≫, 市原亨吉 著, ≪全釋漢文大系≫, 集英社, 1983.

〔英美〕

- ≪The Li Ki≫, James Legge, Kessinger Publishing, 2004.

◇ 電子文獻 및 Web DB

- 동양고전종합DB(http://db.cyberseodang.or.kr)
- 한국고전종합DB(http://db.itkc.or.kr)
- 이체자정보검색(http://db.itkc.or.kr/DCH/)
- 상우천고(http://www.s-sangwoo.kr)
- 한국사데이터베이스(http://db.history.go.kr/)
- 電子版 文淵閣四庫全書, 上海古籍出版社.
- 中國基本古籍庫, 黃山書社.

2.《禮記集說大全 4》 參考圖版 目錄 및 出處

(1)〈大裘(대구)〉, 聶崇義(宋), 《三禮圖》 / 12
(2)〈袞冕(곤면)〉, 聶崇義(宋), 《三禮圖》 / 12
(3)〈鷩冕(별면)〉, 聶崇義(宋), 《三禮圖》 / 12
(4)〈毳冕(취면)〉, 聶崇義(宋), 《三禮圖》 / 12
(5)〈絺冕(치면)〉, 聶崇義(宋), 《三禮圖》 / 12
(6)〈玄冕(현면)〉, 聶崇義(宋), 《三禮圖》 / 12
(7)〈皮弁服(피변복)〉, 聶崇義(宋), 《三禮圖》 / 21
(8)〈褖衣(단의)〉, 聶崇義(宋), 《三禮圖》 / 40
(9)〈展衣(전의)〉, 聶崇義(宋), 《三禮圖》 / 40
(10)〈鞠衣(국의)〉, 聶崇義(宋), 《三禮圖》 / 40
(11)〈天子七廟圖(천자칠묘도)〉, 王圻(明) 撰, 《三才圖會》 / 49
(12)〈戟(극)〉, 鄂爾泰(淸) 外 撰, 《欽定周官義疏》 / 60
(13)〈矛(모)〉, 鄂爾泰(淸) 外 撰, 《欽定周官義疏》 / 60
(14)〈弩(노)〉, 鄂爾泰(淸) 外 撰, 《欽定周官義疏》 / 60
(15)〈鼓(고)〉, 鄂爾泰(淸) 外 撰, 《欽定周官義疏》 / 60
(16)〈簠(보)〉, 鄂爾泰(淸) 外 撰, 《欽定周官義疏》 / 62
(17)〈簋(궤)〉, 鄂爾泰(淸) 外 撰, 《欽定周官義疏》 / 62
(18)〈俎(조)〉, 鄂爾泰(淸) 外 撰, 《欽定周官義疏》 / 66
(19)〈豆(두)〉, 鄂爾泰(淸) 外 撰, 《欽定周官義疏》 / 67
(20)〈鼎(정)〉, 鄂爾泰(淸) 外 撰, 《欽定周官義疏》 / 68
(21)〈籩(변)〉, 鄂爾泰(淸) 外 撰, 《欽定周官義疏》 / 68
(22)〈爵弁(작변)〉, 聶崇義(宋), 《三禮圖》 / 104

(23) 〈冕(면)〉, 鄂爾泰(淸) 外 撰, ≪欽定周官義疏≫ / 104
(24) 〈干(간)〉, 王圻(明) 撰, ≪三才圖會≫ / 118
(25) 〈戈(과)〉, 王圻(明) 撰, ≪三才圖會≫ / 118
(26) 〈羽(우)〉, 鄂爾泰(淸) 外 撰, ≪欽定周官義疏≫ / 118
(27) 〈籥(약)〉, 鄂爾泰(淸) 外 撰, ≪欽定周官義疏≫ / 118
(28) 〈戚(척)〉, 鄂爾泰(淸) 外 撰, ≪欽定周官義疏≫ / 119
(29) 〈天子五門三朝圖(천자오문삼조도)〉, 王應電(明) 撰, ≪周禮圖說≫ / 162
(30) 〈圭瓚(규찬)〉, 王圻(明) 撰, ≪三才圖會≫ / 167
(31) 〈鼗鼓(도고)〉, 鄂爾泰(淸) 外 撰, ≪欽定周官義疏≫ / 193
(32) 〈罍(뇌)〉, 聶崇義(宋), ≪三禮圖≫ / 223
(33) 〈釜(부)〉, 王圻(明) 撰, ≪三才圖會≫ / 224
(34) 〈甑(증)〉, 鄂爾泰(淸) 外 撰, ≪欽定周官義疏≫ / 224
(35) 〈琴(금)〉, 鄂爾泰(淸) 外 撰, ≪欽定周官義疏≫ / 232
(36) 〈瑟(슬)〉, 鄂爾泰(淸) 外 撰, ≪欽定周官義疏≫ / 232
(37) 〈管(관)〉, 鄂爾泰(淸) 外 撰, ≪欽定周官義疏≫ / 232
(38) 〈鉶(형)〉, 鄂爾泰(淸) 外 撰, ≪欽定周官義疏≫ / 240
(39) 〈斝(가)〉, 臺灣故宮博物院 소장 / 250
(40) 〈冕(면)〉, 鄂爾泰(淸) 外 撰, ≪欽定周官義疏≫ / 251
(41) 〈皮弁(피변)〉, 聶崇義(宋), ≪三禮圖≫ / 251
(42) 〈角(각)〉, 鄂爾泰(淸) 外 撰, ≪欽定周官義疏≫ / 255
(43) 〈月令十二律管侯氣圖(월령십이율관후기도)〉, 楊甲(宋) 撰, 毛邦翰(宋) 補, ≪六經圖考≫ / 295
(44) 〈麟(린)〉, 王圻(明) 撰, ≪三才圖會≫ / 309
(45) 〈鳳(봉)〉, 王圻(明) 撰, ≪三才圖會≫ / 309
(46) 〈龜(귀)〉, 岡元鳳(日) 纂輯, ≪毛詩品物圖攷≫ / 310
(47) 〈龍(용)〉, 王圻(明) 撰, ≪三才圖會≫ / 310
(48) 〈鮪(유)〉, 王圻(明) 撰, ≪三才圖會≫ / 310
(49) 〈蓍(시)〉, 聶崇義(宋), ≪三禮圖≫ / 312

(50) 〈龜(귀)〉, 聶崇義(宋), ≪三禮圖≫ / 312

(51) 〈耒耜(뇌사)〉, 鄂爾泰(淸) 外 撰, ≪欽定周官義疏≫ / 328

(52) 〈龍馬出河之圖(용마출하지도)〉, 余應虯(明) 纂輯, ≪近聖居四書翼經圖解≫ / 351

(53) 〈璧(벽)〉, 臺灣故宮博物院 소장 / 352

(54) 〈圭(규)〉, 臺灣故宮博物院 소장 / 352

(55) 〈璜(황)〉, 臺灣故宮博物院 소장 / 353

(56) 〈玦(결)〉, 臺灣故宮博物院 소장 / 353

責任飜譯

成百曉

忠南 禮山 出生
家庭에서 父親 月山公으로부터 漢文 修學
月谷 黃璟淵, 瑞巖 金熙鎭 先生 師事
民族文化推進會 國譯硏修院 修了
高麗大學校 敎育大學院 漢文敎育科 修了
韓國古典飜譯院 附設 古典飜譯敎育院 名譽漢學敎授(現)
傳統文化硏究會 副會長(前)
海東經史硏究所 所長(現)
古典國譯賞 受賞

논문 및 역저

論文 〈艮齋의 性理說小考〉〈燕岩의 學問思想硏究〉
譯書 四書集註 《詩經集傳》 《書經集傳》 《周易傳義》 《古文眞寶》 《牛溪集》 등 다수
共譯 《宣祖實錄》 《宋子大全》 《茶山集》 《退溪集》 등 다수

共同飜譯

李霜芽

民族文化推進會(現 韓國古典飜譯院) 附設 國譯硏修院 常任硏究部 卒業
成均館大學校 漢文古典飜譯 碩士課程 卒業(文學碩士)
成均館大學校 漢文古典飜譯 博士課程 卒業(文學博士)
成均館大學校 大東文化硏究院 首席硏究員(現)

논문 및 역저

論文 〈茶山 丁若鏞의 《家禮酌儀》 譯註〉〈茶山 丁若鏞의 《祭禮考定》 譯註〉
譯書 《無名子集7, 8,15,16》
共譯 《記言1》 《日省錄》(영조,정조) 《校勘學槪論》 《注釋學槪論 1, 2》 《사고전서이해의 첫걸음》 등

延錫煥

慶北 奉化 出生
啓明大學校 漢文敎育科 卒業
高麗大學校 一般大學院 古典飜譯協同課程學科 碩·博士課程 卒業
韓國古典飜譯院 硏修課程Ⅰ 및 專門課程Ⅰ 卒業
海東經史硏究所 硏究員(現)

논문 및 역저

論文 〈晦隱 南鶴鳴의 〈雜說〉 硏究〉〈南鶴鳴의 《晦隱集》 譯注〉
譯書 《無名子集7, 8,15,16》
共譯 《梅山集》, 《承政院日記》, 《槿域書彙》 등

東洋古典譯註叢書 17

譯註 禮記集說大全 4　　35,000원

2022년 12월 30일 초판 발행
2023년 02월 28일 초판 2쇄

企劃編輯　東洋古典飜譯編輯委員會
飜譯研究管理　南賢熙
集說 陳澔　大全 胡廣 等
責任飜譯　成百曉
共同飜譯　李霜芽 延錫煥
潤　　文　南賢熙
校　　訂　李孝宰
出　　版　白俊哲 李承俊
裝　　幀　白俊哲

發 行 人　朴洪植
發 行 處　社團法人 傳統文化研究會
등록 : 1989. 7. 3. 제1-936호
서울시 종로구 삼일대로 428 낙원빌딩 411호
전화 : (02)762-8401　전송 : (02)747-0083
전자우편 : juntong@juntong.or.kr
홈페이지 : juntong.or.kr
사이버書堂 : cyberseodang.or.kr
온라인서점 : book.cyberseodang.or.kr

인쇄처 : 한국법령정보주식회사(02-462-3860)
총　판 : 한국출판협동조합(070-7119-1750)

ISBN 979-11-5794-555-9 94140
978-89-85395-71-7 (세트)